方位盤

令和4年[illegible]暦」日本占術協会

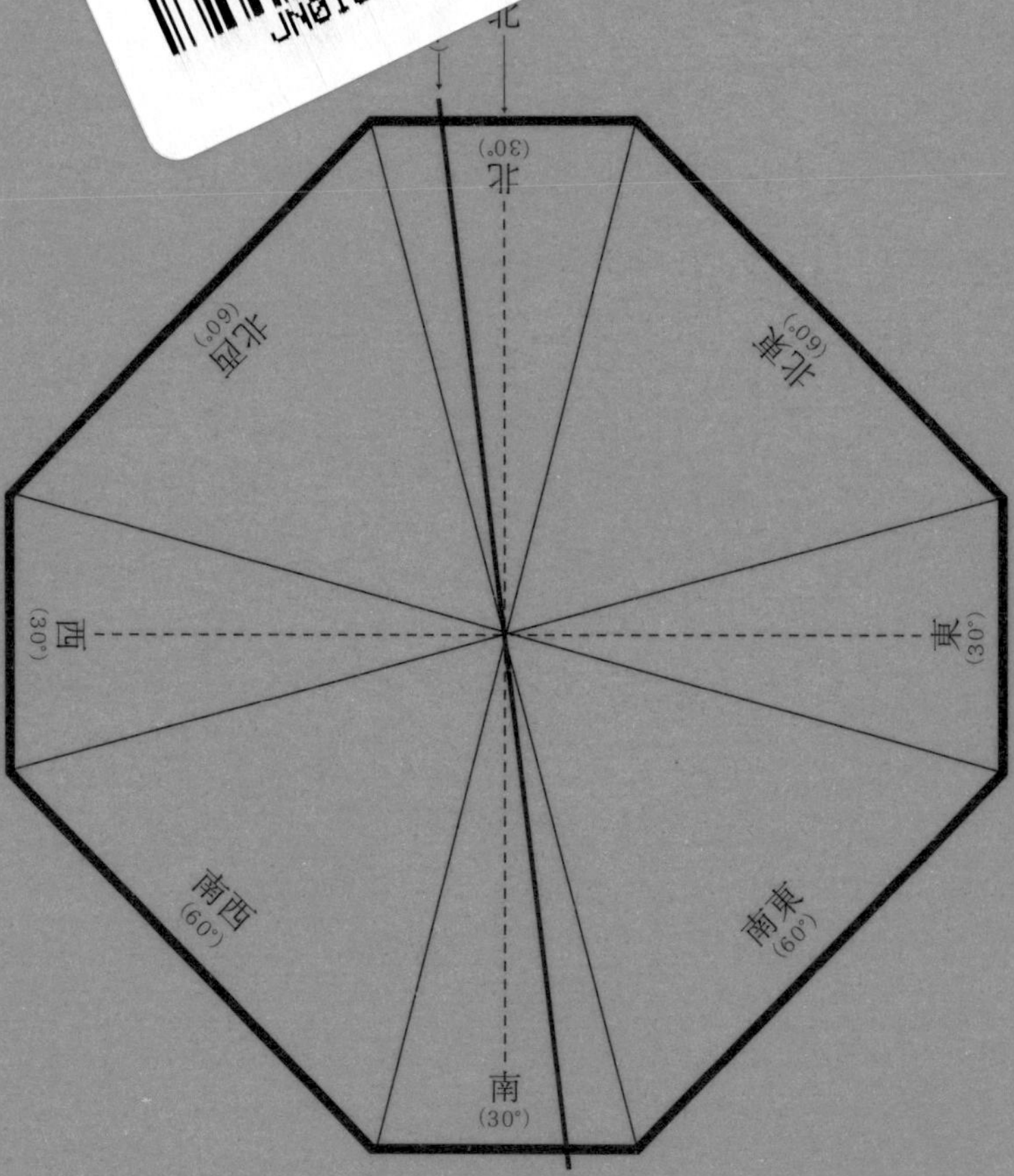

正確な方位の出し方：「磁北」のほうを北に合わせて下さい

きりとり線

方位盤

令和4年版「九星開運暦」日本占術協会

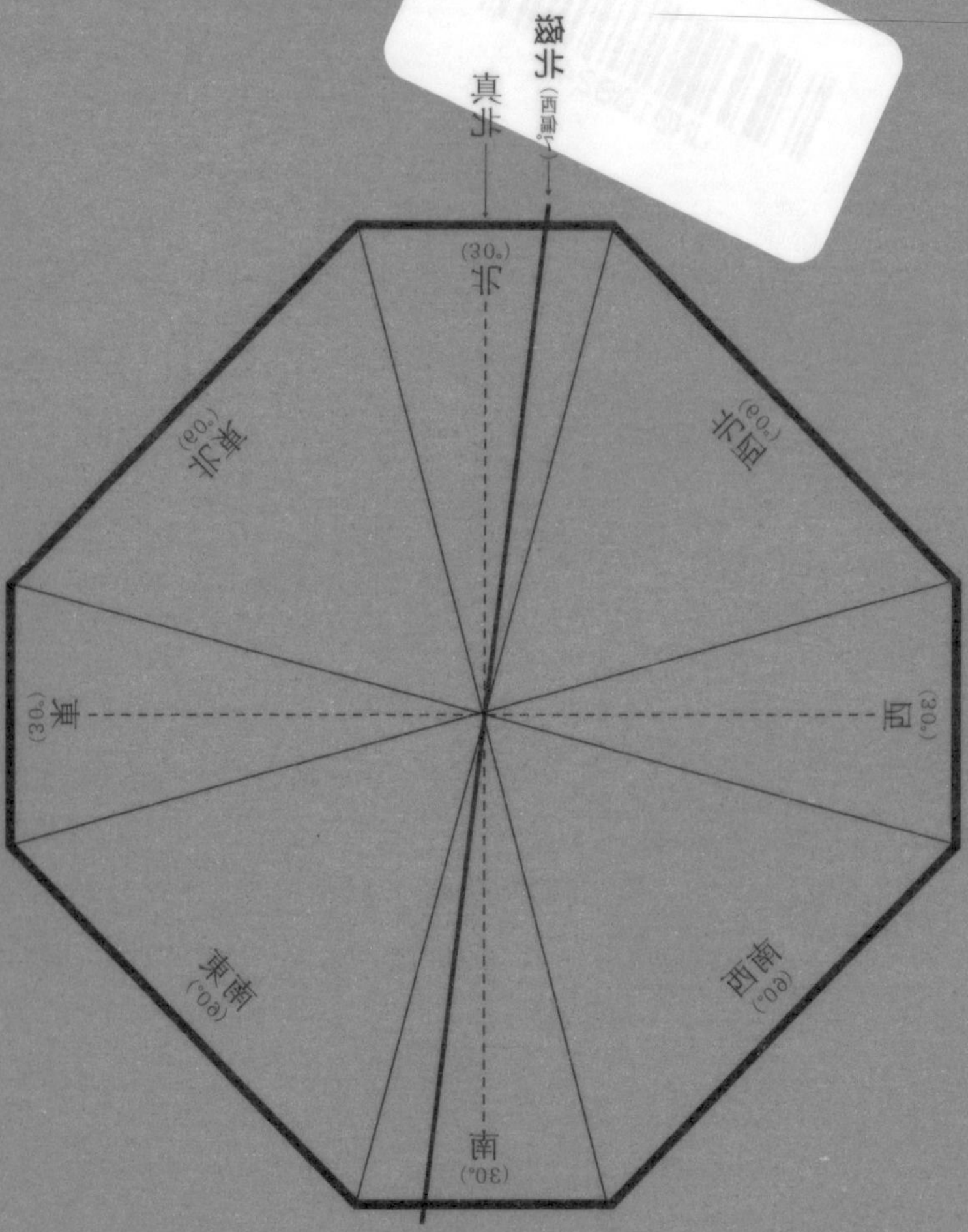

正確な方位の出し方：「磁北」のほうを北に合わせてください

きりとり線

●もくじ

●編集委員

一本の矢に想いを託して

日本占術協会会長
エミール・シェラザード

イギリスの諺《ことわざ》に「時間ほど人が耳を傾ける説教師はない」という言葉があります。言い得て妙なこの諺。確かに私たちは時の神には逆らえないようです。ここ2年の間に受けたコロナ禍の影響で将来への不安が増大して、幸福感にも変化が起きているといわれています。そんな日々の中ですが、未来に向かって少しでも、ゆとりや心の平安を取り戻していきたいものです。

未来を展望するためには、歴史や古典の中から鍵を見つけよ、という先人の知恵があります。そこで、イギリスの諺に習って、古典を紐解きながら、ヒントを探してみることにしました。室町時代の随筆『徒然草《つれづれぐさ》』で作者は「吉田兼好」。激動する南北朝を生き抜き、社会観・人生観・自然観、更には仏教思想によって高所から生き方への指南を示している書です。

その中のひとつ第92段に「ある人、弓射《い》ること習ふに、諸矢《もろや》をたばさみて的に向かふ。師のいはく『初心の人、二つの矢をもつことなかれ。後の矢を頼みて、初めの矢になおざりの心あり。毎度ただ得失《とくしつ》なく、この一矢《いちや》に定むべしと思へ』と言ふ」。このような箇所があります。

現代語の表現に直すと、ある人が弓の練習をする時に、2本の矢を手にはさんで的に向かいました。するとその弓の師匠は「初歩の人は２本の矢を持ってはいけない。それは後の矢をあてにして心に緩みが生じてしまう。射るたびに当たったら…、外れたら…と心を迷わせることなく、この一矢で決めると気を引き締めなさい」そのような意味になります。

さて、この弓をたとえにした話の奥をじっと眺めてみると、修行する人の心の内を映し出す、合わせ鏡のようになっていることに気がつきます。師匠を前にして「貴重な矢のうち１本でも疎《おろそ》かにするものか…、そんなことはできない」と誰もが思うはずです。とはいえ、その人自身が意識しないまでも、心の隙間に入り込む迷いや怠りの心がどこかにあります。そんな弱さを「天は見ている、知っている」と、ともすれば迷うことが多い人の道に、弓の先生をたとえにして、やんわりと説いているのです。

人間とは弱いものです。「決めた！」と一度は思っても、心の中で決めた途端に迷いが湧き上がってきたとしても、決して不思議ではありません。そんなときに開運暦の中にある様々な言葉が気持ちを引き締め、励まして、迷い多き人生に軌道修正の手伝いをしてくれます。現代のように混沌とした時代、２本目の矢を持つことは大切なことではありますが、ここは勝負！　今年こそ！　今このタイミングで！　と思ったら、ぜひ一の矢に想いを馳せてみてください。強き意志には、大きな運を引き寄せる磁石が働くといいます。

令和４年、あなたの幸せが日本占術協会の『九星開運暦』とともにありますように。

自然の大災害が多い年回り　国家交渉は難航、格差が拡大

浅野八郎

二〇二二年は、ヨーロッパ式のカバラ占星術では運命数「6」の年で、「調和・援助の年」といわれている。今までの混乱や迷いから、何か大きな救いを探し出そうという意欲が高まってくる年ともいえる。ただ、運命数「6」の年は、価値観が一変するほどの変化が起こることもある年。また、災害・戦争などの変動が多いのも特徴。

十二支でいえば「寅」年にあたる。元々「寅」という漢字には「しっかりと弓矢を構え、狙いを定める」「つつしむ」といった意味がある。季節でいえば2月、時間でいえば午前4時を表し、春はすぐそこという時期を表している。木の枝の新芽が穏やかな春を待って、活発なエネルギーをたくわえているような状態を示している。うまくいかないことも多い中で、事態が明るい方向に急変することもあるので、常に助け合いの精神を忘れず、努力していくことが大事な年といえるだろう。

●政治

経済や国際関係に難問題が持ち上がり、ますます政治に批判が高まりそうだが、その中で新しいリーダー登場の兆しが見えそうな年。また、これまで表面にあらわれていなかった実力者の活躍が注目されることも。

政治の世界になじみのなかった人が登場し、今までの政治にメスを入れることになるかもしれない。希望がないわけではないが、これまでの世界的な新型コロナウイルスの流行など、さまざまな問題が影響し、政治的に大きな前進は望めそうもない年といえるだろう。

●経済

経済は新しい兆しが見えたり、新しい挑戦に対する意欲が高まってくるものの、まだまだ油断がならない年。独自のアイデアや研究開発によって大発展する企業が増えそうな気配もある。ただ、経営不振により、新しい組織で再スタートしたものの、さらに経営が悪化するといったこともありそう。

また、活力に溢れた地域ばかりが経済的に発展するといった、地域格差が大きくなりやすい年ともいえる。

アメリカと中国の政治や経済に大きな変化が起こるかもしれない。あらたな問題が発生して、交渉が難航したり、問題解決が遅れるといったこともありそうだ。

●社会

青少年の犯罪や心の問題、とくに

自殺などに注意が必要な年。同じリズムの年である一九七七年には、小中学生の自殺増加が社会問題になり、一九八六年には、アイドル歌手が飛び降り自殺をして、後追い自殺した人が続いたといったことが。

また、少子高齢化による新たな問題が持ち上がってきそう。とくに介護や孤独死などの高齢者の問題が、ますます深刻に。そのような中で、健康年齢や心の健康に対する意識がさらに高まってくることも。

●スポーツ・芸能

世の中は不安定なのに、スポーツやレジャー関係では、今までにないうれしいニュースが舞い込んでくるといったことも。ただ、人気のあったスポーツが停滞気味になることも。新しい観戦スタイルをなかなか確立できないスポーツがじわじわと人気が下降することも。

芸能界にとっては、新人の登場しにくい年。期待されていた若者タレントの人気が意外なきっかけで下降したり、ヒットを飛ばしてすぐ消える一発屋が増えるかもしれない。

映画やテレビの世界では、アニメや夢のあるファンタジーの人気が、ますます高まりそう。一部の人たちの間で人気だったものが、多くの人たちに共有され、スタンダードになることもありそうだ。

●自然・災害

運命数「6」の年で、いちばん忘れてはならないのが「自然災害」が多い年であるということ。信じられないような大災害が起こったり、また、災害が起こらないときは戦乱が起こる傾向にある。

過去の運命数「6」の年を調べてみると、天保四年（一八三三）に大地震・津波が起こり、さらに大飢饉や百姓一揆といったことが連続。

大正十二年（一九二三）には関東大震災、昭和十六年（一九四一）には太平洋戦争、昭和二十五年（一九五〇）には朝鮮戦争、昭和三十四年（一九五九）には伊勢湾台風、昭和六十一年（一九八六）には伊豆大島三原山の大噴火、平成七年（一九九五）には阪神・淡路大震災。

とくに地震や火山の噴火の被害は予想以上に大きなものになりやすく、社会に与える影響も多大。ときには価値観を一変させるような災害や事件、事故が起こる可能性もあるので、ますます注意が必要。

毎年のように大きな災害が起こっているが、新たに気を引き締めて、今まで以上に用心をしたり、いざというときの防災グッズの備えや緊急連絡方法を再確認、保険の見直しをしておいて損はないだろう。

アフターコロナへ向けて、通信・教育分野が発展　女性リーダーが活躍

アイラ・アリス（ルネ・ヴァン・ダール研究所）

2022年　日本国　春分図

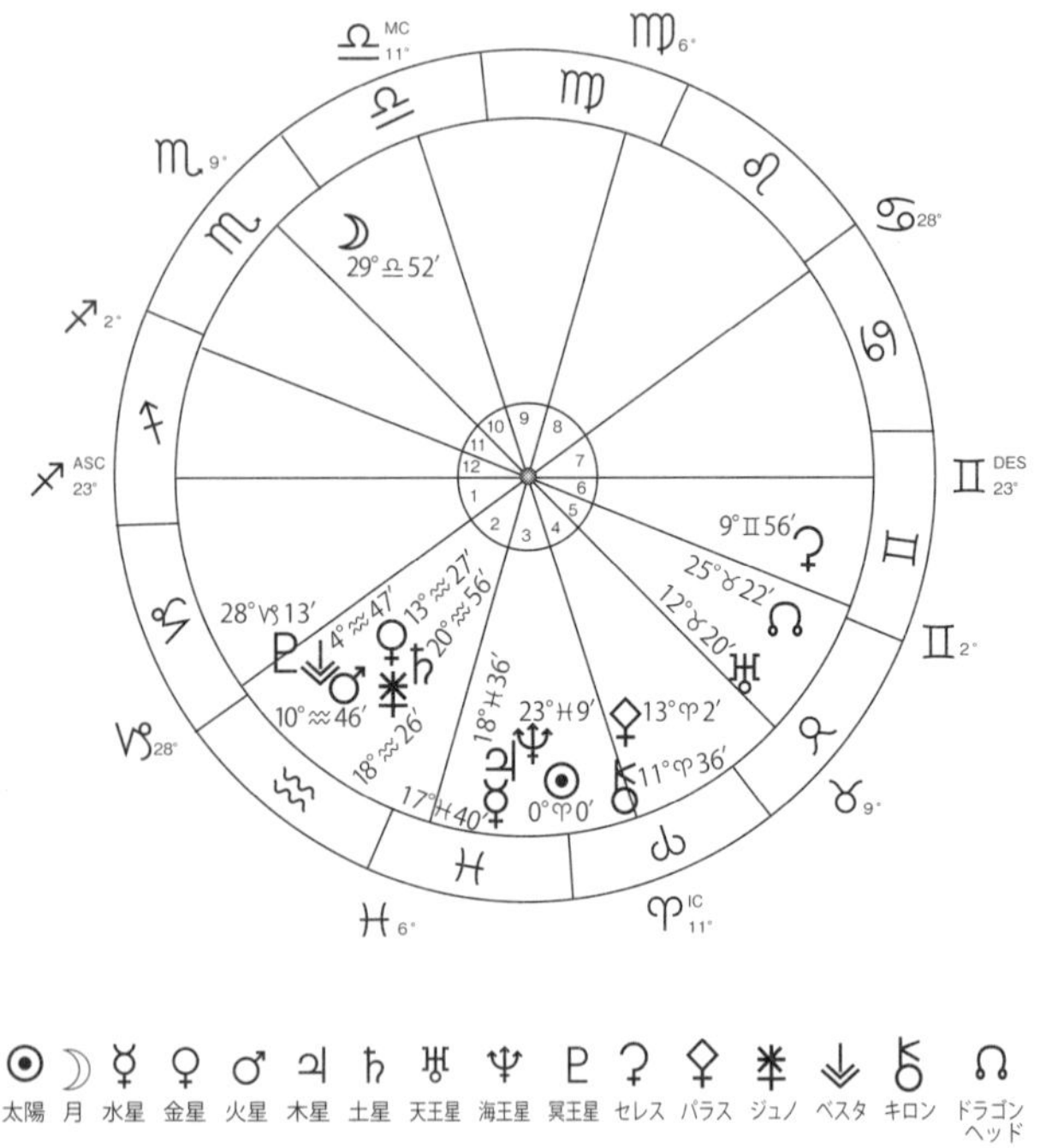

［資料提供］ルネ・ヴァン・ダール研究所

★総論★

ここ数年と比べると、星はグッとおとなしい配置になっています。月以外の星は全て北半球に配置され、この年は国内のできごとや状況に注目が集まりやすいことを示しているようです。

新型コロナウイルスがようやく収束に向かい、ウイルス対応期間中に鮮明になった社会の問題点や改善点について、改めてじっくり向き合うことになるでしょう。リモートワークもオンラインイベントも、これからは状況に応じてより使いやすいスタイルを、それぞれが選択していくことになるはずです。

アセンダントのカスプ（境界線）は人馬宮《じんばきゅう》。その守護星は木星で、太陽、水星、海王星とともに第三ハウスにあります。ここは通信や交通、旅行、運輸、教育などを司る場所で

すから、これらの分野は特に発展的で、さまざまな改革や進歩が期待できます。

入宮している星の性質から考え、「スピーディーで」「境界がなく」「拡大」する傾向がうかがえます。オンラインツアーはこれからもさまざまなニーズに合わせて進化していきそうですし、教育制度の見直しが図られ、子供たちがその個性やキャラクターをのびのびと発揮できるような環境が、整い始めるかもしれません。

★社会★

首相や政府を表す太陽が第三ハウスにありますが、天底《てんてい》（ＩＣ《アイシー》）に近いところまで沈んでいます。あいまいではっきりしないことを表す海王星と並んでいることもあり、強いリーダーシップは望めそうもありません。業務のデジタル化や観光業界の活性化に力を入れる傾向はありそうですが、国民にもはっきりと感じ取れるような功績を残すのは、なかなか難しいと言えるでしょう。

また、金融や経済を司る第二ハウスにも多くの星が集まっています。概ね宝瓶《ほうへい》宮にありますから、オンラインによる資産運用がますます一般化し、そのことによる悲喜こもごもが起こるかもしれません。また、私たち一人ひとりの富に対する考え方も、大きく変わっていく傾向が見られるでしょう。

★流行★

ひとつだけ飛び出したところにある月は、女性や母親を象徴します。世の中に女性のリーダーが増え、流行も女性がけん引する傾向が強まりそうです。宝瓶宮の金星、第五ハウスにある天王星なども勘案すると、ただカワイイだけではなく、実用的であったり、カスタマイズができるなど自分の個性を主張できるものが人気を博すでしょう。

また、食に関するブームも「ＳＮＳ映えする」ということだけではなく、代替《だいたい》肉など環境や健康のことを見据えたものが話題となる傾向に。

ファッションは、性別はもちろん、体型や障がいの有無などにも縛られないユニバーサルなブランド、デザインが普及していく兆しです。

★天候★

第四ハウスのカスプは白羊《はくよう》宮で、その守護星は火星。天王星とスクエアなので地震、落雷、火災、爆発事故などには今年も注意が必要です。

夏は暑く、雨や雪も多い傾向に。これまでの気象データが参考にならない時代に突入していますので、災害にも日頃から備えておきましょう。

九星開運暦とは

九星とは、一白から九紫までの星を指すものですが、なぜ、このように分けてあるのでしょうか?

私たちがお母さんのお腹からこの世に生まれた瞬間に、赤ちゃんは初めて大気、すなわち胎内以外の空気を吸うことになります。これを運命学では「気を受ける」といいます。私たちの細胞は、生まれ出たその年月日、時間によって、酸素性・窒素性などのように、九つの種類に分けられた「気」を受けます。つまり、一人ひとり細胞のニュアンスが違ってくるわけです。

人間は天と地の間に生存している生物の一つです。天と地の間には「時間」と「空間」があります。九星ではこの時間を「数」に当て、空間を「色」に当てて表現しました。そして、宇宙の森羅万象を五元素である「五行」に当てました。

この三つを組み合わせてそれぞれ一白水星、二黒土星、三碧木星、四緑木星、五黄土星、六白金星、七赤金星、八白土星、九紫火星と名づけました。したがって、生まれた年の「気」を「本命星」といい、生まれた月の「気」を「月命星」といいます。細かくいうと、日にも時間にももちろん「気」があるわけですが、気学としては本命・月命を主にしてその性格や吉凶を判断していくのです。

次に方位について。「気」が合わない大気が回っている方位、方角に行きますと、私たちの細胞が持っている気が低下します。つまり、乱れたり活発性がなくなるために、ついうっかりしたり、思わぬマイナスを受けやすく、年・月と気が合わない凶方位になります。

逆に、相性のいい大気が回っている方位、方角に行けば、細胞の気が活発になり働く意欲が増してくるというわけです。本命星と月命星が合う方角へ行くのが吉としたのが、年・月と気が合う吉方位になります。

●九星の基本と暦の基礎知識

この暦の運勢判断は、大部分が九星気学(方位を含む)によって作られています。また、太陰暦を使っていたころの生活の知恵からできたものなので、耳慣れない用語がたくさんあります。

ここでは暦を正しく理解し活用していくために、ぜひとも知っておきたい「九星の基本」と「暦の基礎知識」について簡単に説明しておきます。

九星とは、実際の空の星とは何の関係もなく、西洋占星術に対する東洋の占星術である九星の九つの「気」のことです。一から九の数字に、白、黒、碧、緑、黄、赤、紫の七色と、木、火、土、金、水の五行を組み合わせてできたもので、次の九つをいいます。

一白《いっぱく》水星《すいせい》
二黒《じこく》土星《どせい》
三碧《さんぺき》木星《もくせい》
四緑《しろく》木星《もくせい》
五黄《ごおう》土星《どせい》
六白《ろっぱく》金星《きんせい》
七赤《しちせき》金星《きんせい》
八白《はっぱく》土星《どせい》
九紫《きゅうし》火星《かせい》

九星は、十干十二支の循環と同じく、一定の規則で循環し、その生まれ年や生まれ月によって運勢が変わるとされています。

九星の大きな特徴は、持って生まれた星「本命星」で先天運や先天的性格を示すと同時に、十干十二支や易《えき》の思想を導入して、そのときどき（月や年）の吉凶の方位を決める運命学となっている点です。この方位開運法を気学といいます。さらに、木星、火星、土星、金星、水星の五星は、それぞれ次の気質を持っています。

木星─樹木が成長、発育する性質。
火星─火のような灼熱の性質。
土星─万物を育成、保護する性質。
金星─金属のように冷徹、堅固、確実な性質。
水星─生命の泉で、母体と霊性を兼ね備えた性質。

この五星の間には相生（助け合う良い組み合わせ）と相剋（反発し合う悪い組み合わせ）があります。

○干支とは

●六十干支───十干と十二支を組み合わせて六十組を一周期としました。日を数えたり（暦に書いてある、きのえ戊、きのと亥などのこと）、月や年を記すのにも使われます。

満六十歳を還暦というのは、六十一年目に干支が元に戻り、生まれた年と同じになるからです。東洋運命学では日取りや方位、人事諸般を占うのに大切です。

●十干───古代中国では「一日、二日、三日」というかわりに「甲日、乙日、丙日」といった漢字で表し、一ヵ月を三等分した旬（上旬・中旬・下旬）をそれぞれ、甲乙丙丁戊己庚辛壬癸の十字を当てはめて呼びました。

●十二支───一年十二ヵ月の月名として生まれたもので、一日十二刻にも当てはめられて、時刻を表したり方角にも用いられていました。

甲（コウ）＝木の兄（きのえ）
乙（オツ）＝木の弟（きのと）
丙（ヘイ）＝火の兄（ひのえ）
丁（テイ）＝火の弟（ひのと）
戊（ ボ ）＝土の兄（つちのえ）
己（ キ ）＝土の弟（つちのと）
庚（コウ）＝金の兄（かのえ）
辛（シン）＝金の弟（かのと）
壬（ジン）＝水の兄（みずのえ）
癸（ キ ）＝水の弟（みずのと）

中国では陰陽思想（天地自然の万物を陰と陽に分ける）や五行思想（万物を木火土金水の五つに分ける）という考え方があります。この陰陽五行観に十干を当てはめて日本風に呼ぶと前頁表のようになります。

子《ね》

分解すると「了」と「一」になり「終わりで初め」のこと。孳が「いつくしむ」を示すように、種が土の下で育まれる状態を示すの意。

丑《うし》

糸ヘンをつけると紐の字。まだグニャグニャしていて真っすぐ伸び切れないけれど、育ち始めた種が大きくなろうとする努力期の意。

寅《とら》

虫ヘンをつけると螾の字になるように、本来「うごめく」の意味。種子がやっと地上に芽を出そうとして、うごめいている状態。

卯《う》

卯の字は「双葉」の象形文字。やっと地上に芽を出したものの、まだ根が浅く、しっかりしていない不安定さが残る双葉の姿を示す。

辰《たつ》

手ヘンをつけると振の字になるように、双葉が若葉になって振れ動きながら成長してゆく状態を示す意。勢いよく育つ若葉の姿。

巳《み》

字の形は蛇が鎌首をもちあげた姿で、若葉がさかんな成長のあと、頂点に達する直前で静止したさまを示す。力をためている状態。

そして、子（ね）は動物の鼠のことではなく、丑も牛ではありません。この読み方は、大昔に字の読めない人のために考え出されたものです。それぞれに深い意味があります。

午《うま》

時間なら正午、季節に当てはめると夏の盛り、草木なら開ききった花であり、頂点を示す。陽と陰の境目で忤「さからう」の意。

未《ひつじ》

日ヘンをつけると昧になり「見えず、暗し」の意ですが、花盛りが終わり実を結ぼうとしている時。しかし、まだ実が見えない状態。

申《さる》

木の実が形づいてきて食べられる一歩手前の状態を示す。口ヘンをつけると呻「うめく」の意で、味が今一つつかない苦しさの時。

酉《とり》

醸の字で表されるように「かもす」意がある。すっかり熟して、おいしい木の実を食べて楽しむ、実りの季節のさまの表現。

戌《いぬ》

じゅつ、たもつ、まもるとも読み、熟しきって落ちた木の実を種の保存のために守る意味。納めて守る、種属保存の状態を表す。

亥《い》

木ヘンがつき核「種の中心」、門構えに入って閡「とじる」の意となり、守られた種子を土の中にしまう状態。発芽への準備の様子。

吉の相性（十二支と九星による相性のよい組み合わせ）

子の一白◎丑の三碧、丑の六白　○辰の三碧、辰の六白
卯の一白◎戌の三碧、戌の六白　○未の三碧、未の六白
午の一白◎未の三碧、未の六白　○戌の三碧、戌の六白
酉の一白◎辰の三碧、辰の六白　○丑の三碧、丑の六白
寅の二黒○午の七赤、戌の六白、戌の九紫
巳の二黒○酉の七赤、丑の六白、丑の九紫
申の二黒○子の七赤、辰の六白、辰の九紫
亥の二黒○卯の七赤、未の六白、未の九紫
丑の三碧◎子の一白、子の四緑　○酉の一白、酉の四緑
辰の三碧◎酉の一白、酉の四緑　○子の一白、子の四緑
未の三碧◎午の一白、午の四緑　○卯の一白、卯の四緑
戌の三碧◎卯の一白、卯の四緑　○午の一白、午の四緑
子の四緑◎丑の九紫、丑の三碧　○辰の九紫、辰の三碧
卯の四緑◎戌の九紫、戌の三碧　○未の九紫、未の三碧
午の四緑◎未の九紫、未の三碧　○戌の九紫、戌の三碧
酉の四緑◎辰の九紫、辰の三碧　○丑の九紫、丑の三碧
寅の五黄○午の七赤、戌の九紫、戌の六白
巳の五黄○酉の七赤、丑の九紫、丑の六白
申の五黄○子の七赤、辰の九紫、辰の六白
亥の五黄○卯の七赤、未の九紫、未の六白
丑の六白◎子の一白、○酉の一白、巳の二黒、巳の五黄、巳の八白
辰の六白◎酉の一白、○子の一白、申の二黒、申の五黄、申の八白
未の六白◎午の一白、○卯の一白、亥の二黒、亥の五黄、亥の八白
戌の六白◎卯の一白、○午の一白、寅の二黒、寅の五黄、寅の八白
子の七赤○丑の六白、申の二黒、申の五黄、申の八白
卯の七赤○戌の六白、亥の二黒、亥の五黄、亥の八白
午の七赤○未の六白、寅の二黒、寅の五黄、寅の八白
酉の七赤○辰の六白、巳の二黒、巳の五黄、巳の八白
寅の八白○戌の九紫、戌の六白、午の七赤
巳の八白○丑の九紫、丑の六白、酉の七赤
申の八白○辰の九紫、辰の六白、子の七赤
亥の八白○未の九紫、未の六白、卯の七赤
丑の九紫○酉の四緑、巳の五黄、巳の二黒、巳の八白
辰の九紫◎酉の四緑、○申の五黄、申の二黒、申の八白
未の九紫◎午の四緑、○卯の四緑
戌の九紫◎卯の四緑、○午の四緑、寅の二黒、寅の五黄、寅の八白

●凶方（きょうほう）

五《ご》黄《おう》殺《さつ》
五黄星のいる方位。五黄星は本来、中宮に定位して徳は大きいが、中宮を出ると凶方に変わる。凶意の現れ方はゆるやかだが、不摂生から病気、自宅から出火など、主に自分から生じる凶事が起きる。土を動かすことは特に大凶。

暗《あん》剣《けん》殺《さつ》
五黄殺の反対側の方位。凶意は強く早く現れ、盗難、ケガなど他動的な凶意が多い。

本《ほん》命《めい》殺《さつ》
自分の本命星の方向。思い違いや優柔不断のため失敗したり、健康面では大病を患う。

本《ほん》命《めい》的《てき》殺《さつ》
本命殺の反対側。概して、他動的作用ばかりでなく、自分の考え違いや、出しゃばりから大失敗する。交通事故やケガなどにも要注意です。

歳《さい》破《は》
九星の年盤に記された、その年の十二支の反対側の方位。すべてに破れる作用が働き挫折や破綻、病気を患ったりする。

月《げっ》破《ぱ》
九星の月盤で、その月の十二支の反対側の方位。歳破と同じように破れを意味し、災いを招来する。

●吉方（きっぽう）・吉神（きっしん）

太《たい》歳《さい》神《じん》
凶神である八将軍の一つでもあるが、万事を育成する神で、本来は吉神というべきとする説もあります。破壊ごと、もめごと（談判）には悪

いが、建築、移転、縁談など建設的なことによく、特に体によい影響を与えるとされています。

歳《さい》徳《とく》神《じん》

この方位は「明《あけ》の方」、「恵方」ともいい、建築、修理、結婚、旅行、事業と、すべてに良い方角です。

歳《さい》禄《ろく》神《じん》

その年の大吉方位とされ、旅行、移転、結婚、開店、談判など、すべてに吉の方位。

年の吉方

天地自然の順理の方向である天道、日の神である天徳、月の神である月徳などは、共に万物の成長に徳を持ち、すべてに大吉の方位です。

●凶神（きょうしん）

太《たい》歳《さい》神《じん》

その年の十二支の方位におり、普請、移転、縁談などにはよいが、木を切ることや取り壊し、話し合いなどにはよくないとされている。

大《だい》将《しょう》軍《ぐん》

建築、移転、伐採、井戸掘り、結婚と出産、葬儀など、すべて忌む方位を表す。

大《だい》陰《おん》神《じん》

学問や芸術などに関することにはよいが、結婚や出産をこの方向に向かってするのは凶とされている。

歳《さい》刑《けい》神《じん》

地神ともいい、耕作、種まき、木の植え替え、土を動かすことなどが凶とされる。

歳《さい》破《は》神《じん》

太歳神の反対側の方位。建築や結婚、旅行はいけないが、取り壊しや闘いには吉方。

歳《さい》殺《さつ》神《じん》

建築、旅行、結婚、雇い入れ、金談などが凶とされている。

黄《おう》幡《ばん》神《じん》

建築や移転、金銭的な問題がとくに凶とされている。

豹《ひょう》尾《び》神《じん》

不浄を嫌う神で、この方位での大小便や、家畜を求めることなどは凶意とされる。

●男と女の厄年（やくどし）

古くは中国から伝わった陰陽道によって、男女ともに13歳・25歳・37歳・49歳・61歳・73歳・85歳・99歳が「人の一生、厄に遭うべし」とする年とされていました。これらはすべて数え年ですから、満年齢では一年を引いた年となり、99歳を除くと全部、12の倍数であることがわかり、干支でいうとちょうど自分のえとに戻ってきた年にあたります。

後世になって、男は25歳・42歳・61歳、女は19歳・33歳・37歳（すべて数え年）というふうになり、33歳・42歳を大厄というようになりました。現代でも、十三参りといって虚空蔵菩薩を拝んだり、60歳の還暦祝いや男女の大厄払いなどの通過儀礼が行われます。

厄年には前年の大晦日やその年の年頭・節分・初午の日などに、神仏に参ったり、知人を招いて共同飲食することによって厄を分担してもらう、厄落としの行事をします。

《令和4年》の厄年に当たる男女は次の生まれの人。
男＝平成10年生まれ、昭和56年生まれ、昭和37年生まれ。
女＝平成16年生まれ、平成2年生まれ、昭和61年生まれ。

●二十四節気（にじゅうしせっき）

旧暦は、月の満ち欠けで一ヵ月を決める太陰暦でした。日付は太陽の位置、つまり季節とは無関係なので、毎年の「暖暑涼寒」にズレが生じました。これをカバーするために、太陽の位置に合わせて二十四の季節を決め、一年の気候の推移が正しくつかめるようにしたものが「二十四節気」です。太陽の黄道（通り道）３６０度を24等分した位置ごとに季節を設けたのです。

立《りっ》春《しゅん》
季節的には冬の盛りだが「春の気が立つ」時です。節分の翌日で、旧暦では正月になり、毎年2月4、5日頃。

雨《う》水《すい》
雪より雨が多くなり、氷が解けて水に変わるころで、草木に萌芽の兆しがみられます。2月18、19日頃。

啓《けい》蟄《ちつ》
冬籠りしていた虫たちが春の暖かさを感じて穴から這い出してくることを表します。3月5、6日頃にあたる。

春《しゅん》分《ぶん》
太陽が黄経0度に達した時刻が春分で、地球上の昼夜が等しくなる。この日から夜は短く昼は長くなっていく。彼岸の中日で3月20、21日頃。

清《せい》明《めい》
温暖になり、草木が萌え出るころで、清浄明潔なすがすがしさが肌に感じられます。4月4、5日頃にあたる。

穀《こく》雨《う》
春雨が多くなり、植物が成長する時期で、4月20、21日頃。

立《りっ》夏《か》
野山は新緑に覆われて、夏の気が立ちます。5月5、6日頃で、この日から立秋までが旧暦の夏になる。

小《しょう》満《まん》
野山の緑は実をつけはじめ、万物が徐々に満ちる時。5月21、22日頃。

芒《ぼう》種《しゅ》
麦のとり入れ、そして田植えが始まります。芒《のぎ》のある穀物（イネ科の植物）の種をまく季節で、6月5、6日頃。

夏《げ》至《し》
太陽が黄経90度にきた日が夏至で、一年中でもっとも昼が長く夜が短くなる日です。6月21、22日頃にあたる。

小《しょう》暑《しょ》
日照時間は短くなっていくが、暑さが次第に増してくる時期。7月7、8日頃。

大《たい》暑《しょ》
ようやく梅雨も明けて、本格的な夏の暑さの到来です。7月22、23日頃。

立《りっ》秋《しゅう》
実際にはまだまだ残暑の厳しい時ですが、夏の土用も明けて暦の上では秋に入ります。8月7、8日頃にあたる。

処《しょ》暑《しょ》

暑さもおさまり収穫期が近づきます。天候も台風など秋型へ変わり、8月22、23日頃。

白《はく》露《ろ》

秋の気も強まり、野草に露が宿って白く見える時期です。9月7、8日頃。

秋《しゅう》分《ぶん》

秋の彼岸の中日で、太陽が赤道上にあり、昼と夜の長さが同じになる日。この日を境に夜が長く昼が短くなってゆく。9月23、24日頃。

寒《かん》露《ろ》

秋も深まり、野草の露が霜に変わり、朝夕は肌寒さを感じる。10月8、9日頃。

霜《そう》降《こう》

秋も終わりに近づき、時折降りる霜が冬の近いことを知らせる。10月23、24日頃。

立《りっ》冬《とう》

日差しも弱くなり、北国からはもう雪の便りが届くころで、この日から暦は冬になる。11月7、8日頃にあたる。

小《しょう》雪《せつ》

寒い北風が吹き始め、日によっては雪の降ることも。11月22、23日頃。

大《たい》雪《せつ》

山などは雪に覆われて、野や街には風花が舞うこともしばしば。12月7、8日頃。

冬《とう》至《じ》

太陽が南半球の最も遠くに位置し、北半球の昼は最も短くなる。この日から日脚が延びる。12月22、23日頃にあたる。

小《しょう》寒《かん》

冬も本格的となり、強い北風に雪が吹き荒れるころ。1月6、7日頃。

大《だい》寒《かん》

雪よりも寒さの厳しい時期。そんな中で春の足音を待つ。1月20、21日頃。

●雑節（ざっせつ）

二十四節気のほかに、雑節と呼ばれる暦上の特別日があります。これは、生活中心の月日の区切りで、農業や信仰に根づいたものがほとんどです。

節《せつ》分《ぶん》

立春の前日で、旧暦では一年の最後の日となる。俗に年越し、年とり、追儺《ついな》といい、豆をまいて邪気を祓う行事が行われます。2月3、4日頃。旧暦を基準としている東洋占術では、この日までが前年度の生まれに入ることになります。

初《はつ》午《うま》

2月第一の午の日が初午、次いで二の午、三の午です。初午の日は稲荷神社の縁日とされています。

上巳《じょうし》の節句《せっく》

3月3日のお雛祭りの「桃の節句」。昔は3月初の巳《み》の日に雛人形を祭ったもので、女児の誕生と幸せを祈るための日です。

彼《ひ》岸《がん》

春分と秋分の前後三日ずつ計七日間が「春の彼岸」「秋の彼岸」です。その初日は彼岸の「入り」、当日が「中日」、最後の日が「明け」と呼ばれ、墓参りをして先祖の霊を供養し善を心掛ける日。

八十八夜《はちじゅうはちや》

立春から数えて88日目で、現在の5月2～3日頃。「八十八夜の別れ霜」といって、植物の種まきに最もよい時期とされます。

端午《たんご》の節句《せっく》

5月5日の節句で「菖蒲の節句」といいます。端ははじめ、午は午の日の意味。邪気を除くといわれる菖蒲を家の軒に挿したり、菖蒲湯に入ったり、五月人形を飾り柏餅を食べて、男児の出世を祈った日です。現在の「子どもの日」。

入《にゅう》梅《ばい》

かつては二十四節気の芒種の後の壬（みずのえ）を暦上の入梅とし、30日後の壬を梅雨明けとしたもの。しかし最近では、東京天文台が、太陽が黄経80度に達する日を暦の「入梅」と決定しており、だいたい6月11日頃に当たります。正確な入梅の日取りは気象庁の梅雨入り宣言によるのが一般的。

半《はん》夏生《げしょう》

半夏という名の薬草ができる時期の意味で、田植えも終わり南国は梅雨も明けようとする7月2～7日頃。

七夕《たなばた》祭《まつり》

五節句の一つ。7月7日の七夕を祭る日で、女子の裁縫や習字のお稽古ごとの上達を願って、五色の短冊を笹につるしたり、地方によっては祭りの行事も行います。

盂《う》蘭《ら》盆《ぼん》

ふつうは盆、お盆と略されて呼ばれ、7月13～16日に、墓参りや迎え火、送り火、棚経などの仏事が行われます。地方によっては月遅れで8月13～16日のところもあります。

《令和4年の年回忌表》

一周忌……令和3年亡
三回忌……令和2年亡
七回忌……平成28年亡
十三回忌……平成22年亡
十七回忌……平成18年亡
二十三回忌…平成12年亡
二十五回忌…平成10年亡
二十七回忌…平成8年亡
三十三回忌…平成2年亡
三十七回忌…昭和61年亡
五十回忌……昭和48年亡
七十回忌……昭和28年亡
百回忌……大正12年亡
百五十回忌…明治6年亡
二百回忌……文政6年亡

中《ちゅう》元《げん》

今では、お中元といえば贈り物のことですが、もとは旧暦の7月15日をいい、中国の道教では1月15日の上元、10月15日の下元とともに、人間の贖罪《しょくざい》の日としました。

土《ど》用《よう》

二十四節気による四季（立春・立夏・立秋・立冬）の終わりの18～19日間が「土用」で、土を動かしたり、鍼灸したりを忌む習慣があります。現在では夏の土用だけがクローズアップされますが、これは夏が過ごしにくい季節なのと、夏と秋のみ「火剋金」と五行で相剋関係にあるからです。土用期間中の虫干しや、夏の土用には丑の日に鰻を食べてスタミナをつけるのも古人の知恵といえるでしょう。

二百《にひゃく》十日《とうか》

立春から数えて２１０日目をさし、9月1日ごろ。台風が多く農家の厄日です。

二百《にひゃく》二十日《はつか》

立春から数えて220日目をさします。同じく台風が多くて農家の厄日です。

菊《きく》の節句《せっく》

重陽《ちょうよう》の節句、九月節句ともいい、旧暦9月9日の節句のことです。菊の花をお酒に入れて飲み、不老長寿を祝います。

酉《とり》の日《ひ》

新暦11月の酉の日で一回目を一の酉、二回目を二の酉、三回目を三の酉とした、お酉様の日。鷲（おおとり）神社の祭りで商売繁盛を祈り、酉の市がたちます。

大《おお》祓《はらい》

6月30日、12月31日の半年ごとの晦日《みそか》に罪や穢れを祓う日です。12月31日は年越祓い、師走の大祓いと言い一般的です。

●選日（せんじつ）

日の吉凶を見て選ばれた日のことです。暦上、昔から伝わる特殊な日があり、その多くは六十干支の組み合わせによって吉凶の判断を占いました。

一粒《いちりゅう》万倍日《まんばいび》

一粒の種が万倍にも実る、という吉日です。仕事始めや開店、種まき、お金を出すなど、すべてのスタートにいいが、物を借りるにはいけない日です。

不成就《ふじょうじゅ》日《び》

万事が調いにくい日です。結婚、開店、子どもの命名、移転、契約など、事を始めるのによくない不浄日です。

八《はっ》専《せん》

もともとは軍事上の忌日で、築城や出陣を避けたものでした。今では仏事、結婚、家の造作などに悪い日とされます。

三隣亡《さんりんぼう》

十二支の活動状態が悪くなる日とされ、普請、棟上げ、移転、土起こしなど建築関係はとくに忌む日です。

天一《てんいち》天上《てんじょう》

戦闘を司る天一神が地上を離れ天上に帰っている期間をいう。みずのと巳～つちのえ申までの16日間。この間はどこへ行っても自由だが、お産や交渉、争い事は凶です。

天赦《てんしゃ》日《び》

字の如く、天が許すから何を行ってもよく、暦のうちの大吉日です。ことに結婚や開業などのスタート、発明や研究の発表に最適です。

土《ど》用《よう》

立春、立夏、立秋、立冬の前の18～19日間が土用です。この間に土を動かす土木工事は凶とされます。

十方暮《じっぽうぐれ》

干と支の相性が悪いための凶日で、結婚や交渉ごとはすべてまとまりを見ず、旅行も凶とされます。きのえ申から10日間です。

三伏《さんぷく》日《び》

夏至後の第三の庚（かのえ）の日を初伏、次の庚を中伏、立秋後最初の庚を末伏といい、合わせて三伏です。種まきから結婚、旅行など和合することはすべてによくない日です。

大《おお》土《つち》・小《こ》土《づち》　かのえ午から七日間が大つち、つちのえ寅から七日間を小つちといい、木や竹を切ってはいけない日です。

土公《どこう》神《じん》　土を守る神です。春は台所、夏は門、秋は井戸、冬は庭にさわることが凶です。

社《しゃ》日《にち》　春分とか秋分に最も近い戊（つちのえ）で、春には五穀の種を神前に供えて豊作を祈り、秋口には初穂を供えて収穫を感謝する日です。春は春社、秋は秋社と呼ばれます。

●六曜（ろくよう）

六輝ともいい、もともと時刻の吉凶占いでしたが、単に日の吉凶を知るのに用いるようになりました。

先《せん》勝《しょう》　「先んずれば勝つ」で、急ぐ願いごと、急用や訴訟、勝負ごとによく吉です。「八つより暮六つまで悪し」といい午後は凶になります。

友《とも》引《びき》　「進まず引かず」勝負がつかない暗示で、午前中と夕刻と夜は小吉です。ただし、昼は凶。弔事は凶で、結婚などめでたいことは吉です。

先《せん》負《ぶ》　「先んずれば負け」で、出しゃばらず静かにして吉です。午前が凶で、午後が吉ともいい、公用や急用は避ける日です。

仏《ぶつ》滅《めつ》　物滅ともいい「物を失う」凶の日で、仏教とは関係ない。移転、開店など事を始めるのに悪く、この日に病気すれば長びくという。

大《たい》安《あん》　「大いに安んず」で大安吉日です。陰陽道で移転、旅行、結婚など吉事を運んで、すべてが吉の日です。

赤《しゃっ》口《こう》　赤口神が衆生を悩まし、新しい事始めなどは多くの障害を招いて凶です。月替わりの正午は吉。時刻で午前9時から午後3時までは吉です。

六曜の記載順序は左記に示すように、「旧暦による各月の朔日（一日）からは、何からはじまる」という具合に定められています。

旧暦1月と7月の一日からは、いつでも「先勝」で始まる。
旧暦2月と8月の一日からは、いつでも「友引」で始まる。
旧暦3月と9月の一日からは、いつでも「先負」で始まる。
旧暦4月と10月の一日からは、いつでも「仏滅」で始まる。
旧暦5月と11月の一日からは、いつでも「大安」で始まる。
旧暦6月と12月の一日からは、いつでも「赤口」で始まる。

●十二直（じゅうにちょく）

十二客（かく）、十二建（けん）、あるいは江戸時代の暦で中段ともいいます。

真北を十二支の子として、各方位に十二支を配置し、北斗七星の様子と組み合わせて十二種の日の吉凶を占うことです。

たつ（健） 最吉日。祭祀、結婚、開店、移転、旅行、新規事業はすべてに吉です。土を動かすこと、蔵開きは凶です。

のぞく（除） 百凶を除き、神事、種まき、医師にかかるなど一切の吉日です。結婚と土を動かすことは凶になります。

みつ（満） 万事が充満する吉日です。建築、結婚、移転、祝いごと、土を動かすこと、金銭ごともすべて吉です。

たいら（平） 平安の意で地固め、旅行、種まき、結婚、祝いごと、すべてに吉です。池や穴掘りは凶となります。

さだん（定） 必定の日で、建築、移転、結婚、開店、種まきなどが吉。特に規則の制定や人事、任命に吉。訴訟、旅行、樹木の植え替え凶。

とる（執） 物を受けとる日で、物質の受け入れ、祝いごと、建築など万事が吉です。ただし、金銭の出し入れ、財産整理は凶となります。

やぶる（破） 破壊の日です。訴訟、談判などの争いごとは吉ですが、結婚や祝いごとは破れて凶となります。

あやぶ（危） 険悪の日で、すべて控えめが吉です。旅行、登山、高所や木を切ることは大凶です。酒造りのみ吉。

なる（成） 物ごとが成就する日で、種まき、仕込み、願かけ、開店など、新規ごとすべてに吉です。訴訟、談判は凶になります。

おさん（納） 宝を蔵にしまう日で、結婚、商品の買い入れなどが吉です。ただし、物を出すことは凶です。

ひらく（開） 法蔵が扉を開ける日で、蔵開き、建築、移動、結婚などすべて吉です。葬式などの不浄ごとは凶になります。

とず（閉） 法蔵に鍵をかけ、すべて閉鎖する意の日で、金銭収納、建墓などにはよいが、結婚、開店など出すものは凶です。

●二十八宿（にじゅうはっしゅく）

古代中国の天文学で、月がおよそ二十八夜で恒星の間を一周することに基づき、一夜ごとに宿する位置を区別して表示したものが二十八宿です。

各星宿は青龍、玄武、白虎、朱雀の四宮（四神）に分け、それぞれを七分割して二十八宿とし、日月を配して吉凶を占いました。

「干支」「九星」「六曜」など、占いの吉凶が日によって矛盾した現れ方をする日もあります。何をしてよしとするかは、各自の判断でよいかと思います。

二十八宿吉凶表

宮	東方蒼竜七宿						
宿	角《かく》	亢《こう》	氐《てい》	房《ぼう》	心《しん》	尾《び》	箕《き》
吉凶	衣類の仕立て、普請造作、結婚などは吉です。不祝儀は凶。	物品購入、結納などは吉です。建築に関することは凶。	新規に事を始めるのは吉です。衣類購入、着初めは凶。	結婚、移転、建造物、旅行などが吉です。	神仏の祭祀、移転、旅行は吉です。結婚、葬式、建造は凶。	結婚、開店開業などが吉です。衣類に関することは凶。	衣類購入や着初め、建造改造、新計画は大吉。不祝儀事凶。
宮	北方玄武七宿						
宿	斗《と》	牛《ぎゅう》	女《じょ》	虚《きょ》	危《き》	室《しつ》	壁《へき》
吉凶	井戸や土掘りの土木関係、建造事は特に吉です。	神仏への参詣、供養が大吉。できるだけ早めに進めること。	芸事が大吉です。建造、移転、結婚、着初め、葬式は凶。	建造物、相談、契約など積極的に行うことは、すべて凶。	造作や土を動かすことと吉。結婚、衣類の着初めや裁ち初め凶。	建造、特に屋根の修繕、結婚などの祝い事すべてに吉。	土地の購入、衣類の着初め、婚儀、不祝儀などすべて吉。
宮	西方白虎七宿						
宿	奎《けい》	婁《ろう》	胃《い》	昴《ぼう》	畢《ひつ》	觜《し》	参《さん》
吉凶	井戸掘り、植木植え替え、芸事開始、開店などすべて吉。	建造、庭園や門の造作、結婚、相談事などが吉です。	開店開業、求職、結婚など吉です。建造や修理事は凶。	神仏参詣、相談事、新規事業などすべて吉です。	棟上げ、屋根替えなど建造事が特に吉です。	芸事や学問の開始と終了、建造物も吉。仕立物と着初め凶。	結婚、仕立物、建造改造は吉です。旅行だけは凶。
宮	南方朱雀七宿						
宿	井《せい》	鬼《き》	柳《りゅう》	星《せい》	張《ちょう》	翼《よく》	軫《しん》
吉凶	神仏祭祀、種まき、建造は吉です。不祝儀事は凶。	一般に大吉日。建造、開店、旅行など特に大吉。婚儀だけ凶。	修繕ごとは吉です。結婚、開店、蔵造りは凶。	馬の乗初め、トイレの増改築は吉。結婚、葬式など儀式事凶。	建造、移転、新事業開始、結婚などすべてに吉です。	耕作、樹木の植え替えは吉です。儀式事は凶。	養子縁組み、結婚、移転、土地購入、田畑いじりなど吉。

令和4年 壬寅五黄土星 略暦

民間行事

旧正月	2月1日(火)
節分	2月3日(木)
初午	2月10日(木)
桃の節句	3月3日(木)
春の彼岸	3月18日(金)
花まつり	4月8日(金)
メーデー	5月1日(日)
端午の節句	5月5日(木)
母の日	5月8日(日)
父の日	6月19日(日)
七夕	7月7日(木)
お盆	7月15日(金)
旧お盆	8月12日(金)
月遅れお盆	8月15日(月)
重陽の節句	9月9日(金)
十五夜	9月10日(土)
秋の彼岸	9月20日(火)
七五三	11月15日(火)
クリスマス	12月25日(日)

国民の祝祭日

元日	1月1日(土)
成人の日	1月10日(月)
建国記念の日	2月11日(金)
天皇誕生日	2月23日(水)
春分の日	3月21日(月)
昭和の日	4月29日(金)
憲法記念日	5月3日(火)
みどりの日	5月4日(水)
こどもの日	5月5日(木)
海の日	7月18日(月)
山の日	8月11日(木)
敬老の日	9月19日(月)
秋分の日	9月23日(金)
スポーツの日	10月10日(月)
文化の日	11月3日(木)
勤労感謝の日	11月23日(水)

二十四節気と雑節

小寒	1月5日(水)
大寒	1月20日(木)
立春	2月4日(金)
雨水	2月19日(土)
啓蟄	3月5日(土)
春分	3月21日(月)
清明	4月5日(火)
穀雨	4月20日(水)
八十八夜	5月2日(月)
立夏	5月5日(木)
小満	5月21日(土)
芒種	6月6日(月)
入梅	6月11日(土)
夏至	6月21日(火)
半夏生	7月2日(土)
小暑	7月7日(木)
大暑	7月23日(土)
立秋	8月7日(日)
処暑	8月23日(火)
二百十日	9月1日(木)
白露	9月8日(木)
秋分	9月23日(金)
寒露	10月8日(土)
霜降	10月23日(日)
立冬	11月7日(月)
小雪	11月22日(火)
大雪	12月7日(水)
冬至	12月22日(木)

彼岸入り	土用入り	甲子	庚申	己巳	社日
3月18日(金)	1月17日(月)	1月11日(火)	1月7日(金)	1月16日(日)	3月16日(水)
9月20日(火)	4月17日(日)	3月12日(土)	3月8日(火)	3月17日(木)	9月22日(木)
	7月20日(水)	5月11日(水)	5月7日(土)	5月16日(月)	
	10月20日(木)	7月10日(日)	7月6日(水)	7月15日(金)	
		9月8日(木)	9月4日(日)	9月13日(火)	
		11月7日(月)	11月3日(木)	11月12日(土)	

天赦日	天一天上	十方暮	八専	三伏日
1月11日(火)	2月9日(水)	1月31日(月)	2月28日(月)	初伏 7月16日(土)
3月26日(土)	4月10日(日)	4月1日(金)	4月29日(金)	中伏 7月26日(火)
6月10日(金)	6月9日(木)	5月31日(火)	6月28日(火)	末伏 8月15日(月)
8月23日(火)	8月8日(月)	7月30日(土)	8月27日(土)	
10月22日(土)	10月7日(金)	9月28日(水)	10月26日(水)	
11月7日(月)	12月6日(火)	11月27日(日)	12月25日(日)	

4年大安吉日表

月	大安吉日
1月	8(土)・14(金)・20(木)・26(水)・
2月	5(土)・11(金)・17(木)・23(水)・
3月	1(火)・6(日)・12(土)・18(金)・24(木)・30(水)
4月	3(日)・9(土)・15(金)・21(木)・27(水)
5月	2(月)・8(日)・14(土)・20(金)・26(木)
6月	5(日)・11(土)・17(金)・23(木)・
7月	4(月)・10(日)・16(土)・22(金)・28(木)
8月	2(火)・8(月)・14(日)・20(土)・26(金)・30(火)
9月	5(月)・11(日)・17(土)・23(金)・28(水)
10月	4(火)・10(月)・16(日)・22(土)・26(水)
11月	1(火)・7(月)・13(日)・19(土)・24(木)・30(水)
12月	6(火)・12(月)・18(日)・28(水)・

令和4年 壬寅五黄土星 年方位図

前田龍徳

恵方(歳徳神)は
壬の方位
子亥の間(北北西)

五黄土星生まれの人
六白、七赤、八白、九紫の方位吉
一白、三碧、四緑の方位凶

九紫火星生まれの人
三碧、四緑、八白の方位吉
六白、七赤の方位凶
(一白は本命的殺凶)
(九紫は本命殺凶)

四緑木星生まれの人
一白、三碧、九紫は方位吉
七赤、八白は方位凶
(六白は本命的殺凶)
(四緑は本命殺凶)

二黒土星生まれの人
六白、七赤、九紫の方位吉
一白、三碧、四緑の方位凶
(八白は本命的殺凶)
(二黒は本命殺凶)

三碧木星
生まれの人
一白、四緑、九紫
の方位吉
六白、八白の方位凶
(七赤は本命的殺凶)
(三碧は本命殺凶)

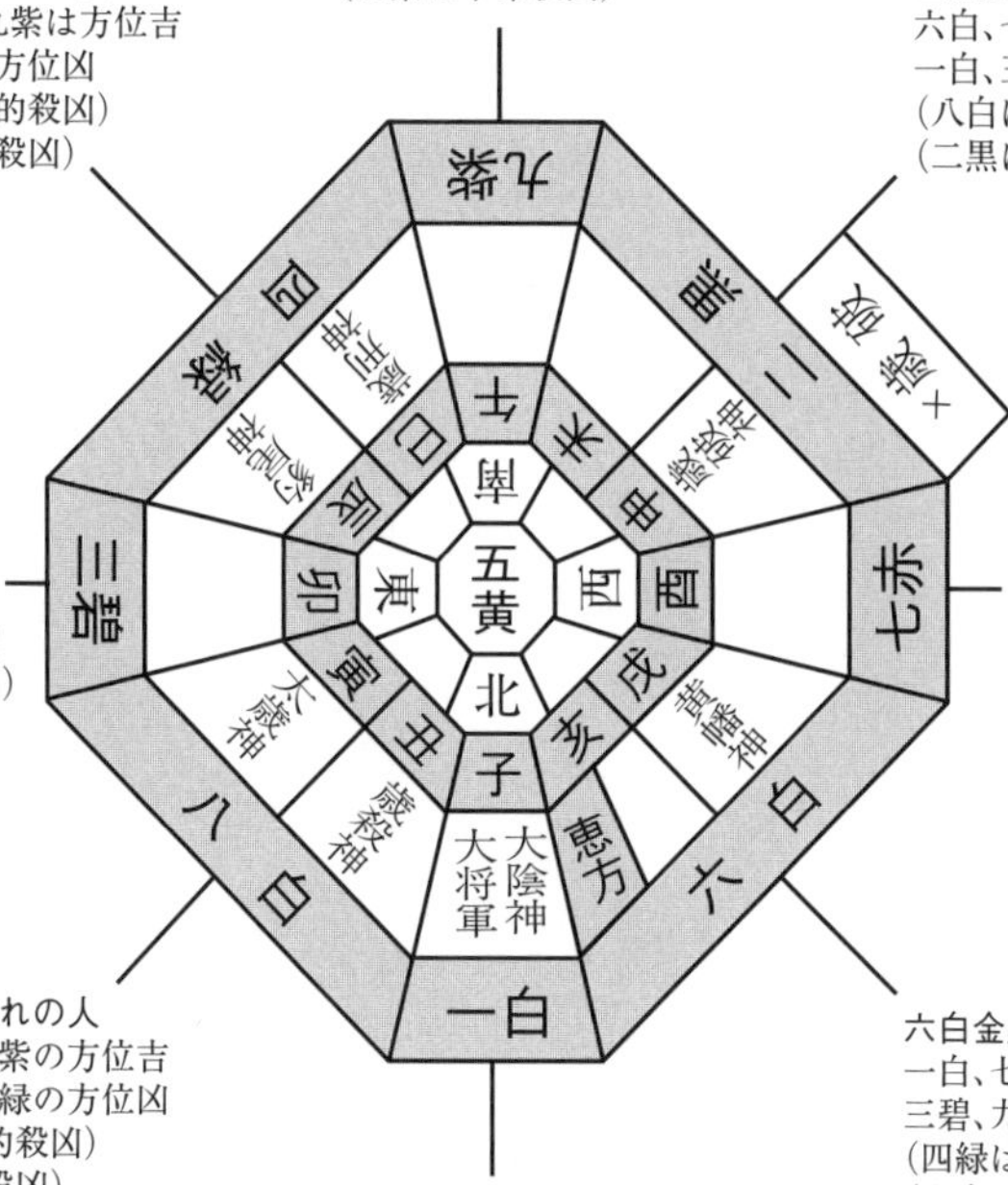

七赤金星
生まれの人
一白、六白、八白
の方位吉
四緑、九紫の方位凶
(三碧は本命的殺
(七赤は本命殺凶

八白土星生まれの人
六白、七赤、九紫の方位吉
一白、三碧、四緑の方位凶
(二黒は本命的殺凶)
(八白は本命殺凶)

六白金星生まれの人
一白、七赤、八白の方位吉
三碧、九紫の方位凶
(四緑は本命的殺凶)
(六白は本命殺凶)

一白水星生まれの人
三碧、四緑、六白、七赤の方位吉
八白の方位凶
(九紫は本命的殺凶)
(一白は本命殺凶)

×暗剣殺・五黄殺・歳破の方位は、誰にでも大凶方位です。

一月の暦

睦月《むつき》

お年玉、初荷、年賀、雑煮
スキー、雪だるま、かざ花

辛丑《かのとうし》三碧木星の月

新暦	七曜	干支	九星	暦の行事	旧暦	六曜	十二直	廿八宿	各地の行事	満潮	干潮
1日	土	きのえ寅	一白	◉元日 初詣 恵方参り 三隣亡 初寅（毘沙門天） 不成就日 辛丑年	十一月廿九日	先負	みつ	胃	出雲大社大御饌祭（島根） 伊勢神宮歳旦祭（三重）	4・33 14・59	9・40 22・11
2日	日	きのと卯	九紫	皇居一般参賀 初荷 初夢 書初め 初卯	卅日	仏滅	たいら	昴	鹿角の大日堂舞楽（秋田） 北野天満宮筆始祭（京都）	5・23 15・45	10・33 22・57
3日	月	ひのえ辰	八白	●朔三時三分	十二月一日	赤口	さだん	畢	筥崎宮玉せせり（福岡） 鳳来寺田楽（愛知）	6・07 16・31	11・21 23・44
4日	火	ひのと巳	七赤	初巳（弁財天） 官庁御用始め	二日	先勝	とる	觜	坂部の冬祭り（長野） 鶴岡八幡宮手斧始式（神奈川）	6・49 17・15	12・05
小寒	一八時一四分	六十七候／芹《せり》栄う 六十八候／泉水温を含む 六十九候／雉《きじ》初めて鳴く							1日の日の出6・51 日の入16・38		
5日	水	つちのえ午	六白	小寒 初水天宮 三隣亡	三日	友引	とる	参	伏見稲荷大社大山祭（京都）	7・28 17・57	0・28 12・47
6日	木	つちのと未	五黄	六日年越し 東京消防庁出初式	四日	先負	やぶる	井	高崎少林山だるま市（群馬） 善光寺おびんずる回し（長野）	8・04 18・39	1・10 13・28
7日	金	かのえ申	四緑	七草（七草粥） 七日正月 松納め 初庚申（帝釈天）	五日	仏滅	あやぶ	鬼	三嶋大社田祭（静岡） 熊野本宮八咫烏神事（和歌山）	8・38 19・24	1・48 14・11
8日	土	かのと酉	三碧	初薬師 初鬼子母神 不成就日	六日	大安	なる	柳	浅草鳥越神社とんど焼き（東京） 勝部神社の火祭り（滋賀）	9・09 20・14	2・23 14・58
9日	日	みずのえ戌	二黒	宵えびす	七日	赤口	おさん	星	菅原神社のえべっさん（大阪） 前橋の初市まつり（群馬）	9・41 21・18	2・57 15・58
10日	月	みずのと亥	一白	◉成人の日 ◐上弦三時一一分 八専終 旧事八日・針供養 十日戎	八日	先勝	ひらく	張	天橋立の文殊堂十日えびす（京都） 金刀比羅宮初こんぴら（香川）	10・15 22・47	3・31 17・17
11日	火	きのえ子	一白	陽遁 天赦日 初甲子（大黒天） 鏡開き・蔵開き 学校始業 一粒万倍日	九日	友引	とず	翼	熱田神宮踏歌神事（愛知）	10・55	4・17 18・41
12日	水	きのと丑	二黒	スキー記念日	十日	先負	たつ	軫	伏見稲荷大社奉射祭（京都）	1・18 11・48	5・45 19・45
13日	木	ひのえ寅	三碧	初虚空蔵	十一日	仏滅	のぞく	角	足利徳正寺まゆ玉市（栃木） 住吉大社御結鎮神事（大阪）	3・21 12・57	7・25 20・35
14日	金	ひのと卯	四緑	十四日年越し どんど焼き 一粒万倍日	十二日	大安	みつ	亢	四天王寺のどやどや（大阪） 中之条の鳥追い祭（群馬）	4・06 14・05	8・38 21・17

15日	土	つちのえ辰	五黄	蠟日 小正月 小豆がゆ	十三日	赤口	たいら	氐	野沢温泉の道祖神祭り（長野） 三浦海南神社チャッキラコ（神奈川）	4・38 14・57	9・32 21・56
16日	日	つちのと巳	六白	初己巳（弁財天） 藪入り えんま詣り 親鸞聖人忌 不成就日	十四日	先勝	さだん	房	東通村の田植え餅つき踊り（青森） 上賀茂神社武射神事（京都）	5・06 15・38	10・14 22・33
17日	月	かのえ午	七赤	土用 防災とボランティアの日 大つち始 三隣亡	十五日	友引	とる	心	太平山三吉神社ぼんでん祭（秋田）	5・33 16・13	10・50 23・09
18日	火	かのと未	八白	○望八時四八分 初観音	十六日	先負	やぶる	尾	浅草寺の亡者送り（東京）	6・00 16・46	11・23 23・44
19日	水	みずのえ申	九紫		十七日	仏滅	あやぶ	箕	鹿島の鮒市（佐賀）	6・27 17・19	11・55
大寒	一一時三九分			七十候／蕗《ふき》の薹《とう》花咲く 七十一候／水沢厚く堅し 七十二候／鶏鳥屋に就く 21日の日の出6・48 日の入16・57							
20日	木	みずのと酉	一白	大寒 二十日正月 えびす講	十八日	大安	なる	斗	毛越寺の延年の舞（岩手） 大江天満宮幸若舞（福岡）	6・54 17・52	0・17 12・27
21日	金	きのえ戌	二黒	初大師	十九日	赤口	おさん	牛	東寺初弘法（京都）	7・23 18・28	0・50 12・59
22日	土	きのと亥	三碧	黙阿弥忌 飛行船の日 ジャズの日	廿日	先勝	ひらく	女	豊川稲荷東京別院大祭（東京） 若草山の山焼き（奈良）	7・52 19・07	1・22 13・34
23日	日	ひのえ子	四緑	大つち終 一粒万倍日	廿一日	友引	とず	虚	大安寺癌封じ笹酒祭（奈良）	8・22 19・54	1・55 14・13
24日	月	ひのと丑	五黄	初地蔵 初愛宕 不成就日	廿二日	先負	たつ	危	巣鴨とげぬき地蔵尊大祭（東京） 亀戸天神うそ替え神事（東京）	8・53 20・55	2・28 14・59
25日	火	つちのえ寅	六白	◑下弦二二時四一分 初天神 小つち始 法然上人忌	廿三日	仏滅	のぞく	室	鎌倉荏柄天神筆供養（神奈川）	9・27 22・17	3・05 16・02
26日	水	つちのと卯	七赤	文化財防火デー 道元禅師誕生会 一粒万倍日 旧地蔵納め	廿四日	大安	みつ	壁	永平寺道元禅師誕生会（福井）	10・06	3・53 17・32
27日	木	かのえ辰	八白	国旗制定記念日	廿五日	赤口	たいら	奎	多田神社初権現祭（兵庫）	0・22 10・54	5・13 19・03
28日	金	かのと巳	九紫	初不動	廿六日	先勝	さだん	婁	川崎麻生不動尊だるま市（神奈川）	2・53 12・02	7・06 20・14
29日	土	みずのえ午	一白	三隣亡	廿七日	友引	とる	胃	おびひろ氷まつり（北海道）	4・01 13・33	8・35 21・13
30日	日	みずのと未	二黒		廿八日	先負	やぶる	昴	富士五湖西湖の樹氷まつり（山梨） 湯西川温泉かまくら祭（栃木）	4・45 14・50	9・41 22・06
31日	月	きのえ申	三碧	晦日正月 小つち終 十方暮始	廿九日	仏滅	あやぶ	畢	伊豆大島椿まつり（東京）	5・22 15・47	10・33 22・55

二月の暦

如月《きさらぎ》

豆まき、薄氷、焼野、梅見
冴返る、猫の恋、三寒四温

壬寅《みずのえとら》二黒土星の月

新暦	七曜	干支	九星	暦の行事	旧暦	六曜	十二直	廿八宿	各地の行事	満潮	干潮
1日	火	きのと酉	四緑	●朔一四時四六分 生活習慣病予防週間 壬寅年	一月一日	先勝	なる	觜	出雲大社福神祭（島根） 尾鷲ヤーヤまつり（三重）	5・55 16・35	11・16 23・39
2日	水	ひのえ戌	五黄		二日	友引	おさん	参	熊野花の窟神社祭（三重） 鶴岡春日神社の黒川能（山形）	6・27 17・17	11・55
3日	木	ひのと亥	六白	節分（豆まき） 不成就日	三日	先負	ひらく	井	春日大社万灯籠（奈良） 三峯神社ごもっとも祭（埼玉）	6・55 17・57	0・18 12・32
立春		五時五一分	一候／東風《こち》凍を解く　二候／うぐいす鳴く　三候／魚氷に上がる						10日の日の出6・33　日の入17・17		
4日	金	つちのえ子	七赤	立春	四日	仏滅	ひらく	鬼	登別温泉湯まつり（北海道）	7・21 18・36	0・52 13・07
5日	土	つちのと丑	八白	一粒万倍日	五日	大安	とず	柳	さっぽろ雪まつり（北海道）	7・45 19・15	1・22 13・42
6日	日	かのえ寅	九紫		六日	赤口	たつ	星	新宮神倉神社お燈まつり（和歌山） 明日香おんだ祭（奈良）	8・07 19・57	1・49 14・19
7日	月	かのと卯	一白	北方領土の日　旧七草	七日	先勝	のぞく	張	水沢黒石寺蘇民祭（岩手）	8・29 20・47	2・12 15・01
8日	火	みずのえ辰	二黒	◐上弦二二時五〇分　事八日・針供養	八日	友引	みつ	翼	富士毘沙門天祭（静岡） 伊豫豆比古命神社椿まつり（愛媛）	8・53 21・52	2・32 15・57
9日	水	みずのと巳	三碧	天一天上始	九日	先負	たいら	軫	風浪宮大祭（福岡）	9・21 23・52	2・48 17・21
10日	木	きのえ午	四緑	初午　一粒万倍日	十日	仏滅	さだん	角	伏見稲荷初午祭（京都） 加賀石部神社竹割神事（石川）	9・59	2・26 18・53
11日	金	きのと未	五黄	⊙建国記念の日 文化勲章制定記念日 不成就日	十一日	大安	とる	亢	橿原神宮祭（奈良） 豊橋の鬼祭り（愛知）	4・13 11・06	6・36 20・02
12日	土	ひのえ申	六白	菜の花忌（司馬遼太郎忌）	十二日	赤口	やぶる	氐	なまはげ柴灯祭（秋田）	4・16 13・31	8・36 20・55
13日	日	ひのと酉	七赤		十三日	先勝	あやぶ	房	鳥羽の火祭り（愛知） 宇佐神宮の鎮疫祭（大分）	4・34 14・48	9・34 21・40
14日	月	つちのえ戌	八白	バレンタインデー	十四日	友引	なる	心	角館の火振りかまくら（秋田） 下呂の田の神神事（岐阜）	4・54 15・32	10・12 22・19

15日	火	つちのと亥	九紫	旧小正月 涅槃会 三隣亡 全国緑化キャンペーン	十五日	先負	おさん	尾	酒田の黒森歌舞伎（山形）	5・15 16・09	10・43 22・56
16日	水	かのえ子	一白		十六日	仏滅	ひらく	箕	宮古の十六夜祭（沖縄） 横手かまくら（秋田）	5・37 16・42	11・13 23・29
17日	木	かのと丑	二黒	○望一時五七分 一粒万倍日	十七日	大安	とず	斗	八戸のえんぶり（青森） 伊勢神宮祈年祭（三重）	5・59 17・16	11・42
18日	金	みずのえ寅	三碧	禁煙運動の日 エアメールの日	十八日	赤口	たつ	牛	華厳寺の谷汲踊（岐阜）	6・23 17・51	0・02 12・12
雨水		一時四三分		四候／土が潤い起こる 五候／霞《かすみ》初めてたなびく 六候／草木萌え動く					20日の日の出6・23 日の入17・27		
19日	土	みずのと卯	四緑	雨水 万国郵便連合加盟記念日 不成就日	十九日	先勝	のぞく	女	西大寺会陽裸祭（岡山） 田村神社厄除大祭（滋賀）	6・47 18・28	0・33 12・43
20日	日	きのえ辰	五黄	歌舞伎の日 旧二十日正月	廿日	友引	みつ	虚	秋吉台の山焼き（山口） 野里の一夜官女（大阪）	7・11 19・08	1・03 13・15
21日	月	きのと巳	六白		廿一日	先負	たいら	危	石和のお天狗さん（山梨）	7・35 19・54	1・33 13・49
22日	火	ひのえ午	七赤	世界友情の日 二の午 一粒万倍日	廿二日	仏滅	さだん	室	四天王寺の太子二歳まいり（大阪）	8・01 20・50	2・02 14・28
23日	水	ひのと未	八白	⊡天皇御誕生日	廿三日	大安	とる	壁	醍醐寺の五大力さん（京都）	8・28 22・06	2・32 15・19
24日	木	つちのえ申	九紫	◑下弦七時三二分 天一天上終	廿四日	赤口	やぶる	奎	大田原大田山地蔵尊春大祭（栃木）	8・59	3・05 16・39
25日	金	つちのと酉	一白	斎藤茂吉忌	廿五日	先勝	あやぶ	婁	和良比皇産霊神社はだか祭（千葉）	0・51 9・41	4・10 18・34
26日	土	かのえ戌	二黒		廿六日	友引	なる	胃	勝山の左義長（福井）	3・28 11・06	7・13 20・05
27日	日	かのと亥	三碧	不成就日 三隣亡	廿七日	先負	おさん	昴	鶴岡金峯山雪灯籠祭（山形）	4・04 13・43	8・55 21・10
28日	月	みずのえ子	四緑	坪内逍遙忌 八専始	廿八日	仏滅	ひらく	畢	熱海逍遙祭（静岡）	4・34 15・03	9・49 22・02

この暦に示してある日の出・日の入の時刻は東京におけるものです。

二十四節気、月の朔・弦・望の時刻と共に、東京天文台の資料によっています。

また、満潮・干潮の時刻は東京・晴海における数値で、海上保安庁書誌第781号「令和4年潮汐表第1巻」の資料より引用いたしました。各地の時刻が必要な時は、その地域をカバーしている機関へお問い合わせ下さい。
※「各地の行事」は新型コロナウイルスのため中止になっている場合があります。ご了承ください。

三月の暦

弥生《やよい》

受験、雛祭り、東風、卒業
雲雀、霞、つくし、鮎の子

癸卯《みずのとう》一白水星の月

新暦	七曜	干支	九星	暦の行事	旧暦	六曜	十二直	廿八宿	各地の行事	満潮	干潮
1日	火	みずのと丑	五黄	春の全国火災予防運動　一粒万倍日	一月廿九日	大安	とず	觜	水戸偕楽園梅まつり（茨城）　宝鏡寺の雛まつり人形展（京都）	5・01　15・54	10・29　22・46
2日	水	きのえ寅	六白		卅日	赤口	たつ	参	若狭のお水送り（福井）	5・27　16・37	11・04　23・24
3日	木	きのと卯	七赤	●朔二時三五分　桃の節句（雛祭り）　平和の日	二月一日	友引	のぞく	井	浦佐神社の裸押合祭り（新潟）　淡嶋神社雛流し（和歌山）	5・51　17・15	11・38　23・58
4日	金	ひのえ辰	八白	二日灸　不成就日	二日	先負	みつ	鬼	深大寺だるま市（東京）	6・14　17・52	12・10
啓蟄	二三時四四分	七候／巣籠《すごもり》の虫戸を開く　八候／桃初めて咲く　九候／菜虫蝶と化す								2日の日の出6・10　日の入17・37	
5日	土	ひのと巳	九紫	啓蟄	三日	仏滅	みつ	柳	奥多摩川野の車人形（東京）	6・35　18・28	0・27　12・41
6日	日	つちのえ午	一白	旧初午	四日	大安	たいら	星	岩沼竹駒神社祭（宮城）　霧島神宮御田植祭（鹿児島）	6・54　19・04	0・54　13・12
7日	月	つちのと未	二黒	消防記念日	五日	赤口	さだん	張	住吉神社御田植祭（福岡）	7・12　19・43	1・17　13・44
8日	火	かのえ申	三碧	庚申　国際婦人デー	六日	先勝	とる	翼	桐原わら駒祭り（長野）	7・31　20・27	1・37　14・18
9日	水	かのと酉	四緑	記念切手販売記念日　一粒万倍日	七日	友引	やぶる	軫	鹿島神宮祭頭祭（茨城）　貴船神社雨乞祭（京都）	7・51　21・22	1・55　14・58
10日	木	みずのえ戌	五黄	◐上弦一九時四五分　旧事八日・針供養	八日	先負	あやぶ	角	塩竈神社帆手祭（宮城）　法輪寺技芸上達祭（京都）	8・12　22・51	2・07　16・00
11日	金	みずのと亥	六白	パンダの日　八専終	九日	仏滅	なる	亢	土佐神社斎籠祭（高知）	8・35	1・50　17・46
12日	土	きのえ子	七赤	甲子　不成就日	十日	大安	おさん	氐	東大寺二月堂お水取り（奈良）　近江八幡左義長祭（滋賀）	9・06	19・22
13日	日	きのと丑	八白		十一日	赤口	ひらく	房	春日大社春日祭（奈良）	3・59　13・12	9・07　20・28
14日	月	ひのえ寅	九紫	ホワイトデー　キャンディの日　一粒万倍日　三隣亡	十二日	先勝	とず	心	美濃輪稲荷大祭（静岡）	4・08　14・39	9・36　21・16

15日	火	ひのと卯	一白	所得税確定申告締切日	十三日	友引	たつ	尾	嵯峨釈迦堂お松明式（京都） 田縣神社豊年祭（愛知）	4・23 15・23	10・01 21・57
16日	水	つちのえ辰	二黒	社日 国立公園指定記念日	十四日	先負	のぞく	箕	西宮広田神社例祭（兵庫）	4・41 15・59	10・27 22・33
17日	木	つちのと巳	三碧	己巳 旧涅槃会	十五日	仏滅	みつ	斗	藤守の田遊び（静岡）	5・00 16・34	10・54 23・07
18日	金	かのえ午	四緑	○望一六時一八分 彼岸入り 旧二の午 大つち始	十六日	大安	たいら	牛	気多大社おいでまつり（石川） 金龍山浅草寺金龍の舞（東京）	5・21 17・10	11・22 23・39
19日	土	かのと未	五黄	音楽の日	十七日	赤口	さだん	女	道後温泉湯祈祷まつり（愛媛）	5・43 17・47	11・51
20日	日	みずのえ申	六白	上野動物園開園記念日 不成就日	十八日	先勝	とる	虚	物部神社の真桑文楽（岐阜）	6・05 18・27	0・11 12・22
春分	○時三三分	十候／雀初めて巣くう 十一候／桜初めて開く 十二候／雷声を出す	22日の日の出5・43 日の入17・54								
21日	月	みずのと酉	七赤	⊡春分の日 彼岸中日 弘法大師忌 一粒万倍日	十九日	友引	やぶる	危	高野山金剛峯寺正御影供（和歌山） 会津若松の彼岸獅子（福島）	6・28 19・10	0・42 12・54
22日	火	きのえ戌	八白	NHK放送記念日	廿日	先負	あやぶ	室	法隆寺聖霊会（奈良）	6・51 19・58	1・12 13・28
23日	水	きのと亥	九紫	世界気象デー	廿一日	仏滅	なる	壁	西本願寺春季彼岸会（京都）	7・15 20・56	1・42 14・06
24日	木	ひのえ子	一白	彼岸明け 大つち終	廿二日	大安	おさん	奎	阿賀神社太郎防宮大祭（滋賀）	7・39 22・23	2・12 14・55
25日	金	ひのと丑	二黒	◑下弦一四時三七分 電気記念日	廿三日	赤口	ひらく	婁	道明寺天満宮菜種御供大祭（大阪）	8・07	2・47 16・14
26日	土	つちのえ寅	三碧	天赦日 小つち始 一粒万倍日 三隣亡	廿四日	先勝	とず	胃	近江堅田の比良八講（滋賀）	1・49 8・46	4・31 18・19
27日	日	つちのと卯	四緑	京都表千家利休忌	廿五日	友引	たつ	昴	仙石原の湯立獅子舞（神奈川） 下田の唐人お吉供養祭（静岡）	3・05 11・20	8・02 19・55
28日	月	かのえ辰	五黄	京都裏千家利休忌 不成就日	廿六日	先負	のぞく	畢	鎌数伊勢大神宮祭（千葉） 品川海雲寺千躰荒神祭（東京）	3・36 14・06	9・02 20・58
29日	火	かのと巳	六白	八百屋お七の日	廿七日	仏滅	みつ	觜	円乗寺八百屋お七忌（東京）	4・01 15・08	9・38 21・46
30日	水	みずのえ午	七赤	旧三の午	廿八日	大安	たいら	参	薬師寺花会式（奈良）	4・25 15・53	10・11 22・26
31日	木	みずのと未	八白	炉塞ぎ 会計年度末日	廿九日	赤口	さだん	井	中野のひな市（長野）	4・47 16・32	10・43 23・00

四月の暦

卯月《うづき》

入学、花見、長閑、紋白蝶
風光る、春眠、桜餅、朧月

甲辰《きのえたつ》九紫火星の月

新暦	七曜	干支	九星	暦の行事	旧暦	六曜	十二直	廿八宿	各地の行事	満潮	干潮
1日	金	きのえ申	九紫	●朔一五時二四分 新学年 新会計年度 十方暮始 小つち終 不成就日	三月一日	先負	とる	鬼	都をどり（京都） 大和ちゃんちゃん祭り（奈良）	5・09 17・09	11・14 23・32
2日	土	きのと酉	一白	一粒万倍日	二日	仏滅	やぶる	柳	伊奈波神社神幸祭（岐阜） 谷地ひなまつり（山形）	5・29 17・45	11・45
3日	日	ひのえ戌	二黒	旧桃の節句（雛祭り）	三日	大安	あやぶ	星	沼須人形芝居（群馬）	5・49 18・20	0・00 12・15
4日	月	ひのと亥	三碧		四日	赤口	なる	張	沼津の大瀬まつり（静岡） 龍田大社祭（奈良）	6・07 18・56	0・26 12・44
清明 四時二〇分				十三候／つばめ来たる 十四候／雁北に帰る 十五候／虹初めて見る					1日の日の出5・28 日の入18・02		
5日	火	つちのえ子	四緑	清明 一粒万倍日	五日	先勝	なる	翼	輪島重蔵神社の曳山祭（石川）	6・26 19・34	0・50 13・14
6日	水	つちのと丑	五黄	春の全国交通安全運動	六日	友引	おさん	軫	若宮八幡宮御田植祭（大分）	6・46 20・17	1・13 13・45
7日	木	かのえ寅	六白	世界保健デー	七日	先負	ひらく	角	美保神社の青柴垣神事（島根）	7・05 21・08	1・34 14・21
8日	金	かのと卯	七赤	花祭り（灌仏会） 高浜虚子忌 一粒万倍日	八日	仏滅	とず	亢	祐徳稲荷神社卯月春祭（佐賀） 興福寺の甘茶会（奈良）	7・26 22・24	1・54 15・10
9日	土	みずのえ辰	八白	◑上弦一五時四八分 不成就日	九日	大安	たつ	氐	笠間稲荷神社例祭（茨城） 長浜曳山祭（滋賀）	7・44	2・11 16・36
10日	日	みずのと巳	九紫	女性の日 駅弁の日 天一天上始 十方暮終	十日	赤口	のぞく	房	糸魚川のけんか祭り（新潟） 平野神社桜花祭（京都）	3・12	18・26
11日	月	きのえ午	一白	メートル法公布記念日 三隣亡	十一日	先勝	みつ	心	吉野金峯山寺花供会式（奈良）	2・59 12・35	8・57 19・43
12日	火	きのと未	二黒	世界宇宙飛行の日	十二日	友引	たいら	尾	大津日吉大社山王祭（滋賀）	3・15 14・14	9・10 20・38
13日	水	ひのえ申	三碧	虚空蔵十三詣り 科学技術週間 水産デー 啄木忌	十三日	先負	さだん	箕	日光弥生祭（栃木） 嵯峨虚空蔵十三詣り（京都）	3・33 15・03	9・32 21・21
14日	木	ひのと酉	四緑		十四日	仏滅	とる	斗	春の飛騨高山祭（岐阜） 佐渡新穂の山王祭（新潟）	3・52 15・43	9・58 22・00

15日	金	つちのえ戌	五黄		十五日	大安	やぶる	牛	下長磯操翁式三番叟（群馬） 伊豆山神社例大祭（静岡）	4・13 16・22	10・25 22・37
16日	土	つちのと亥	六白		十六日	赤口	あやぶ	女	小鹿野の春まつり（埼玉）	4・36 17・02	10・55 23・13
17日	日	かのえ子	七赤	土用 ○望三時五五分 一粒万倍日 不成就日 復活祭（イースター）	十七日	先勝	なる	虚	氷見上日寺ごんごん祭（富山）	4・59 17・44	11・26 23・48
18日	月	かのと丑	八白	発明の日	十八日	友引	おさん	危	出雲大神宮風流花踊り（京都）	5・23 18・28	12・00
19日	火	みずのえ寅	九紫		十九日	先負	ひらく	室	飛騨の古川祭（岐阜）	5・48 19・16	0・22 12・35
穀雨	一一時二四分 十六候／葭《あし》初めて生ず 十七候／霜やみ苗生ず 十八候／牡丹《ぼたん》花咲く 21日の日の出5・01 日の入18・19										
20日	水	みずのと卯	一白	穀雨 郵政記念日 一粒万倍日	廿日	仏滅	とず	壁	建仁寺の四頭式茶会（京都） 五箇山春祭（富山）	6・14 20・10	0・56 13・13
21日	木	きのえ辰	二黒		廿一日	大安	たつ	奎	隠岐島の蓮華会舞（鳥取）	6・41 21・16	1・31 13・56
22日	金	きのと巳	三碧	清掃の日 地球の日	廿二日	赤口	のぞく	婁	多賀大社古例大祭（滋賀）	7・10 22・50	2・10 14・50
23日	土	ひのえ午	四緑	◑下弦二〇時五六分 みどりの週間 こどもの読書週間 三隣亡	廿三日	先勝	みつ	胃	高岡の築山行事（富山）	7・46	3・08 16・09
24日	日	ひのと未	五黄		廿四日	友引	たいら	昴	湯島聖堂孔子祭（東京） 能生白山神社春季大祭（新潟）	0・53 8・54	5・27 17・58
25日	月	つちのえ申	六白	国連記念日 天一天上終 不成就日	廿五日	先負	さだん	畢	興福寺文殊祭（奈良） 河口浅間神社春季例祭（山梨）	2・05 12・13	7・42 19・26
26日	火	つちのと酉	七赤		廿六日	仏滅	とる	觜	東大寺仏法興隆花まつり（奈良）	2・43 14・02	8・33 20・27
27日	水	かのえ戌	八白		廿七日	大安	やぶる	参	道成寺鐘供養（和歌山）	3・12 15・01	9・10 21・14
28日	木	かのと亥	九紫		廿八日	赤口	あやぶ	井	秋保大滝不動尊大祭（宮城） 奥州日高火防祭（岩手）	3・37 15・46	9・44 21・54
29日	金	みずのえ子	一白	● **昭和の日** 春の叙勲 八専始 一粒万倍日	廿九日	先勝	なる	鬼	箱根九頭龍神社例大祭（神奈川） 壬生狂言（京都）	4・01 16・26	10・16 22・30
30日	土	みずのと丑	二黒	図書館記念日 旧炉塞ぎ	卅日	友引	おさん	柳	浄閑寺荷風忌（東京） 有田陶器市（佐賀）	4・23 17・03	10・48 23・02

四月二十九日は昭和時代は「天皇誕生日」の祝日でした。昭和天皇崩御に伴い「みどりの日」という祝日になり、平成十九年より「昭和の日」に。「みどりの日」はそれまで「国民の休日」だった五月四日に移されました。

五月の暦

皐月《さつき》

菖蒲、新茶、そら豆、若菜
五月雨、母の日、初鰹、筍

乙巳《きのとみ》八白土星の月

新暦	七曜	干支	九星	暦の行事	旧暦	六曜	十二直	廿八宿	各地の行事	満潮	干潮
1日	日	きのえ寅	三碧	●朔五時二八分 白い羽根運動 メーデー	四月一日	仏滅	ひらく	星	飛騨一之宮水無神社例祭（岐阜） 平泉毛越寺藤原祭（岩手）	4・45 17・39	11・19 23・33
2日	月	きのと卯	四緑	八十八夜 一粒万倍日	二日	大安	とず	張	下関赤間神宮先帝祭（山口）	5・07 18・15	11・49
3日	火	ひのえ辰	五黄	⊡憲法記念日	三日	赤口	たつ	翼	博多どんたく（福岡） 浜松まつり（静岡）	5・28 18・52	0・02 12・19
4日	水	ひのと巳	六白	⊡みどりの日 不成就日	四日	先勝	のぞく	軫	揖斐祭り（岐阜） 七尾青柏祭（石川）	5・51 19・29	0・30 12・50
立夏	二一時二六分	十九候／蛙初めて鳴く	二十候／みみず出ずる	二十一候／たけのこ生ず	1日の日の出4・50	日の入18・27					
5日	木	つちのえ午	七赤	⊡こどもの日 立夏 端午の節句 児童福祉週間	五日	友引	のぞく	角	府中のくらやみ祭（東京） 豊岡出石の幟まわし（兵庫）	6・14 20・11	0・57 13・23
6日	金	つちのと未	八白		六日	先負	みつ	亢	白山比咩神社梅枝餅神事（石川） 下谷神社例大祭（東京）	6・38 20・59	1・24 13・59
7日	土	かのえ申	九紫	庚申	七日	仏滅	たいら	氐	生立八幡神社御神幸祭（福岡） 早岐の茶市（長崎）	7・04 22・00	1・55 14・44
8日	日	かのと酉	一白	母の日 旧灌仏会 世界赤十字デー	八日	大安	さだん	房	勝沼大善寺藤切会式（山梨） 松尾寺の仏舞（京都）	7・34 23・24	2・40 15・48
9日	月	みずのえ戌	二黒	◐上弦九時二一分 アイスクリームの日	九日	赤口	とる	心	薬師祭縁日植木市（山形）	8・32	4・48 17・17
10日	火	みずのと亥	三碧	日本気象協会創立記念日 愛鳥週間 八専終 三隣亡	十日	先勝	やぶる	尾	笠間稲荷御田植祭（茨城）	0・52 11・34	7・36 18・40
11日	水	きのえ子	四緑	甲子 萩原朔太郎忌	十一日	友引	あやぶ	箕	長良川鵜飼開き（岐阜）	1・46 13・29	8・17 19・43
12日	木	きのと丑	五黄	海上保安の日 看護の日 不成就日	十二日	先負	なる	斗	水戸常磐神社例大祭（茨城） 桧枝岐奉納歌舞伎（福島）	2・20 14・33	8・48 20・35
13日	金	ひのえ寅	六白		十三日	仏滅	おさん	牛	富士芝桜まつり（山梨）	2・49 15・24	9・19 21・21
14日	土	ひのと卯	七赤	一粒万倍日	十四日	大安	ひらく	女	大津三井寺千団子祭り（滋賀） 大垣祭（岐阜）	3・17 16・10	9・51 22・04

15日	日	つちのえ辰	八白	沖縄本土復帰記念日 一粒万倍日	十五日	赤口	とず	虚	葵祭（京都） 伏木曳山祭り（富山） 函館五稜郭祭（北海道）	3・46 16・57	10・25 22・45
16日	月	つちのと巳	九紫	己巳 ○望一三時一四分	十六日	先勝	たつ	危	萬弘寺のだまし市（大分）	4・15 17・44	11・02 23・25
17日	火	かのえ午	一白	世界電気通信記念日 大つち始	十七日	友引	のぞく	室	輪王寺延年の舞（栃木） 日光東照宮春季例大祭（栃木）	4・45 18・33	11・41
18日	水	かのと未	二黒	国際親善デー ことばの日	十八日	先負	みつ	壁	上御霊神社御霊祭（京都）	5・17 19・25	0・06 12・22
19日	木	みずのえ申	三碧		十九日	仏滅	たいら	奎	唐招提寺うちわまき（奈良）	5・51 20・22	0・46 13・06
20日	金	みずのと酉	四緑	東京港開港記念日 ローマ字の日 不成就日	廿日	大安	さだん	婁	酒田まつり（山形） 三国神社の三国祭（福井）	6・27 21・25	1・29 13・55
小満 一〇時二三分 二十二候／蚕《かいこ》起きて桑を食う 二十三候／紅花栄う 二十四候／麦秋至る 21日の日の出4・32 日の入18・44											
21日	土	きのえ戌	五黄	小満	廿一日	赤口	とる	胃	伊豆下田黒船祭（静岡） 青海神社乳母祭り（新潟）	7・09 22・33	2・19 14・51
22日	日	きのと亥	六白	三隣亡	廿二日	先勝	やぶる	昴	浅草三社祭（東京） 二尊院かるた忌（京都）	8・06 23・42	3・27 15・58
23日	月	ひのえ子	七赤	◑下弦三時四三分 大つち終	廿三日	友引	あやぶ	畢	洲原神社御田植・神送り祭（岐阜）	9・41	5・05 17・16
24日	火	ひのと丑	八白		廿四日	先負	なる	觜	湊川神社楠公祭（兵庫）	0・42 11・54	6・44 18・33
25日	水	つちのえ寅	九紫	小つち始	廿五日	仏滅	おさん	参	鶴岡天満宮化けものまつり（山形） 上野五條天神祭（東京）	1・29 13・37	7・46 19・37
26日	木	つちのと卯	一白	一粒万倍日	廿六日	大安	ひらく	井	詩仙堂丈山遺宝展（京都）	2・07 14・46	8・32 20・30
27日	金	かのえ辰	二黒	一粒万倍日	廿七日	赤口	とず	鬼	武蔵一宮氷川神社薪能（埼玉） 小田原道了尊大祭（神奈川）	2・39 15・37	9・11 21・15
28日	土	かのと巳	三碧	堀辰雄忌 ゴルフ記念日 不成就日	廿八日	先勝	たつ	柳	筥崎宮さつき大祭（福岡） 横浜善光寺身代わり不動尊祭（神奈川）	3・10 16・21	9・46 21・56
29日	日	みずのえ午	四緑	エベレスト登頂記念日 呉服の日	廿九日	友引	のぞく	星	相生ペーロン祭（兵庫）	3・38 17・00	10・21 22・34
30日	月	みずのと未	五黄	文化財保護法公布記念日 消費者の日	五月一日	大安	みつ	張	三千院御懺法講（京都）	4・06 17・37	10・54 23・10
31日	火	きのえ申	六白	●朔二〇時三〇分 世界禁煙デー 小つち終 十方暮始	二日	赤口	たいら	翼	堺方違神社ちまき祭（大阪）	4・33 18・12	11・27 23・43

六月の暦

水無月《みなづき》

梅雨、蝸牛、蛍、青田
紫陽花、夏服、風薫る

丙午《ひのえうま》七赤金星の月

新暦	七曜	干支	九星	暦の行事	旧暦	六曜	十二直	廿八宿	各地の行事	満潮	干潮
1日	水	きのと酉	七赤	鮎漁解禁　気象記念日　電波の日	五月三日	先勝	さだん	軫	潮来・水郷あやめ祭り（茨城）　高良大社川渡祭（福岡）	5・01　18・47	12・00
2日	木	ひのえ戌	八白	横浜港開港記念日	四日	友引	とる	角	高岡国泰寺開山忌（富山）	5・29　19・23	0・15　12・34
3日	金	ひのと亥	九紫	雑誌週間　旧端午の節句　不成就日　三隣亡	五日	先負	やぶる	亢	大山祇神社御田植祭（愛媛）　加賀百万石まつり（石川）	5・58　20・01	0・46　13・09
4日	土	つちのえ子	一白	歯と口の健康週間　伝教大師（最澄）忌	六日	仏滅	あやぶ	氐	山代温泉菖蒲湯まつり（石川）　とうかさん祭（広島）	6・29　20・42	1・18　13・46
5日	日	つちのと丑	二黒	世界環境デー	七日	大安	なる	房	見附・中之島大凧合戦（新潟）　熱田神宮尚武祭（愛知）	7・03　21・28	1・55　14・27
芒種　一時二六分　二十五候／かまきり生ず　二十六候／腐草蛍となる　二十七候／梅の実黄ばむ　10日の日の出4・25　日の入18・56											
6日	月	かのえ寅	三碧	芒種　楽器の日　三隣亡	八日	赤口	なる	心	唐招提寺鑑真坐像特別開扉（奈良）	7・48　22・19	2・43　15・15
7日	火	かのと卯	四緑	◐上弦二三時四八分	九日	先勝	おさん	尾	日枝神社山王まつり（東京）　平安神宮菖蒲苑無料公開（京都）	8・59　23・12	3・55　16・14
8日	水	みずのえ辰	五黄		十日	友引	ひらく	箕	縣神社大幣神事（京都）	10・46	5・42　17・26
9日	木	みずのと巳	六白	一粒万倍日　十方暮終　天一天上始	十一日	先負	とず	斗	余市神社例大祭（北海道）	0・03　12・33	7・01　18・38
10日	金	きのえ午	七赤	時の記念日　商工会の日　天赦日　一粒万倍日	十二日	仏滅	たつ	牛	近江神宮漏刻祭（滋賀）　砺波夜高祭（富山）	0・51　13・59	7・52　19・42
11日	土	きのと未	八白	入梅　不成就日	十三日	大安	のぞく	女	鳥越神社例大祭（東京）　チャグチャグ馬コ（岩手）	1・34　15・07	8・35　20・39
12日	日	ひのえ申	九紫	危険物安全週間	十四日	赤口	みつ	虚	湯沢の小町まつり（秋田）	2・16　16・05	9・16　21・31
13日	月	ひのと酉	一白		十五日	先勝	たいら	危	弘仁寺の黄金ちまき会式（奈良）　箱根九頭龍神社縁結び祭（神奈川）	2・57　16・57	9・59　22・21
14日	火	つちのえ戌	二黒	○望二〇時五二分	十六日	友引	さだん	室	住吉大社御田植祭（大阪）　有鹿神社水引祭（神奈川）	3・38　17・48	10・43　23・09

15日	水	つちのと亥	三碧	弘法大師誕生会	十七日	先負	とる	壁	北海道神宮例大祭（北海道） 佐渡つぶろさし（新潟）	4・19 18・38	11・29 23・56
16日	木	かのえ子	四緑	ケーブルテレビの日　菓子の日	十八日	仏滅	やぶる	奎	柏崎えんま市（新潟） 気比神宮牛腸祭（福井）	5・01 19・27	12・17
17日	金	かのと丑	五黄		十九日	大安	あやぶ	婁	率川神社ゆりまつり（奈良）	5・45 20・16	0・42 13・05
18日	土	みずのえ寅	六白	海外移住の日　三隣亡	廿日	赤口	なる	胃	茅野の火とぼし祭（長野） 熱田神宮御田植祭（愛知）	6・30 21・02	1・28 13・52
19日	日	みずのと卯	七赤	父の日　桜桃忌（太宰治忌）不成就日	廿一日	先勝	おさん	昴	三鷹禅林寺桜桃忌（東京）	7・21 21・47	2・17 14・40
20日	月	きのえ辰	八白	世界難民の日	廿二日	友引	ひらく	畢	鞍馬寺竹伐り会（京都）	8・20 22・29	3・12 15・28
夏至	一八時一四分	二十八候／乃東《なつかれくさ》枯れる　二十九候／菖蒲《しょうぶ》花咲く　三十候／半夏《はんげ》(薬草)生ず　20日の日の出4・25　日の入19・00									
21日	火	きのと巳	九紫	夏至　◑下弦一二時一一分　一粒万倍日	廿三日	先負	とず	觜	近津神社御田植祭（茨城） 川崎大師縁日（神奈川）	9・36 23・10	4・18 16・20
22日	水	ひのえ午	一白	一粒万倍日	廿四日	仏滅	たつ	参	姫路長壁神社ゆかた祭り（兵庫）	11・11 23・53	5・37 17・20
23日	木	ひのと未	二黒	沖縄慰霊の日　オリンピックデー	廿五日	大安	のぞく	井	大安寺癌封じ竹供養（奈良）	12・58	6・51 18・29
24日	金	つちのえ申	三碧	林檎忌（美空ひばり忌）天一天上終	廿六日	赤口	みつ	鬼	芝愛宕の千日詣り（東京） 伊雑宮御田植祭（三重）	0・38 14・33	7・48 19・36
25日	土	つちのと酉	四緑	住宅デー	廿七日	先勝	たいら	柳	五九郎まつり（徳島）	1・27 15・37	8・36 20・36
26日	日	かのえ戌	五黄	国連憲章調印記念日	廿八日	友引	さだん	星	湯原温泉露天風呂まつり（岡山）	2・15 16・23	9・17 21・28
27日	月	かのと亥	六白	不成就日	廿九日	先負	とる	張	せたな太田山神社例大祭（北海道）	2・58 17・01	9・56 22・14
28日	火	みずのえ子	七赤	貿易記念日　林芙美子忌　八専始	卅日	仏滅	やぶる	翼	那須波切不動尊火祭り（栃木）	3・38 17・34	10・34 22・54
29日	水	みずのと丑	八白	●朔一一時五二分　ビートルズ記念日 滝廉太郎忌	六月一日	赤口	あやぶ	軫	氷川神社の茅の輪と植木市（埼玉）	4・13 18・06	11・10 23・30
30日	木	きのえ寅	九紫	夏越大祓い　三隣亡	二日	先勝	なる	角	四天王寺の愛染まつり（大阪） 検見川神社夏越大祓・茅の輪神事（千葉）	4・47 18・37	11・47

環境省と気象庁は熱中症対策として、①湿度、②日射・輻射、③気温を考慮した指標「暑さ指数」を採用、熱中症警戒アラートとして発表することにしました。

七月の暦

文月《ふづき》

ビール、冷奴、夏休み、蝉
炎天、暑中見舞い、ひまわり

丁未《ひのとひつじ》六白金星の月

新暦	七曜	干支	九星	暦の行事	旧暦	六曜	十二直	廿八宿	各地の行事	満潮	干潮
1日	金	きのと卯	一白	海山開き 国民安全の日 銀行の日 愛の献血運動	六月三日	友引	おさん	亢	祇園祭（京都） 富士山山開き（山梨）	5・20 19・08	0・03 12・22
2日	土	ひのえ辰	二黒	半夏生 ユネスコ加盟記念日	四日	先負	ひらく	氐	慶徳稲荷の御田植祭（福島） 博多祇園山笠（福岡）	5・53 19・40	0・36 12・57
3日	日	ひのと巳	三碧	一粒万倍日	五日	仏滅	とず	房	信貴山毘沙門天大祭（奈良）	6・27 20・13	1・09 13・32
4日	月	つちのえ午	四緑	米国独立記念日 一粒万倍日 不成就日	六日	大安	たつ	心	塩竈神社の藻塩焼神事（宮城）	7・06 20・47	1・45 14・07
5日	火	つちのと未	五黄	栄西禅師忌	七日	赤口	のぞく	尾	長浜神社夏祭り（大分）	7・52 21・23	2・26 14・44
6日	水	かのえ申	六白	庚申 水防出初め式 サラダ記念日	八日	先勝	みつ	箕	入谷鬼子母神朝顔市（東京） 村上大祭（新潟）	8・53 22・01	3・15 15・26
小暑 一一時三八分 三十一候／温風至る 三十二候／蓮初めて開く 三十三候／鷹技を習う 10日の日の出4・33 日の入18・59											
7日	木	かのと酉	七赤	小暑 ◐上弦一一時一四分 七夕 一粒万倍日	九日	友引	みつ	斗	吉野蔵王堂の蛙飛び行事（奈良）	10・12 22・42	4・20 16・19
8日	金	みずのえ戌	八白		十日	先負	たいら	牛	弘明寺観音四万六千日（神奈川）	11・46 23・26	5・40 17・28
9日	土	みずのと亥	九紫	森鷗外忌 八専終	十一日	仏滅	さだん	女	浅草寺ほおずき市（東京） 豊玉姫神社水車からくり（鹿児島）	13・34	6・54 18・49
10日	日	きのえ子	九紫	陰遁 甲子 国土建設記念日	十二日	大安	とる	虚	浅草観音四万六千日（東京） 成田山祇園会（千葉）	0・17 15・06	7・54 20・04
11日	月	きのと丑	八白		十三日	赤口	やぶる	危	鳥羽白髭神社しろんご祭（三重）	1・16 16・12	8・49 21・10
12日	火	ひのえ寅	七赤	人間ドックの日 草市の日 不成就日	十四日	先勝	あやぶ	室	生国魂神社夏祭（大阪） 伊佐須美神社御田植祭（福島）	2・19 17・03	9・41 22・09
13日	水	ひのと卯	六白	お盆迎え火 日本標準時刻制定記念日	十五日	友引	なる	壁	靖国神社みたままつり（東京）	3・18 17・49	10・33 23・02
14日	木	つちのえ辰	五黄	○望三時三八分 パリ祭	十六日	先負	おさん	奎	熊野那智の扇祭り（和歌山） 厳正寺の水止舞（東京）	4・11 18・31	11・24 23・50

日	曜	干支	九星	行事	旧暦	六曜	十二直	宿	祭り	満潮	干潮
15日	金	つちのと巳	四緑	己巳　お盆（盂蘭盆会）	十七日	仏滅	ひらく	婁	厳島神社管弦祭（広島）　羽黒山の花祭り（山形）	5・00　19・10	12・12
16日	土	かのえ午	三碧	初伏　お盆送り火　藪入り　えんま詣り　大つち始　一粒万倍日　三隣亡	十八日	大安	とず	胃	佐原大祭夏まつり（千葉）　来宮神社こがし祭（静岡）	5・47　19・46	0・34　12・57
17日	日	かのと未	二黒	あじさい忌（石原裕次郎忌）	十九日	赤口	たつ	昴	祇園祭山鉾巡行（京都）　松尾大社御田植祭（京都）	6・33　20・19	1・15　13・37
18日	月	みずのえ申	一白	◉海の日	廿日	先勝	のぞく	畢	塩竈みなと祭（宮城）　茅ヶ崎寒川神社浜降祭（神奈川）	7・21　20・49	1・57　14・14
19日	火	みずのと酉	九紫	一粒万倍日	廿一日	友引	みつ	觜	秩父神社の川瀬祭（埼玉）	8・12　21・17	2・41　14・48
20日	水	きのえ戌	八白	土用　◑下弦二三時一九分　不成就日	廿二日	先負	たいら	参	恐山大祭（青森）　津和野の鷺舞い（島根）	9・12　21・46	3・31　15・21
21日	木	きのと亥	七赤	自然公園の日	廿三日	仏滅	さだん	井	郡頭神社の夏祭り（高知）	10・25　22・18	4・33　15・58
22日	金	ひのえ子	六白	大つち終	廿四日	大安	とる	鬼	気比神宮総参祭（福井）　熊谷のうちわ祭り（埼玉）	12・10　22・58	5・49　16・59

大暑　五時七分　三十四候／桐花を結ぶ　三十五候／土潤い蒸し暑し　三十六候／大雨時々降る　20日の日の出4・40　日の入18・55

日	曜	干支	九星	行事	旧暦	六曜	十二直	宿	祭り	満潮	干潮
23日	土	ひのと丑	五黄	大暑　文の日　土用の丑	廿五日	赤口	やぶる	柳	相馬野馬追大祭（福島）	14・44　23・56	7・01　18・40
24日	日	つちのえ寅	四緑	地蔵盆　かっぱ忌（芥川龍之介忌）　小つち始	廿六日	先勝	あやぶ	星	弥彦燈籠祭り（新潟）　河内御船祭（和歌山）	15・51	8・01　20・10
25日	月	つちのと卯	三碧		廿七日	友引	なる	張	大阪天満宮天神祭（大阪）	1・20　16・27	8・51　21・16
26日	火	かのえ辰	二黒	中伏	廿八日	先負	おさん	翼	摩尼寺帝釈天会式（鳥取）	2・34　16・57	9・37　22・06
27日	水	かのと巳	一白		廿九日	仏滅	ひらく	軫	大山阿夫利神社夏季大祭（神奈川）　真鶴の貴船まつり（神奈川）	3・25　17・24	10・18　22・46
28日	木	みずのえ午	九紫	江戸川乱歩忌　一粒万倍日　不成就日　三隣亡	卅日	大安	とず	角	阿蘇神社おんだ祭（熊本）	4・05　17・50	10・57　23・20
29日	金	みずのと未	八白	●朔二時五五分	七月一日	先勝	たつ	亢	耶馬渓かっぱ祭り（大分）	4・41　18・16	11・34　23・51
30日	土	きのえ申	七赤	明治天皇崩御日　十方暮始　小つち終	二日	友引	のぞく	氐	隅田川花火大会（東京）　住吉大社の住吉祭（大阪）	5・14　18・41	12・08
31日	日	きのと酉	六白	一粒万倍日　不成就日	三日	先負	みつ	房	堺の大魚夜市（大阪）　芦ノ湖湖水祭（神奈川）	5・48　19・07	0・22　12・40

八月の暦

葉月《はづき》

花火、西瓜、盆踊り、残暑
甲子園、土用波、白粉の花

戊申《つちのえさる》五黄土星の月

新暦	七曜	干支	九星	暦の行事	旧暦	六曜	十二直	廿八宿	各地の行事	満潮	干潮
1日	月	ひのえ戌	五黄	八朔　水の日　観光の日	七月四日	仏滅	たいら	心	弘前ねぷたまつり（青森） 検見川神社例祭（千葉）	6・24 19・34	0・53 13・11
2日	火	ひのと亥	四緑	学制発布記念日	五日	大安	さだん	尾	青森ねぶたまつり（青森） 八戸三社大祭（青森）	7・02 20・01	1・26 13・42
3日	水	つちのえ子	三碧		六日	赤口	とる	箕	竿燈祭り（秋田） 多賀大社万灯祭（滋賀）	7・47 20・30	2・00 14・13
4日	木	つちのと丑	二黒	旧七夕　土用二の丑	七日	先勝	やぶる	斗	水の祭典久留米まつり（福岡）	8・41 21・00	2・40 14・47
5日	金	かのえ寅	一白	◐上弦二〇時〇七分	八日	友引	あやぶ	牛	花笠まつり（山形） 七夕絵燈籠まつり（秋田）	9・48 21・34	3・29 16・26
6日	土	かのと卯	九紫	広島平和記念日	九日	先負	なる	女	能代ねぶながし（秋田） 仙台七夕まつり（宮城）	11・20 22・14	4・36 16・24
立秋	二一時二九分　三十七候／涼風至る　三十八候／ヒグラシ鳴く　三十九候／濃い霧昇降す　9日の日の出4・55　日の入18・38										
7日	日	みずのえ辰	八白	立秋　鼻の日　月遅れ七夕	十日	仏滅	なる	虚	郡上七日まつり（岐阜） 北上みちのく芸能まつり（岩手）	13・45 23・09	6・05 18・06
8日	月	みずのと巳	七赤	天一天上始　十方暮終　不成就日	十一日	大安	おさん	危	下関忌宮神社数方庭祭（山口）	15・29	7・27 19・51
9日	火	きのえ午	六白	長崎平和記念日	十二日	赤口	ひらく	室	宝塚中山寺星下り（兵庫） 清水寺千日詣り（京都）	0・33 16・20	8・35 21・10
10日	水	きのと未	五黄	井原西鶴忌　旧お盆迎え火　一粒万倍日	十三日	先勝	とず	壁	津和野踊り（山口） 館山安房神社祭（千葉）	2・10 17・00	9・35 22・09
11日	木	ひのえ申	四緑	⦿山の日	十四日	友引	たつ	奎	土佐よさこい祭（高知）	3・21 17・35	10・29 22・57
12日	金	ひのと酉	三碧	○望一〇時三六分　君が代記念日 旧お盆	十五日	先負	のぞく	婁	阿波踊り（徳島）	4・15 18・07	11・18 23・38
13日	土	つちのえ戌	二黒	旧お盆送り火　月遅れお盆迎え火	十六日	仏滅	みつ	胃	郡上徹夜踊り（岐阜）	5・02 18・36	12・00
14日	日	つちのと亥	一白	特許の日　三隣亡	十七日	大安	たいら	昴	弥勒寺の葛城踊り（大阪）	5・45 19・03	0・17 12・38

15日	月	かのえ子	九紫	太平洋戦争終戦記念日 月遅れお盆 末伏 一粒万倍日	十八日	赤口	さだん	畢	春日大社中元万燈籠（奈良） 松島灯篭流し海の盆（宮城）	6・28 19・28	0・11 13・53
16日	火	かのと丑	八白	月遅れお盆送り火 不成就日	十九日	先勝	とる	觜	大文字五山送り火（京都） 丹後宮津の灯籠流し（京都）	7・50 19・10	1・40 13・30
17日	水	みずのえ寅	七赤		廿日	友引	やぶる	参	建部大社の船幸祭（滋賀）	7・11 20・55	2・06 14・07
18日	木	みずのと卯	六白	太閤忌（豊臣秀吉忌）	廿一日	先負	あやぶ	井	平戸のジャンガラ（長崎） 吉和の太鼓踊り（広島）	8・34 20・46	2・29 14・47
19日	金	きのえ辰	五黄	◑下弦一三時三六分 家畜衛生週間	廿二日	仏滅	なる	鬼	花輪ばやし（秋田）	9・59 20・48	3・50 14・36
20日	土	きのと巳	四緑	藤原定家忌	廿三日	大安	おさん	柳	鎌倉宮例祭（神奈川） 若狭彌美神社の風祈能（福井）	11・31 21・25	4・07 15・44
21日	日	ひのえ午	三碧	献血記念日 旧地蔵盆	廿四日	赤口	ひらく	星	おはな踊り（滋賀） 毛馬内盆踊り（秋田）	15・22 22・42	6・51 17・11
22日	月	ひのと未	二黒	島崎藤村忌 一粒万倍日	廿五日	先勝	とず	張	高橋の水神祭り（鹿児島）	15・57	7・17 20・29
処暑 一二時一六分 四十候／綿のはなしべ開く 四十一候／天地初めて寒し 四十二候／禾《こくもつ》実る 19日の日の出5・03 日の入18・26											
23日	火	つちのえ申	一白	処暑 天赦日 天一天上終	廿六日	友引	たつ	翼	化野念仏寺千灯供養（京都） 小浜の地蔵盆（福井）	0・18 16・40	8・24 21・30
24日	水	つちのと酉	九紫	月遅れ地蔵盆 不成就日	廿七日	先負	のぞく	軫	秩父四萬部寺千灯供養（埼玉） 小張松下流綱火（茨城）	2・39 16・30	9・03 22・19
25日	木	かのえ戌	八白		廿八日	仏滅	みつ	角	十日町おおまつり（新潟）	3・00 17・21	10・35 22・02
26日	金	かのと亥	七赤	三隣亡	廿九日	大安	たいら	亢	富士吉田の火祭り（山梨） 一色大提灯まつり（愛知）	3・21 17・59	10・04 23・40
27日	土	みずのえ子	六白	●朔一七時一七分 旧八朔 八専始 一粒万倍日	八月一日	友引	さだん	氐	おばなざわ花笠踊り（山形） 臼杵石仏火まつり（大分）	4・43 17・33	11・33 23・15
28日	日	みずのと丑	五黄	道元禅師忌 二日灸 不成就日	二日	先負	とる	房	熊谷古宮神社獅子舞（埼玉）	5・05 18・07	11・47
29日	月	きのえ寅	四緑		三日	仏滅	やぶる	心	城下町新発田ふるさと祭り（新潟）	5・27 18・41	0・17 12・02
30日	火	きのと卯	三碧		四日	大安	あやぶ	尾	洞爺湖ロングラン花火大会（北海道）	6・50 18・17	0・47 12・31
31日	水	ひのえ辰	二黒		五日	赤口	なる	箕	出羽三山の八朔祭（山形）	6・14 19・56	1・16 13・01

九月の暦

長月《ながつき》

台風、十五夜、秋刀魚、梨
金木犀、霧、蜻蛉、天高し

己酉《つちのととり》四緑木星の月

新暦	七曜	干支	九星	暦の行事	旧暦	六曜	十二直	廿八宿	各地の行事	満潮	干潮
1日	木	ひのと巳	一白	関東大震災記念日 二百十日 防災の日	八月六日	先勝	おさん	斗	越中おわら風の盆（富山） 鹿島神宮御船祭（茨城）	7・40 19・38	1・33 13・45
2日	金	つちのえ午	九紫	宝くじの日	七日	友引	ひらく	牛	二戸まつり（岩手）	8・32 20・04	2・09 14・14
3日	土	つちのと未	八白	一粒万倍日	八日	先負	とず	女	千歳神社例大祭（北海道） 鳴子の全国こけし祭（宮城）	9・38 20・34	2・52 14・47
4日	日	かのえ申	七赤	◐上弦三時〇八分 庚申 クラシック音楽の日	九日	仏滅	たつ	虚	加茂神社の稚児舞（富山） 敦賀気比神宮祭（福井）	11・26 21・11	3・55 15・35
5日	月	かのと酉	六白	不成就日	十日	大安	のぞく	危	飛騨の数河獅子（岐阜）	14・40 22・15	5・35 18・06
6日	火	みずのえ戌	五黄	悠仁親王御誕生日	十一日	赤口	みつ	室	葛塚石動神社祭礼（新潟）	15・35	7・17 20・16
7日	水	みずのと亥	四緑	吉川英治忌 泉鏡花忌 八専終 三隣亡	十二日	先勝	たいら	壁	角館飾山囃子（秋田）	0・39 16・08	8・32 21・21
白露 〇時三二分 四十三候／草露白し 四十四候／せきれい鳴く 四十五候／つばめ去る 8日の日の出5・18 日の入17・59											
8日	木	きのえ子	三碧	白露 甲子 平和条約調印記念日	十三日	友引	たいら	奎	野沢温泉の灯籠祭り（長野）	2・28 16・37	9・31 22・05
9日	金	きのと丑	二黒	**世界占いの日**（一社・日本占術協会） 重陽の節句 救急の日	十四日	先負	さだん	婁	法輪寺の重陽の節句（京都） 多賀大社九月古例祭（滋賀）	3・29 17・04	10・20 22・43
10日	土	ひのえ寅	一白	〇望一八時五九分 三隣亡 十五夜(中秋の名月)	十五日	仏滅	とる	胃	花巻まつり（岩手） 長門の赤崎祭り（山口）	4・16 17・30	11・02 23・19
11日	日	ひのと卯	九紫	秋篠宮皇嗣妃御誕生日 二百二十日 一粒万倍日	十六日	大安	やぶる	昴	大鳥神社秋季例大祭（東京） 芝大神宮しょうが市（東京）	4・58 17・53	11・38 23・53
12日	月	つちのえ辰	八白	宇宙の日	十七日	赤口	あやぶ	畢	筥崎宮放生会（福岡）	5・38 18・15	12・11
13日	火	つちのと巳	七赤	己巳 世界の法の日 不成就日	十八日	先勝	なる	觜	上総一宮玉前神社裸祭り（千葉）	6・18 18・36	0・26 12・40
14日	水	かのえ午	六白	メンズバレンタインデー 大つち始	十九日	友引	おさん	参	三宅八幡宮例大祭（京都）	6・57 18・55	0・59 13・06

15日	木	かのと未	五黄	老人の日　印刷文化週間	廿日	先負	ひらく	井	石清水祭（京都）安乗人形芝居（三重）	7・39 19・14	1・32 13・29
16日	金	みずのえ申	四緑	日本中央競馬発足記念日　一粒万倍日 三隣亡	廿一日	仏滅	とず	鬼	鶴岡八幡宮流鏑馬神事（神奈川）	8・25 19・34	2・07 13・49
17日	土	みずのと酉	三碧	若山牧水忌	廿二日	大安	たつ	柳	岸和田のだんじり（大阪）遠野まつり（岩手）	9・22 19・55	2・48 14・06
18日	日	きのえ戌	二黒	◑下弦六時五二分	廿三日	赤口	のぞく	星	石岡の総社祭り（茨城）大山祇神社産須奈大祭（愛媛）	10・52 20・18	3・45 14・08
19日	月	きのと亥	一白	⊡敬老の日　正岡子規忌	廿四日	先勝	みつ	張	水沢駒形祭（岩手）谷地八幡宮どんが祭り（山形）	15・56 20・46	5・17 17・57
20日	火	ひのえ子	九紫	彼岸入り　動物愛護週間　空の日 大つち終	廿五日	友引	たいら	翼	寒川神社例祭（神奈川）	15・33	6・54 20・55
21日	水	ひのと丑	八白	秋の全国交通安全運動　不成就日	廿六日	先負	さだん	軫	太宰府天満宮神幸式大祭（福岡）	0・38 15・47	8・03 21・24
22日	木	つちのえ寅	七赤	社日　小つち始　三隣亡	廿七日	仏滅	とる	角	山中温泉こいこい祭り（石川）	2・23 16・05	8・55 21・49
秋分				一〇時四分　四十六候／雷声収む　四十七候／蟄虫《むし》戸に閉す　四十八候／水初めて涸る　18日の日の出5・25　日の入17・45							
23日	金	つちのと卯	六白	⊡秋分の日　秋分　彼岸の中日　川柳忌 一粒万倍日	廿八日	大安	やぶる	亢	武雄の荒踊り（佐賀）安倍晴明神社例祭（京都）	3・10 16・23	9・37 22・14
24日	土	かのえ辰	五黄	結核予防週間　西郷南洲忌	廿九日	赤口	あやぶ	氐	佐太神社例大祭（島根）月夜野ヤッサまつり（群馬）	3・47 16・41	10・14 22・41
25日	日	かのと巳	四緑		卅日	先勝	なる	房	白山宮のこきりこ祭り（富山）	4・22 17・01	10・48 23・08
26日	月	みずのえ午	三碧	●朔六時五五分　彼岸明け　不成就日	九月一日	先負	おさん	心	日前・國懸神宮祭（和歌山）鎌倉長谷寺大黒天縁日（神奈川）	4・56 17・22	11・20 23・36
27日	火	みずのと未	二黒		二日	仏滅	ひらく	尾	穂高神社御船まつり（長野）	5・32 17・43	11・51
28日	水	きのえ申	一白	パソコンの日　小つち終　十方暮始 一粒万倍日	三日	大安	とず	箕	須我神社例大祭（島根）	6・11 18・06	0・05 12・21
29日	木	きのと酉	九紫	クリーニングの日　曹洞宗両祖忌	四日	赤口	たつ	斗	恵那文楽（岐阜）	6・52 18・29	0・36 12・51
30日	金	ひのえ戌	八白		五日	先勝	のぞく	牛	氷室神社宵宮祭（奈良）	7・38 18・52	1・08 13・21

秋分の日は昼と夜の長さが同じですが、日の出は太陽が地平線から顔を出し始めた瞬間で、日の入は太陽が地平線に沈みきった瞬間を指します。

十月の暦

神無月《かんなづき》

松茸、柿、運動会、菊
そぞろ寒、紅葉、稔田

庚戌《かのえいぬ》三碧木星の月

新暦	七曜	干支	九星	暦の行事	旧暦	六曜	十二直	廿八宿	各地の行事	満潮	干潮
1日	土	ひのと亥	七赤	衣替え 共同募金 国際音楽の日 亥の子餅 炉開き	九月六日	友引	みつ	女	北野天満宮ずいき祭（京都） 横浜中華街国慶節（神奈川）	8・33 19・17	1・45 13・52
2日	日	つちのえ子	六白		七日	先負	たいら	虚	放生津の曳山祭り（富山） 田立花馬踊り（長野）	9・50 19・46	2・30 14・27
3日	月	つちのと丑	五黄	◐上弦九時一四分	八日	仏滅	さだん	危	二本松の提灯祭（福島）	12・16 20・23	3・35 15・36
4日	火	かのえ寅	四緑	里親デー 不成就日 三隣亡	九日	大安	とる	室	西大寺光明真言会（奈良） 竹富島の種子取祭（沖縄）	14・28 22・03	5・24 19・04
5日	水	かのと卯	三碧	達磨忌 一粒万倍日	十日	赤口	やぶる	壁	小竹八幡宮の御坊祭（和歌山）	15・07	7・11 20・31
6日	木	みずのえ辰	二黒	国際文通週間	十一日	先勝	あやぶ	奎	東かがわ白鳥神社神幸祭（香川）	1・18 15・35	8・23 21・12
7日	金	みずのと巳	一白	天一天上始 十方暮終	十二日	友引	なる	婁	長崎くんち（長崎） たけふの菊人形（福井）	2・37 16・00	9・16 21・47
寒露	一六時二二分	四十九候／雁来たる 五十候／菊花開く 五十一候／キリギリス戸に在り		8日の日の出5・41 日の入17・16							
8日	土	きのえ午	九紫	寒露 国定公園設立記念日 十三夜 一粒万倍日 三隣亡	十三日	先負	なる	胃	阿寒まりも祭（北海道） 御蚊帳撤げ神事（香川）	3・29 16・24	9・59 22・21
9日	日	きのと未	八白	世界郵便デー	十四日	仏滅	おさん	昴	人吉おくんち祭り（熊本） 秋の飛騨高山祭（岐阜）	4・12 16・46	10・37 22・54
10日	月	ひのえ申	七赤	◙スポーツの日 ○望五時五五分 目の愛護デー	十五日	大安	ひらく	畢	金刀比羅宮大祭（香川）	4・53 17・08	11・11 23・27
11日	火	ひのと酉	六白	一粒万倍日	十六日	赤口	とず	觜	池上本門寺お会式（東京）	5・31 17・29	11・42 23・59
12日	水	つちのえ戌	五黄	芭蕉忌 不成就日	十七日	先勝	たつ	参	西条まつり（愛媛）	6・09 17・48	12・10
13日	木	つちのと亥	四緑	日蓮上人忌 さつまいもの日	十八日	友引	のぞく	井	宇佐八幡神社お御供（徳島） 竈山神社祭（和歌山）	6・48 18・08	0・30 12・36
14日	金	かのえ子	三碧	鉄道の日	十九日	先負	みつ	鬼	灘のけんか祭り（兵庫） 白川郷どぶろく祭（岐阜）	7・27 18・28	1・01 13・01

15日	土	かのと丑	二黒	グレゴリオ暦制定記念日	廿日	仏滅	たいら	柳	新宮熊野速玉大社祭（和歌山） 赤ちゃんの土俵入り（徳島）	8・11 18・49	1・34 13・24
16日	日	みずのえ寅	一白		廿一日	大安	さだん	星	新居浜太鼓祭り（愛媛） 伊勢神宮神嘗祭（三重）	9・04 19・09	2・11 13・48
17日	月	みずのと卯	九紫	貯蓄の日	廿二日	赤口	とる	張	日光東照宮千人武者行列（栃木）	10・21 19・29	3・00 14・15
18日	火	きのえ辰	八白	◑下弦二時一五分 統計の日	廿三日	先勝	やぶる	翼	岩船大祭（新潟） 浅草観音菊供養（東京）	13・27	4・18
19日	水	きのと巳	七赤		廿四日	友引	あやぶ	軫	日本橋べったら市（東京）	14・31	6・02 20・44
20日	木	ひのえ午	六白	土用 上皇后御誕生日 えびす講 一粒万倍日 不成就日 三隣亡	廿五日	先負	なる	角	八海山大火渡大祭（新潟）	0・10 14・53	7・21 20・57
21日	金	ひのと未	五黄		廿六日	仏滅	おさん	亢	唐招提寺の釈迦念仏会（奈良）	1・59 15・13	8・16 21・19
22日	土	つちのえ申	四緑	天赦日 中原中也忌 天一天上終	廿七日	大安	ひらく	氐	平安神宮時代祭（京都） 鞍馬の火祭り（京都）	2・50 15・32	9・00 21・44
霜降	一九時三六分 五十二候／霜初めて降る 五十三候／小雨時々降る 五十四候／紅葉蔦《つた》黄ばむ 18日の日の出5・50 日の入17・02										
23日	日	つちのと酉	三碧	霜降 電信電話記念日 一粒万倍日	廿八日	赤口	とず	房	亀岡祭山鉾行事（京都） 伊万里のトンテントン（佐賀）	3・30 15・52	9・39 22・10
24日	月	かのえ戌	二黒	国連の日	廿九日	先勝	たつ	心	平戸亀岡神社おくんち（長崎）	4・08 16・14	10・15 22・38
25日	火	かのと亥	一白	●朔一九時四九分 旧炉開き 旧亥の子餅	十月一日	仏滅	のぞく	尾	伊雑宮調献式（三重） 伊賀上野天神祭（三重）	4・46 16・36	10・50 23・08
26日	水	みずのえ子	九紫	原子力の日 八専始	二日	大安	みつ	箕	宮崎神宮の神武さん（宮崎）	5・26 17・00	11・24 23・40
27日	木	みずのと丑	八白	読書週間	三日	赤口	たいら	斗	あんば囃子の大杉祭（茨城）	6・08 17・25	11・58
28日	金	きのえ寅	七赤	速記記念日 不成就日	四日	先勝	さだん	牛	目黒不動甘藷祭（東京） 宇和津彦神社秋祭り（愛媛）	6・54 17・51	0・14 12・32
29日	土	きのと卯	六白		五日	友引	とる	女	香椎宮例大祭（福岡）	7・45 18・19	0・50 13・07
30日	日	ひのえ辰	五黄	香りの日 尾崎紅葉忌	六日	先負	やぶる	虚	粟田神社神賑神事（京都）	8・47 18・48	1・32 13・45
31日	月	ひのと巳	四緑	ハロウィン 世界勤倹デー	七日	仏滅	あやぶ	危	高尾山滝じまい（東京）	10・10 19・23	2・22 14・35

十一月の暦

霜月《しもつき》

落葉、小春日和、息白し、味覚の旅

辛亥《かのとい》二黒土星の月

新暦	七曜	干支	九星	暦の行事	旧暦	六曜	十二直	廿八宿	各地の行事	満潮	干潮
1日	火	つちのえ午	三碧	◐上弦一五時三七分 新米穀年度 自衛隊記念日 一粒万倍日 三隣亡	十月八日	大安	なる	室	平泉中尊寺秋の藤原まつり（岩手） 護王神社亥子祭（京都）	12・02 20・19	3・30 16・21
2日	水	つちのと未	二黒	北原白秋忌	九日	赤口	おさん	壁	唐津くんち（佐賀） 本庄まつり（埼玉）	13・28 23・01	5・09 19・01
3日	木	かのえ申	一白	⊡文化の日 庚申 秋の叙勲 十日夜（収穫祭）	十日	先勝	ひらく	奎	箱根大名行列（神奈川） 海南神社の面神楽（神奈川）	14・14	6・46 20・06
4日	金	かのと酉	九紫	一の酉 消費者センター開設記念日 一粒万倍日	十一日	友引	とず	婁	富士宮浅間大社例祭（静岡） 鷲神社の酉の市（東京）	1・22 14・45	7・54 20・46
5日	土	みずのえ戌	八白	世界津波の日 不成就日	十二日	先負	たつ	胃	金峯神社の王神祭（新潟） 真如堂十日十夜別時念仏会（京都）	2・34 15・12	8・46 21・22
6日	日	みずのと亥	七赤	宝井馬琴忌 八専終	十三日	仏滅	のぞく	昴	春日の太鼓踊り（岐阜）	3・25 15・37	9・29 21・56

立冬　十九時四五分　五十五候／椿咲き初む　五十六候／地初めて凍る　五十七候／キンセンカ香し　7日の日の出6・08　日の入16・41

新暦	七曜	干支	九星	暦の行事	旧暦	六曜	十二直	廿八宿	各地の行事	満潮	干潮
7日	月	きのえ子	六白	立冬 天赦日 甲子 ロシア革命記念日	十四日	大安	のぞく	畢	菅原神社いどり祭（石川） 保呂羽山霜月神楽（秋田）	4・09 16・02	10・07 22・29
8日	火	きのと丑	五黄	○望二〇時〇二分 世界都市計画日	十五日	赤口	みつ	觜	伏見稲荷御火焚祭（京都） 鎌倉丸山稲荷御火焚祭（神奈川）	4・29 16・25	10・42 23・02
9日	水	ひのえ寅	四緑	太陽暦採用記念日 一一九番の日 秋の全国火災予防運動	十六日	先勝	たいら	参	別府の岩戸神楽舞（大分）	5・28 16・48	11・15 23・34
10日	木	ひのと卯	三碧	技能の日	十七日	友引	さだん	井	金刀比羅宮紅葉祭（香川）	6・05 17・11	11・45
11日	金	つちのえ辰	二黒	世界平和記念日 介護の日 サッカーの日	十八日	先負	とる	鬼	大洗磯前神社有賀祭（茨城）	6・42 17・34	0・05 12・14
12日	土	つちのと巳	一白	己巳	十九日	仏滅	やぶる	柳	津島神社参候祭（愛知） 小湊誕生寺の七つ子詣で（千葉）	7・20 17・58	0・37 12・43
13日	日	かのえ午	九紫	うるしの日 旧えびす講 大つち始 不成就日	廿日	大安	あやぶ	星	嵐山もみじ祭（京都）	8・00 18・23	1・10 13・11
14日	月	かのと未	八白	パチンコの日	廿一日	赤口	なる	張	熊野那智大社紅葉祭（和歌山）	8・47 18・49	1・47 13・43

15日	火	みずのえ申	七赤	七五三	廿二日	先勝	おさん	翼	志賀海神社山誉漁猟祭（福岡）	9・45 19・18	2・30 14・28
16日	水	みずのと酉	六白	◑下弦二二時二七分 録音文化の日 二の酉 一粒万倍日	廿三日	友引	ひらく	軫	厚真神社秋葉講社祭（北海道）	11・00 20・04	3・27 16・20
17日	木	きのえ戌	五黄	将棋の日 一粒万倍日	廿四日	先負	とず	角	談山神社例祭（奈良）	12・23 22・58	4・47 19・28
18日	金	きのと亥	四緑	三隣亡	廿五日	仏滅	たつ	亢	胡子神社胡子大祭（広島）	13・21	6・12 20・08
19日	土	ひのえ子	三碧	農協記念日 一茶忌 大つち終	廿六日	大安	のぞく	氐	豊川稲荷秋季例大祭（愛知）	1・11 13・58	7・19 20・37
20日	日	ひのと丑	二黒		廿七日	赤口	みつ	房	佐太神社の神在祭（島根）	2・20 14・27	8・12 21・06
21日	月	つちのえ寅	一白	歌舞伎の日 一休禅師忌 近松門左衛門忌 不成就日 小つち始	廿八日	先勝	たいら	心	東本願寺報恩講（京都）	3・11 14・55	8・58 21・36
小雪 一七時二〇分 五十八候／虹隠れて見えず 五十九候／北風木の葉を払う 六十候／橘黄ばむ 17日の日の出6・18 日の入16・33											
22日	火	つちのと卯	九紫	小雪	廿九日	友引	さだん	尾	八代妙見大祭（熊本） 少彦名神社神農祭（大阪）	3・56 15・23	9・40 22・08
23日	水	かのえ辰	八白	**勤労感謝の日** 農業祭 Jリーグの日	卅日	先負	とる	箕	松島大漁かきまつり（宮城）	4・41 15・53	10・21 22・43
24日	木	かのと巳	七赤	●朔七時五七分	十一月一日	大安	やぶる	斗	羽黒山梵天祭（栃木）	5・25 16・23	11・00 23・20
25日	金	みずのえ午	六白	憂国忌（三島由起夫忌）	二日	赤口	あやぶ	牛	日光生岡神社子供強飯式（栃木） 大神神社御鉾祭（栃木）	6・11 16・55	11・40
26日	土	みずのと未	五黄	ペンの日	三日	先勝	なる	女	防府天満宮御神幸祭（山口） 大津建部大社の鎮火祭（滋賀）	7・00 17・29	0・00 12・20
27日	日	きのえ申	四緑	ノーベル賞制定記念日 更生保護法の日 小つち終 十方暮始	四日	友引	おさん	虚	藤澤遊行寺の一ッ火（神奈川）	7・53 18・05	0・42 13・02
28日	月	きのと酉	三碧	三の酉 旧一の酉 親鸞聖人忌 税関記念日 一粒万倍日 不成就日	五日	先負	ひらく	危	海雲寺千躰荒神祭（東京） 日本橋小網神社どぶろく祭（東京）	8・51 18・45	1・29 13・48
29日	火	ひのえ戌	二黒	一粒万倍日	六日	仏滅	とず	室	薫的神社秋祭り（高知）	9・55 19・34	2・20 14・47
30日	水	ひのと亥	一白	◐上弦二三時三七分 カメラの日 秋篠宮皇嗣御誕生日 三隣亡	七日	大安	たつ	壁	香取神宮大饗祭（千葉）	11・02 20・50	3・20 16・13

太陽暦は明治五年から採用。多くの行事は太陰暦を基に受け継がれてきましたが、近年、祭りなどは特定の日から近日の土日祝日への移行が多くなりました。

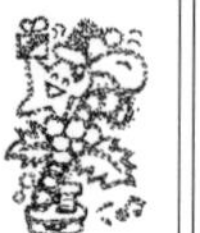

十二月の暦

師走《しわす》

年忘れ、熱燗、歳暮
ボーナス、御用納め

壬子《みずのえね》一白水星の月

新暦	七曜	干支	九星	暦の行事	旧暦	六曜	十二直	廿八宿	各地の行事	満潮	干潮
1日	木	つちのえ子	九紫	歳末助け合い運動 映画の日 鉄の日	十一月八日	赤口	のぞく	奎	北野天満宮献茶会（京都）	12・04 22・57	4・31 18・02
2日	金	つちのと丑	八白	日本人宇宙飛行士の日	九日	先勝	みつ	婁	山北のぼたもち祭り（新潟）	12・56	5・51 19・21
3日	土	かのえ寅	七赤	障害者週間	十日	友引	たいら	胃	秩父神社夜祭（埼玉） 美保神社の諸手船神事（島根）	1・02 13・38	7・04 20・12
4日	日	かのと卯	六白	人権週間	十一日	先負	さだん	昴	防府小俣の笑い講（山口） 香取神宮内陣神楽（千葉）	2・26 14・15	8・04 20・53
5日	月	みずのえ辰	五黄	納め水天宮	十二日	仏滅	とる	畢	奥能登のあえのこと（石川）	3・25 14・48	8・54 21・30
6日	火	みずのと巳	四緑	天一天上始 十方暮終 不成就日	十三日	大安	やぶる	觜	小田原秋葉山火防祭（神奈川）	4・12 15・20	9・37 22・06
大雪 十二時四六分 六十一候／空寒く冬となる 六十二候／熊穴に籠《こも》る 六十三候／鮭魚群がる 7日の日の出6・37 日の入16・28											
7日	水	きのえ午	三碧	大雪	十四日	赤口	やぶる	参	千本釈迦堂の大根焚き（京都）	4・52 15・50	10・17 22・40
8日	木	きのと未	二黒	○望一三時○八分 事八日・針供養 納め薬師	十五日	先勝	あやぶ	井	一之宮貫前神社鹿占神事（群馬）	5・29 16・19	10・54 23・14
9日	金	ひのえ申	一白	皇后御誕生日 夏目漱石忌	十六日	友引	なる	鬼	鳴滝了徳寺の大根焚き（京都） 練馬関のボロ市（東京）	6・03 16・48	11・28 23・48
10日	土	ひのと酉	九紫	納め金比羅 世界人権デー 旧二の酉	十七日	先負	おさん	柳	さいたま氷川神社大湯祭（埼玉） 池ノ上みそぎ祭（岐阜）	6・37 17・16	12・00
11日	日	つちのえ戌	八白	沢庵禅師忌	十八日	仏滅	ひらく	星	湯布院霧島神社甘酒まつり（大分） 最上稲荷お火焚祭（岡山）	7・10 17・45	0・21 12・31
12日	月	つちのと亥	七赤	児童福祉法公布記念日 一粒万倍日	十九日	大安	とず	張	遠山郷霜月まつり（長野）	7・45 18・16	0・55 13・03
13日	火	かのえ子	六白	正月事始 煤払い 一粒万倍日	廿日	赤口	たつ	翼	銀鏡神社米良神楽（宮崎） 神魂（かもす）神社御釜神事（島根）	8・22 18・47	1・30 13・37
14日	水	かのと丑	五黄	不成就日	廿一日	先勝	のぞく	軫	高輪と赤穂で義士祭（東京・兵庫） 堺のやっさいほっさい（大阪）	9・03 19・25	2・07 14・20

15日	木	みずのえ寅	四緑	納め妙見　年賀郵便取扱開始　三隣亡	廿二日	友引	みつ	角	世田谷のボロ市（東京）	9・49 20・20	2・48 15・21
16日	金	みずのと卯	三碧	◑下弦一七時五六分　電話創業の日	廿三日	先負	たいら	亢	七尾気多大社の鵜祭り（石川）	10・39 21・58	3・37 17・05
17日	土	きのえ辰	二黒		廿四日	仏滅	さだん	氐	浅草観音歳の市（東京） 春日大社若宮おん祭（奈良）	11・30	4・42 18・47
18日	日	きのと巳	一白	納め観音　東京駅落成記念日	廿五日	大安	とる	房	白糸の寒みそぎ（福岡） 小田原飯泉観音だるま市（神奈川）	0・01 12・20	6・01 19・41
19日	月	ひのえ午	九紫		廿六日	赤口	やぶる	心	石見一宮物部神社の庭火祭（島根）	1・44 13・07	7・13 20・23
20日	火	ひのと未	八白		廿七日	先勝	あやぶ	尾	下田爪木崎水仙まつり（静岡）	2・57 13・52	8・15 21・02
21日	水	つちのえ申	七赤	納め大師　天一天上終	廿八日	友引	なる	箕	東寺終い弘法（京都）	3・54 14・35	9・08 21・42
冬至	六時四八分			六十四候／冬生じ夏枯る　六十五候／鹿角おつる　六十六候／雪下りて麦のびる　17日の日の出6・44　日の入16・30							
22日	木	つちのと酉	六白	冬至（ゆず湯）　儒家年筮　旧三の酉 不成就日	廿九日	先負	おさん	斗	穴八幡冬至祭（東京） 小平神宮星祭（東京）	4・43 15・17	9・58 22・24
23日	金	かのえ戌	五黄	●朔一九時一七分　学校終業 上皇御誕生日	十二月一日	赤口	ひらく	牛	大原三千院托鉢寒行（京都）	5・30 15・59	10・45 23・09
24日	土	かのと亥	四緑	納め地蔵　クリスマスイブ　一粒万倍日	二日	先勝	とず	女	伊勢大神楽（三重）	6・16 16・41	11・30 23・54
25日	日	みずのえ子	三碧	納め天神　クリスマス　与謝蕪村忌 八専始　一粒万倍日	三日	友引	たつ	虚	亀戸天神納め天神（東京） 北野天満宮終い天神（京都）	7・01 17・24	12・15
26日	月	みずのと丑	二黒		四日	先負	のぞく	危	安房神社神狩祭（千葉）	7・46 18・07	0・40 12・59
27日	火	きのえ寅	一白	プロ野球誕生の日　三隣亡	五日	仏滅	みつ	室	薬研堀不動院歳の市（東京） 神戸生田神社杉盛づくり（兵庫）	8・29 18・53	1・25 13・45
28日	水	きのと卯	九紫	納め不動　官庁御用納め　不成就日	六日	大安	たいら	壁	成田山新勝寺納め不動（千葉）	9・12 19・46	2・10 14・35
29日	木	ひのえ辰	八白		七日	赤口	さだん	奎	薬師寺御身ぬぐい（奈良） 羽田神社大祓い（東京）	9・52 20・51	2・54 15・36
30日	金	ひのと巳	七赤	◐上弦一〇時二一分　証券取引所大納会 旧事八日・針供養	八日	先勝	とる	婁	神田明神防災大祓（東京）	10・33 22・20	3・39 16・54
31日	土	つちのえ午	六白	大晦日・大祓い　除夜の鐘　年越しそば	九日	友引	やぶる	胃	検見川神社師走大祓（千葉） 男鹿なまはげ（秋田）	11・10	4・29 18・19

一白《いっぱく》水星《すいせい》

●

警戒運

千荊《せんけい》万棘《ばんきょく》
前途多難

令和4年 壬寅五黄土星
方位盤

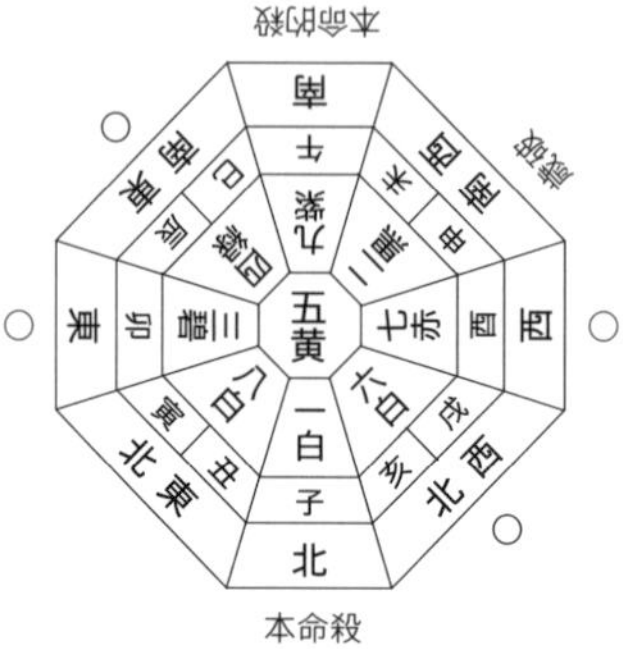

吉方→北西・西・東・南東
凶方→南西・北・南

「北西」を吉方として活用すると、体力面での強化が図られ身体が丈夫になります。大きなバックアップを受けて今後の活力や飛躍のチャンスが拡大します。
「西」は、色々なジャンルの趣味を体験し楽しみ方が広がります。金運の流れも良好になり臨時収入の期待も大。
「東」は、気持ちが明るくなって若々しくなります。隠れていた才能が世間に認められるようになります。
「南東」は、物事が調うので独身者は良縁に恵まれます。

性格と人生

辛抱強く我慢強い性質で、必ずしも積極的とは言えず、大胆に行動することは少ないでしょう。しかし、本質的には陽気さを持っています。自分から他人に本音を打ち明けることが少ないので誤解を招きやすい一面がありますが、人を見る目を持ち、真の友を得られるでしょう。また、表立って目立つタイプではありませんが、芯が強く、やさしさや冷静な思考力を持っています。マイナス面としては、苦労性で細かいことにこだわりが強く、秘密主義。不平不満が多くなりがちです。

全般的な運の流れとしては、若い頃には思うようにいかないことが多いのですが、目標を絞り忍耐強さと才知ある処世術を生かして流れに乗っていけば、苦労と努力の甲斐ある後半生を送ることが出来るでしょう。

周囲に対して意識して心を開いていくように心掛けましょう。時に応じ環境に従う水のように、順応性を発揮していくこと。こだわりを手放す決断が開運の秘訣です。情にもろいので、酒色の問題には注意が必要です。

一白水星生まれ

平成29年丁酉
〃 20年戊子
〃 11年己卯
〃 2年庚午
昭和56年辛酉
〃 47年壬子
〃 38年癸卯
〃 29年甲午
〃 20年乙酉
〃 11年丙子

2月4日以前生まれの人は二黒生まれで見ます

あなたの今年の運勢　一白水星

厳冬期の大厄な運勢のため、心身ともに冷えて病気に罹《かか》りやすく、精神的に落ちこむ運気。あれこれ悩まずに、何か自分が打ち込めるものを探すとストレス発散に。

◎商売運……物の判断を見誤ったり、見損なったり危機的な状況に陥ることも。外部に目を向けるより内部統制が優先。水面下でのプランニングで来年以降の飛躍に。

◎職場運……コンプライアンス重視。心の隙をつかれて気付いたら法律問題に抵触する事案に巻き込まれる恐れも。日頃から状況をキチンと見極めることが大切です。

◎家庭運……思わぬアクシデントに遭遇したり、人の生活が羨ましくなったり、悩みがつきないのがこの年。秘密を持たず、少しずつでも解決の糸口を。空き巣に用心。

◎恋愛運……対人関係が非常に良好で、新しい出会いに期待が膨らんで、恋に発展する気運がある一方で、人目を忍ぶような恋に陥りやすいので注意が必要です。

◎金　運……うまい儲け話は、まずは疑ってみることが肝要です。詐欺に用心し、無駄遣いを控えましょう。

◎健康運……身体を冷やし過ぎると大病の一因に。血液の病気、リンパ、目眩《めまい》などの耳の病気にも注意が必要。

子

の一白の運勢／**14歳**は、交友関係の輪を広げましょう。将来に亘って付き合える親友を見つけることが今後の人生の最大の課題です。**50歳**は、高望みや自己中心的に物事を進めれば挫折を招く。現状は裏方に徹して。アルコールの飲み過ぎに要注意。

卯

の一白の運勢／**23歳**は、小さな事でも自分にノルマを課しましょう。少しずつでもクリア出来れば、やがて大きな自信に繋がります。**59歳**は、想定外の事案に遭遇しても平常心を忘れず、冷静に対応することで問題解決に導けそうです。何事も辛抱強く。

午

の一白の運勢／**32歳**は、運気は停滞気味だが、無理をしなければ比較的順調に過ごせる年。習い事を始めて、さらにスキルアップが可能。**68歳**は、何事も忍耐強く対応すれば大難を小難にすることが可能になります。日頃から車の運転も安全第一で。

酉

の一白の運勢／**41歳**は、生活環境を大きく変えたくなったり、つい我が儘な一面が出やすい時。今はじっと我慢して基礎固めに専念。**77歳**は、体調管理に注意が必要な年。特に食中毒に気を付け、身体を動かして少しでも免疫力の強化を図りましょう。

☆めくっておみくじ【十七番】――凶　諸事の悩みは優柔不断で決心がつかない。今日は控えめな態度で待つ。

一白

1月の運勢⦶小吉運

吉方→なし
小吉方→北東
辛丑三碧木星の月

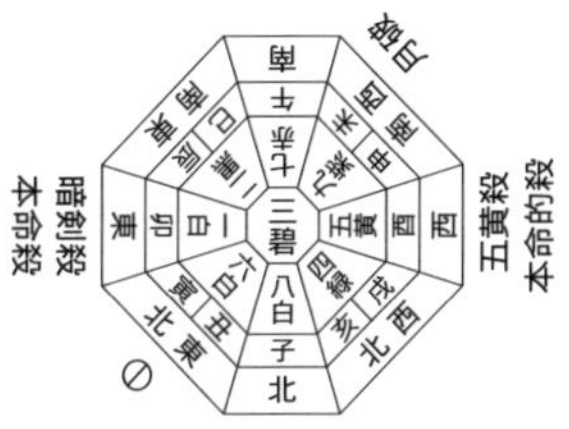

歳破→南西
年で暗剣殺→北西
年で五黄殺→南東
年で本命殺→南
年で本命的殺→北

吉方○北東＝小吉方。自信をもって改革を推進し地位向上。援助を得て運気好転。**凶方**●東＝隠し事がバレて信用を失う。風邪をこじらせダウン。西＝欲深くなり節度を失う。金運が低下して窮する。南西＝意見の相違から仲間と険悪に。家庭に波風が立ちギスギスする。

運勢／気持ちが大きく膨み前向きになる新年。独断や準備不足でつまずかないよう十分に計画を立てて。浮き足立った軽はずみな言動が足を引っ張られる原因に。異性関係やうまい話に警戒して。取引は慎重に新規は要検討。肝臓を労って、ストレス性の疾患に注意。

1㊏ ●安寧を祈り二礼二拍手で初参り
2㊐ ⦶賑やかに集う家で歓談昔話に花
3月 ⦶孫の顔で財布の口締め忘れ注意
4火 ◐食べ過ぎ屋外スポーツで解消を
5水 ◎初出勤今年の目標掲げ胸高まる
6木 ●持病があれば早めに治療し安心
7金 ○独りで悩まず目上友人に相談を
8土 ⦶無理なチャレンジ失敗墓穴掘る
9㊐ ○仕事の成果は焦らずじっくりと
10㊊ ◐集中力低下は音楽で脳を活性化
11火 ◐万策尽きても最後まで諦めない
12水 ○有言実行でリーダーシップ発揮
13木 ⦶強引は禁物心に余裕もつ行動を
14金 ○気配り上手が人との絆を深める
15土 ●散歩は万歩計を持って健康増進
16㊐ ◎自己アピール忘れず魅力を発揮
17月 ◐家庭内に仕事の持ち込み控えて
18火 ⦶家電製品の購入は品質を最優先
19水 ⦶気晴らしにドライブで気分転換
20木 ◐先延ばしせず早めの行動が奏功
21金 ○おおらかに構え運を引き寄せる
22土 ⦶時間を有効活用し学力をアップ
23㊐ ○手の広げ過ぎが中途半端になる
24月 ●我慢強さも必要ひたすら忍耐で
25火 ◎宝くじ一獲千金の夢追い過ぎず
26水 ◐資格を取って人生にチャレンジ
27木 ◐衝動的な行動がトラブルに発展
28金 ⦶好奇心旺盛を隠し深入りは禁物
29土 ◐独走は危険健康シグナル赤点灯
30㊐ ○誘われたら快諾を人間関係発展
31月 ⦶冷静な判断と対応が幸運掴む鍵

一白 2月の運勢○吉運

吉　方↓西
小吉方↓なし
壬寅二黒土星の月

吉方○西＝交際関係が活発になり信用が増す。異性との良縁に恵まれる。金運がアップして取引も順調に。
凶方●南西＝家庭内の問題に頭を抱える。金銭が困窮。北東＝財産にまつわるトラブルに悩む。南東＝優柔不断から運を逃す。北西＝余計な一言で目上ともめ事に。

運勢／自分の長所をアピールするチャンスの時。良き仲間との信頼関係が築かれて運気が順調。迷いがあれば独りで抱え込まずに相談して解決を。周囲から声がかかることが多く外出の機会が増える。交際費がかさみがちなので出費を抑えて。風邪、腸の不調に注意。

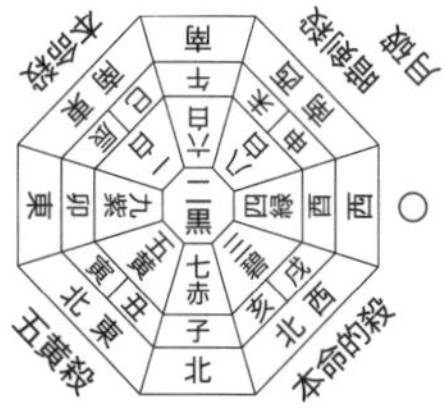

歳破→南西
年で本命殺→北
年で本命的殺→南

1火　○一歩引く謙虚さで幸福度アップ
2水　●足元に注意うっかりミスで怪我
3木　◎福は内鬼は外金は内で福を招来
4金　◐家族との意思疎通を大切にして
5土　⦶趣味を副業にするチャンス到来
6㊐　⦶交渉事に曖昧な態度は不利招く
7月　◐何事もバランス感覚が大切な日
8火　◎新しい出会いが発展運に繋がる
9水　○見切り発進要注意計画性を持つ
10木　○気負わず臨めば願望が叶うとき
11㊎　●お金のルーズさ困窮を招く元に
12土　○美的センスが光り好感度増量中
13㊐　◐家族の健康思い部屋を整理整頓
14月　⦶噂話につられ同調が信用失墜に
15火　⦶閃いたアイデア仕事に活用して
16水　◐検証しながら実行が成功に導く
17木　◎情報収集が知識を養う活力剤に
18金　○人の意見を素直に採用する耳を
19土　○意地張らず柔和な対応開運の鍵
20㊐　●メタボ対策に取り組み健康増進
21月　○頭の冴えを生かしスキルアップ
22火　◐家族トラブル早めに円満解決を
23㊌　⦶おしゃれして女子会で気分転換
24木　⦶臨機応変迅速な対応が吉になる
25金　◐坐禅して内面と向き合うひと時
26土　○旅行でエネルギー補充の時間を
27㊐　○チャレンジ計画を持ち積極的に
28月　⦶自分の魅力に自信持ちアピール

一白水星　☆めくっておみくじ【四十九番】――吉　中秋の名月を喜ぶ。十分に求めず、欲は七分止まりが賢い知恵。

☆めくっておみくじ【三番】――凶　チャンスと感じても時期尚早なり。賢者は慎重に準備を怠りなく。

一白　3月の運勢◐自重運

吉　方→なし
小吉方→北東
癸卯一白水星の月

吉方○北東＝小吉方。親戚知己との交流がスムーズに。蓄財の有力情報を入手する。凶方●北＝自転車や車の事故・トラブルに遭う。金銭面で重荷を負う。南＝見えを張って財を失う。法的な争い事に巻き込まれる。西＝ウッカリ発言から疎遠に。金回りが悪化して困窮する。

運勢／周りから頼りにされてフル回転。精力的に取り組むも結果的に振り回されてストレス過多に。荷の重い問題や長引く事案はきっぱり断る勇気を持って。金運が低迷中。先を見据え予算をしっかり立て計画的に。オーバーワークに注意。十分な睡眠と休息を心掛けて。

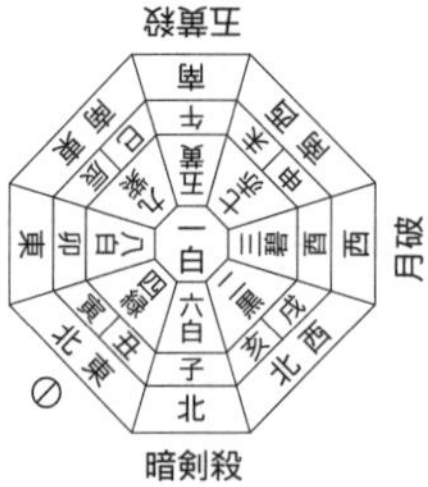

歳破→南西
年で本命殺→北
年で本命的殺→南

1火　●独り善がりな判断が失敗のもと
2水　○チャレンジ精神を発揮して前進
3木　◐雛祭りの集い母の手料理に歓喜
4金　⦶デートは喋りすぎず聞き上手に
5土　◐困難を苦なく解決して評価上々
6㊐　◐勇み足を抑えて心も体も休養日
7月　◎新しい発想が生かされる発展運
8火　⦶頑固さ人間関係が悪化する元に
9水　○職場サークルで新しい出会いが
10木　●年一度の健康診断で安心キープ
11金　○ライバルとは静かな闘志で競争
12土　◐家族にわが儘《まま》は禁物感謝の心で
13㊐　⦶ゆとりある日程で楽しい旅行を
14月　⦶意欲的に取り組んで好結果得る
15火　◐八つ当たりの前に笑顔で深呼吸
16水　◎欲しい物が手に入り充実感増す
17木　⦶熟された発想は確実に成果生む
18金　○仕事場の無駄な会話も役に立つ
19土　●目上の意見素直に聞き難を回避
20㊐　○損して得取る心掛けで光が差す
21㊊　◐先祖を敬い感謝して墓参の一日
22火　⦶無理のないダイエット美を保持
23水　⦶相談事は親身に接し言葉に注意
24木　◐春の空気に触れストレス解消を
25金　◎希望の明かり差すチャンス到来
26土　⦶情報は独りで持たず有効活用を
27㊐　○送別会楽しい会話で思い出作り
28月　●諸事停滞気味ゆとりの心で待つ
29火　○頭が冴えてアイデアをフル活用
30水　◐些細な事は受け流す寛容さ大切
31木　⦶デート会話が弾んでより親密に

一白

4月の運勢◐自重運

吉　方↓東
小吉方↓北東
甲辰九紫火星の月

吉方○東＝気持ちにゆとりが生まれ意欲的に。新規プランに心が弾む。北東＝小吉方。気分転換で意欲的に。
凶方●南＝不名誉な噂で信用を失う。法的なミスで取引不調。北＝表沙汰にできぬ関係で揉め事が。北西＝自信過剰な言動で槍玉に。南東＝頼りのサポート失う。

運勢／公私共に多忙。余計なことに手を出しイライラ募る。我が物顔な態度で敵を作らないように謙虚に。上を立て聞く耳をもって和を保つ心掛けが円満の秘訣。投資関係やギャンブルは不調。新規に手を付けず現状維持で。不注意によるケガに警戒。車の運転は慎重に。

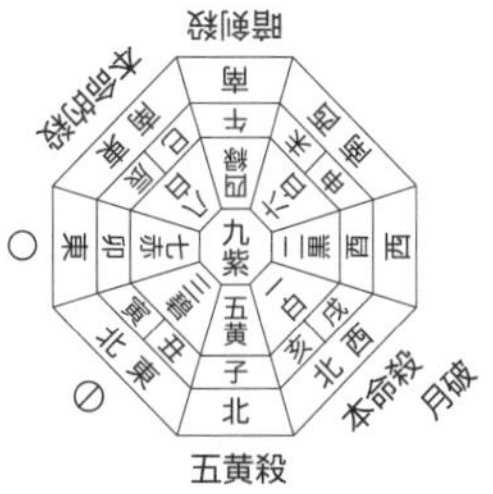

歳破→南西
年で本命殺→北
年で本命的殺→南

1金　⦶理屈でなく行動力を高めて実践
2土　◐春野菜を入れて免疫力をアップ
3㊐　○夢追い過ぎず小さな幸福を満喫
4月　○勇気ある決断が成果生む一歩に
5火　○上司の小言は今後に役立つ言葉
6水　●運動不足の解消ストレッチ実行
7木　⦶春の薄着は風邪のもと油断大敵
8金　◐人間関係は相手に信頼と尊敬を
9土　⦶旅行計画はリーダー決めて実行
10㊐　●休日に石仏巡りで心にパワーを
11月　◐悩みは独りで抱えずに相談して
12火　◎新入社員夢膨らませ羽ばたいて
13水　○歓迎会飲み過ぎ注意体調管理を
14木　○小さな努力の積み重ね評価得る
15金　●縁の下の力持ちやがて光が差す
16土　⦶花見ダンゴで家族団らん和んで
17㊐　◐強い不満が起爆剤になる要素に
18月　⦶女子会は周りに配慮小声で談笑
19火　⦶車の運転気の緩み大事故の元に
20水　◐柔軟な対応で物事円満に解決へ
21木　◎新規改革に意欲的に取り組んで
22金　○高価商品は計画性を持って購入
23土　○社交性フル活用し自己アピール
24㊐　●趣味を生かし心に潤い持たして
25月　⦶自信過剰はケガの元と控えめに
26火　◐家族間も無用な口出し喧嘩の元
27水　⦶パワースポット巡りで運気上昇
28木　⦶投資は欲張らず冷静な判断必要
29㊎　◐大切なヘソクリ隠し場所を工夫
30土　◎春登山でも万全装備を心掛けて

☆めくっておみくじ【八十四番】——凶　物事は一時よくても長続きはしない。やや八方塞がりなので気を抜かない。

一白　5月の運勢⦶小吉運

吉　方→南東
小吉方→なし
乙巳八白土星の月

吉方○南東＝交際関係が広がり恩恵を受ける。縁談や良き出会いに恵まれる。
凶方●北東＝親族関係との問題で悩み抱える。南西＝勤労意欲を失い怠けグセがつく。北西＝目上との軋轢《あつれき》にイライラする。西＝金回りが悪くなる。口内炎。東＝気ばかり焦り右往左往に。

運勢／新緑に誘われてレジャーや飲食の機会多く楽しみ増す。人との交流盛んに羽を伸ばすも口の災いに気を付けて。親しき仲にも節度をわきまえて難を逃れる。金銭面は財布の紐が緩みがち。予算を守り節約を心掛けてちょうどいい。口腔ケアに留意。気管支炎注意。

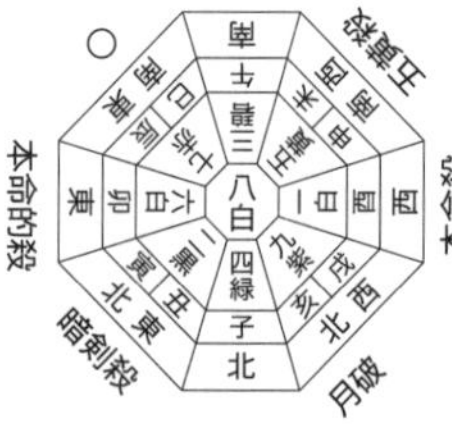

歳破→南西
年で本命殺→北
年で本命的殺→南

1 ㊐ ⦶楽しい会話から親近感を高める
2 月 ◎更なる努力が発展へのチャンス
3 ㊋ ●五月病森林浴で新鮮な気を投入
4 ㊌ ⦶春風に乗って朗報が届く幸運日
5 ㊍ ◐ちまき食べ子供の成長を顧みる
6 金 ⦶無計画な買い物が後悔の始まり
7 土 ⦶過去の栄光より未来に希望持つ
8 ㊐ ◐新入社員少し気を抜き体力温存
9 月 ○開店は方位を重視して日を検討
10 火 ⦶向上心を持ち挑戦する姿勢大切
11 水 ○イメージチェンジ気分一新して
12 木 ●自己過信せず疲れ早めに解消を
13 金 ○インスピレーション信じて実行
14 土 ◐日頃の関わり困った時大助かり
15 ㊐ ⦶クレジット明細で使い過ぎ防止
16 月 ◐テキパキした行動で能率アップ
17 火 ◐スローダウン心にゆとりで回復
18 水 ◎信頼は地道な努力と徳の蓄積で
19 木 ⦶センス磨き新しい魅力引き出す
20 金 ○スケジュール余白を持ち余裕を
21 土 ●好調な時でも低姿勢が成功の鍵
22 ㊐ ○情報収集で困った時に役立てて
23 月 ◐思い付いたらためらわず実行を
24 火 ⦶交際のマンネリ絶妙な距離感を
25 水 ◐安全運転を心掛け事故の減少に
26 木 ◐部屋の模様替えで気分転換図る
27 金 ◎万事を楽しみチャンスを掌中に
28 土 ⦶問題解決し仕事スムーズに進行
29 ㊐ ○親の意見を参考にして妙案作成
30 月 ●持病は早めに手当てすれば安心
31 火 ○本音トークで信頼度更にアップ

一白　6月の運勢◐自重運

吉　方→南東
小吉方→なし
丙午七赤金星の月

吉方○南東＝有力者の後ろ盾を得てチャンスに恵まれる。精力的に事業を拡大。凶方●西＝口論に巻き込まれる。異性との揉め事が。東＝不注意が尾を引き低迷。北＝軽率な言動で孤立する。北東＝改革失敗で身の置き所なく。腰痛。南西＝ふらふら無気力で職が定まらず。

運勢／物事がうまく運ばぬジレンマと焦りからあれこれ試すが計画倒れに。やみくもにチャレンジするより現状を把握して好機を待つこと。しばし静観の構えで気分転換を。身内との会話や連携を大切に。金銭は貯蓄を第一に無駄遣い慎んで。足腰、アレルギー疾患注意。

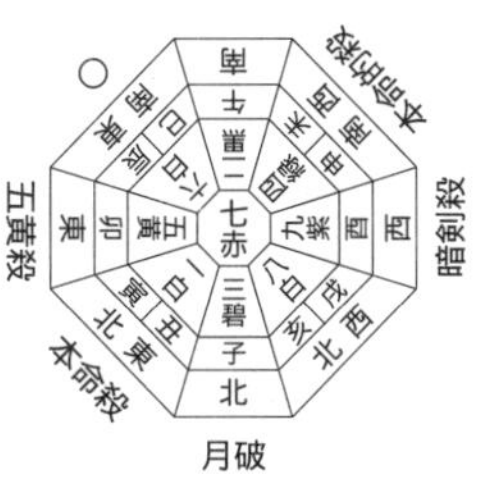

歳破→南西
年で本命殺→北
年で本命的殺→南

1水 ●親族間の揉め事には深入り禁物
2木 ○旅行は事前チェックで一安心を
3金 ⦶気力低下を奮い立たせて行動を
4土 ◐梅雨のゆううつ明るい服で払拭
5㊐ ◎幼なじみとの再会で嬉しい一日
6月 ⦶言動に注意不用意さが災い招く
7火 ○おせっかいは時にありがた迷惑
8水 ●失敗しても希望へつなぐ出発点
9木 ○不動産取引は契約書詳細に確認
10金 ◐曖昧模糊な返事が誤解を招く元
11土 ⦶見え張らず質素な態度が長続き
12㊐ ⦶気温の変化に体調管理を万全に
13月 ◐判断力の鈍り誤った方向に進行
14火 ◎積極的な行動が福運招き喜びに
15水 ⦶通信料金を見直しやり繰り上手
16木 ○会議は聞き流さずメモの習慣を
17金 ●病気は人間ドックで早期発見を
18土 ○対人運が発展新しい発見で輝く
19㊐ ◐相続問題時間をかけて焦り禁物
20月 ⦶交際は出しゃばらず控えめが吉
21火 ◐独断と偏見に注意協調性を養う
22水 ◐グルメ巡り食べ過ぎには要注意
23木 ◎思いどおり道を切り開き福招来
24金 ⦶イライラは損招く平常心で安泰
25土 ○温和な態度が周囲のやる気誘う
26㊐ ●夫婦喧嘩早めに謝罪が円満の元
27月 ○友人から刺激を受けてハッスル
28火 ◐ポジティブな考え周りに好影響
29水 ⦶嘘の発覚で友人関係に亀裂注意
30木 ⦶身の回りを断捨離してスタート

　☆めくっておみくじ【十九番】——**末小吉**　バラの花に棘あり、人は言葉の棘を慎む。急がば回れの方針が吉。

一白　7月の運勢○吉運

吉　方↓東
小吉方↓なし
丁未六白金星の月

吉方○東＝目標に向けて順風満帆なすべり出し。信用を積み重ねて新計画に挑戦するチャンスに恵まれる。
凶方●北西＝貴重品を無くす。南東＝よくない仲間との縁ができる。北東＝土地建物の訴訟トラブル。南＝秘密がバレて立場が悪化。北＝家族間や友人と険悪に。

運勢／誠実な努力が認められて一目置かれる。先見の明あり能力発揮のとき。見えや驕りから高慢な言動をとると誤解を生み見放される。分け隔てなく礼を尽くして常識ある行動を。契約関係トラブルに警戒。文書は再度確認を。金銭計画的に。頭痛、眼精疲労に注意。

歳破→南西
年で本命殺→北
年で本命的殺→南

1金　◐特効薬ない感染症マスク手洗い
2土　◎協力することで成果が何倍にも
3㊐　○外見よりも内面の充実に努める
4月　○誠実さが評価され周囲から信頼
5火　●一度解決した問題は蒸し返さず
6水　○案ずるより産むが易しの吉運期
7木　◐会議が長引き予定が大幅変更に
8金　⦶パーティーは遊び心を演出して
9土　⦶揺るがぬ態度で全てに臨めば吉
10㊐　⦶手の込んだ食事で特別な日演出
11月　⦶上司の引き立てもあり万事順調
12火　◐協力者不在の状況で手詰まり感
13水　○争いにならぬよう笑顔で接して
14木　●契約事の交渉は後日に持ち越す
15金　○自分の未来と真剣に向き合う時
16土　○正しい改革を推進する気構えを
17㊐　◎人間関係円満で気持ちを素直に
18㊊　◐お互いの思惑が違い噛み合わぬ
19火　⦶目上に敬意を払う心を忘れずに
20水　⦶迷いあっても腹を括《くく》った行動を
21木　◐肌のトラブルＵＶケアが効果的
22金　○見て見ぬ振りする気遣いが大切
23土　●期待どおり進展せず落胆の一日
24㊐　○雨上がり日が差す如く輝ける日
25月　○スタートに万全を期し神経集中
26火　◎やり甲斐感じる事業と出合いが
27水　◐付かず離れずが夫婦円満のコツ
28木　⦶環境に感謝し謙虚に学ぶ姿勢で
29金　⦶財布が豊かでも無駄遣いは禁物
30土　◐移動と旅行を避け自宅で寛《くつろ》いで
31㊐　○目標に向け努力し満足感が漲《みなぎ》る

☆めくっておみくじ【四十一番】――**末吉** 目的や方針が途中で変わりやすい。意外な所で損失を招くので足元用心。

一白

8月の運勢●警戒運

吉方→南東・東・北西・西
小吉方→なし
戊申五黄土星の月

吉方○南東＝信用を得て取引拡大。紹介運あり人脈広がる。婚活が順調。東＝新プロジェクトが軌道に乗って進展。北西＝目上から目をかけられ出世。西＝金回りが良くなる。恋愛運上昇。
凶方●北東＝運が暗転する。北＝異性絡みの秘密の関係。南＝法的なトラブル。喧嘩。

運勢／夏を満喫するには心が重い。縁の下の力持ちと自覚し時を待つ。自己研鑽には好機。目下や子供との絆を育んで吉。家庭サービスの出費が悩ましい。表沙汰に出来ない人間関係のもつれにご用心。空調による冷え警戒。足元を冷やさぬよう。夏風邪や下痢に注意。

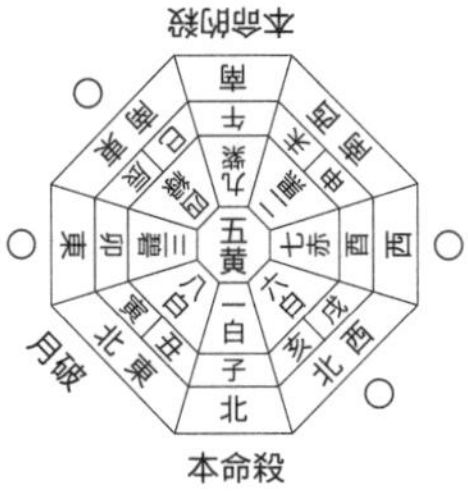

歳破→南西
年で本命殺→北
年で本命的殺→南

1 月 ●火の元には十分過ぎるほど注意
2 火 ◐欲しい品物でも購入前に吟味を
3 水 ⦶消去データの復元作業が生じる
4 木 ○清い心と優しさで人気が急上昇
5 金 ◐新たな危険が足元に迫る災難日
6 土 ⦶今の幸福ご先祖様のお陰と感謝
7 ㊐ ◐孤立すると人の協力は得られず
8 月 ◐無くし物せぬよう持ち物再確認
9 火 ○筋道を通し有利な条件で決着を
10 水 ●外回りの業務は熱中症にご用心
11 ㊍ ○仲間と一緒に自然に触れ休養を
12 金 ⦶気の早い選択だけは厳に慎んで
13 土 ○夏休みに新たな異性との出会い
14 ㊐ ●窮地を脱するには年長者に相談
15 月 ⦶繁栄の基礎を築いた英霊に敬意
16 火 ◐迷わず普段どおりの行動が最良
17 水 ◐出処進退に悩み生じ動けぬ事態
18 木 ○高評価受けて昇給のチャンスが
19 金 ●行動を起こすには未だ時期尚早
20 土 ○一か所に止《とど》まって待ち人と再会
21 ㊐ ⦶あれこれ細かな手直し等が必須
22 月 ◎視野を広く持てば世界が変わる
23 火 ◐私利に捉われると道を踏み外す
24 水 ⦶実力者の行動観察が勉強の糧に
25 木 ◐現場では臨機応変な姿勢で対応
26 金 ◐意固地にならず人の意見を参考
27 土 ⦶独りより共同で作業すれば成功
28 ㊐ ●和解は焦らず両者の顔を立てて
29 月 ◐困りごとは頼りになる人と協議
30 火 ⦶融通きく予定は次回に繰り延べ
31 水 ◎勘が働き先手先手で布石を打つ

☆めくっておみくじ【二十三番】―― 半吉　矢は真っ直ぐに的を貫く。高望みは手に届かなく、小さく的を絞る。

一白　9月の運勢◐自重運

吉　方→西
小吉方→なし
己酉四緑木星の月

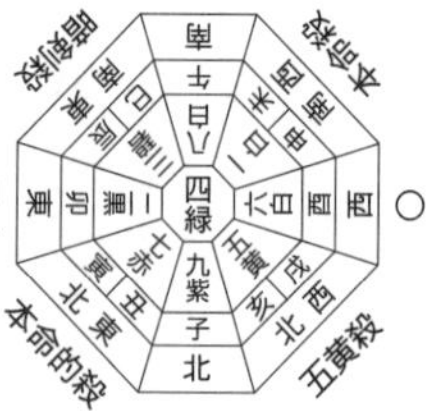

歳破→南西
年で本命殺→北
年で本命的殺→南

吉方○西＝交際運が上昇して良縁あり。運が開ける。事業資金にゆとりができる。凶方●南東＝急な話に振り回されて辟易《へきえき》。北西＝投資関係の不調でリスクを負う。東＝努力の甲斐なく成果を上げられず。南西＝根気をなくす。胃腸炎。北東＝気の緩みから詰めが甘く失敗。

運勢／身近な仲間や身内の応援で運気が徐々に好転。着実に一歩一歩と歩みを大切に。身の程知らずな高望みは失敗のもと。周囲と協調して誠実な対応を。先々に向けての技能習得や学びなど基礎固めには吉。金銭は質素に無駄を省いて。慢性疾患や生活習慣病に注意。

1木　◐天災を警戒備えあれば憂いなし
2金　⦶分からぬ事は人に聞く柔軟性を
3土　⦶多忙でも家族サービスで充実感
4㊐　●目移りせず一つの仕事に専念を
5月　○短気は損気と心得て怒りを封印
6火　●こだわることで災いを呼ぶ危険
7水　○余裕ある人に作業の分担を依頼
8木　⦶退路を断ってこそ覚悟が決まる
9金　◎結果を残ししばし達成感に浸る
10土　◐飲み過ぎから胃腸の不具合発生
11㊐　⦶他力本願でなく自力で生活再建
12月　⦶人の集まりは少人数にして無難
13火　◐規則正しい生活習慣で健康維持
14水　○自分の責任を果たし肩の荷軽く
15木　●交渉相手が手強く守りに徹して
16金　○持病の異変は早急に治療し無事
17土　◐調子に乗って悪ノリ信用が失墜
18㊐　◎相手に真心が通じ大きな満足感
19㊊　◐食卓を祖父母と囲んでお祝いを
20火　⦶後を継ぐ事を意識して前向きに
21水　○心惹《ひ》かれたら迷わず話しかけて
22木　◐学校でもめ事が発生し大混乱に
23㊎　○家族皆でお墓参り感謝の祈りを
24土　●時機を逸したら焦らず次を待つ
25㊐　○目線を下げて感謝を持って接客
26月　⦶自分の行動の結果を受け止める
27火　◎女性の意見聞き新たなアイデア
28水　◐見かけ倒しの相手に翻弄される
29木　⦶待てば海路の日和ありの精神で
30金　⦶妻と待ち合わせ水入らずで外食

一白

10月の運勢⦶小吉運

吉　方→北西
小吉方→北東
庚戌三碧木星の月

吉方○北西＝目上との関わりが増え関係良好に。能力発揮のチャンス。北東＝小吉方。有力者の援助を受けてここ一番の巻き返しへ。
凶方●東＝非難や中傷を受け消耗。盗難に遭う。西＝楽な方に流され怠惰に。欲から身を持ち崩す。南東＝信頼関係にひび入り疎遠に。

運勢／意気揚々と実りの秋。気持ちも若やいで活動的に。早合点の軽率な言動が悪目立ちの因。自己過信は禁物。誤解されぬよう意思疎通を図って周りと足並み揃えること。衝動買いを慎み予算守って安心。ストレス解消に軽い運動やウオーキングお勧め。靴に留意し安全に。

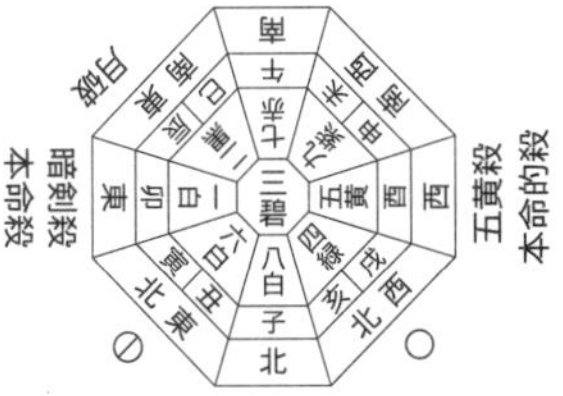

歳破→南西
年で本命殺→北
年で本命的殺→南

1土 ◐飾るより精神的な充足感が大事
2㊐ ⦶問題に応じて冷静な措置を取る
3月 ●移り気は大事なものを失い後悔
4火 ○手助けしてくれる人と意気投合
5水 ⦶最終の決着をつける話し合いを
6木 ◎心配事も消え飛躍のチャンスが
7金 ◐思いどおり進まずイライラ募る
8土 ⦶驚くような出来事も慌てず対処
9㊐ ⦶臨時収入があっても堅実に貯蓄
10㊊ ◐体力に合わせて運動プログラム
11火 ○職場でも笑顔の対応を忘れずに
12水 ●屋台骨を支える縁の下の力持ち
13木 ○人との和を大切にして平穏な日
14金 ⦶先を急がず暫《しば》し現状維持で臨む
15土 ◎柔らかな態度で顧客の心を掴む
16㊐ ◐子供と一緒にピクニック楽しむ
17月 ⦶上下関係を意識して礼を尽くす
18火 ⦶個人情報管理二重三重の備えで
19水 ◐渋滞疲れも道を譲り平静を保つ
20木 ○PC業務多く目に多大な負担が
21金 ●前へ進むため大きな犠牲が発生
22土 ○話題の映画鑑賞して心穏やかに
23㊐ ⦶うまく行かなかった原因を分析
24月 ◎誠意を認められ意外な恩恵得る
25火 ◐期待されて努力も実入り少ない
26水 ⦶人に花を持たせる謙虚さを持つ
27木 ⦶危機をチャンスに修業を積んで
28金 ◐パニック深呼吸しコントロール
29土 ○良い事も悪い事も全て白日の下
30㊐ ●撤退するにも大きな勇気が必要
31月 ○笑顔で行動すれば成果が上がる

一白

11月の運勢⦶小吉運

吉　方→西
小吉方→なし
辛亥二黒土星の月

吉方○西＝楽しい集いの場が広がる。良縁に恵まれる。交友関係から信用を得て収入につながる。飲食の喜び。凶方●南西＝骨折り損のくたびれ儲け。北東＝相続問題がこじれて泥沼化。南東＝優柔不断な言動で信用を失う。北西＝目上との関係が悪化し身の置き所なくす。

運勢／行楽シーズン。誘い合って交流盛んに外出の機会が増える。対人関係に配慮を。調子に乗って培《つちか》ってきた信頼関係を損ねないように気を引き締めて。人の助言には聞く耳を持ち迷い払拭して。倹約と出費のメリハリ大切にバランス良く。胃腸、風邪に注意して。

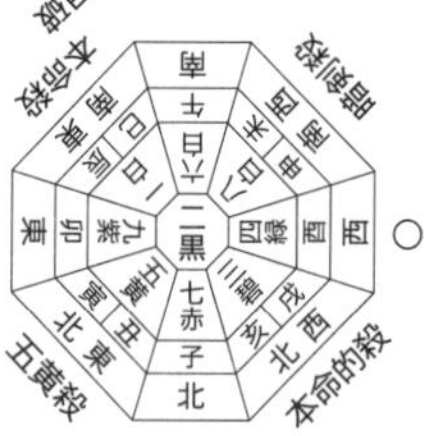

歳破→南西
年で本命殺→北
年で本命的殺→南

1火　⦶為《な》すべき事為し果報は寝て待つ
2水　◎後押し受けてチームリーダーに
3㊍　◐芸術鑑賞が感性を育てる土壌に
4金　○上役の仕事は現状把握を正しく
5土　⦶旧知の間柄に新しいヒント発見
6㊐　◐隠されていた家の問題が表面化
7月　⦶しがらみを断ち切り忖度《そんたく》ぬきで
8火　●利害を度外視して奉仕の精神で
9水　⦶古い病気の再発には気を付けて
10木　⦶総合的に考え私情を差し控えて
11金　◎お喋りの花が咲く楽しい女子会
12土　◐恋愛感情は出さずに内に秘めて
13㊐　○周りに気を使う事で順調に進む
14月　⦶気を引き締めて週初めスタート
15火　●腰の不安を抱えて思うに任せず
16水　○固定観念捨てて創造力を働かす
17木　●地に足をつけ転倒防止策を実行
18金　○大きな目標へ真剣に取り組んで
19土　⦶自らで見聞した事のみを信じて
20㊐　◎初心忘れず挑戦すれば好結果に
21月　◐実力に見合った事業を展開する
22火　◐見えを張らなくても真意は通ず
23㊌　⦶勤労できることに感謝捧げる日
24木　◐過労がちの体に質の良い睡眠を
25金　○誤解を解き交際関係も爽やかに
26土　●真冬を感じさせる足元の冷たさ
27㊐　○手本を真似るところから始めて
28月　⦶思いがけないツキが巡ってくる
29火　○資産運用はリスクもリターンも
30水　◐手詰まり感強く問題解決先送り

一白

12月の運勢◐自重運

吉　方→西
小吉方→北東
壬子一白水星の月

吉方○西＝若者との縁が広がり活気が漲る。金運が上昇し生活が潤う。北東＝小吉方。専門家の助言を得て貯蓄増。親族間の関係改善。凶方●北＝パワハラに苦しみ気力喪失。副業で損失を抱える。車の事故。南＝判断ミスから低迷。頭に血が上りトラブル引き起こす。

運勢／年末。あちらを立てればこちらが立たず。身の回りに気を使うことが多くストレス溜まりがち。できるだけ自分のペースを守った時間配分で体力温存。新年準備は余計なことに手を出さず慣れた段取りが無難。金銭トラブル警戒。過労に注意し睡眠時間を十分に。

歳破→南西
年で本命殺→北
年で本命的殺→南

1木　⦶主役は動き回らずドンと構えて
2金　⦶緻密なプランこなして目標達成
3土　◐先延ばししても事態は好転せず
4㊐　○最後までやり通してこその覚悟
5月　●冷えは健康の大敵暖かな服装で
6火　○今までと違う取り組み方を実践
7水　⦶再びトライする機会に恵まれる
8木　◎積極策が功を奏し営業成績ＵＰ
9金　◐態勢を立て直して再チャレンジ
10土　⦶抜擢されて大役を任される気配
11㊐　⦶年末の支出を抑える主婦の知恵
12月　◐出すぎず中立を貫き公明正大に
13火　⦶年賀状作成は早めに準備で安心
14水　●ケガを避けるため緊張感を持続
15木　⦶当初の予定を守って業務を遂行
16金　◐切磋琢磨した仲間同士飲む美酒
17土　◎人に尽くす事が功徳を積む事に
18㊐　◐身体への負荷は古傷の再発呼ぶ
19月　⦶何事も目上と相談して動くこと
20火　⦶周りの人への配慮が自分に返る
21水　●構えず小さな事にも真剣に対応
22木　○柚子《ゆず》の香りの中で心も温まる時
23金　●問題点判明したら意見を纏める
24土　○離れた家族に祝福送るイブの夜
25㊐　◐喜ぶ顔を思い贈り物をチョイス
26月　◎思わぬ人と協力して実績上げる
27火　◐理想と現実のギャップ焦燥感が
28水　○仕事納め気持ちよい挨拶で締め
29木　○自然体を心掛けて背伸び控えて
30金　◐正月飾りを整えて妻のお手伝い
31土　○一年を振り返り感慨深い大晦日

一白水星　☆めくっておみくじ【八十番】――**大吉**　ここは君子によく凡人は位負けするが精進すれば願うところが叶う。

二黒《じこく》土星《どせい》

小吉運

一念通天
磨《ま》斧《ふ》作針《さくしん》

令和4年 壬寅五黄土星
方位盤

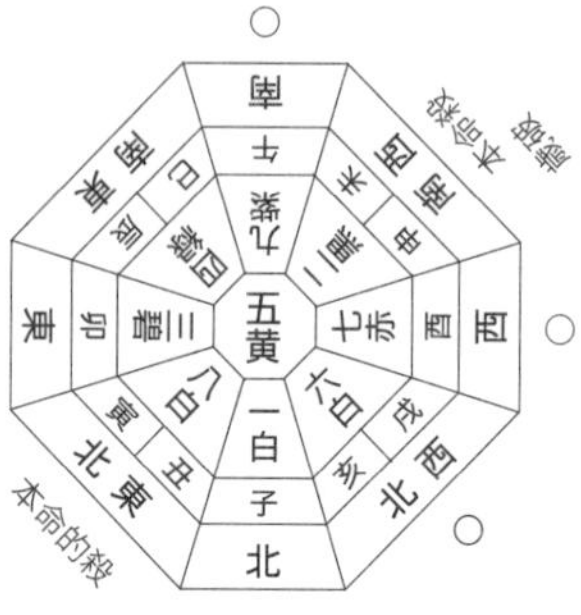

吉方→南・北西・西
凶方→南西・北東

「南」を吉方として活用すると、気持ちが明るくなって何事においても前向きになります。頭も冴えわたり潜在能力が開花します。転居・引っ越し、海外・長期旅行は、二月、八月、九月、十一月の最大吉方がお勧めです。

「北西」は、独立心に目覚め、目上や有力者からのサポートが受けられ、さらにより強力な協力者にも恵まれます。

「西」は、必要とされる金銭を手中に出来て資金繰りが良くなります。交際運が発展するので、恋愛運も急上昇。

性格と人生

堅実で真面目な性格で、陰ひなたなくコツコツと働くタイプです。奉仕精神があり、頼りになる補佐役として必要とされることが多いでしょう。温和で他人を押しのけても自分が出ていくようなことはありませんが、現実的な地に足のついた安定感を大切にするので、欲が強いと思われてしまうこともあります。しかし、決して利己主義的な欲ではなく、社会生活を営んでいく上で必要な欲と言えるでしょう。マイナス面としては、ときに依存心が強く決断力に欠ける場合があります。また、運気により、事なかれ主義的な一面が強まります。

全般的な運の流れとしては、小を積んで大を為《な》す精神の粘り強い努力から、徐々に大成します。早くから芽が出るタイプではありませんが、しっかりと根差して上昇運に乗るでしょう。太陽の恵みを受けて育み育てる大地のように、人を立てて支えていく中で自らの土台を築いていくことができます。自分と他人を引き比べて焦ることなく、地道に歩んでいきましょう。

二黒土星生まれ

平成28年丙申
〃 19年丁亥
〃 10年戊寅
〃 元年己巳
昭和55年庚申
〃 46年辛亥
〃 37年壬寅
〃 28年癸巳
〃 19年甲申
〃 10年乙亥
〃 元年丙寅

2月4日以前生まれの人は三碧生まれで見ます

あなたの今年の運勢　二黒土星

昨年からの低迷期を脱し、漸《ようや》く運勢も好転し始めてくるところですが、今年は歳破神が同体する影響で思わぬところで支障をきたす状況に。急がず着実な一歩を。

◎商売運……どん底から抜け出し活路を見出したいのですが、前半は前年の影響を受けさらに歳破神の影響も受けるので何事においても「念には念」をモットーに。

◎職場運……陰日向なく働くことで、あなたの評価も上向きになります。今年は様々な問題がクローズアップするので、慌てず対処することが重要。継続は力なり。

◎家庭運……自分から波風を立てる原因を作らないこと。今年は母親や妻、古い問題や忘れていた問題が再燃します。日頃の感謝を示し、素早い対応を心掛けましょう。

◎恋愛運……優柔不断な面が出てなかなか思うようにいかないのが実状。勇気を出し告白しましょう。友達から恋人へと変わる可能性も大。また、再会からの縁もあり。

◎金　運……アクシデントによる損失に注意が必要です。借金の依頼は断るが正解。貸したお金は戻りません。

◎健康運……胃腸病、皮膚病、婦人病、更年期やアレルギー性疾患に注意。また、怪我にも用心しましょう。

寅の二黒の運勢／**24歳**は、自分の置かれている状況を把握して、とにかく努力を怠らないこと。今日の頑張りが翌年以降のステップアップに。**60歳**は、急激に運勢が好転する勢いはないが決して悪くはない。研鑽を重ね、辛抱強い頑張りが来年の飛躍に。

巳の二黒の運勢／**33歳**は、土台作りに大切な一年です。腰を落ち着かせて邁進しよう。短絡的思考は、思わぬ炎上の結果を招くだけ。**69歳**は、運動不足でロコモシンドロームに。日頃から身体を動かすことを心掛け体力面の強化を。まずは手軽な散歩から。

申の二黒の運勢／**6歳**は、行動範囲が広がるのでケガなどのリスクに要注意。**42歳**は、良かれと思ってやったことが却って仇《あだ》になるケースも。心ない言葉に臆することなく平常心で乗り越えましょう。**78歳**は、呼吸器疾患などの感染症や怪我に注意。

亥の二黒の運勢／**15歳**は、目的遂行のために日頃からの頑張りが大切な一年に。今が試練の時と思い奮闘しよう。やがて大輪の花が咲く。**51歳**は、物事の運びに順調さを欠きますが、地道に努力していくことで後半から道が開ける。急いては事を仕損じる。

二黒

1月の運勢◎大吉運

吉　方→北東
小吉方→なし
辛丑三碧木星の月

吉方○北東＝仕事上の昇進や転身のチャンスを得る。財運アップの転機を迎える。凶方●東＝騙され停滞する。進路を断たれる。西＝遊びグセがつき浪費。南西＝飽きっぽくなり日常生活が安定しない。南東＝風邪をこじらせる。取引不調。北西＝気迷い多く成果上がらず。

運勢／新年好調なすべり出し。人脈が広がり援助や引き立てが期待できる。信用を積み重ねてさらなる飛躍を目指して。我欲を慎み自己中心的にならぬよう協調性を大切に。交際費がふくらむ。どんぶり勘定や見え出費に警戒して予算立てて。風邪や湿疹、胃腸疾患注意。

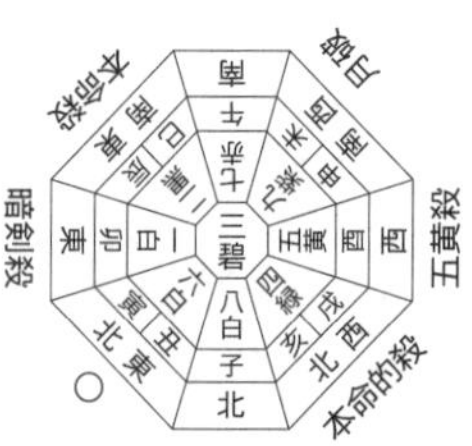

歳破→南西
年で暗剣殺→北西
年で五黄殺→南東
年で本命殺→北
年で本命的殺→南

1㊏　○今年の目標しっかり決め初詣で
2㊐　⦶賀状でお互いの近況を確認する
3月　◐新規事は求めず現状維持が無難
4火　○虚栄心を抑え目上に従えば安心
5水　●ヘタな隠し事は露見の可能性が
6木　○明朗と機敏さ発揮して良き日に
7金　○相手を尊重し味方を作る心掛け
8土　◎初心を忘れず前向きな行動とる
9㊐　⦶人の短所を批判せず長所探して
10㊊　○成人の日明るい笑顔で好感度大
11火　⦶出過ぎず人の意見に従うが得策
12水　◐生活習慣見直し健康寿命延ばす
13木　◎玄関を掃き清めわが家に福の神
14金　○朝日を浴びて活動意欲が活発化
15土　○身勝手な行動を抑え思いやりを
16㊐　●諦めぬ心が自身を磨いて育てる
17月　○外に目を向け社交運を広げよう
18火　◐迷いが出たら流れを見て判断を
19水　⦶収入と支出のバランスを整える
20木　⦶神社参りでよりパワーアップを
21金　◐結果でなくプロセスを重視して
22土　○異性運UPのチャンスをゲット
23㊐　◎吉方に出掛け陽の気を吸収して
24月　⦶犬と散歩し自然を感じ気分爽快
25火　●足腰の冷えは万病の元保温大切
26水　○元気に働ける喜び感謝し生きる
27木　◐見えの張り過ぎ散財傾向に注意
28金　⦶楽しいお喋りでも節度を持って
29土　⦶何歳でも学ぶ心を忘れず努力を
30㊐　◐頑固すぎると家族の和が乱れる
31月　◎自信を持って行動した事が成就

二黒

2月の運勢◐自重運

吉　方↓南
小吉方↓東・北
壬寅二黒土星の月

吉方○南＝能力を発揮できる。周囲から認められ名誉を受ける。東＝小吉方。勘が冴えて新案を思いつく。北＝小吉方。家族仲間との穏やかな心の絆が生まれる。凶方●南西＝勤務先でいじめに遭う。不規則な生活。東北＝欲をかいて運気が暗転。うだつが上がらない。

運勢／根拠のない自信に足元をすくわれやすい。新規には手を付けず時機を待つ心掛けで。周囲への気配りは良いが八方美人が過ぎるとストレス過多に。古い問題が蒸し返されることがあり深入り避けて。金銭無駄遣いに警戒。持病再発や過労注意。睡眠時間を十分に。

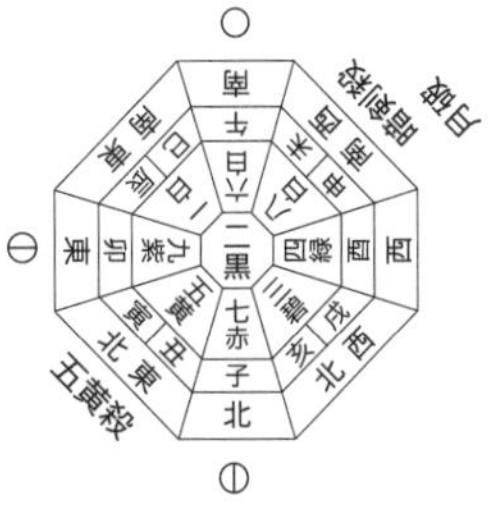

歳破→南西
年で本命殺→南西
年で本命的殺→北東

1火　⦶音楽で心身癒やしストレス解消
2水　○人生の先輩母の意見を尊重して
3木　●不運の時は次のチャンス信じて
4金　⦶悪い相手と縁切りして再出発を
5土　◐古い難問解決は勇気ある行動で
6㊐　◐おしゃべり度が過ぎて角が立つ
7月　⦶車での旅行は安全運転心掛けて
8火　●短気は損気のんびり心穏やかに
9水　◎縁談や異性運に恵まれる良き日
10木　◎前向きに行動し新しい自分発見
11㊎　○地道な行動が次のステップへと
12土　●隠し事が露見しトラブルに発展
13㊐　○見えや体裁がストレスの原因に
14月　◐親戚問題に口出し控え静観する
15火　⦶快楽求め過ぎると失うもの多い
16水　⦶失敗の中から多く学ぶ事が大切
17木　◐方針変更は効果出ず時機を待つ
18金　◎アイデア評価され嬉しい一日に
19土　○自己中心的考え捨て協調性養う
20㊐　○家族の安心感は優しい愛情から
21月　●思考力低下して判断ミス多い日
22火　⦶責任ある行動が評価アップへと
23㊌　◐変化求めず普通に平穏に生きる
24木　⦶運気ゆっくり好転する焦らずに
25金　⦶固定観念を持たずに素直な心を
26土　◐自己主張し過ぎ敵を作る要注意
27㊐　○友情から愛情に変わり幸せ掴む
28月　○若人の斬新なアイデアを生かす

二黒土星　☆めぐっておみくじ【十二番】——**大吉**　春になると柳は緑で百花は匂うごとし、好機到来の時でしょう。

二黒　3月の運勢⦶小吉運

吉　方→なし
小吉方→東
癸卯一白水星の月

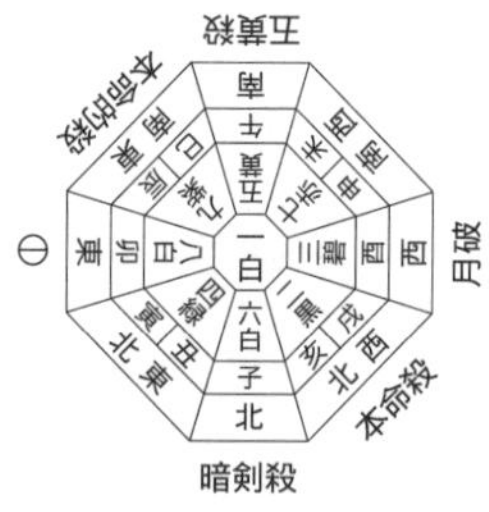

歳破→南西
年で本命殺→南西
年で本命的殺→北東

吉方○東＝小吉方。意欲的に取り組み現状を改善する。凶方●北＝誘いに乗って投機事で大損。南＝法的なトラブルに巻き込まれて立場が悪化する。西＝余計なひと言からもめ事に。北西＝身の程をわきまえず目上との関係悪化。南東＝良縁が離れる。取引や契約が不調。

運勢／春うらら。努力の甲斐あって多忙でも充実した運気に。引き立てても期待出来て意気揚々。調子に乗って一獲千金を狙うと梯子《はしご》を外される。身の丈に合ったスタイルで万全を尽くす。金銭面は手堅く。投資は慎重に。頭痛注意。フル回転では過労が心配、休息を。

1火　⦶健康には無条件でお金を注いで
2水　●石橋を叩いて渡る慎重さが大切
3木　○社交運を発揮して人脈を広げる
4金　◐損して得取れ人に尽くし陰徳を
5土　⦶口車に乗せられぬ用心深さ必要
6㊐　⦶目上の助言は素直に受け入れて
7月　◐各人に個性が認め合う心を学ぶ
8火　◎遠方より良い知らせ届き期待大
9水　○心落ち着かせる音楽でほんわか
10木　○補佐役に徹し着々と実力を養う
11金　●外からの干渉で我慢を要する日
12土　⦶知的好奇心が旺盛老いても盛ん
13㊐　◐軽はずみな行動せず様子を見る
14月　⦶話し上手より聞き上手が好結果
15火　⦶老人問題は気配りと思いやりで
16水　◐固定観念で人を見ず心から反省
17木　◎交渉を纏《まと》め信頼を得て高評価に
18金　○急用でも安全運転でゆっくりと
19土　○姑の意見時々は受け入れ仲良く
20㊐　●出る杭は打たれる慎重な行動を
21㊊　⦶墓参りご先祖様に感謝し供花を
22火　◐家族サービスが家庭円満の秘訣
23水　⦶交際費は引き締め方針で慎重に
24木　⦶じっくり計画して行動は素早く
25金　◐正しい行いで中傷の誤解を解く
26土　◎遠方からの友人の便りに心和む
27㊐　○感情に左右されぬ冷静さが必要
28月　○地道に努力した物事が実を結ぶ
29火　●辛いこと乗り切ってこそ喜びが
30水　○目上を立て前向きに進めば成功
31木　◐迷う心に先輩の助言聞き参考に

二黒

4月の運勢⦶小吉運

吉　方→なし
小吉方→南東
甲辰九紫火星の月

吉方○南東＝小吉方。親類知己からの援助が期待できる。縁談や婚活が進展する。**凶方**●南＝悪い噂を立てられて面目が丸潰れ。北＝不摂生から体調不良に。北西＝プライドが邪魔して素直になれない。西＝浪費グセがつき金欠状態。東＝見通しが甘くミスが多発する。

運勢／交友関係が広がって気分も上々。趣味やサークル活動が楽しい。家庭を疎《おろそ》かにしないよう、遊び心を引き締めて。異性運あり、婚活に好機。遊興費がかさみそう。ルーズな出費に警戒して財布の紐を締めて。生活リズムを整えて健康維持。歯の不具合早めにケア。

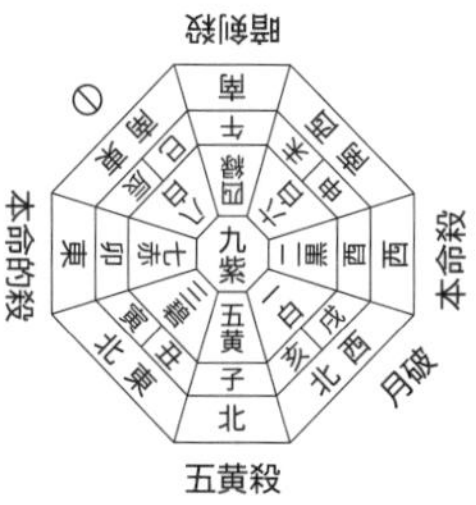

歳破→南西
年で本命殺→南西
年で本命的殺→北東

1金　⦶楽しいドライブでリフレッシュ
2土　○謙虚な姿勢対応が開運に繋がる
3㊐　●相手の落ち度を許す心が人徳に
4月　◎吉方パワー交渉取引に朗報あり
5火　○野原を歩いてリラックス効果を
6水　⦶家族ぐるみの付き合い節度大切
7木　●食事のバランス考えて体力作り
8金　○同じ失敗を二度繰り返さぬ姿勢
9土　◐契約事は変化あり慎重な行動を
10㊐　⦶不足を思うより現状に感謝して
11月　⦶青空を仰ぎ見て深呼吸で爽快感
12火　◐平常心で結果を見てから行動へ
13水　◎友人と遠方へ旅行し気分転換を
14木　⦶若い人の輪に入り陽の気を吸収
15金　○ふと思うは幼き頃の母の優しさ
16土　●運気が低調石橋を叩く慎重さを
17㊐　◐書類ミス出さぬよう再確認して
18月　◐遠い親戚より近くの他人を実感
19火　⦶口と財布にしっかりチャック日
20水　⦶面倒な事には手出しせぬが無難
21木　◐自己中心的な態度が評価ダウン
22金　◎気配り目配りで結果が得られる
23土　○アイデア生かして新しい企画を
24㊐　○地道な足固め焦らず気負わずに
25月　●先が読めず騙され損害被りそう
26火　○地位名誉を得たら地に足の生活
27水　◐誠意尽くすも背中合わせの暗示
28木　⦶虫歯や歯周病は日頃の予防大切
29㊎　⦶青空の下レジャースポーツ満喫
30土　◐我を通さず対話により解決図る

　☆めくっておみくじ【二十九番】——吉　長い間の悩みが消えていく。日々の家計は遣り繰り上手でうまくいく。

二黒 5月の運勢◐自重運

吉　方→なし
小吉方→南東・東
乙巳八白土星の月

吉方○南東＝小吉方。旅行や飲食の楽しみが広がる。恋愛運がアップ。東＝小吉方。積極性増し自信が漲る。**凶方**●北東＝親戚知己や家族間にトラブルが再発して悩みが深く。南西＝業績悪化で職を失う。北西＝イライラしてストレスを抱える。目上との関係が悪化する。

運勢／現状打開をもくろむも強引過ぎる手法は時期尚早。焦らず時機を待って。わがままを慎み周囲と良好な関係を築いて意見交換して。部屋の模様替え吉。財布カバンの中を整理し運気を整える。貯蓄について専門家の本を参考に。腰痛は軽視しないで。階段注意。

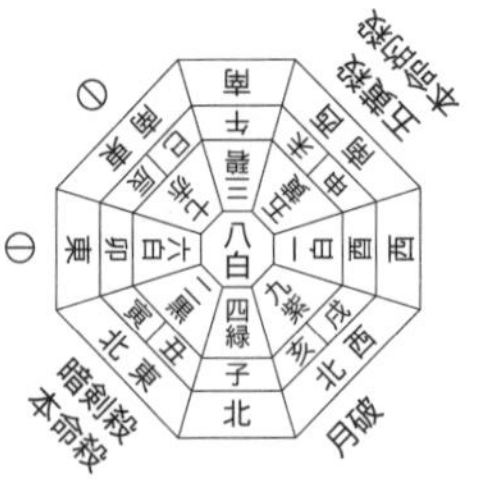

歳破→南西
年で本命殺→南西
年で本命的殺→北東

1㊐　◎互いに知恵を出し合い新規開拓
2月　○方針を変えず従来の方法を貫く
3㊋　○積極的行動を控え低姿勢で臨む
4㊌　●今の忍耐が将来の開運に繋がる
5㊍　⦶一度で済まず二度手間の厄介日
6金　◐礼儀を尽くしてトラブルを回避
7土　⦶積極的に集いに参加し人脈得る
8㊐　⦶情報や噂の流布に注意して対応
9月　◐臨機応変に対処し協力するが吉
10火　○心を引き締め控えめな態度肝要
11水　○友人と素敵な音楽鑑賞で安らぐ
12木　⦶不平不満言わず忍の一字の方針
13金　●過ぎた事は水に流して平和的に
14土　⦶衝動買いに走りやすい要注意日
15㊐　◐無理な保守継続は足並み乱れる
16月　◐役割分担で障害を取り除く工夫
17火　⦶ルールやマナー守り目上運ＵＰ
18水　◐損得を無視した行いが開運へと
19木　◎単独行動よりチームプレー優先
20金　⦶新たな事には手を出さぬが賢明
21土　○強い態度で挑み過ぎが逆効果に
22㊐　●今は投げ出さず努力し実力養う
23月　⦶目先の事柄で判断せず慎重さを
24火　◐相手を憎まず厳粛な心で接して
25水　⦶口コミ情報が良き縁に繋がる日
26木　⦶焦らず自然の成り行き見守って
27金　◐我欲を断ち認めてもらう努力を
28土　◎笑顔が全ての解決のポイントに
29㊐　○質問を繰り返し知識を積み上げ
30月　○意思の疎通が図れず不満が増大
31火　●安請け合いして失敗する注意日

二黒 6月の運勢○吉運

吉方→北西
小吉方→南東
丙午七赤金星の月

吉方○北西＝頼りになる後援者を得て先行き明るく。南東＝小吉方。取引や営業成績上々。待遇が良くなる。凶方●西＝ケンカから離婚問題に。クレジットカード決済トラブル。東＝夢や計画が停滞、尻つぼみに。南＝書類の手抜き見落とし多発。北＝若者とトラブル。

運勢／地道な積み重ねが認められ称賛を浴びる。注目が集まるとき。マナーを守って挨拶や言動には十分に配慮して。頭脳明晰で資格取得や学びに良きタイミング。書類作成や契約関係には念には念を入れて。保証人など避けて無難。経費削減。目や心臓、血圧に注意。

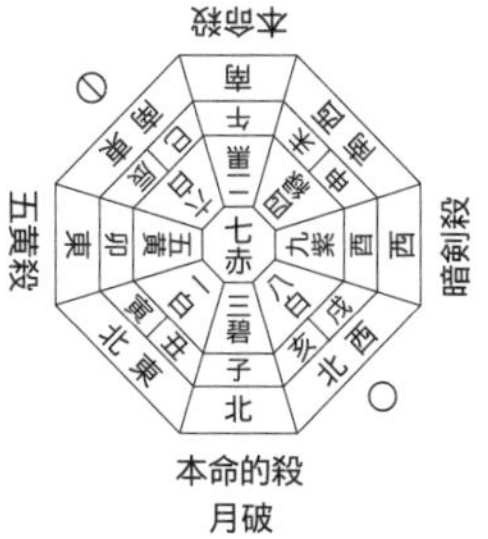

歳破→南西
年で本命殺→南西
年で本命的殺→北東

1水 ○欲張らずグチらず現状維持の日
2木 ◐無欲に与えられた仕事に精進を
3金 ⦶自分の理想や概念に固執しない
4土 ○思い通りに自己主張が通せる時
5㊐ ◐小さな事に拘《こだわ》れば大事を見失う
6月 ◎順応性を発揮して人脈を広げて
7火 ○短気を起こさず穏やかな態度で
8水 ○新しい物を見聞するチャンスが
9木 ●睡眠不足は大敵生活を見直して
10金 ○目上から役立つアドバイスあり
11土 ◐苦情多く対応に苦慮しがちな日
12㊐ ⦶嘘やごまかし怠慢が運を下げる
13月 ○意見通らなくても素直な心が吉
14火 ◐従順で控えめな態度が福を呼ぶ
15水 ○チームワークは意思の疎通から
16木 ◎努力が結実して次第に好転する
17金 ⦶誠心誠意が相手に伝わり好結果
18土 ●望まず変えず執着せずに淡々と
19㊐ ○油断せず見る目を養う心掛けで
20月 ◐予定変更で日程どおりにならず
21火 ⦶噂や中傷で対人トラブルに注意
22水 ⦶暴走せず自覚してクールダウン
23木 ◐自信がない時には消極策も有効
24金 ◎仲間と共に頑張って切磋琢磨を
25土 ⦶猪突猛進避け自然の流れに任す
26㊐ ○悩み事相談の適役は年上の女性
27月 ●力を発揮できず不本意な状態に
28火 ⦶思い付きの行動は失敗の恐れも
29水 ◐大事な約束は後日に見送って吉
30木 ⦶五感の刺激は美容健康に好影響

☆めくっておみくじ【七番】――凶　船に乗ったが追い風がなく日延べするのみ。他の方法もウマクいかない。

二黒　7月の運勢●警戒運

吉　方→西
小吉方→なし
丁未六白金星の月

吉方〇西＝金運が上昇し貯蓄額プラスに。良縁が期待出来て結婚への道が開ける。凶方●北西＝鍵や貴重品を無くす。株や投機事で損失を出す。南東＝腐れ縁から損害被り信用失う。北東＝相続問題のもめ事に巻き込まれる。北＝泌尿器系不調。南＝評価されず出世頭打ち。

運勢／先が見えずイライラが止まらない。自分のリズムで進むよう辛抱強く足元を固める方針で。この夏は広く浅い交際より仲間や家族との時間を大切に。心の絆を深める。金銭面は慎ましく。副収入の話が舞い込むことも。婦人科系、泌尿器系注意。冷えは万病の元。

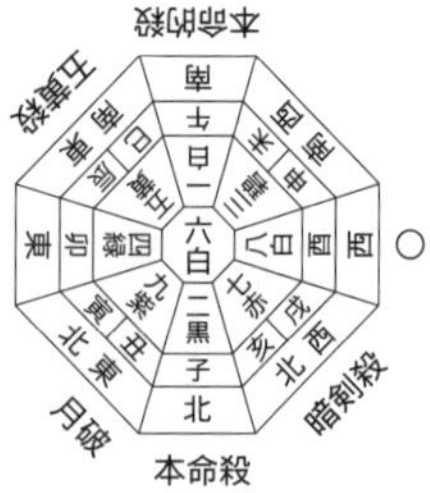

歳破→南西
年で本命殺→南西
年で本命的殺→北東

1金 ⦶運動を生活に取り込み体力維持
2土 ●意志ハッキリ伝え理解を得よう
3㊐ ◎目上を頼って運気向上利益待つ
4月 ○猪突猛進を慎み不利を回避する
5火 ○意思疎通と状況判断しっかりと
6水 ●難解な事にも挑戦して信用得る
7木 ○積極的なアプローチで恋に発展
8金 ◐行うべきことは手抜きせず継続
9土 ◐物事に対し信念を曲げないこと
10㊐ ◐人気のお店を訪問して楽しむ日
11月 ⦶自己主張押し通さず適度が大切
12火 ◐知恵と工夫で難問に対応が必要
13水 ●疑心暗鬼が生じやすく静観して
14木 ○多忙な時こそ優先順位を決めて
15金 ○方針決めたら全力投球で頑張る
16土 ◎お付き合い感性と価値観が大事
17㊐ ◐安易に引き受け思わぬ苦労する
18㊊ ⦶海山の行楽は無理避け安全第一
19火 ◐少しでも出費を抑え倹約に励む
20水 ◐守りに徹し内部充実に力を注ぐ
21木 ⦶長年の交際が実り晴れて夫婦に
22金 ●案ずるより易し考え過ぎず行動
23土 ⦶努力の積み重ねが実を結ぶとき
24㊐ ○旅行先の出会い異性運に活気が
25月 ⦶森林浴に出掛け思い切り深呼吸
26火 ◐仕事は公私混同しない心掛けで
27水 ⦶トラブル注意慎重に行動する日
28木 ⦶飲食での出費は交際の必要経費
29金 ◐職場や家庭内の問題解決に専念
30土 ⦶視野を広く持ち情報を活用する
31㊐ ●交際は聞き上手で場を保つこと

二黒

8月の運勢○吉運

吉　方→南・北西・西
小吉方→なし
戊申五黄土星の月

吉方○南＝培ってきた実績が評価される。学問や研究の成果が上がる。北西＝目上の引き立てを受けて実力を発揮。西＝対人運や恋愛運が良好。良縁に恵まれる。**凶方**●北東＝方向性が二転三転してまとまらず。南西＝怠惰になる。仕事や家事の能率ダウン。胃の不調。

運勢／夏旅行は吉方への家族旅行が開運の鍵。新規より既存の方針にツキあり。手抜きせず現状維持を守って安泰。周囲とは出すぎず一致協力を。年長者から得るものあり。ご縁を大切に。金銭は無駄を省いて節約を。リサイクルを上手に取り入れて。胃腸、病の再発注意。

1	月	○のんびりと夏の園芸を楽しんで
2	火	○計画した事は迷わず実行に移す
3	水	◎妥協点を見出《みいだ》し信頼感が高まる
4	木	◐身内の面倒をみたり多忙になる
5	金	⦶目上の意見尊重して計画を実行
6	土	⦶楽しい会話で夢を持ち活気増す
7	㊐	◐好調の波が止まる懸念も注意を
8	月	⦶共同で事を進めるのに最適な日
9	火	●社交関係約束事は控えめで安心
10	水	○旅行は事前に詳しく打ち合わせ

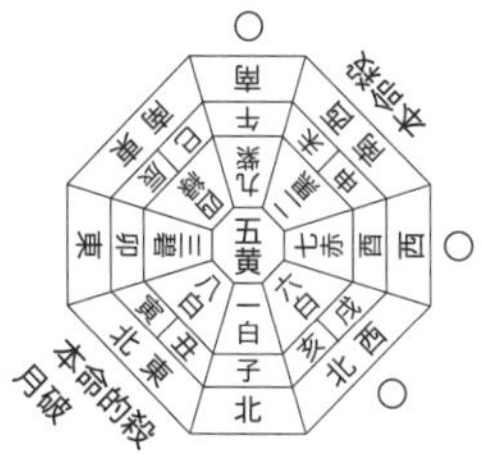

歳破→南西
年で本命殺→南西
年で本命的殺→北東

11	㊍	○先見の明で行動して評価アップ
12	金	◎会話から有益な情報が得られる
13	土	◐墓参りご先祖様に感謝を伝える
14	㊐	⦶密になる場所は避けて感染防ぐ
15	月	◐物事一つに絞って柔軟に対応を
16	火	◐知人親戚身内に関する悩み事が
17	水	⦶先の見通し立てて方針を決める
18	木	●困っている人に何かと寄り添う
19	金	○夏休み家族旅行は安全運転第一
20	土	○焦らず慌てず余裕を持って行動
21	㊐	◎賑やかに過ごすと親交が深まる
22	月	◐静観姿勢で周囲の空気を読んで
23	火	⦶勝敗にとらわれず協調性保って
24	水	⦶財布の紐を締め直す姿勢が大事
25	木	◐正直が何より大切隠し事せずに
26	金	⦶書籍やネットから有力情報得る
27	土	●依頼事は慎重に状況を見定めて
28	㊐	○周りと協調して控えめな態度で
29	月	○準備した事は自信を持って実行
30	火	○実績が評価され信用取引に活気
31	水	◐勉強や仕事は集中力高め専心で

☆めくっておみくじ【七十番】――**凶**　落雷や失火など災いには用心のこと。怒らず騒がず人間関係にモメないで。

二黒

9月の運勢◐自重運

吉　方↓南
小吉方↓北
己酉四緑木星の月

吉方○南＝転身成功。七転び八起きで認められる。北＝小吉方。プライベートが充実。高名な人と親密に。
凶方●南東＝慌てて行動して失敗する。通信機器のトラブル。北西＝独善的態度で人望を無くす。東＝過去の問題が浮上する。西＝見えを張って無駄遣いする。

運勢／秋の気配に意気揚々。張り切りすぎて闇雲に飛び出すとつまずく危険性が。しっかり先を見据えて慎重に。真偽不明の噂に振り回されないで。誤解からもめ事に巻き込まれぬよう調和の精神を大切に。周りと足並み揃えて。衝動買い警戒。足元注意。靴の手入れを。

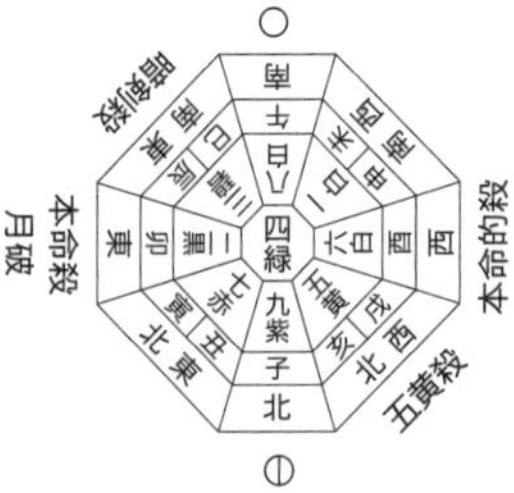

歳破→南西
年で本命殺→南西
年で本命的殺→北東

1 木 ⦶経験豊富な人にアドバイス仰ぐ
2 金 ⦶会食の場での口の災いにご注意
3 土 ◐周囲の状況変化でも冷静に対応
4 ㊐ ⦶芸術鑑賞は良好契約事は要注意
5 月 ●渋滞の日で隠忍自重して進める
6 火 ○家庭や仲間を明るくする心掛け
7 水 ○バーゲンで残り物に福がある日
8 木 ◎遠方へ外出ご当地グルメ楽しむ
9 金 ●相手の立場も聞いて判断が大事
10 土 ⦶責任の重い仕事は熟慮して回答
11 ㊐ ◐気が緩んで散財しては台無しに
12 月 ◐苦手な分野でも前向きに挑んで
13 火 ○知識を高める観察行動積極的に
14 水 ●見込み違い警戒し返事は慎重に
15 木 ○思いやりと誠意で全てが順調に
16 金 ○何事も急発進せず順序の確認を
17 土 ◎気軽な挨拶が良い人間関係築く
18 ㊐ ◐頼りになる人に応援を依頼する
19 ㊊ ⦶公私共に忙しい時寄り道しない
20 火 ⦶マニュアルを守って無事を得る
21 水 ◐行き詰まったら氏神様に参拝を
22 木 ⦶外見は好調でも謙虚な態度が吉
23 ㊎ ●恋愛ライバルの出現があるかも
24 土 ○娯楽番組楽しみ一家団欒の時間
25 ㊐ ○買い物や娯楽三密の場を避けて
26 月 ◎社交面に活気あり丁寧に対応を
27 火 ◐通販の注文は説明内容確認して
28 水 ⦶人の為に尽くし人望信頼高まる
29 木 ⦶交際気運高まるが深入りは自重
30 金 ◐我を通すと孤立し折角の運逃す

二黒

10月の運勢○吉　運

吉　方→南
小吉方→北
庚戌三碧木星の月

吉方○南＝笑顔で皆の人気を集める。芸能や芸術分野で才能発揮。北＝小吉方。友人や家族と関係が良好に。凶方●東＝騙される。盗難に遭う。突発事故。西＝金回りが悪化してジリ貧に。南東＝信用に傷がつく。取引が不調。北西＝迷い多く右往左往して結果が出ない。

運勢／秋の行楽シーズン。順調な中にも油断は禁物。自己中心的になると信頼を失い人間関係がもつれる。相手の出方を見て臨機応変に対応して。外出は目的を持って羽目を外さぬように。交際費は見えを張らずやりくり上手。風邪や胃腸炎に注意。うがい手洗い丁寧に。

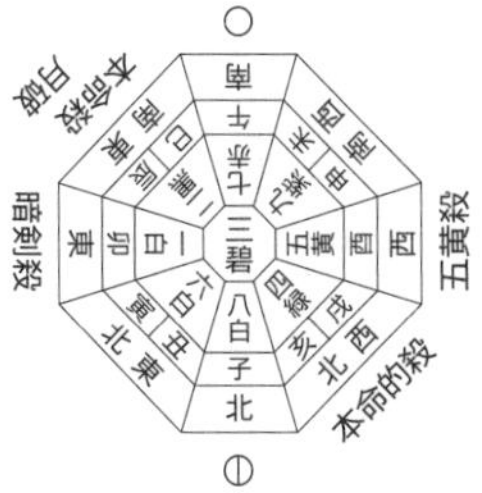

歳破→南西
年で本命殺→南西
年で本命的殺→北東

1 土 ⦶ネットから役立つ情報の収集を
2 ㊐ ●運気が低迷しているので安全策
3 月 ⦶何事も急がず慌てず周囲と協調
4 火 ○失敗も経験だと気軽に挑戦して
5 水 ◎諦めず人の縁に助けられて感謝
6 木 ◐未経験の仕事は苦労だが丁寧に
7 金 ⦶欲を出し過ぎず冷静な判断大切
8 土 ⦶紅葉狩りの季節遠出し気分一新
9 ㊐ ◐頼れる人に相談して難問を解決
10 ㊊ ○勘を生かしスピーディーに行動

11 火 ●人を詮索するような発言裏目に
12 水 ○地に足を付ける生き方で自立を
13 木 ○プレゼンテーション誠実発言で
14 金 ◎ご無沙汰メールやラインで復活
15 土 ◐身内の雑用は笑顔で引き受けて
16 ㊐ ⦶趣味の会合案内に従って行動を
17 月 ⦶有益な寄付金は己の陰徳になる
18 火 ◐体調不良は早めに手当てで回復
19 水 ○その時その場の付き合い大切に
20 木 ●意見主張より相手の判断を聞く
21 金 ○和して同ぜず焦らず着実に進む
22 土 ○有言実行可能な事は決定どおり
23 ㊐ ◎交際は外食を楽しんで良好な日
24 月 ◐強気は益なし周囲の状況で判断
25 火 ⦶目的達成不動の信念を発揮して
26 水 ⦶見えより節約で異性交友深める
27 木 ◐用事が重なるも冷静沈着に対応
28 金 ○花金に誘われて心身デトックス
29 土 ◐思い悩んだらまず目上に相談を
30 ㊐ ○決めたら後には引けず挑戦して
31 月 ○行動範囲は内向的より外交的へ

☆めくっておみくじ【六十一番】――**半吉**　古い問題は棚上げ、当面の仕事や家事など身の回りに精を出すこと。

二黒

11月の運勢◐自重運

吉　方→南
小吉方→東・北
辛亥二黒土星の月

吉方○南＝目上の力添えで名誉を受ける。昇進する。東＝小吉方。能力が開花し前進。北＝小吉方。へそくりが貯まる。ラブチャンス。凶方●南西＝ご近所でトラブルが発生。北東＝相続や跡継ぎの問題で苦労する。南東＝隠し事が問題になる。騙されて迷惑をこうむる。

運勢／あちらこちらから声がかかり慌ただしい。相談事は無理のない範囲で引き受けて。付和雷同して巻き添えを食わぬようにお節介な手出しを慎んで。家庭サービスを忘れずに家族と向き合う時間を作って。高額品の購入避けて貯蓄を見直して。過労や内臓疾患注意。

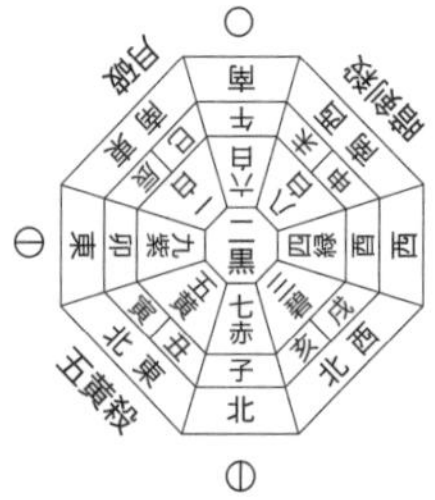

歳破→南西
年で本命殺→南西
年で本命的殺→北東

1火　◎サービス精神で内面の充実図る
2水　●独断決行は危険周囲と協力して
3㊍　⦶実力発揮すれば波に乗る努力日
4金　◐話し上手より聞き上手の方針で
5土　◐高所作業ヘルメットを着用して
6㊐　○景観や自然楽しむレジャー幸運
7月　●余計な手出し控えないと不利に
8火　⦶親友でもお互いの干渉は控えて
9水　○計画していた事は協力して実行
10木　◎必要以上の気遣いは交際に不備
11金　◐思い立っても急進は熟慮の上で
12土　⦶過信を抑えて他人に判断を仰ぐ
13㊐　⦶活気出ても失言や口論は慎んで
14月　◐積極性を抑えて受け身に徹する
15火　⦶頭の回転フル稼働アイデア浮上
16水　●肝心な場で邪魔が入るかも用心
17木　○家庭や内々の事を着実に進める
18金　○新計画は事前の準備次第で実行
19土　◎趣味もタイミングよく進んで吉
20㊐　◐何事も小細工すれば不協和音に
21月　⦶指導力を発揮し有力な情報活用
22火　⦶趣味仲間との付き合いを大切に
23㊌　◐不安感じた時は止まる事も肝要
24木　⦶重要問題の判断は経験が役立つ
25金　●急進せず出過ぎぬ事で難を防ぐ
26土　○成り行きで動かず万事が良好に
27㊐　○情報網は積極的に無駄にしない
28月　○人の世話役や異性交友に縁あり
29火　◐変化を求めたり思い付き不利に
30水　⦶活動に勢い出て交際範囲広がる

二黒

12月の運勢⦶小吉運

吉　方↓なし
小吉方↓東
壬子一白水星の月

吉方○東＝小吉方。改革精神が功を奏して新規開拓。親族の援助受け道が開ける。凶方●北＝疲労困憊。気力体力を失う。南＝書類や契約のトラブルで損害あり。北西＝投資で損失。自信過剰になり周囲とギクシャクする。南東＝対人関係に波風が立ち非難中傷を受ける。

運勢／多忙な年末。私的なことは後回しにして公の役目を果たす。目上の助言や協力を仰いで無理のないよう計画を立てて。大掃除や正月準備は奉仕精神大切にリーダーシップを。家事分担してスムーズに。金銭の無駄を省き節約。過労を警戒、休息をとって体力温存。

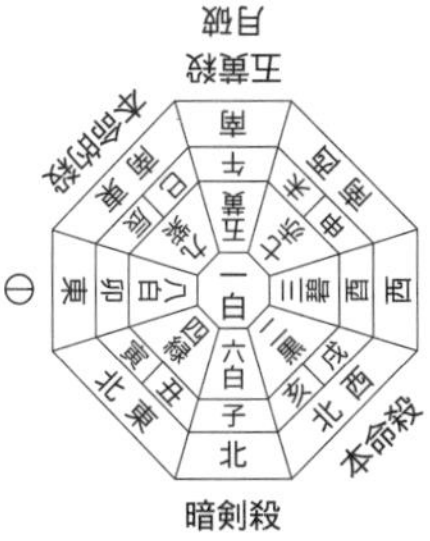

歳破→南西
年で本命殺→南西
年で本命的殺→北東

1木　◐先方からの相談は丁寧に受ける
2金　◐面倒な問題抱えそう安全策選ぶ
3土　○視界が開けた場所に行き活性化
4㊐　●同僚に対して気遣いが必要な日
5月　○自己研鑽に励んでスキルアップ
6火　○新規事の準備が順調に進展する
7水　◎テレワーク上司に認められ好調
8木　◐思い通り行かずも諦めず工夫を
9金　⦶備えあれば憂いなく用意周到に
10土　⦶財布の口締め衝動買いストップ
11㊐　◐寒さ対策しっかり疲労を溜めず
12月　○先見の明を発揮して早く実行を
13火　●何事が起きても慌てず静観して
14水　⦶予定変更しないで手堅く進んで
15木　○意欲を出して根気よく挑戦する
16金　◎業務の引き継ぎでやる気満々に
17土　◐難題に気迷いせず逃げるが勝ち
18㊐　⦶年末セールはネットで効率的に
19月　⦶会食は咳エチケット守り楽しむ
20火　◐年末の大掃除ハリキリ腰痛警戒
21水　⦶離合集散に一喜一憂せずに対応
22木　●争いに巻き込まれぬように自重
23金　○知人の相談上手に聞いて対処を
24土　○出発は時間に余裕を持って行動
25㊐　◎取引交際面で遠方より活気あり
26月　◐予想外の用事で出費も想定外に
27火　⦶年長者と付き合い学ぶこと多い
28水　⦶恋愛運が好調理解深める良き日
29木　◐普段行き届かぬ場所の大掃除も
30金　⦶正月のおせちの買い物手際よく
31土　●一年の健康に感謝して除夜の鐘

☆めくっておみくじ【六番】――末吉　家の中の未解決問題あり。金銭財産の倹約と損失を防ぐように対処。

三碧《さんぺき》木星《もくせい》

○

吉運

少壮気鋭
勇猛果敢

性格と人生

三碧木星生まれ

平成27年乙未
〃 18年丙戌
〃 9年丁丑
昭和63年戊辰
〃 54年己未
〃 45年庚戌
〃 36年辛丑
〃 27年壬辰
〃 18年癸未
〃 9年甲戌

2月4日以前生まれの人は四緑生まれで見ます

明るく積極的な性質で、成長していく樹木のように元気よく活発なタイプです。好奇心旺盛で頭の回転が早く、人に先んじて進みます。親切ですが、潔癖で几帳面な一面も。自分のペースで進もうとするので、自我を出しすぎると対人面で波風を立てたり軽率な一面が出ることがあります。マイナス面としては、寂しがりやのくせに好き嫌いが激しく、無愛想で短気に接する一面が。周りの反感を買わぬように口の災いにも注意が必要です。

全般的な運の流れとしては、冒険心と若さ、行動力を持っているので、若いうちから好機を得て頭角を現します。早くから成功する人も多いでしょう。また、その一方で、一足飛びに成果を求めていくので運勢に好不調の波がはっきり出がちです。社会的には有能さが評価されて一目置かれますが、財より名を得ます。初年運タイプなので、四十七歳頃までに基礎を固める方針で後半生の安泰を図りましょう。

周囲との和を大切にして才能を開花させましょう。

令和4年 壬寅五黄土星
方位盤

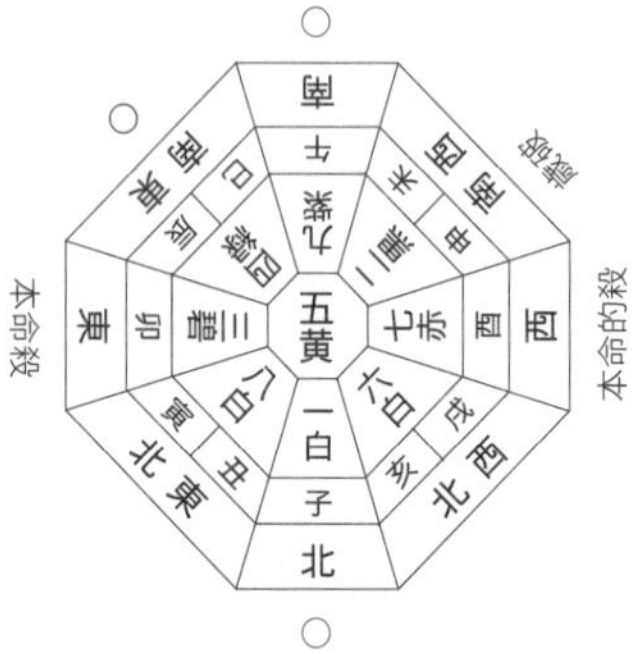

吉方→北・南東・南
凶方→南西・東・西

「**北**」を吉方として活用すると、心が穏やかになり物事を深く探求するようになり、その本質を見極める事が可能になります。また、睡眠不足解消にも有効です。転居・引っ越し、長期・海外旅行は、八月節の最大吉方が◎。

「**南東**」は、恋愛運がアップします。物事が調う作用が強いので、恋人募集中の方は最大限に活用して吉。

「**南**」は、斬新なアイデアが浮かんだり、学業の成績が向上します。また、良医に巡り会う事も可能になります。

あなたの今年の運勢　三碧木星

予《あらかじ》め準備してきた事を実行に移しましょう。顕現作用の影響で素晴らしい成果になって現れてきます。ただし、口先だけで実行力を伴わないと足元を掬《すく》われる結果に。

◎商売運……新商品や新プランなど、研究や構想を発表する絶好の気運です。長年温めてきた事を行動に移すことにより、その努力が社会的に認められるでしょう。

◎職場運……躍動感が漲《みなぎ》り、新ジャンルにもチャレンジすることで隠れた才能を遺憾なく発揮することが出来ます。ただし、調子に乗り過ぎた辛辣な言動は四面楚歌に。

◎家庭運……ビックリするような朗報が届き念願が叶ったりする一方で、秘密にしていたことが露見しやすい時なので、心当たりのある方は早めに対処を忘れずに。

◎恋愛運……思いがけない出会いから電撃的な恋に発展しそう。積極的にアプローチして幸運の相手を意中に。ただし、結婚詐欺に遭わないよう慎重な判断も大切。

◎金　運……家電や新製品に目が向きますが、しっかりとしたプランニングが大切。また、詐欺にも細心の注意。

◎健康運……痛風や痛みを伴う病気や喘息に。発症すると進行は早いが一過性のものなので、早めにケアが◯。

丑の三碧の運勢／**25歳**は、活発な運気で、計画性があるものについては飛躍の機会に恵まれるが、独断的な言動は五里霧中に陥る。**61歳**は、思い立ったが吉日の行動が挫折を招くか、今までの実績を失うことになるので、十分に過ぎる緻密さが大切です。

辰の三碧の運勢／**34歳**は、昨年から温めてきたプランを実行に移しましょう。何事も正攻法がプラスになるが、私欲にとらわれると逆運を招く。**70歳**は、車の運転はスピードの出し過ぎに注意して、衰えた動体視力をトレーニングして向上させましょう。

未の三碧の運勢／**7歳**は、新環境になれた突拍子もない行動に目を光らせて。**43歳**は、活気に満ち溢れ行動範囲を広げて漸進《ぜんしん》。目標を一つに絞ると、より一層の成果が。ただし無理な急進は避ける。**79歳**は、周囲のアドバイスに耳を傾け、詐欺にも用心。

戌の三碧の運勢／**16歳**は、今しか出来ないことにチャレンジしましょう。何事も辛抱強く頑張ることでノルマを達成させレベルアップに。**52歳**は、気分をリフレッシュさせ新局面に意欲が湧く時。何事も独善的にならなければ結果は自ずとついて来ます。

三碧

1月の運勢◐自重運

吉　方→なし
小吉方→なし
辛丑三碧木星の月

吉方○小吉方ともになし。一年の目標は実現可能なプランを。初詣でで清々しく。凶方●東＝我欲から突っ走り落とし穴に落ちる。お酒や異性関係でトラブルが。西＝遊びグセがついて時間やお金にルーズになる。無駄遣い。南西＝身近な相手とケンカ対立。家庭内不和。

運勢／新年早々周りからの頼まれごと多く右往左往。期待されるものも多く肩の荷が重い。和を以て貴しとなす。上手に自己主張をすることも大切。煽《おだ》てられてもうぬぼれることなく謙虚に。気が大きくなり支出増。貯蓄を心掛けて。早寝早起き。過労や内臓疾患注意。

歳破・年で本命殺→南西
年で暗剣殺→北西
年で五黄殺→南東
年で本命的殺→北東

1㊏　⦶夢と希望を抱き氏神様に初詣で
2㊐　◐家族への思いやりが信頼と開運
3月　○華やかな装いで好感度がアップ
4火　●仕事始め肩の力を抜き平常心で
5水　○地道な努力が皆から評価される
6木　◎周囲と協調重視し業務をクリア
7金　○交際上手が現状打開の大ヒント
8土　◐調子に乗った衝動買い先々後悔
9㊐　⦶家族や仲間を優先して万事順調
10㊊　⦶初心を忘れず丁寧に仕事を継続
11火　⦶気分転換に外食ランチ楽しんで
12水　◐慢心はケガの元相手立てて順調
13木　◐方針を見直す気持ちの余裕大切
14金　○チームプレーに徹して仕事好調
15土　◎好きなことに打ち込み気分爽快
16㊐　○手料理が栄養と笑顔のスパイス
17月　●疲れたら好みのお茶で気分転換
18火　○地道な努力が認められ評価上昇
19水　●突然の変化冷静さ保ち的確判断
20木　⦶趣味仲間と交流深めツキを呼ぶ
21金　⦶人の振りみて自己反省が好結果
22土　◐手を広げるより目標絞って行動
23㊐　○軽はずみな言動が誤解を招く日
24月　◎計画の実行に絶好のタイミング
25火　⦶誠実さが信頼されチャンス到来
26水　●毎日のストレッチが健康の秘訣
27木　○日頃の努力が実を結んで夢叶う
28金　◐意地を張るより相手の意見聞く
29土　⦶温《ぬる》めの湯でゆっくりバスタイム
30㊐　⦶発奮の切っ掛け得て気合い十分
31月　◐友の知恵拝借ステップアップに

三碧　2月の運勢⦶小吉運

吉　方→なし
小吉方→なし
壬寅二黒土星の月

吉方○小吉方ともになし。活動範囲が広がる。自動車の運転や乗り物事故に注意。凶方●南西＝身内問題で悩みが生じる。職が定まらず生活が不安定。北東＝財産や相続問題で先行き不透明。北西＝勇み足で失敗。出先でケガをする。南東＝流行り風邪。悪い噂を流される。

運勢／活気に満ちて結果を残せるとき。目上からの支援や周囲の応援もあり順調。大風呂敷を広げることなく有言実行を旨として誠実に取り組んで。強気になってワンマンな言動は足元を掬《すく》われる。連携を取って。投資は慎重に。注意力散漫の事故警戒。頭痛や過労注意。

歳破→南西
年で本命殺→東
年で本命的殺→西

1火　○ネット情報活用が現状脱出の鍵
2水　◎言行一致の姿勢が皆の信頼得る
3木　○家族で豆まき招福願い邪気払う
4金　●鍋料理は体と心を温め健康維持
5土　⦶即断即決が思わぬ落とし穴注意
6㊐　◐掃除と整理整頓で心もスッキリ
7月　⦶脇役に徹しムードメーカー作り
8火　◐柔軟な心で目上と意見交換大切
9水　◐攻めるより相手の出方見るが先
10木　○日常の会話から開運のヒントが
11㊎　◎祝日はスマホも人も共に休息を
12土　○旧友との会話がストレス発散に
13㊐　●早めに就寝し明日への英気養う
14月　⦶謙虚さと協調心で公私共に好転
15火　◐何事も目線変えて実力発揮の時
16水　⦶美味しい食事でパワーチャージ
17木　⦶得意分野が認められ仕事も順調
18金　◐傲慢な心持ち人間関係に亀裂が
19土　○ヘアスタイル変えて新風を呼ぶ
20㊐　◎スポーツで汗を流して気分爽快
21月　○思いやり持つ家族と会話大切に
22火　●足もと温め冷え予防で健康促進
23㊌　⦶共通の趣味を持つ仲間と楽しむ
24木　●柔軟な考え方が求められる一日
25金　⦶週末の計画近場でリフレッシュ
26土　⦶現状に感謝の心で氏神様に参拝
27㊐　◐自分本位な言動を控えれば安泰
28月　⦶オンラインの挨拶が関係良好に

三碧

3月の運勢⦶小吉運

吉　方↓南東
小吉方↓北東
癸卯一白水星の月

吉方○南東＝著名人や文化人との人脈ができる。北東＝小吉方。紹介から転職。凶方●北＝気力体力が減退。株で大失敗。南＝判断ミスから立場を悪くする。見えからの散財。西＝失言から損失を被る。東＝ことが二転三転して方針が定まらない。知人に邪魔をされる。

運勢／芽吹きの季節。飲食の機会や集まり事が多く交際が広がる。お節介や余計なひと言は慎んで。楽しい席でも馴れ合いや軽率さで失敗しないよう節度を保つ。家族や家のための出費が負担増に。娯楽費は最低限で抑える心づもりを。規則正しい食生活で健康維持を。

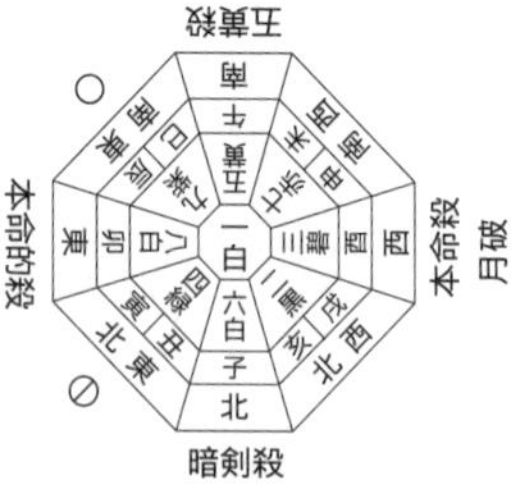

歳破→南西
年で本命殺→東
年で本命的殺→西

1火　○追求するより現状維持で力発揮
2水　⦶相手に寄り添う気持ちを大切に
3木　●健やかな成長願い桃の花を飾る
4金　⦶急ぐより中身の充実を心掛ける
5土　◐自己主張ほどほどが無難な日に
6㊐　⦶親しき仲にも気配りが信頼得る
7月　⦶物腰柔らかく接すれば人気上々
8火　◐強気発言は周囲から反感を買う
9水　○周囲と協調する気持ちで順調に
10木　◎新しい事に自信を持ってトライ
11金　○論争を避け年長者に任せて解決
12土　●のんびり薬湯に浸かり疲れ取る
13㊐　⦶映画鑑賞が心のリハビリ幸福に
14月　◐素直になり物事スムーズ順調に
15火　◐目上への言動に細心の注意必要
16水　⦶腰を据えてじっくり取り組む日
17木　◐安請け合いは仕事に支障きたす
18金　○情報を的確に判断する心の余裕
19土　◎アイデア浮かべば実行するのみ
20㊐　○難問は慌てず時間かけ解決図る
21㊊　●ご先祖に感謝の心で手を合わせ
22火　⦶目的達成に向け素早い企画力で
23水　◐順序を守り一歩ずつ着実に進む
24木　⦶皆で和気藹々と食事楽しみ開運
25金　⦶仲間と切磋琢磨して業績伸ばす
26土　◐取り組んできたこと再度見直し
27㊐　○先手必勝の行動がチャンス呼ぶ
28月　◎準備してきたことが一気に進展
29火　○家族や友人への気配りで運上昇
30水　●異性との会話ソフトで笑顔大切
31木　⦶気分転換に美術館巡り知識増大

三碧

4月の運勢◐自重運

吉　方↓なし
小吉方↓なし
甲辰九紫火星の月

吉方○小吉方ともになし。移動や転居は時期を要検討。部屋の模様替えで気分一新。
凶方●南＝悪い噂を立てられて進退問題に。北＝子供や身内の問題で悩み深く。北西＝周囲に理解されず失敗に。北東＝親戚関係に振り回される。アレルギー疾患。南西＝生活が不安定に。

運勢／春。環境の変化に期待と不安が渦巻く。準備不足では目標へのジャンプは叶わず。現状維持を心して焦らずに。周囲の移り変わりに取り残されたようでも心配は無用。助言を受け入れ自分のリズムを第一に。不動産や投資話は慎重に。足腰、関節痛、段差に注意。

1金　●周囲の意見を参考に柔軟に対応
2土　◑旨い食事で元気と栄養補給して
3㊐　◑習い事や資格取得の勉強に励む
4月　◐予定変更より現状維持がベスト
5火　◑話を合わせる余裕で問題を回避
6水　◎上昇気流に乗り夢実現に向かう
7木　◑問題は独り背負わず家族に相談
8金　●焦らず時機を待って計画を実行
9土　○直感を信じて行動すれば道開く
10㊐　◐家族問題は感情的にならず静観

歳破→南西
年で本命殺→東
年で本命的殺→西

11月　◑策を弄《ろう》さず自然体で応じれば吉
12火　◑準備万端整えれば無事で一安心
13水　◐無理をせず食事と睡眠を十分に
14木　○誠実な応対が印象上げて福招く
15金　◎心機一転の機会得て大きく前進
16土　○外に目を向けるより家庭第一で
17㊐　●熟慮を衝動買いは家計に悪影響
18月　○能力が認められて気分上々の日
19火　◐急がば回れの気持ちで問題解決
20水　◐話題と言葉に気をつけ約束厳守
21木　◑目上を立てる謙虚さ幸運の鍵に
22金　◐能力以上のものを抱えないこと
23土　○春風の中で大いに解放感味わう
24㊐　◎アウトドア活動で運動不足解消
25月　○目標を決めて着実に準備進める
26火　●油断から風邪を引かぬよう注意
27水　○温めてきたプラン発表する好機
28木　◐相手の良い点を見つけ協調性を
29㊎　◑心身の癒やしが開運につながる
30土　◑趣味を生かして自分磨きで充実

三碧　5月の運勢○吉運

吉　方→なし
小吉方→なし
乙巳八白土星の月

歳破→南西
年で本命殺→東
年で本命的殺→西

吉方○小吉方ともになし。旅行はその方位が吉方になる人のリードに従って無難。**凶方**●北東＝親戚や知己との間でもめ事に巻き込まれる。南西＝生活態度が悪くなり根無し草に。北西＝自信過剰な言動で運を落とす。南＝判断ミスでチャンスを逃す。北＝秘密の異性関係。

運勢／知性やアイデアが光り注目を集めるとき。これまでの活躍ぶりが認められて名誉発展の気運。学びや資格取得へのチャレンジにも好機。感情面をコントロールして好き嫌いを出さないことでより良い結果に。衝動買い厳禁。契約関係は慎重に。目や血圧に注意を。

1㊐ ◐無理し過ぎず休息も必要条件に
2月 ⦶交際の輪が広がるも冷静に対応
3㊋ ◎行動力で新しいお店の発見が吉
4㊌ ○家族や友人を招き食事会で親睦
5㊍ ●うまい話はリスクを考え判断を
6金 ○華やかな魅力が開花しそうな日
7土 ◐立ち寄ったお店で衝動買い注意
8㊐ ⦶最後の仕上げまで気を抜かない
9月 ⦶ゆとりのある行動が幸運を招く
10火 ◐問題解決小さな努力の積み重ね
11水 ○友人関係から恋愛に発展しそう
12木 ◎新しいアイデアは会話から誕生
13金 ○自分らしさで本来の魅力を発揮
14土 ●疲れ食事と休息で早めに回復を
15㊐ ⦶気の合う相手と外出で運気上昇
16月 ◐部屋を整理整頓しリフレッシュ
17火 ⦶アクティブな仲間と良い出会い
18水 ⦶明るいアピール好感度もアップ
19木 ◐縁の下の力持ち役で信頼を得る
20金 ○印象を変えて幸運を引き寄せる
21土 ◎好奇心フルに発揮して活気運に
22㊐ ○木綿テーブルクロスを囲み食事
23月 ●レモンの香りで心身リラックス
24火 ⦶ファッションセンスが冴え渡る
25水 ◐新しいライフワークを実践して
26木 ⦶お酒の席で将来役立つヒントが
27金 ⦶大胆な行動を控えおしとやかに
28土 ◐能力以上の仕事を抱え込まない
29㊐ ○相手の良さを知って恋の予感が
30月 ○新しいアイテムに幸運舞い込む
31火 ○大きな心で接し家族と絆深める

☆めくっておみくじ【三十番】――凶　高い枝に鶴が舞い降りるが吉事と早まらず。人の邪魔だてや計画延期あり。

三碧

6月の運勢●警戒運

吉　方→なし
小吉方→北東
丙午七赤金星の月

吉方○北東＝小吉方。相続や跡継ぎ問題に打開策あり。蓄財に専門家のアドバイス。凶方●西＝カードの使い過ぎで大ピンチ。激しい口論で契約破綻や離婚問題に。東＝気力体力不足で空回り。計画に不備あり。北＝後輩や子供との関係悪化。足の疲れ。南＝活躍の場を失う。

運勢／梅雨空のように気持ちが沈みがち。思い切って強気に出ても壁に突き当たり悩み深く。対人運も低迷。万事手控えて周りを立て謙虚な姿勢でいくこと。自己の内面を磨くときと割り切って時機を待つ。金銭面は切り詰めて。落とし物に注意。早めに就寝し健康管理。

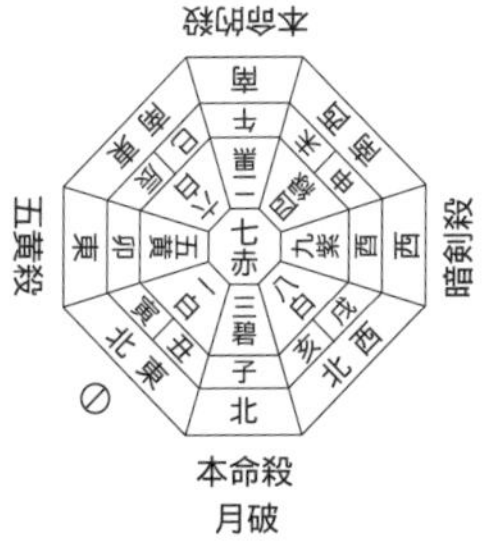

歳破→南西
年で本命殺→東
年で本命的殺→西

1水　●我慢せず弱音を吐くことも必要
2木　○勘が冴えて良いアイデア浮かぶ
3金　◐意地を張っても良いことはない
4土　◐周囲との雰囲気作りを心掛けて
5㊐　⦶勢いで進まず落ち着いて見直す
6月　◐新規に手出しせず普段どおりに
7火　⦶知識を広げて知恵を身に付ける
8水　◎好奇心と積極果敢な姿勢が幸い
9木　○段取り整え決めたとおりに動く
10金　●不要不急のことに手出しは無用
11土　⦶映画鑑賞はいつもと違う装いで
12㊐　●掃除と不要品を処分し気分転換
13月　◐ルーズは厳禁親しき仲にも礼儀
14火　⦶目上を立てればチャンスが到来
15水　◐手を広げず出来る範囲で頑張る
16木　○欲しかった情報が入手できそう
17金　◎考え過ぎず行動することが大事
18土　⦶急がば回れの姿勢で着実に歩む
19㊐　●気持ちの変化で即予定変更ＮＧ
20月　○頑張った分だけ成果が得られる
21火　◐違う角度から物事を見ると好転
22水　⦶予算と時間に余裕を持って行動
23木　⦶周囲と調和し和やかな関係築く
24金　◐無駄な出費を削れば金運上がる
25土　○相手より先に挨拶笑顔で福招く
26㊐　○空気を読み臨機応変に進めて吉
27月　⦶脇役に回っても存在感ありそう
28火　●冷たい物の取り過ぎ胃腸に負担
29水　◐見えを張った散財は破綻の一歩
30木　◐積極行動で混乱起こさぬように

☆めくっておみくじ【七十一番】――凶　一つではなく二つを求めて決着つかず。新たな事柄に手出しはしない。

三碧　7月の運勢○吉運

吉　方→南
小吉方→なし
丁未六白金星の月

吉方○南＝陰ながらの努力の甲斐もあり才能開花。周囲に認知され評価される。
凶方●北西＝資金繰り悪くなり挫折。言いがかりをつけられる。南東＝縁談や婚活が不調。取引失敗。北東＝運が暗転し暗礁に乗り上げる。南西＝怠惰になり生活リズムが狂う。職務怠慢。

運勢／じっくり取り組む運気。飛躍と結果を求めることなく出来ることから手を付けて。人間関係は穏やかな気持ちで協調性を持った関わりを。昔からのご縁を大切に。実家や家庭には気配り忘れず向き合って。金銭は倹約第一。汗と体臭の対策を。消化器系に注意を。

歳破→南西
年で本命殺→東
年で本命的殺→西

1金　◐今月の予定は無理のない範囲で
2土　⦶誘いに乗らず外出控えて幸運日
3㊐　◐視野広げ家族サービス絆が増す
4月　○口上手に惑わされず自分で確認
5火　◎流行の曲を歌ってストレス解消
6水　○年若い人と協力して喜びを共有
7木　●短冊に思いを込めて星に願いを
8金　○書類文書は何度も見直し好結果
9土　◐お先にどうぞの精神でお互い様
10㊐　⦶踏み止まって円満解決へ一安心
11月　○上手な水分補給で熱中症対策を
12火　◐動揺せず時機を待って焦り禁物
13水　○移り気は禁物地道に続けて安泰
14木　◎朝のルーティンに変化と工夫を
15金　⦶夏の計画は家族一緒に考えて吉
16土　◐胃腸を温め免疫を上げる食事を
17㊐　⦶朝日を浴びるラジオ体操は爽快
18㊊　⦶海へ山へと夏を満喫渋滞に注意
19火　◐忍の一字で先行きに光が見える
20水　○子の事で喜び事が大いに褒めて
21木　●思いやりと優しさを発揮し円満
22金　○親しい人へお裾分けし喜ばれる
23土　◎ショッピングで良い品物ゲット
24㊐　○誤解が生じても寛容な心で静観
25月　◐人の振り見て我が振りも直して
26火　⦶滋養豊かな食のパワーを頂く日
27水　⦶仲間と外出意見交換で情報収集
28木　◐好調維持は目下の協力が不可欠
29金　○不誠実な交際や縁談は見送り吉
30土　●手出し口出し禁物穏やかな心で
31㊐　○敵を作らぬ事が最大の防御なり

三碧

8月の運勢◎大吉運

吉方→南東・南・北
小吉方→なし
戊申五黄土星の月

吉方○南東＝信用を得て取引好調。評判が上がる。縁談や婚活の良縁。南＝名誉ある立場に昇進。能力発揮。北＝子供や年少者と絆強く。凶方●北東＝順調な流れも悪い変化が起きる。東＝準備不足のスタートで雲行き怪しく。西＝娯楽費用がかさむ。ルーズな異性関係。

運勢／発展運。準備万端、積極的に新規に着手のとき。周囲とはコミュニケーションを十分にとって誤解を招かぬように。吉方位への旅行で開運を引き寄せて。衝動買いや無駄遣いを慎み計画的に。ストレス解消に日中を避けてウオーキングがお勧め。足のケガに注意。

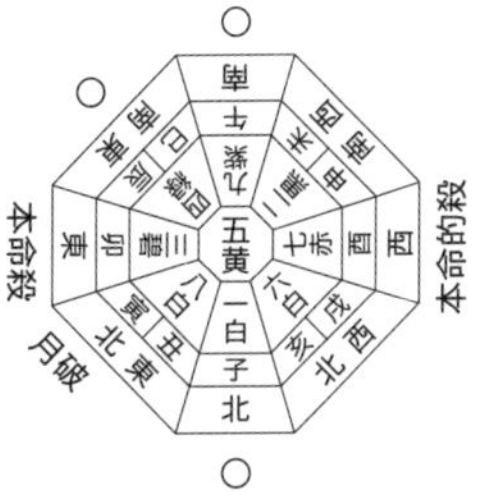

歳破→南西
年で本命殺→東
年で本命的殺→西

1月 ◎周囲に感謝され実力認められる
2火 ○非常事態に備える心を忘れずに
3水 ◐自分のやるべき事に目を向けて
4木 ⦶チャンスを活用して運気盛大に
5金 ⦶逸《はや》る気持ち音楽鑑賞で気分転換
6土 ◐今日の研鑽が後の発展の礎なり
7㊐ ○家族仲間が集まり楽しさが倍増
8月 ●難問も根気よく取り組めば解決
9火 ○一旦立ち止まり将来の方針確認
10水 ◎現状を守りつつゆとり持ち前進
11㊍ ○人を立て縁の下の力持ちで成功
12金 ◐じっくり構えれば前途に光明が
13土 ⦶無事安泰願う先祖供養の墓参り
14㊐ ⦶遊びにも節度ある言動で良好感
15月 ◐人との繋がりを尊重し合えて吉
16火 ○新規事に手を染めず従来路線で
17水 ●オーバーな愛情表現は嫌われる
18木 ○無駄な動きをせず手順を踏んで
19金 ◎大胆な企画も方法良ければ成功
20土 ○内容豊富な団体旅行で会話弾む
21㊐ ◐仕事忘れ心に休息と栄養補給を
22月 ⦶一方に偏らず全体の均衡が必要
23火 ○何事も欲をかかず程々が幸運に
24水 ⦶子育ては気を緩めない観察大切
25木 ○重要な契約は慎重に判断すべき
26金 ●無理は禁物ギックリ腰に注意日
27土 ⦶幸運はもう一息の辛抱で目前に
28㊐ ◎家族の団結を感じる宿題を点検
29月 ⦶誠意持って対処すれば信頼得る
30火 ◐ピンチはチャンスで粘って獲得
31水 ⦶公明正大でリーダーシップ発揮

☆めくっておみくじ【八番】——**大吉** 初心忘れずにその意志を貫く。物事の判断は真剣に考えてから決める。

☆めくっておみくじ【二十八番】――凶　先を急ぐのに対岸に渡る船がなく、浮世の波は荒く今来た道を引き返す。

三碧　9月の運勢○吉運

吉方↓北
小吉方↓なし
己酉四緑木星の月

吉方○北＝副業やプライベートな活動で新展望。心が通じ合う異性と出会い運が。凶方●南東＝言葉の行き違いから損害を被る。詐欺に騙される。縁談が破談に。北西＝目上との関係が険悪になる。無理を重ねて健康を害する。東＝活気が無くなり計画が尻つぼみになる。

運勢／人間関係が広がるとき。コミュニケーションを大切に信頼関係を築いて。遠方に縁あり。情報収集にプラスも、真偽不明の噂に振り回されて運を逃さぬよう慎重に。儲け話はトラブル含み。通信販売での失費に警戒。交通費の予算は多めに。風邪、腸疾患に注意。

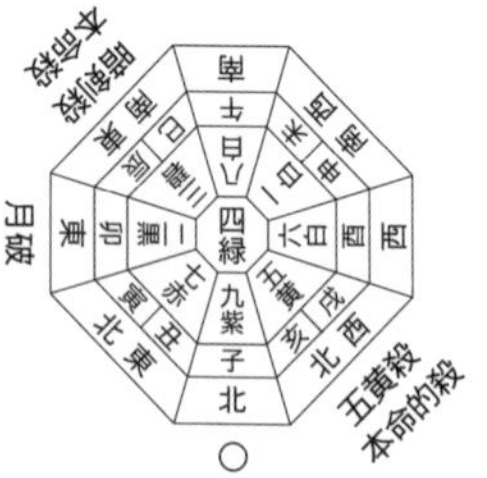

歳破→南西
年で本命殺→東
年で本命的殺→西

1木　⦶先人の犠牲を風化させず防災を
2金　◐対人関係は風通しよく爽やかに
3土　○労して功なし早めに断念し無事
4㊐　●シンプルな装いで美しさ際立つ
5月　○単独行動おひとり様時間を満喫
6火　◎笑顔こそ人間関係の幸せの魔法
7水　○心も時間も余裕持てば物事順調
8木　◐周りの意見をよく聞き孤立回避
9金　⦶時には団体旅行で目立たぬが吉
10土　⦶好まぬ繋がり名月と共に手放す
11㊐　◐スピード感重視で難問が解決に
12月　○意地張らず成り行き任せ効果大
13火　●玄関を整え置き物も秋の装いに
14水　○急速な飛躍求めず着実な一歩を
15木　◎自分軸でしっかり考え人気上昇
16金　○厄介事に近寄らずの慎重な行動
17土　◐日課の柔軟体操で足腰を鍛える
18㊐　⦶秋空の下自然満喫しハイキング
19㊊　⦶世代を超えた知恵とパワー発見
20火　◐悪習慣はすぐ改善し努力続ける
21水　○仲間と森林浴や散歩で気分転換
22木　●強がると正常な判断誤り要注意
23㊎　○ご先祖に手を合わせ感謝伝える
24土　◎夏のダメージ肌に潤いを与えて
25㊐　○通信ミスも冷静に対処し難回避
26月　◐疲れを癒す入浴法を試し快眠を
27火　⦶チャンス到来目上の助力で発展
28水　⦶心変えれば見える景色も変わる
29木　◐初めての趣味や学びで自分磨き
30金　⦶気分上々思いも寄らぬ幸運日に

三碧　10月の運勢◐自重運

吉　方→なし
小吉方→北西
庚戌三碧木星の月

吉方○北西＝小吉方。周囲からの信頼を得てリーダーシップを発揮。目上からの支援を受ける。身体健全に。**凶方**●東＝見通しが立たない中で強攻して大失敗。秘密が漏れる。騙されて足元をすくわれる。西＝金回りが悪くなり困窮。南東＝優柔不断な態度で誤解される。

運勢／先行き不透明感あり、決断できずに焦燥感に駆られる。周囲に愛想を振りまいてトラブルに巻き込まれぬように。相談事には臨機応変に対応して吉。言うべきことはきちんと主張して。子供や家族を疎《おろそ》かにしないように。金銭貸借は避けて安心。過労や慢性病に注意。

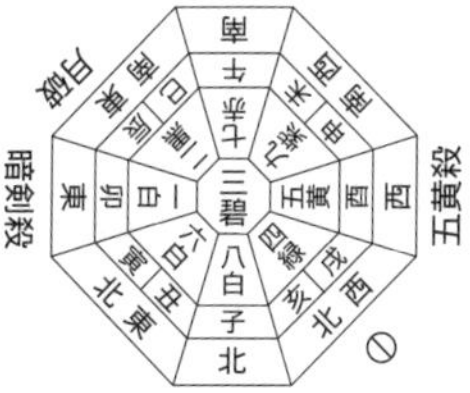

歳破→南西
年で本命殺→東
年で本命的殺→西

1土　●古い問題には毅然とした態度で
2㊐　○温かな気持ちで待てば願望目前
3月　◎会話が弾むも結論は先送りして
4火　⦶順序を重んじれば良縁に繋がる
5水　◐気の合う仲間と団結しやり抜く
6木　◐風呂上がりのビール至福の時間
7金　⦶恋愛は良いが結婚話は慎重対応
8土　◐新規を控え今ある物で創意工夫
9㊐　○明知と決断力を発揮し信頼得る
10㊊　●自分に合う健康法を見つけ実行
11火　○ハンドクリームで手指のケアを
12水　○新しい趣味娯楽で幸福感を満喫
13木　⦶芋料理食し腸を掃除免疫力UP
14金　◐若い部下の進言を受け問題解決
15土　⦶単独行動は厳禁で一歩下がって
16㊐　⦶夫婦ゆっくりと信頼関係育んで
17月　◐意見の相違は冷静に判断し対処
18火　○美酒とお取り寄せの一品で感動
19水　●悩みに焦りは禁物平常心で解決
20木　○子供の手伝い褒美でやる気出る
21金　◎お互いに譲歩し合って幸運日に
22土　○評価を気にせず時機を見て公表
23㊐　◐疑心暗鬼は和を乱す笑顔で丸く
24月　⦶目上に意見仰ぎ諦める事も必要
25火　⦶家計見直しの効果上げ貯蓄増加
26水　◐柿のビタミンC老化風邪予防を
27木　○夜の明かりに親しみ読書に耽《ふけ》る
28金　●忘れ物はないか再度確認し外出
29土　⦶過度な欲望は災い生じる無心で
30㊐　◎仲間と集い活動的な休日楽しむ
31月　⦶子らに菓子配る幸せハロウィン

☆めくっておみくじ【八十一番】――吉　仁の思いやりを周囲に示す。一家に和を図るのが幸いをもたらすとき。

三碧

11月の運勢⦶小吉運

吉　方→なし
小吉方→なし
辛亥二黒土星の月

吉方○小吉方ともになし。秋の行楽シーズン。外出は良きリーダーに従って時間に十分に余裕を持つこと。凶方●南西＝急に職場環境が悪くなる。親戚関係のもめ事に悩まされる。北東＝改革失敗で財産を減らす。南東＝悪い仲間と縁ができる。北西＝頭痛。体力消耗。

運勢／気力充実。公私共に活躍できるとき。リーダーシップが期待されるが強硬手段や独断はご法度。焦らず計画的に取り組んで成果が上がる。目上からの信頼を損ねぬように誠実な言動を。経済観念を持って投資は手堅く。ギャンブル慎重に。頭痛や乗り物に注意。

歳破→南西
年で本命殺→東
年で本命的殺→西

1火　◐時には大盤振る舞いで機嫌取り
2水　⦶言葉を選べば争い回避できる日
3㊍　⦶美しい物を鑑賞し審美眼を磨く
4金　◐図々しく入り込まず謙虚さ大切
5土　○執着を手放し思考も環境も一新
6㊐　●家族の意見尊重し休日を過ごす
7月　○素材生かした寄せ鍋で家族の和
8火　◎余裕を持って早めに大掃除着手
9水　○媚《こ》びた態度は信用失い悪評呼ぶ
10木　◐儲け話に騙され痛手負う警戒を
11金　◐物事が滞り疲労ぎみ心に栄養を
12土　⦶軽はずみな言動は後悔だけ残る
13㊐　◐不平不満の芽は早めに摘み対処
14月　○問題解決し心スッキリ気分爽快
15火　●晴れ着姿の子の成長と健康願う
16水　⦶疲労回復は食事と良質な睡眠で
17木　◎エネルギッシュに活躍実力発揮
18金　⦶大袈裟な言動控え誠実な態度で
19土　◐日々の努力が好結果生む充実日
20㊐　⦶手洗いうがいの習慣で健康維持
21月　⦶好物も隣近所にお裾分け喜びが
22火　◐ゆったりお茶を嗜《たしな》む時間を満喫
23㊌　○一家団欒日頃の労に感謝伝えて
24木　●早めの方針変更でトラブル解消
25金　○口角上げる笑顔作れば運気上昇
26土　◎お風呂に炭酸ガス入浴剤が最適
27㊐　○落ち葉踏む音心地よし公園散歩
28月　●風通しよい関係がお互いのため
29火　⦶違和感に気づく事で流れ変わる
30水　⦶飾らずありのままの姿で良好感

三碧

12月の運勢⦶小吉運

吉　方→南東
小吉方→北東
壬子一白水星の月

吉方○南東＝婚活で良縁を得る。目標実現や資格試験への道が開かれる。北東＝小吉方。信頼のおける情報や支援を得て現状を刷新。凶方●北＝パワハラで悩む。金銭面で困窮する。南＝思考力を欠き失敗。西＝言葉の行き違いから溝が深まる。東＝状況が暗転して頓挫。

運勢／年の瀬も押し迫り飲食の機会が多く人間関係の交流盛ん。新年への布石を打つも節度を持って油断せぬよう。予定変更あり。計画を立てて何事も早めに準備を。物入りが多く金銭面はやはり繰り上手に。飲み過ぎ食べ過ぎに警戒。うがいを励行してノドのケアを。

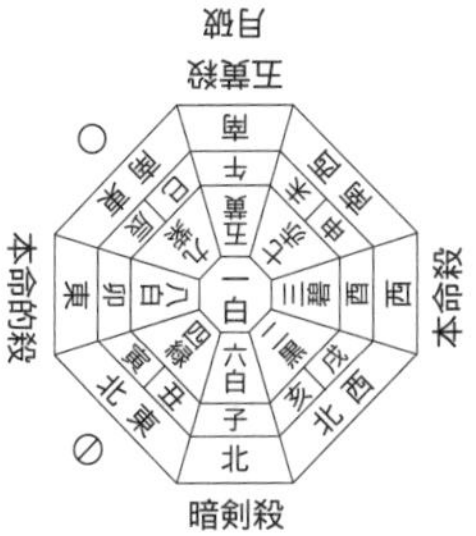

歳破→南西
年で本命殺→東
年で本命的殺→西

1木　◐計画主義で老後の人生に備える
2金　○理想を持つ事が良い転職の近道
3土　●見え張らず真心こめたお歳暮を
4㊐　○年賀状作成は独自性を発揮して
5月　◎気忙しくも心鎮めて計画再確認
6火　⦶第九は年末風物詩喜びが溢れる
7水　◐疲労回復に発酵食品を摂取する
8木　⦶隣の芝生青い分相応に現実重視
9金　⦶余計な口出さず誤りすぐに訂正
10土　◐家事に精を出す母見て子供喜ぶ
11㊐　○時間に余裕持ち交通渋滞に対処
12月　●困り事も協力者に恵まれ解決へ
13火　○一年の疲れも出るが心配ご無用
14水　○急な予定変更でも慌てず冷静に
15木　⦶噂より気心知った店で購入して
16金　◐軽い体調不良でも早めに休養を
17土　⦶節度ある飲食が品位保ち好印象
18㊐　⦶後日良品に巡り合う見送って吉
19月　◐手を合わせお供えし心を大掃除
20火　○新しいヘアスタイルで気分転換
21水　●水回りの掃除はアイテムを活用
22木　○冬至ユズ湯に浸り風邪知らずに
23金　◎思いやりと優しい心で皆が和む
24土　⦶キャンドル灯し仲間と集うイブ
25㊐　◐家庭で囲むケーキと贈り物交換
26月　⦶急いては事を仕損じる忍耐必要
27火　⦶お正月飾り備え歳神様をお迎え
28水　◐お疲れ様と笑顔で挨拶仕事納め
29木　◎今年は贅沢おせち料理に幸せ感
30金　●忘れ物や置き引きスリにも注意
31土　○心静かに一年振り返り神に感謝

三碧木星　☆めくっておみくじ【二十五番】――**吉**　枯れ木から新芽が出るのは春。新たな佳い事、目上の引き立てなどあり。

四緑《しろく》木星《もくせい》

◎

大吉運

一路順風
地平天成

令和4年 壬寅五黄土星
方位盤

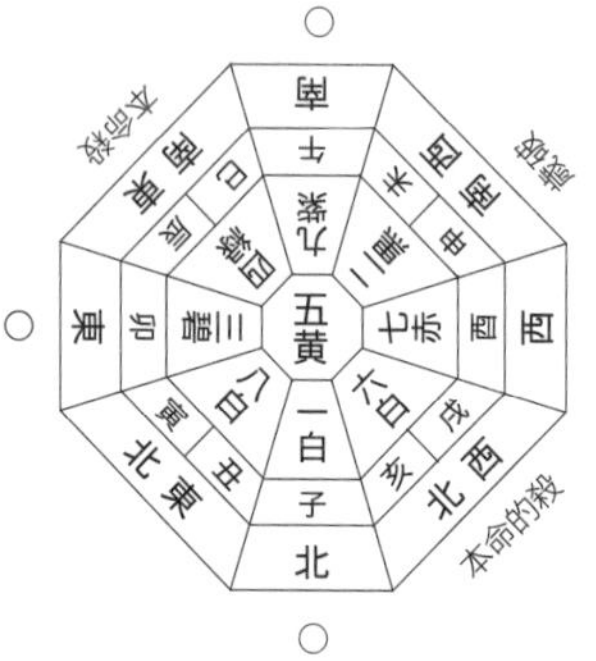

吉方→北・東・南
凶方→南西・南東・北西

「北」を吉方として活用すると、独立心に目覚め忍耐力が増して辛抱強くなります。新しい交友関係も広がり良い部下にも恵まれたり、恋愛運もアップします。移転・引っ越し、海外・長期旅行は、八月節の最大吉方が◎。

「東」は、考え方がプラス思考になります。行動力が身に付き、潜在能力が開花して、高評価が得られます。

「南」は、直感力が鋭くなって奇抜な発想が浮かび、仕事や生活に反映させて、活路を見いだすことが可能に。

性格と人生

優しく温和で物腰も穏やか、周囲の人に好かれる性質です。交際範囲が広く、行動的。自分のことより他人のために努力することが多いでしょう。物事を取りまとめたり仲裁役的な役割に才能を発揮し、交際上手に社会的な信用を築いていきます。信用が財産になるタイプです。マイナス面としては、優柔不断な一面があり、決断力不足で好機を逃すことがあります、また、男性は少々覇気が弱い傾向があります。

全般的な運の流れとしては、若いときから芽を出して認められます。持ち前の人当たりの良さで世間一般の波をうまく泳いでいきます。他人のために尽くして奮闘した結果、得た信用や縁から自分が繁栄していくことができます。必要以上に求め過ぎることなく、現実を見据えた判断力と行動力が吉運を維持するポイントです。

ロマンチストですが夢を追い過ぎると迷いや不満が多くなり、結婚についてもまとまるのが遅れがち。地に足をつけた現実感覚を持ちましょう。

四緑木星生まれ

平成26年甲午
〃 17年乙酉
〃 8年丙子
昭和62年丁卯
〃 53年戊午
〃 44年己酉
〃 35年庚子
〃 26年辛卯
〃 17年壬午
〃 8年癸酉
大正13年甲子

2月4日以前生まれの人は五黄生まれで見ます

あなたの今年の運勢　四緑木星

自然の流れに乗って幸運が訪れる恩恵のある年回りです。自分が描いたとおりのストーリーに物事が進展します。今年最も注意すべきことは、迷いや優柔不断です。

◎商売運……昨年からのブレークをさらに発展させます。時には遠方や海外からのオファーも検討してみる価値あり。ただし、薄志弱行《はくしじゃっこう》は大きなブレーキになり要注意。

◎職場運……頼りにされる時なので相談事に親身に対応しましょう。そうすることで信頼度がさらにアップします。誹謗中傷や噂話は、聞く耳を持たないことが肝要。

◎家庭運……今年は、長い間追い求めてきた夢や願い事が実現出来そうな気運です。祝い事や世話事も多くなりそうなので、家族間のコミュニケーションを大切に。

◎恋愛運……長い間お付き合いをされていた方は、ゴールを目指し、恋物語を完成させましょう。恋人募集中の方は、小さな縁でも恋花に。アンテナを張り巡らして。

◎金　運……冠婚葬祭などで出費が嵩《かさ》む時。日頃から節約を心掛け、想定外の事案に備え予備費の確保が大切。

◎健康運……感染症に注意。ちょっとした風邪でも油断しないこと。大腸、皮膚病、アレルギー性疾患にご用心。

子の四緑の運勢／**26歳**は、対人関係が良好で、交際範囲が広がり良い出会いに恵まれ喜び事が多くなりそう。意中の人をゲットしよう。**62歳**は、公私ともに多忙を極め、周りから頼りにされる存在に。誠実な対応を心掛ければ、さらに人気を博します。

卯の四緑の運勢／**35歳**は、自分の実力を遺憾なく発揮することで相応の成果が得られます。ただし、必要以上のライバル視は不評を買う。**71歳**は、昨年からの好調をキープし、さらに社会的な信用を得る。人の世話事で多忙を極めるので体調管理を万全に。

午の四緑の運勢／**8歳**は、友達関係の現状に目を向けて正しい指導が大切。**44歳**は、日々の精進が評価され想像以上の結実をもたらす。天狗にならず、人間関係の和と円滑さを忘れないこと。**80歳**は、相手の意見を尊重し一歩譲る心構えで対立を防ぐ。

酉の四緑の運勢／**17歳**は、あれこれと気移りしたり、猪突猛進は挫折が多く逆運を招くので注意が必要。勇気と英断をもって軌道修正。**53歳**は、目的に向かって漸進《ぜんしん》することで予想以上の成果が得られる時。金運も好調で自分へのご褒美も忘れないで。

☆めくっておみくじ【百番】――凶　白雲が走るとは手持ちの財産が飛んでいく。運が向かないときこそ時を待つ。

四緑　1月の運勢⦶小吉運

吉　方→なし
小吉方→なし
辛丑三碧木星の月

吉方○小吉方ともになし。溌溂と新年スタート。遠くより身近な神社にお参りを。凶方●東＝誤解を受けてダメージ大。隠し事が明るみに。西＝遊び呆けて浪費グセがつく。南西＝身近な人との縁が切れる。南東＝迷うばかりで結果を残せない。北西＝孤立無援で意気消沈。

運勢／年頭から活気づいて意気揚々とスタート。目標高く掲げて気勢を吐くも周囲から孤立しないよう発言に配慮。何事も計画を綿密に足元を固めていく現実感が必要。目上からのアドバイスを聞く耳を持って絆を強く。気楽に構えると出費がかさむ。ケガや骨折注意。

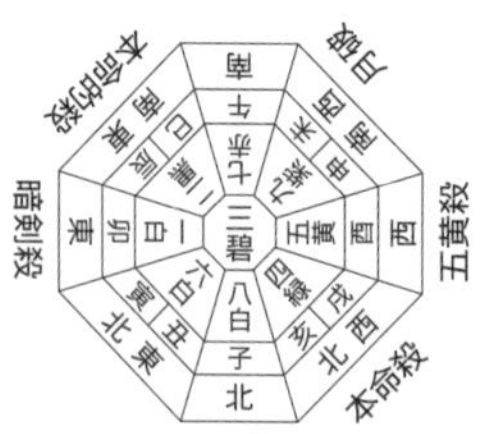

歳破→南西
年で暗剣殺→北西
年で五黄殺→南東
年で本命殺→東
年で本命的殺→西

1㊏ ◐素敵な一年にすると心に誓って
2㊐ ⦶初詣で混雑避け午前中に参拝を
3月 ●家族で味わうおせち心も豊かに
4火 ○仕事モードに気分切り替え出勤
5水 ○自分の未来の姿のヒント掴める
6木 ◎ありがとうの一言が幸運を招く
7金 ◐正月飾り納めて気分を引き締め
8土 ⦶自分の感覚タイミング重視して
9㊐ ⦶体力づくりに栄養バランス考慮
10㊊ ◐成人式を迎えた若者達にエール
11火 ◐真似してみて大黒天様の笑顔を
12水 ⦶基礎作りを念頭に貯蓄に努める
13木 ⦶明るい話題で周りを盛り上げる
14金 ●規則正しいライフスタイル構築
15土 ◎小豆《あずき》がゆの優しい触感で幸福感
16㊐ ○スポーツで自己免疫力を高める
17月 ○天災に備えて最新防災用品準備
18火 ●丁寧な説明応対でトラブル防止
19水 ⦶自分らしく個性アピールが大事
20木 ◐不用品はネットリサイクル活用
21金 ⦶新年会での飲み過ぎは危険信号
22土 ⦶戸外で楽しくリフレッシュ実行
23㊐ ◐嫌な事は後回し好きな事を優先
24月 ◎年長者を手本に良い部分を参考
25火 ○新しい計画は具体策を発信して
26水 ○ＩＴスキル磨きチャンスを拡大
27木 ●落ち込んでも悲観せず時を待つ
28金 ⦶目上に対して言葉遣い注意して
29土 ◐玄関周り奇麗にし厄を掃き出す
30㊐ ⦶受験には家族の愛情で実力発揮
31月 ○社会的役割を引き受け対人運吉

四緑 2月の運勢○吉 運

吉　方→なし
小吉方→なし
壬寅二黒土星の月

吉方○小吉方ともになし。外出時は時間にゆとりを持ち現地に早めに到着をする。
凶方●南西＝親戚関係や家庭のもめ事に巻き込まれる。職場環境が悪化。北東＝相続や跡継ぎ問題でゴタゴタ。西＝金回りが悪くなる。虫歯や口内炎。東＝感情的になりトラブルを引き起こす。

運勢／交友関係に恵まれ生活に弾みがつく。趣味やお稽古事の活動も順調に笑顔が絶えない。気の緩みから周囲との調和を乱さないよう心して。ルーズにならぬよう規則正しい生活を。遊興費が手痛く、質素に。異性運あり、本命と真面目に向き合って。歯痛は診察を。

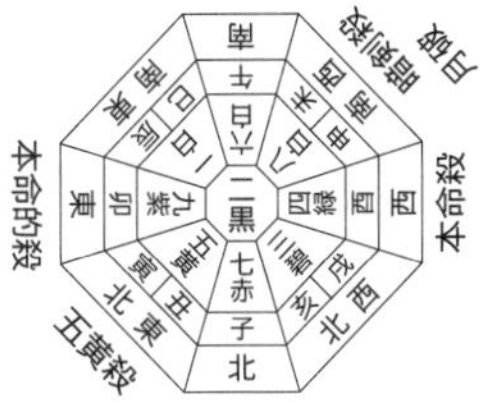

歳破→南西
年で本命殺→南東
年で本命的殺→北西

1火 ◐停滞ぎみ腹を括《くく》ってじっくりと
2水 ○明るい人と接してプラス思考に
3木 ○子供と楽しむ豆まきで開運招福
4金 ○風邪の感染予防除菌洗浄を徹底
5土 ●雑事雑用が増えて身動き取れず
6㊐ ⦶外出は交通状況チェックが必要
7月 ◐ブログてこ入れし心機一転図る
8火 ⦶スキルアップに出費を惜しまず
9水 ◐誇張された情報の真偽確認必要
10木 ◐入浴剤使用で体を癒し和ませる
11㊎ ◎考えるより行動優先で結果が吉
12土 ○努力が実り未来が明るく広がる
13㊐ ○寒さで固まった体に軽めの運動
14月 ●チョコに感謝乗せギフト楽しむ
15火 ⦶神経を集中し得意分野を伸ばす
16水 ◐若者や部下との連携プレー大事
17木 ⦶確定申告の準備は早めに進めて
18金 ○花粉症の対策は新治療受け予防
19土 ◐受験生の環境整備は家族の責任
20㊐ ◎郊外の澄んだ空気に活力が漲《みなぎ》る
21月 ◎長期的視野に立ち結果は急がず
22火 ○感謝はありがとうの言葉で表現
23㊌ ●周囲に合わせず自分のペースで
24木 ⦶未来へのビジョンがひらめく日
25金 ◐重い荷物は腰を痛めぬよう用心
26土 ⦶梅の香に春を感じ心身軽やかに
27㊐ ○若者のリズムに合わせるのが吉
28月 ◐未来に咲かせる種を植える意識

☆めくっておみくじ【二十番】――吉　月が明るいのは喜びの兆し。けれども心の驕りと軽率さにご用心。

四緑 3月の運勢◐自重運

吉　方→なし
小吉方→なし
癸卯一白水星の月

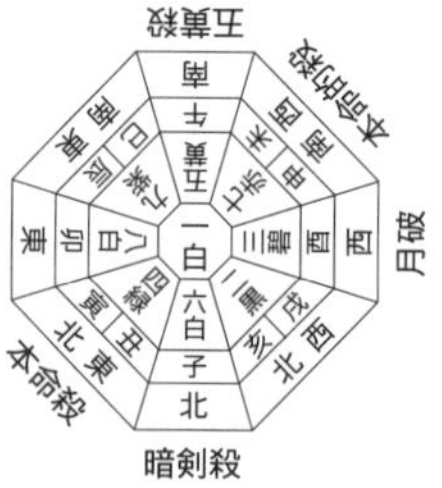

歳破→南西
年で本命殺→南東
年で本命的殺→北西

吉方○小吉方ともになし。転居などは時期を選べば安心。お彼岸にはお墓参りを。

凶方●北＝車や自転車など乗り物でトラブル。南＝書類ミスで手痛い失敗。法的なもめ事に巻き込まれる。西＝失言で誤解を招き信用失墜。北東＝左遷される。南西＝無気力で怠け癖が。

運勢／年度末。周囲の環境や人の変化もあり落ち着かない。気持ちを切り替えて動きたくなるが我慢のしどころ。十分な準備が整うまで焦らずに。頑《かたく》なになって孤立せずにチームワークやバランス感覚を大切に。義理の出費増。関節炎や腫れ物、アレルギー疾患に注意。

1火 ◎強運の日直感を信じて活動開始
2水 ○ロマンスの神様が降りる予感が
3木 ⦶桃と桜餅で娘の笑顔に幸せ満ち
4金 ●ストレス感じる人と距離を置く
5土 ⦶用件はメモしてトラブル防止を
6㊐ ◐親類の揉め事に一肌脱いで解決
7月 ⦶成り行きに任せれば万事順調に
8火 ⦶上司の言葉に反発せず聞き流す
9水 ◐逸《はや》る気持ち抑え冷静沈着に行動
10木 ○身近な人を褒めて対人運が上昇
11金 ○防災意識を高め危機管理怠《おこた》らず
12土 ○お花見の予定は早めに立てる事
13㊐ ●良い睡眠で低調な運気の改善を
14月 ⦶素直に教えを乞えば道が開ける
15火 ◐条件が整うまで動かず待機して
16水 ⦶リズミカルなＢＧＭで能率ＵＰ
17木 ◐勝負は時間かけると粘り勝ちに
18金 ◐自己主張は攻撃の的になり注意
19土 ◎南東の吉方位選び快適プチ旅行
20㊐ ○自分らしさの純度上げる努力を
21㊊ ○花を供え笑顔でご先祖様に感謝
22火 ●集中力低下に注意丁寧に進める
23水 ⦶焦ると数字のミスなど損が発生
24木 ◐企画はテンポよく進める意識で
25金 ⦶自己ペースで仕事の精度上げて
26土 ⦶株価の変動に一喜一憂しない事
27㊐ ◐家にこもりやる気消失一歩外へ
28月 ◎プレゼンはテーマ絞り高評価に
29火 ○冒険心生かして新しい自分発見
30水 ○実力あっても補佐的役割で安泰
31木 ●多忙は神経バランス崩れる要因

四緑

4月の運勢⦶小吉運

吉　方→なし
小吉方→北東
甲辰九紫火星の月

吉方○北東＝小吉方。親戚や知己からの応援で運が好転。後継者問題が解決へ。
凶方●南＝悪い評判を立てられ信用を失う。通販で詐欺に遭う。体臭が強くなる。北＝表沙汰にできない関係に悩む。盗難に遭う。北西＝支援者と対立して活躍の場を失う。投機事で大損失。

運勢／春爛漫。努力が実を結び仕事や学びで頭角を現す。好き嫌いを表に出したり感情的な言動は人望を失う。わがままを克服して自己成長を。教育費はしっかり予算を組んで。派手な交際を慎んで身の丈に合った金銭感覚を。不注意から火傷用心。心臓や高血圧注意。

歳破→南西
年で本命殺→南東
年で本命的殺→北西

1金　⦶公私ともに明るさで全て順調に
2土　●家の周りの清掃が精神安定効果
3㊐　⦶お花見を家族で楽しみ春を満喫
4月　○オンラインセミナー積極的参加
5火　◐現状の急激な変化NG現状維持
6水　◎アンテナ張り情報集中力生かす
7木　○新しい仲間と信頼関係結ぶ好機
8金　○お釈迦様に甘茶かけて平和願う
9土　●連休の予定は子供の希望を優先
10㊐　⦶回り道して違う景色眺め楽しむ
11月　◐若い人に助けられ仕事捗《はかど》り感謝
12火　⦶流行取り入れプチ贅沢にゆとり
13水　⦶起業実現に目標を決めスタート
14木　◐生活にメリハリつけると上昇運
15金　○好奇心旺盛な体験で視野広がる
16土　◎言ってみる行ってみる即行が吉
17㊐　○感情に振り回されず冷静に対応
18月　●頭は上向き空を仰ぎ心を広げて
19火　⦶重要事項の決断前にリスク検討
20水　◐正解を求めず答えを探す姿勢を
21木　⦶財布の中整理して金運呼び込む
22金　◐連休前に行うべき事終わらせて
23土　◐なぞかけ川柳体験で頭を活性化
24㊐　◎SNSの活用で外国人の友人も
25月　○資格に挑戦が将来に繋がる一歩
26火　○順序良く忍耐強く進めば成功へ
27水　●周りへの思いやりが自分に返る
28木　⦶成り行き任せが停滞の一要因に
29㊎　◐美術品に触れ創作意欲に刺激を
30土　⦶ブラブラ歩き緑の風と香り体験

四緑木星　☆めくっておみくじ【七十六番】――吉　富貴は天から与えられるが、仕事に打ち込むことが富源となるでしょう。

四緑

5月の運勢●警戒運

吉　方→なし
小吉方→西
乙巳八白土星の月

吉方○西＝小吉方。気持ちの通じ合う仲間と親睦を深める。小銭貯金がたまる。**凶方**●北東＝身内の厄介事に辟易する。南西＝やる気を失い低迷する。失業の恐れ。北西＝目上と仲違いして引き立てを失う。北＝迷いが多くストレス過多。南＝軽はずみな発言で失敗。

運勢／現実的な成果を得るより心の豊かさを第一に考える月。精神面を充実させることに焦点をあてると実り多く。家族や友人との交流から喜び。心の絆を大切に。奉仕の心で欲を出さずに基礎を固めて時機を待つ。金銭面はへそくり貯金がお勧め。過労やストレス注意。

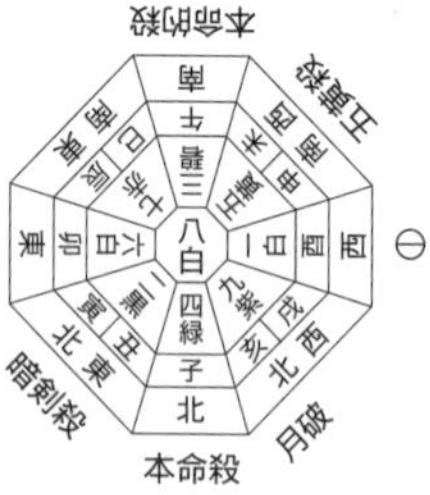

歳破→南西
年で本命殺→南東
年で本命的殺→北西

1㊐ ⦶押しの一手で引かずに全力投球
2月 ◐力を抜き身を流れに任せば安泰
3㊋ ◎好きな事に没頭でき充実の一日
4㊌ ○家族と一緒に自然に触れる体験
5㊍ ⦶菖蒲の香りに包まれて健康維持
6金 ●判断力の低下で気持ち散漫注意
7土 ◐お調子者の言葉に気を許さずに
8㊐ ◐母と一緒に外食楽しみ心通わす
9月 ⦶褒め言葉は対人運上昇の効果が
10火 ⦶外出前に鏡で笑顔のチェックを
11水 ◐思い込みしない頭の柔軟さ必要
12木 ◎全てに好調な日流れを止めずに
13金 ○ネットの最新情報活用し有益に
14土 ⦶新茶を届け年配者の笑顔が返礼
15㊐ ●新旧交代の兆しあり受け入れる
16月 ◐何事もフラットな視点で判断を
17火 ●変化求めず現状守る態度が無難
18水 ⦶専門用語を避け優しく説明して
19木 ⦶スマホやPCで目の疲労ピーク
20金 ◐梅雨に備えてカビ対策を万全に
21土 ○地道な努力を重ねて運気が上昇
22㊐ ○紫外線予防を忘れ後悔する事に
23月 ○欲を捨てチャンスを生かす道を
24火 ●夢をまずリストアップして計画
25水 ◐優雅な空間で思わぬ出会い発生
26木 ●遅れずに人に迷惑かけぬ心掛け
27金 ⦶旬の食材を食べてパワーを吸収
28土 ◐自慢話は嫌味に取られて損する
29㊐ ◐自分の本音と優先順位を明確に
30月 ◎マルチタスク目指して努力実る
31火 ○こだわりを捨て心を風のように

四緑　6月の運勢○吉運

吉　方↓なし
小吉方↓なし
丙午七赤金星の月

吉方○小吉方ともになし。自分から計画を立てるより従う側に回って吉。いつもと変わらない毎日を大切に。
凶方●西＝感情的なもつれから派手な口論に。東＝何をやっても尻つぼみに終わる。北＝捻挫など足元に注意。南西＝信用を失い失速。北東＝家庭内に悩み抱える。

運勢／誠実にコツコツと取り組んで現状維持に努めるとき。目新しさを狙うより積み上げてきたものを大切に。昔の問題を蒸し返さぬよう。信頼できる人からの助言が役に立つ。金銭はやり繰り上手に節約。リフォームやリサイクルを賢く利用。胃腸疾患や持病に注意。

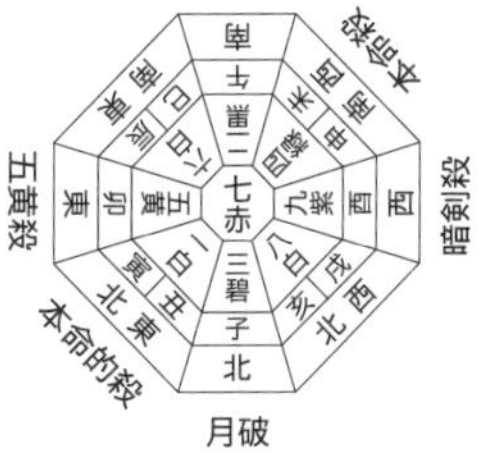

歳破→南西
年で本命殺→南東
年で本命的殺→北西

1水　○やりたい事を始めるタイミング
2木　●梅雨本番前に冷房除湿器を点検
3金　⦶書類等の細かい箇所見直し安心
4土　◐ペースダウンに寄り道のすすめ
5㊐　⦶テーマは好きな事に意識向ける
6月　⦶気の緩みから判断ミスが後悔に
7火　◐人の真似はタブーで自分らしく
8水　◎大胆なチャレンジで能力を発揮
9木　○夢や直感によるヒント生かして
10金　○夏物に衣替え古い物は断捨離を
11土　●歯のケアと予防で免疫力高める
12㊐　⦶個性を発揮センスの良さ好印象
13月　◐友人の愚痴話は受け流して聞く
14火　⦶社交性生かし喜び事が良縁あり
15水　○長期戦略を練り上司に了解得る
16木　◐大きな流れに逆らわず時を待つ
17金　◎頑張った自分を褒めるのも大切
18土　○結果をコントロールせず努力を
19㊐　○父と楽しむディナー家族の絆に
20月　◐縁の下の力持ちと心に決め支援
21火　⦶花に雨にわか俳句作り頭の体操
22水　◐友人も家族も互いに距離感保つ
23木　○直感で動かず周囲と協調で安泰
24金　⦶古い価値観を刷新心をリメーク
25土　◐疲れやすい日夕食の手抜きOK
26㊐　○決めたら迷わず実行し目的達成
27月　◎早い決断が勝負の決め手の鍵に
28火　○閃《ひらめ》きをメモに後々役に立つ事が
29水　●困ったら身近な人にまず相談を
30木　⦶半年の大祓いして心をリセット

四緑木星　☆めくっておみくじ【十三番】――**大吉**　燦々と輝く太陽の姿です。中道を堂々と歩んで志望の扉を開くように。

四緑　7月の運勢○吉運

吉方↓南
小吉方↓なし
丁未六白金星の月

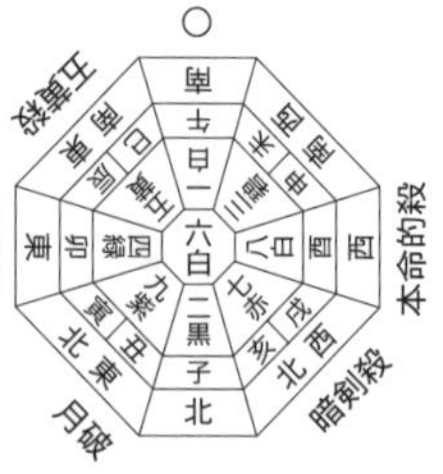

歳破→南西
年で本命殺→南東
年で本命的殺→北西

吉方○南＝頭の回転スッキリ。勘が冴え成果が上がる。魅力アップで注目される。**凶方**●北西＝援助を絶たれて金銭困窮。南東＝質《たち》の悪い相手と関わって信用を落とす。北東＝運が悪い方へ切り替わる。東＝迷いが多く先行き不透明に。西＝欲が絡んで大損。婚活失敗。

運勢／準備万端。いよいよ活動を開始するとき。積極策が功を奏するが自信過剰は失敗のもと。誤解を招かぬよう周囲との対話を欠かさずに。調和を図りつつお互いの良さを発揮して。金銭は慎重に無駄な出費を抑える。ウオーキングで体力作り。ケガや飛び出し注意。

1金　◐頑《かたく》なにならず柔軟な思考が大事
2土　⦶鮮やかな紫陽花を愛《め》で目の保養
3㊐　○汗ばんだ肌シャワー浴び爽快に
4月　◐薬に頼るより食でコントロール
5火　◎重い任務も分担すれば実現可能
6水　○慌てず急がば回れが最短距離に
7木　○優しい言葉遣いで緊張を解いて
8金　●結論は先延ばしするのが賢明策
9土　⦶スクワットで基礎代謝をアップ
10㊐　⦶視野を広げ長丁場の覚悟で行動
11月　◐梅雨時の不快感でストレス蓄積
12火　○必要なデータ集約して準備万端
13水　○メール送信する前に内容再確認
14木　◎分け隔てない姿勢が信頼を呼ぶ
15金　◐苦手な人でも礼を失しては駄目
16土　◐ギャンブルが家庭を壊す要因に
17㊐　⦶暑さも逃げ出す恋人同士の熱気
18㊊　◐飾らずに素直な心で語りかけて
19火　⦶問題提起は私情を交えず淡々と
20水　●腹立ち表に出さぬよう注意して
21木　○何事にも一生懸命が運を開く鍵
22金　○艱難辛苦を糧に大望を夢に見て
23土　◎鰻《うなぎ》を食べ夏を撃退する体力作り
24㊐　◐周囲に振り回されず己を貫いて
25月　⦶多忙時でも短気を慎む心掛けを
26火　⦶慎重に地固めし新規案件に着手
27水　◐異業種交流で業務の課題を発見
28木　⦶我を張るより協調姿勢が大事に
29金　●防犯対策で被害を未然に防いで
30土　○規則正しい生活様式で自己管理
31㊐　○冷たいビールで疲れた体を癒す

四緑
8月の運勢◎大吉運

吉　方→東・南・北
小吉方→なし
戊申五黄土星の月

吉方○東＝活力が湧きやる気が出る。新しい展望が開ける。南＝能力発揮し地位向上。試験合格。北＝プライベート充実。恋愛運良好。
凶方●北東＝親戚知己とのゴタゴタ。財産失う。南東＝噂に振り回されて右往左往。北西＝活躍の場を失う。ケガや後遺症で悩み深く。

運勢／順風満帆。培《つちか》ってきた信頼関係から協力者に恵まれ活躍の場が広がる。異業種交流で好情報入手、夢の実現へ。交際が活発化して恋愛や結婚チャンスも。旅行先は吉方がお勧め。活動交際費が嵩《かさ》み、見えを張らず割り勘で。流行り風邪注意。うがい手洗い徹底。

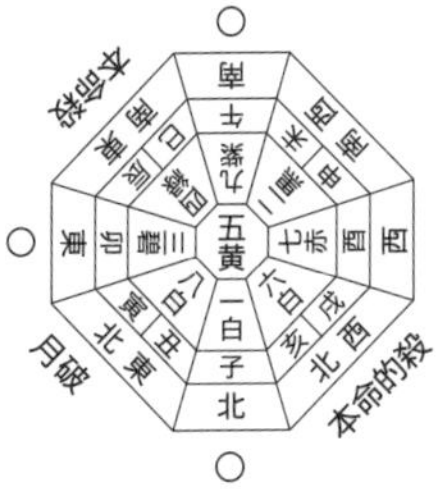

歳破→南西
年で本命殺→南東
年で本命的殺→北西

1	月	○週初め気合いを入れて出勤準備
2	火	◐デオドラント用品使い爽やかに
3	水	⦶親しき仲でも気遣い持って交際
4	木	⦶相手の立場に立ちアドバイスを
5	金	◐欲をかき過ぎると信用が急降下
6	土	⦶重い商品ネット注文を活用して
7	㊐	●冷房で冷えぬよう温度調節する
8	月	○地道に研鑽を積みスキルアップ
9	火	○目先を変え営業活動を立て直し
10	水	◎諸事順序良く運ぶラッキーデー
11	㊍	◐山の日まず山岳小説を堪能して
12	金	⦶UVベースと日傘で紫外線予防
13	土	⦶休日の夜は親子で楽しむ外食を
14	㊐	◐創意工夫が料理の幅を広げる技
15	月	⦶上司の意向に沿った作業手順で
16	火	●気の緩み引き締め無くし物防止
17	水	○目標一つに絞ったら迷わず実行
18	木	◎人間関係改善で実績向上に一役
19	金	◎彩り豊かな食卓を囲み食欲増進
20	土	◐体型維持に炭水化物ダイエット
21	㊐	○旧知の友との再会に心躍る一日
22	月	⦶報告相談連絡が仕事の基本姿勢
23	火	◐厳しい環境も向き合う心意気で
24	水	⦶怒る前に事の詳細の確認が大事
25	木	●不調時は手を広げず一意専心で
26	金	○親戚付き合い卒なく熟《こな》しホッと
27	土	○定期的な運動で睡眠の質を改善
28	㊐	◎尊敬する人から教え乞う喜びが
29	月	◐軽い考えで発信すれば誤解招く
30	火	○首尾よく運ぶにはリサーチ必須
31	水	⦶持ち物と宿題確認して登校支援

☆めくっておみくじ【五番】――凶　目前に難問が横たわるが上手に回り道、人の助言に救われて喜ぶ。

四緑

9月の運勢◐自重運

吉　方→北
小吉方→なし
己酉四緑木星の月

吉方○北＝副業に恵まれる。芸術家や学者との縁が繋がる。美的センスが磨かれる。凶方●南東＝言いがかりをつけられ評判を下げる。詐欺に遭う。北西＝見通し甘く株や投資で大損失。尊大な態度で目上と仲違い。東＝活気が無くなり先が見えない。昔の失敗を繰り返す。

運勢／秋の気配に今後の計画に思い巡らせるも雑用多く先には進めず。八方美人的な振る舞いが自己負担につながる。社交辞令やおだてに惑わされずに上手に対処して。家族との対話を大切にして家庭円満。お金の貸し借りは後々トラブルに。休息を十分に、夏バテ注意。

歳破→南西
年で本命殺→南東
年で本命的殺→北西

1木 ◐職場環境の改革は未だ時期尚早
2金 ⦶飲み会帰り家族に手土産を購入
3土 ●胸のつかえ愚痴って自己嫌悪に
4㊐ ○困り事は親子で話し合い解決へ
5月 ◎能ある鷹は爪を隠す謙虚な態度
6火 ○真心が込もった接客で商売繁盛
7水 ◐不測の事態にも落ち着いて対処
8木 ⦶友人につられて衝動買いはNG
9金 ◐甘言を弄《ろう》し近づく人物にご用心
10土 ◐断捨離を実行し家庭内も円満に
11㊐ ⦶見え張らず交際範囲を見直して
12月 ●うっかりの置き忘れをチェック
13火 ○新規事は細かく条件を吟味して
14水 ◎リーダーに抜擢され気力も充実
15木 ○積極さより控えめな行動に好感
16金 ◐同僚と連れ立ちカラオケで発散
17土 ⦶超人気店は予約しないと入れず
18㊐ ◐空気を入れ替え部屋を清々しく
19㊊ ◐家族皆で祖父母へ感謝の贈り物
20火 ⦶大事より小事を重ね大樹を育成
21水 ●思うに任せず実務の厳しさ痛感
22木 ⦶障害を取り除き生産力の向上を
23㊎ ◎ご無沙汰わびお墓の掃除と合掌
24土 ○意中の人とデートで至福の時間
25㊐ ◐不得手な料理も母の指導で克服
26月 ⦶双方の状況を把握し公正に判断
27火 ⦶決め手に欠ける案件は現状維持
28水 ◐脂質糖質制限で関節の負担軽減
29木 ⦶有価証券と印鑑は金庫で保管を
30金 ●的を射た人材の配置転換がカギ

☆めくっておみくじ【四十七番】――末吉　急ぐと失敗しやすい、少し立ち止まって考えて。建築や転居は先延ばし。

四緑　10月の運勢○吉運

吉　方→なし
小吉方→なし
庚戌三碧木星の月

吉方○小吉方ともになし。乗り物での遠出は無理のないスケジュールで。自転車や車は点検を怠りなく。
凶方●東＝ねたまれて陰湿な嫌がらせを受ける。西＝損失が膨らんで困窮する。南東＝良縁を逃す。取引不調で得るものなし。北西＝不評を買って面目丸つぶれ。

運勢／活気にあふれて公私共に多忙。清掃奉仕などボランティアや社会活動にも活躍の場が広がる。自信満々に実力以上のことに手を出すと失速。謙虚さを忘れずに。信頼できる目上の力を借りながら慎重に進めて。集中力必要。過労に注意。車の事故に気を付けて。

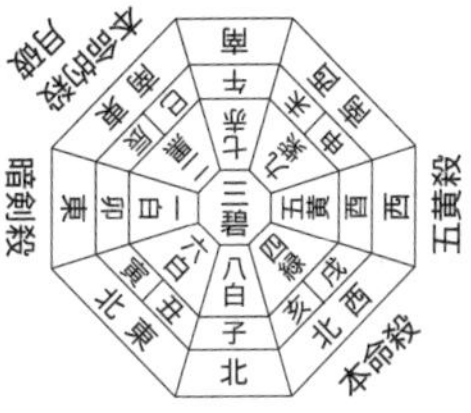

歳破→南西
年で本命殺→南東
年で本命的殺→北西

1土　○グランピングで少し贅沢な体験
2㊐　○音楽鑑賞で心と身体に栄養分を
3月　◎万事好調で評価得る幸運な一日
4火　◐作業が遅滞するのは集中力不足
5水　⦶捕らぬ狸の皮算用より現実路線
6木　⦶書類整理を行えば業務スムーズ
7金　◐背伸びせず分相応な生活が一番
8土　⦶合わぬメガネが眼精疲労を招く
9㊐　●外出は履き慣れた靴で転倒防止
10㊊　○日常に運動を活用した生活実践
11火　○長年の修業が繊細な技術を育む
12水　○クリエイティブな企画で充実感
13木　◐限定数の商品でも考慮して購入
14金　⦶休息きちんと取ればスッキリと
15土　⦶趣向に感心して秋の味覚を堪能
16㊐　◐率先して家事をこなし妻へ配慮
17月　⦶タッチミスがタイムロスの一因
18火　●論点をすり替えれば信用が失墜
19水　○苦労が実を結んだ成果に達成感
20木　○ウガイと手指消毒で感染症対策
21金　◎和やかで感じの良い接客が人気
22土　◐倹約生活ポイント活用で便利に
23㊐　⦶子の買い物に付き合わされ閉口
24月　⦶腹八分の食事で胃の負担が軽減
25火　◐頑固さより臨機応変が大切な時
26水　◐上から目線の物言いが反感呼ぶ
27木　●落ち込むより辛いが前を向いて
28金　○週末の飲み会で嫌な事は忘れて
29土　○最新情報はＳＮＳから入手して
30㊐　◎美味しい料理とスイーツを満喫
31月　◐君子は危うきに近寄らずが無難

四緑　11月の運勢○吉運

吉　方→なし
小吉方→なし
辛亥二黒土星の月

吉方○小吉方ともになし。秋の行楽シーズン。その方位が吉方になる人のリードに従ってサポート役が吉。**凶方**●南西＝親戚や家族のための出費が痛い。北東＝不動産や相続のトラブル。南東＝良縁遠のき交際にケチがつく。西＝遊びグセから浪費。東＝不注意で火傷。

運勢／交際の機会が多く楽しみが広がる。親友や心を分かち合える仲間との交流が嬉しい。節度を保った心配りで深入りしすぎないこと。過剰なおしゃべりが誤解や疑心暗鬼の因。穏やかに協調性を大切にして。金銭は浪費警戒。計画性を持って。食事内容の管理を。

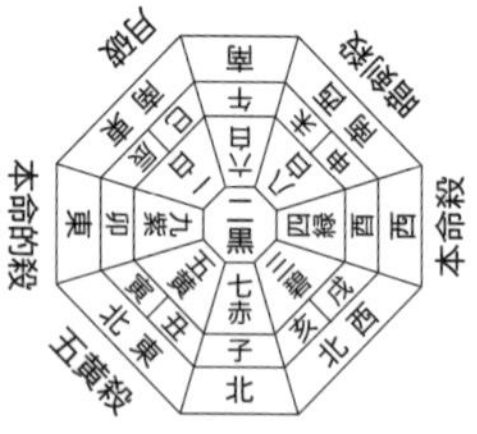

歳破→南西
年で本命殺→南東
年で本命的殺→北西

1火　○失策を取り返す働きで名誉挽回
2水　⦶ダメ出しされても七転び八起き
3㊍　◐芸術品を巡りつつ思う温故知新
4金　⦶秋の夜長に夫婦水入らずで晩酌
5土　●目を背けず家庭内の問題を解決
6㊐　○ペットと戯れるのどかな安息日
7月　◎混乱していた状況から局面打開
8火　◎意見を総括して調整の手腕発揮
9水　◐慎重も度を越すと時機を逸する
10木　⦶相手に花を持たせる心配り大事
11金　⦶会話が弾み笑いが絶えぬ女子会
12土　◐無理がたたって足腰にも負担が
13㊐　⦶愛らしい晴れ着姿に思わず笑顔
14月　●営業成績振るわず足取り重い時
15火　○衝動買い抑え堅実な生活設計を
16水　○指先の感覚が物を言う職人の技
17木　○閉塞していた事態に光明が差す
18金　◐一駅前から歩く習慣で肥満防止
19土　⦶過労を放置しては免疫力が低下
20㊐　⦶金銭管理しっかりすれば一安心
21月　◐寄せられた声にヒントが山盛り
22火　⦶偏らず中立を守りジャッジして
23㊌　○他者の為に役立つ喜びを感じて
24木　●才知ある受け答えに救われる日
25金　○会社帰りにスポーツジムで一汗
26土　◎子の成長に褒め言葉は効果絶大
27㊐　◐自分のペース押しつけては危険
28月　⦶人を見て法を説き機転を利かす
29火　○弁舌巧みでも喋《しゃべ》り過ぎは自重を
30水　◐手順を間違えぬよう事前に確認

四緑

12月の運勢◐自重運

吉　方→なし
小吉方→西
壬子一白水星の月

吉方○西＝小吉方。飲食の機会が増え交流が盛んに。情報交換から金運アップ。
凶方●北＝冷えから健康を害する。過労でダウンする。南＝書類や契約関係のミスで困ったことに。北東＝迷うばかりで良き変化のタイミングに乗れず。南西＝だらしなくなり生活が荒れる。

運勢／師走のあわただしさに流され自分を見失いがち。自身の今後の生活についても決断は時期尚早。強引な手法は周囲との軋轢《あつれき》を生む。目上を立て周囲と助け合いの精神で年末の雑事を乗り切って。大掃除や模様替えで気分一新。貯蓄は再検討して。足腰、関節痛に注意。

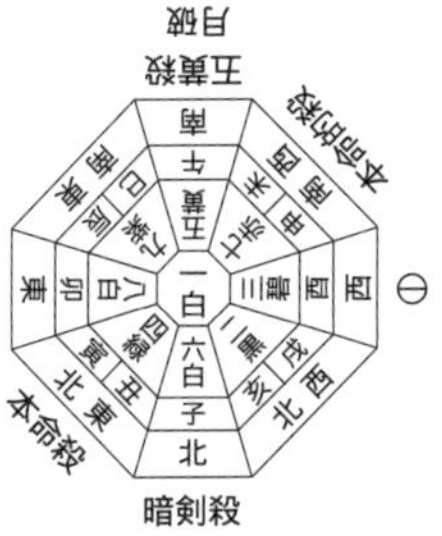

歳破→南西
年で本命殺→南東
年で本命的殺→北西

1木　◐継続する力を身に付けぬと失敗
2金　●信頼が得られぬ原因は八方美人
3土　⦶出費が増える年末は緊縮財政で
4㊐　○恋人とライトアップ眺めて感嘆
5月　◎見識の高い議論で有意義な会議
6火　◐人の不始末を片付け信用を得る
7水　⦶急いでいても安全運転を守って
8木　⦶本質を見通す能力が必要不可欠
9金　◐説明不足で誤解が生じやすい日
10土　⦶計画立てお歳暮の品物チョイス
11㊐　●デザイン考え年賀ハガキを作成
12月　○注目されずとも辛抱強く鍛錬を
13火　○ティータイムで明るい雰囲気に
14水　◎一日の予定立て効率よく事運ぶ
15木　◐自浄作用のなさが不信感の根源
16金　◐幹事役を仰せつかり忘年会開催
17土　⦶食材と火加減に拘《こだわ》った鍋奉行に
18㊐　◐テキパキと役割分担決め大掃除
19月　⦶不安がある時ほど鈍感力が大事
20火　●場違いな発言に微妙な雰囲気が
21水　○何事も融通を利かせ家庭を安定
22木　⦶南瓜《カボチャ》を食して一年の無事に万感
23金　○時代のニーズに応える素地作り
24土　◐ケーキを囲んで一家団欒のイブ
25㊐　◐好んでいたゲームをプレゼント
26月　⦶時には女子社員と合同でランチ
27火　◐毎日のストレッチで腰痛を予防
28水　⦶滞りなく仕事納めを迎えて一息
29木　●年末ショッピング親子でタッグ
30金　○お正月飾りとおせちを揃え万全
31土　◎様々な出来事を思う大晦日の夜

☆めくっておみくじ【六十番】――**吉**　石橋を叩いて渡る慎重さが良く、また心の素直さと勤勉さで評価を受ける。

五黄《ごおう》土星《どせい》

自重運

自縄《じじょう》自縛《じばく》
悲喜交交《こもごも》

令和4年 壬寅五黄土星
方位盤

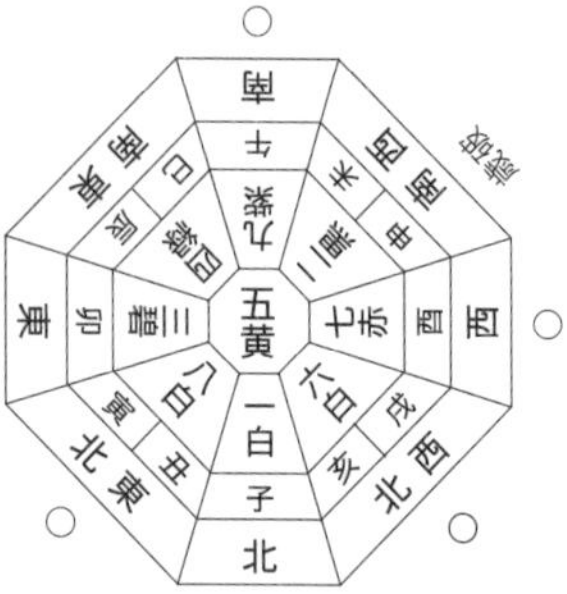

吉方→南・北東・北西・西・
凶方→南西

「南」を吉方として活用すると、頭の回転が良くなり、感覚が鋭くなってインスピレーションが湧き上がります。企画や研究が評価されて表彰や栄誉が得られます。

「北東」は、不動産運が上昇、良い物件に巡り合えます。

「北西」は、元来、中心的な資質を持ち合わせているので、さらに良きリーダーになり力を発揮することが可能に。

「西」は社交運がアップします。人の気持ちを推し量ることが出来るようになり、さらに金融状態も好転します。

性格と人生

人はいいのですが、気が強く負けず嫌いでお世辞を言うのが苦手なので、第一印象が悪く誤解されやすいタイプです。時に言動が荒っぽく強引に物事を推し進めるようなマイナス面がありますが、意外に情にもろいところがあり、頼まれごとが嫌とは言えません。そのため対人面で頼られたり相談事を持ち掛けられたりすることが多く、世話苦労が多いでしょう。女性は男勝りのタイプが多いです。時に争いごとに巻き込まれて、周りの責任を自分が背負って苦労することもあります。

全般的な運の流れとしては、上下の波があり、極端に運勢が分かれやすい傾向があります。しかし、運が落ち込んでも、生来の頭の良さと行動力、強い信念で立ち上がり復活する力強さを持っています。大小を問わず、グループのリーダー的立場になることが多いでしょう。晩年運タイプで、若年期に苦労をしても、一生懸命に努力をした結果、一国一城の主となれるような大器晩成型です。あきらめなければ最後に勝ちをつかみ取ります。

五黄土星生まれ

令和 4 年壬寅
平成25年癸巳
〃 16年甲申
〃 7 年乙亥
昭和61年丙寅
〃 52年丁巳
〃 43年戊申
〃 34年己亥
〃 25年庚寅
〃 16年辛巳

2 月 4 日以前生まれの人は六白生まれで見ます

あなたの今年の運勢　五黄土星

頂点を極めるか、困難に立ち向かわざるを得ない八方塞がりになるか、昨年までの過ごし方により大きく運勢が変わってきます。謙虚な姿勢を心掛けることが大切。

◎商売運……前年の好調さを生かして大ブレーク出来そう。手腕が試される時だが、私欲に走れば足元を掬《すく》われる結果に。昔からの顧客を大切にすると道が開けます。

◎職場運……周りから頼りにされる。人間関係の信頼や期待を裏切らぬ対応を心掛けて。大きな欲望を抱くと裏切りにあいます。自己中心的な考え方を封印しましょう。

◎家庭運……あなたが中心になって舵取りしましょう。楽しい話題を提供して、ムードメーカーとしての役割を自覚。家のリノベーションは控えたほうが賢明です。

◎恋愛運……思いがけない運命的な出会いに期待が膨らみます。長くお付き合いされている方は、我が儘な一面が出て波風が立ちそうですが、ゴールを目指し前進。

◎金　運……金融商品などの勧誘が多い時。リスクを伴うような物や利便性ばかりの追求が目立つ商品は要警戒。

◎健康運……体力に自信があっても無理はせず、不調時には早めに受診。内臓疾患、高熱、持病の再発に用心。

寅の五黄の運勢／**36歳**は、成績も上がってつい天狗になり、横柄な態度を取りがちに。現状に甘んじることなくさらに漸進《ぜんしん》を。熱中症に用心。**72歳**は、運動不足解消に日頃からストレッチや手軽に出来る体操で身体をリラックス。古い問題の再燃に注意。

巳の五黄の運勢／**9歳**は、反発や反抗的な態度が目立つ。交友関係に要注意。**45歳**は、順調そうに見えても支障が多く波乱含み。分外な事に手出しせず危ない橋を渡らぬよう慎重な判断が鍵。**81歳**は、趣味に打ち込むことで生活にメリハリを。詐欺に注意。

申の五黄の運勢／**18歳**は、実力を過信し、目標を高く設定しすぎる嫌いが。もう一度自己分析しさらなる努力を重ねることで大輪の花が咲く。**54歳**は、運勢活発にみえても何かと波乱含み。最後の最後まで気を抜かずに対処して。怪我にも最大の注意を。

亥の五黄の運勢／**27歳**は、表面的には順調そうに見えても小さなトラブルの暗示があります。吉凶紙一重の時、慎重な行動が大切です。**63歳**は、運気が極めて旺盛ですが、勢いに任せての行動は自ら破綻を招く。調子が良いときこそ体調管理を怠らずに。

☆めぐっておみくじ【四十三番】――吉　満月の光に照らされて浪漫、わが身に喜びが満たされる一時となるでしょう。

五黄

1月の運勢⦶小吉運

吉　方→北東・北
小吉方→南
辛丑三碧木星の月

吉方○北東＝仕事や公的活動で良き転機あり。北＝親子関係の絆強く。好ましい異性との縁を得る。南＝小吉方。愛嬌あり人気運上昇。凶方●東＝陰口を叩かれて邪魔をされる。西＝浪費グセがついて金回りが悪くなる。南西＝家庭内に波風が立つ。ご近所とのトラブル。

運勢／新年の集いお互いの夢を語り合って円満にスタート。親しき仲にも節度を持って和やかに。生活習慣が乱れがち。食生活に留意して暴飲暴食に警戒。家族への配慮怠らず。金銭面は無駄を省いて。見えを張らず欲張らず、身の丈に合った金銭感覚で。虫歯に注意。

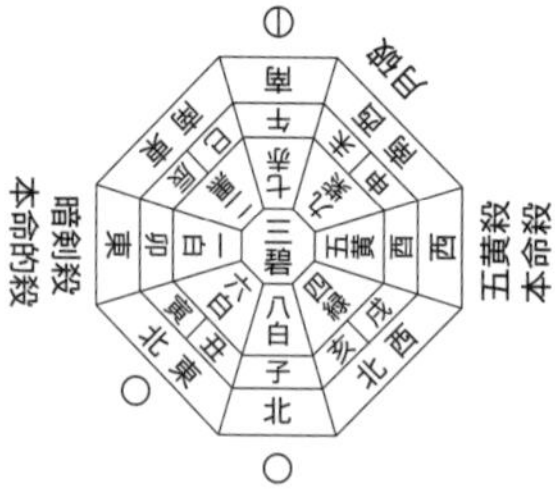

歳破→南西
年で暗剣殺・本命的殺→北西
年で五黄殺・本命殺→南東

1㊏　⦶夢実現を神仏への初参りで誓う
2㊐　●今風の人気アニメでカルタ遊び
3月　○幼馴染からの音信に相好も崩れ
4火　○仕事始め身引き締めスタンバイ
5水　◎真面目な取り組みが信用を築く
6木　◐形式やメンツより実直さが大切
7金　⦶対話路線を敷いて平和的に解決
8土　⦶飲食を楽しむも腹八分を心得て
9㊐　◐旧知の友と再会し気持ち安らぐ
10㊊　○笑顔一つで皿のご馳走も格別に
11火　◐能動的か目障りかはマナー次第
12水　◐労働に見合った充足感得られず
13木　⦶過ちを認め合いケンカ両成敗で
14金　⦶大樹に寄り添って処世術を学ぶ
15土　◐時間つぶしの策が裏目に出そう
16㊐　◎いつものペース周囲に安心感が
17月　○私情を挟まず第三者的立場貫く
18火　⦶着眼点良くも詰めの甘さ問題に
19水　●軽率に動かず場の空気を察して
20木　○理性より感受性発揮して良好に
21金　◐曲がり角やカーブ十分注意して
22土　⦶リップサービス程々が好印象に
23㊐　⦶頼りになる人を見逃しては失敗
24月　◐自我を張らずに受け身に徹して
25火　◎お世話になっている人に恩返し
26水　○気苦労でもサポート役で尽力を
27木　⦶高望みせず倹約と貯蓄を心掛け
28金　●内々の問題点もう一度見直して
29土　○仲立ちを上手にこなす器用さを
30㊐　●融通を利かせて対処する賢夫人
31月　⦶晦日《みそか》正月つつがなく笑顔で締め

ご愛読ありがとうございます（アンケートにご協力お願い致します）

●ご購入いただいた書籍名は？

●本書を何で知りましたか？

① 書店で見て　② 新聞広告（紙名　）

③ インターネット　④ その他（　）

●購入された理由は？

① 著者　② タイトル　③ 興味あるジャンル・内容　④ 人から薦められて

⑤ ネットでの紹介・評価　⑥ その他（　）

●購入された書店名は？

区

市

町

ご意見・著者へのメッセージなどございましたらお願い致します

....

....

....

....

....

....

....

ありがとうございました

※お客様の個人情報は、個人情報に関する法令を遵守し、適正にお取り扱い致します。
ご注文いただいた商品の発送、その他お客様へ弊社及び発送代行からの商品・サービスのご案内をお送りすることのみに使用させていただきます。第三者に開示・提供することはありません。

郵便はがき

料金受取人払郵便

豊島局承認

8486

差出有効期間
2022年6月30日
まで

1708780

143

東京都豊島区池袋3-9-23

ハート出版

① 書籍注文 係
② ご意見・メッセージ 係（裏面お使い下さい）

〒

ご住所		
お名前		女・男 歳
電　話	－　－	
注文書	ご注文には電話番号が**必須**となりますので、ご記入願います。 お届けは**佐川急便**の「**代金引換**」となります。**代引送料￥400円。** ※書籍代（税込）**￥1,500円未満は代引送料が￥750円**かかります。離島の場合は日本郵便。	
		冊
		冊
		冊

五黄

2月の運勢◐自重運

吉　方↓南
小吉方↓東・北
壬寅二黒土星の月

吉方○南＝能力を発揮して一目置かれる。社会的な立場が向上する。東＝小吉方。勘が冴えてアイデアが閃く。北＝小吉方。異性運がアップ。へそくり貯金が増える。
凶方●南西＝親族や家庭内でのゴタゴタで疲弊する。北東＝欲が絡んで財産を失う。運が悪い方へ転がる。

運勢／環境の変化に合わせ一発逆転を狙いたいが、急な変革を求めても行き詰まる。準備を整えて方向性をはっきりさせ堅実に計画を立てる。わがまま三昧で欲を出すと停滞に。周囲との調和を大切に。散財を慎み貯蓄して。蓄財計画を見直して。関節炎や腫れ物注意。

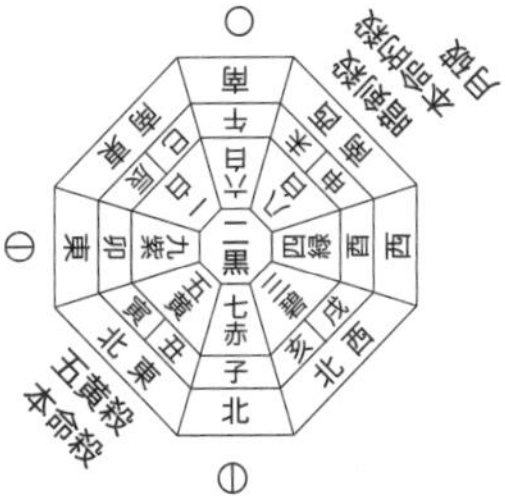

歳破→南西

1火　⦶気象予報参考に暴風雨防止策を
2水　◐好奇心に煽《あお》られ不用意な行動に
3木　○無病息災の願いを込めて豆まき
4金　○脳トレで考える楽しみ習慣づけ
5土　●母との口論で家庭の雰囲気重く
6㊐　●言わずもがなの一言を口走らず
7月　○実績が評価され新企画の推進役
8火　◐問題意識を持ち改善へ協議開始
9水　⦶素直に思い届けて良縁をゲット
10木　⦶意欲的な仕事ぶりで実力を発揮

11㊎　◐ながらスマホ交通事故の一因に
12土　◎温泉に浸《ひた》り体のメンテナンスを
13㊐　○賑やかな場所に外出し気分転換
14月　◐いい加減な妥協は先行き不透明
15火　●無駄口は百害あって一利もなし
16水　⦶勢いだけでは燃え尽き症候群に
17木　◐浪費傾向を見直し堅実な生活を
18金　⦶何でも引き受け過ぎ自滅の影が
19土　⦶足に合う歩きやすい靴で踏破を
20㊐　◐停滞を感じたら焦らず時を待つ
21月　◎アフターケアが顧客の心を掴む
22火　◎性質を見極め交友関係の参考に
23㊌　◐世話苦労も家族との用事を優先
24木　●自重しないと小康状態も乱れる
25金　○温かなタオルで目の疲れを解消
26土　◐切り盛り上手の妻が家計を管理
27㊐　⦶独り善がりやめて人の意見拝聴
28月　⦶やる気大切も慌てず慎重に考慮

　☆めくっておみくじ【二十七番】――吉　将来の方針が決まれば、いざ実行です。案ずるより産むが易しのとき。

五黄

3月の運勢○吉運

吉　方→北西
小吉方→南東・東
癸卯一白水星の月

吉方○北西＝引き立てられて役職に就く。投資で地道に財を築く。南東＝小吉方。良き仕事や異性運に恵まれる。東＝小吉方。停滞していたことが順調に動き出す。凶方●北＝株や投資関係で大損害。南＝契約関係や文書でトラブルに。西＝軽はずみな言動から散財する。

運勢／能力を存分に発揮できるとき。周りから一目置かれて気持ちも上向きに。身勝手な振る舞いが出やすく、謙虚さ忘れずに。一層の向上を目指して努力を続けて。思い込みや勘違いミス用心。見えからの出費が手痛し。カード使用は計画的に。血圧や目の疲れ注意。

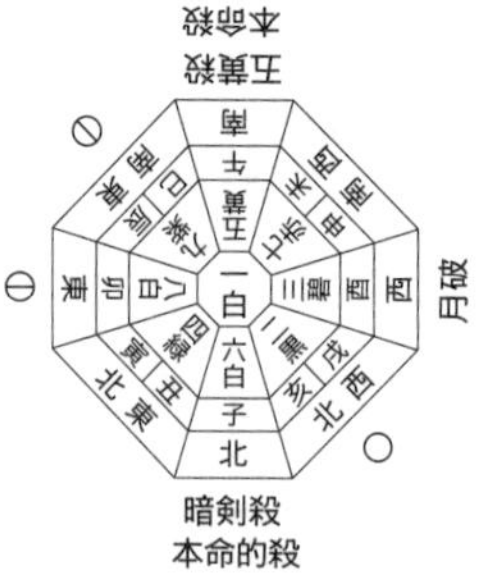

歳破→南西

1火　◐教育予算は先々を見据え計上を
2水　◎本音を言い合う友人は心の宝物
3木　○桃の花を飾りひな人形を愛でる
4金　○次のステップに備え小休止して
5土　●ギクシャクし気まずいムードに
6㊐　⦶リーダーシップ見習ういい機会
7月　◐意志を強く持ち信じた道を行く
8火　⦶失言や出費も度を越すと致命的
9水　⦶粘り強さと責任感でノルマ達成
10木　◐悩みの種は早急に改善して安心
11金　○愛しさを花束に託して届けたい
12土　○だらけずメリハリある生き方を
13㊐　○リフォーム技術に見とれて感嘆
14月　●パワハラに声を上げる覚悟必要
15火　⦶采配振るうより人との調和第一
16水　◐関節を解《ほぐ》すには柔軟体操が有効
17木　⦶目先の欲に惑わされ思わぬ損失
18金　⦶地道な努力が実を結び就活成功
19土　◐母の手料理懐かしく故郷へ帰省
20㊐　◎女性の存在が場を華やかに演出
21㊊　○外出不可でも家でご先祖を供養
22火　○私生活の潤いが仕事にも好影響
23水　●夜の誘いにはノーをはっきりと
24木　⦶押しの一手でヘッドハント交渉
25金　◐入念に下調べせぬと番狂わせに
26土　⦶頑張りが空回りして骨折り損に
27㊐　⦶公私の区別つけ問題解決を図る
28月　◐急がば回れで冷静に足元固める
29火　◎引き立てあり良縁に素直に感謝
30水　○溌溂さ損ねぬよう軌道修正して
31木　○明日に備え身支度のチェックを

五黄

4月の運勢●警戒運

吉　方↓西
小吉方↓南東・東
甲辰九紫火星の月

吉方○西＝堅実な生活から金運アップ。真面目な交際が実る。南東＝小吉方。親戚知己から好情報舞い込む。東＝小吉方。趣味の世界で活躍。飲食の機会から良縁。凶方●南＝悪い評判を立てられ信用を失う。取引失敗。北＝表沙汰にできぬ腐れ縁が。北西＝目上ともめる。

運勢／対外活動より身の回りのことがテーマに。家族や住まいの問題、子供のことで悩みが浮上しやすい。焦らずじっくり取り組んで。夜の外出は控えめが安心。異性との色情問題にご用心。金銭コツコツ小銭を貯めて。泌尿器系や足元の血行不良に注意。睡眠を十分に。

1金　●目標を確認し気持ち立て直して
2土　○気長に構えて子の成長を見守る
3㊐　◐自然に触れて気分転換の散策を
4月　⦶引き継ぎ事項メモを取って確認
5火　⦶早めの帰宅を心掛け疲労回復を
6水　◐謙虚さが大事と自覚し不言実行
7木　◎理解し合える絆の存在が誇りに
8金　○お楽しみ親睦会も飲み過ぎ注意
9土　○熟年者の援助でまとめ役が成功
10㊐　●自分勝手な行動が周囲に悪影響

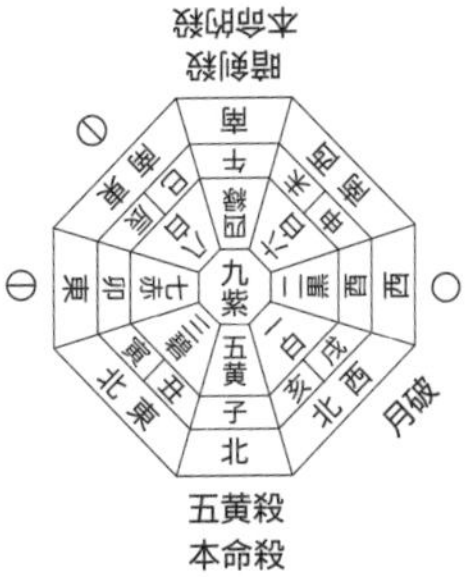

歳破→南西

11月　⦶間違えぬよう重要事項を再確認
12火　●ミスリードしないよう留意して
13水　⦶仲間と地域のボランティア活動
14木　◐必要経費以外の出費抑える努力
15金　◐デリバリーを頼み家事を一休み
16土　○移り気は人の信用失う最大要因
17㊐　○皆で号令をかけ合い団体で行動
18月　⦶微調整を怠ると後の行程に障《さわ》る
19火　●自分の考えを押し付けては失敗
20水　⦶風評に振り回されぬよう心して
21木　◐単刀直入も柔和な態度を崩さず
22金　⦶お洒落《しゃれ》して話題のお店でデート
23土　◐少しの損失で済めば厄落としに
24㊐　◐目先で判断せず全体を考慮して
25月　◎交際上手が仕事面にプラス評価
26火　⦶予想外の出費のやりくりに奔走
27水　○指導者に恵まれてスキルアップ
28木　●意気込みが強過ぎてミス重なる
29㊎　◐疑い始めるとネガティブ思考に
30土　◐親戚との交流も金銭貸借お断り

☆めくっておみくじ【五十二番】――凶　苦労の種を蒔かないで、過失は早く刈り取るように。失せ物はなかなか出にくい。

☆めくっておみくじ【一番】——**大吉** 運は手元にあり。何事も順調、前向きに進めるが正攻法でいくこと。

五黄

5月の運勢⦶小吉運

吉　方↓なし
小吉方↓南東・東
乙巳八白土星の月

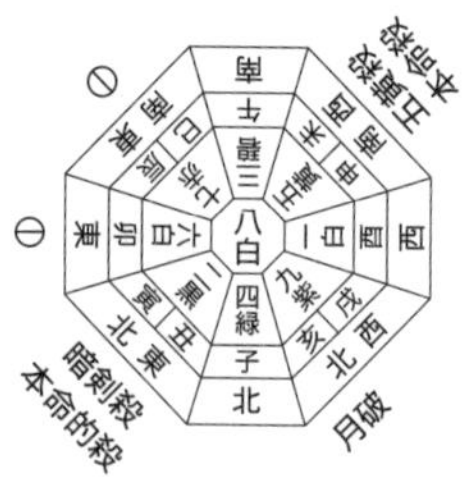

歳破→南西

吉方○南東＝小吉方。縁談や恋愛で良縁あり。交渉事がうまく運ぶ。東＝小吉方。引き立てられて活路を開く。**凶方**●北東＝親族間でいがみ合い。安定した職を失う。南西＝胃の不調。平常心を失ってもめ事を起こし周囲から孤立する。北西＝株で損失。感情的になって失敗。

運勢／これまでの方針を変えずに堅実な生活を積み重ねて。欲に走ったり目新しいものに飛びつくと先行き不透明。将来のために準備を整え基盤固めを。頑固にならず柔軟性を持って周囲と打ち解けて。年長者を立てて家庭サービス吉。倹約第一。胃腸疾患や便秘に注意。

1㊐ ⦶口車に乗ってブレぬようご用心
2月 ⦶データのバックアップは不可欠
3㊋ ◐細く長く続ける意志で積立貯金
4㊌ ◎睡眠を十分に取り食欲も旺盛に
5㊍ ○子の成長を愛しく思い柏餅食す
6金 ⦶連休後オンオフ上手に切り替え
7土 ●前に向かうにはケジメが必要に
8㊐ ○母に近況報告して会話に花咲く
9月 ◐集中力欠き業務再開に差し障り
10火 ⦶自我を通したくも発信力に問題
11水 ⦶二兎を追わず一つの事に専念を
12木 ◐過去の事例を軸にして再検討を
13金 ◎幹事役を無事やり遂げ充実感が
14土 ○見晴らしいい場所で英気を養う
15㊐ ⦶右にならえの守り姿勢が安全策
16月 ●拘《こだわ》り過ぎると身動き取れぬ日に
17火 ○努力に裏打ちされた実力を発揮
18水 ●打つ手なし力まず時間を置いて
19木 ⦶タイミングが合わず行き違いに
20金 ⦶強さだけではなく優しさも大切
21土 ◐格好つけず修正する方向で調整
22㊐ ○二人で仲良くスポーツ観戦満喫
23月 ○TPOを弁《わきま》え緊張解く会話術を
24火 ◐外でいい顔をして家庭が疎かに
25水 ●足元不安定が転倒を招く注意日
26木 ○やり甲斐あり辛抱強く最後まで
27金 ◐旧弊一掃は周りの同意が不可欠
28土 ⦶程よい距離感学びトラブル防止
29㊐ ⦶外出先でのアクシデントに警戒
30月 ◐摩擦を避け自己主張も控えめに
31火 ◎食事が取り持つ縁から好情報が

☆めくっておみくじ【五十五番】――**吉**　煩悩という迷いの雲が散り、晴れ間となる。背伸びせずに地盤を守るとき。

五黄　6月の運勢○吉運

吉　方↓南・北西
小吉方↓南東
丙午七赤金星の月

吉方○南＝これまでの努力が報われる。共同研究に成果あり。北西＝支援者からの援助でうるおう。南東＝小吉方。有力者と縁がつく。**凶方**●西＝感情的な行き違いから喧嘩に。東＝何をやっても上手くいかず、不注意から事故。北＝うまい話に騙される。足を痛める。

運勢／梅雨空を吹き飛ばす発展運。思い切った行動にツキあり。進めてきた計画実現に着手のとき。独断的にならず周囲との意思疎通を図って和やかに。言行一致を心掛けて。新製品に目が向く。早合点や衝動買いに警戒。アレルギー疾患やストレス、事故に注意を。

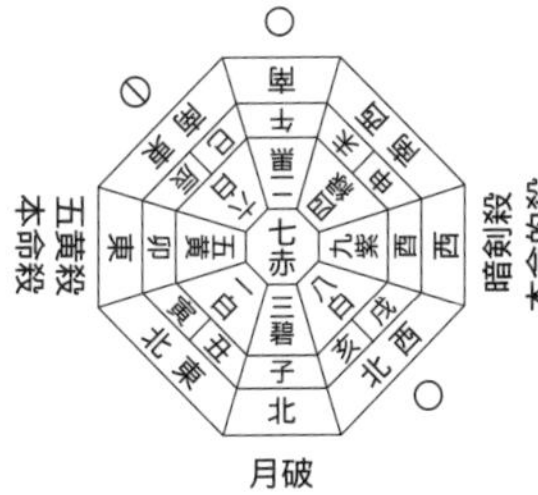

歳破→南西

1水　○衣替え梅雨にも負けず爽やかに
2木　○何事にも固執せず煩わしさ回避
3金　◐換気を心掛け澱んだ空気を一掃
4土　⦶八方美人では褒め言葉も逆効果
5㊐　◐収納整理して家庭内スッキリと
6月　⦶噛み合わぬ話題は後日に改めて
7火　⦶時流に遅れぬ臨機応変さが大切
8水　◐当たり散らしても障害解消せず
9木　◎公私弁える分別持てば人気上昇
10金　○新し物好きの衝動買い控えて吉
11土　○用事を抱え込むと身動き取れず
12㊐　●強がり程々にして素直さが一番
13月　○ポイント押さえ業務を効率的に
14火　◐拡張路線を見直し控えめな戦略
15水　⦶言いなりが自信の欠如に繋がる
16木　⦶デスクワーク作業の環境を整備
17金　◐話し上手より聞き上手の人気者
18土　◎威厳と柔軟さ持ち合わせ株上げ
19㊐　○父子でキャッチボール楽しんで
20月　○日頃の習慣で経済力に差が生ず
21火　●昼の時間の長さに夏の訪れ実感
22水　○粗《あら》探しせず美点にも目を向けて
23木　◐周囲に気を使いすぎて神経消耗
24金　⦶見えを張らず財布にチャックを
25土　⦶待機時間に手際良く家事済ます
26㊐　◐家庭料理を楽しみ和気あいあい
27月　○引き立てを笠に着ず協調を図る
28火　◎積極策が功を奏し賛同者を獲得
29水　⦶体面を重んじるより実質本位で
30木　●人を押しのけても評価得られず

☆めくっておみくじ【九十三番】——半吉　魚は水があって生き、人は家業と技に打ち込む。中の位で満足を。

五黄　7月の運勢◎大吉運

吉　方↓西
小吉方↓北
丁未六白金星の月

吉方○西＝交流深まり実力者とも親しく。恋愛や婚活で良縁を得る。北＝小吉方。家庭や親子の愛情深まる。良き内職や副業が見つかる。凶方●北西＝資金繰り悪化して挫折。売り言葉に買い言葉でもめる。南東＝欲を出して信用を損なう。北東＝勘が鈍り活路を開けず。

運勢／仕事や対人関係の広がりと共に人の出入り多い。就活婚活のチャンス。目上との縁もあり培ってきた信頼関係がポイントに。我を張らず周囲への気配り必要。手を広げるのは程々に交際を深化させて。交際費を多めに計上。風邪は万病の元。こまめにエアコン温度調節。

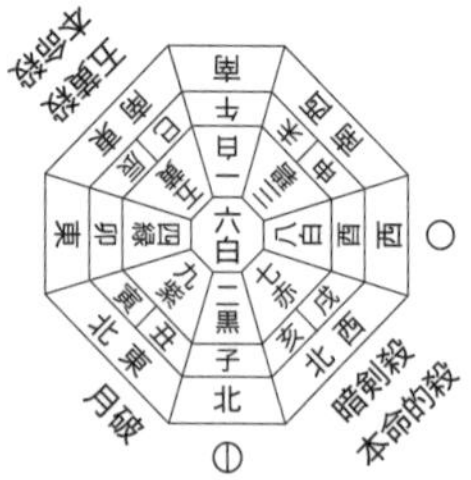

歳破→南西

1金　○筋道を通せば大願が成就しそう
2土　◐迷ったら安全な方の選択が無難
3㊐　⦶何事も積極的に動けば喜び事が
4月　⦶拘《こだわ》り捨てれば運気好転の足音が
5火　◐目立って災難に巻き込まれ閉口
6水　◎周囲を気遣う気配りが大切な日
7木　⦶短冊に願いを込めて笹の葉飾り
8金　○努力した分だけ実力が身に付く
9土　●勇気持てばピンチがチャンスに
10㊐　◐自身を省みて反省点を洗い出し
11月　⦶良き指導者に従って向上心UP
12火　○奉仕の心で善事を積極的に行う
13水　◎生みの苦しみ乗り越えて達成感
14木　◐人の思惑に惑わされぬよう注意
15金　⦶願望未だ達せずとも腐らず精進
16土　⦶人気に溺れ本道を忘れると損失
17㊐　◐運気低迷の時は技術を磨く好機
18㊊　○勤務モードにギアチェンジの日
19火　●楽観的過ぎると上司から叱責が
20水　○万全の準備で慎重に時機を待つ
21木　○強運なるも謙虚さを保つ心掛け
22金　◎手順を間違えず順風満帆の船出
23土　◐土用のうなぎを食べて疲労回復
24㊐　⦶志を高くし一歩一歩進む決意を
25月　⦶目先より先行きを考慮して判断
26火　◐安易な考え方では結果は不首尾
27水　○内面を充実させ穏やかな生活を
28木　●馴れ合い危機管理能力の妨げに
29金　○塵も積もれば山のコツコツ貯金
30土　○十分な計画を立て勝負に臨み吉
31㊐　◎思い切った行動をし新境地開く

五黄

8月の運勢◐自重運

吉方↓南・北西・西
小吉方↓なし
戊申五黄土星の月

吉方○南＝頭が冴え決断力が増す。法的な事柄で勝利する。名誉を受ける。北西＝リーダーシップ発揮し活躍する。活力が湧いて精力的に活動。西＝趣味や飲食の楽しみ広がる。お金に余裕できる。恋愛結婚運が吉。凶方●北東＝親戚間のもめ事や家庭不和。財産減らす。

運勢／周りから頼られることが多くせわしない。面倒見の良さからもめ事に介入して疲弊しやすい。余計な口出しは慎んで。古い問題の再燃に警戒。深入りを避け安泰。夏の行事や家族サービスに出費増大。大盤振る舞い警戒。金銭貸借は不利。ストレスや食中毒注意。

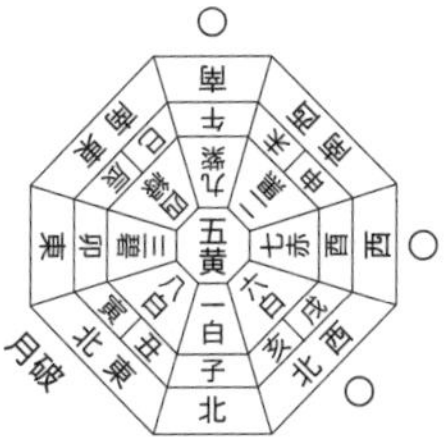

歳破→南西

1月　◐クレーム対応に追われ体力消耗
2火　⦶自らの役割を全うして信頼生む
3水　⦶同僚と連れ立ち美味しいランチ
4木　◐初志貫徹の志を堅くし忍耐あり
5金　○勝負は様子を見ながら臨機応変
6土　●誤解や偏見が争いの火種に発展
7㊐　○残暑見舞いが人の絆を結びそう
8月　○傲慢な態度が過ぎて反感を買う
9火　◎魅力が輝き人望が集まる好調日
10水　◐他人の為に汗を流す喜び感じて
11㊍　⦶同好の仲間と意見の交流で刺激
12金　⦶食卓を家族で囲めば心も豊かに
13土　◐何事も成り行き任せにする勇気
14㊐　○問題と向き合って解決策を模索
15月　●墓参りで心の不安が解消しそう
16火　⦶西瓜《スイカ》を食べながら子供と夕涼み
17水　○気持ちを引き締めて業務を遂行
18木　◎スキルアップして可能性広げる
19金　◐重い責任あり誠実な対応が大事
20土　⦶プライドを捨て素直に接して吉
21㊐　⦶音楽や芸術に触れて感性豊かに
22月　●上から目線は人間関係を損なう
23火　○責任を負って成長の糧にする時
24水　●上司の意向に沿った改善案提言
25木　○私情を離れ仕事に打ち込む姿勢
26金　○カラオケ楽しんでストレス発散
27土　◎研究を重ねて願望成就へ近づく
28㊐　◐目下の相談に誠意で応えて貢献
29月　⦶後ろより前を向く大切さ忘れず
30火　◐楽しみの中に問題を含む兆しが
31水　◐幸福に影が差しそう備え万全に

☆めくっておみくじ【十四番】―― **末吉**　未だ玉石混合、これから磨く。努力を積み重ねていくのが成功への道。

☆めくっておみくじ【七十七番】――凶　諸事停滞しているので飛躍は期待できない。小禍を大禍にしないこと。

五黄　9月の運勢⦶小吉運

吉方→南・西・北東
小吉方→北
己酉四緑木星の月

吉方○南＝運を切り替えて成功する。実利と名誉を得る。西＝目上との交際に実りあり。金融関係にプラス。北東＝親戚知己との関係が改善される。北＝小吉方。博識者と交流の機会を得る。
凶方●南東＝だまされて迷惑をこうむる。北西＝活動停止。東＝発展性を失う。

運勢／期待されて活躍の機会が増える。本領発揮のとき。気が大きくなり実力以上に背伸びをしやすい。向上心からの挑戦は良いが自尊心から実力以上の無理が失敗の原因に。周囲との連携を図り、冷静に状況判断を。金遣いが荒くなりがち。過労に注意。休息を十分に。

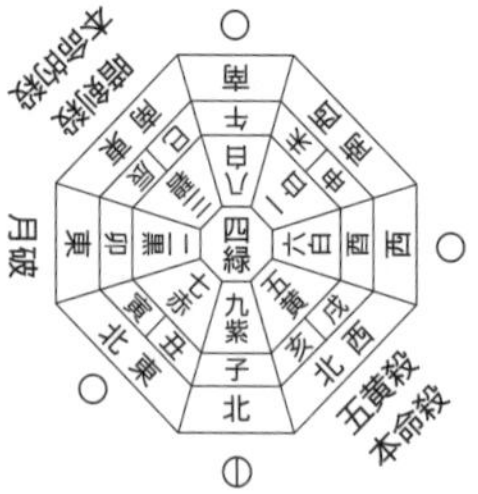

歳破→南西

1木　⦶災害が起きる前に準備を万全に
2金　●バランスが悪く安定感を大切に
3土　○艱難辛苦に耐えてこそ大輪の花
4㊐　○仲間や協力者を集めて悲願達成
5月　◎リーダーシップ発揮し高評価に
6火　◐気の緩みで生じる油断に要警戒
7水　⦶血気盛んなるも短気は身を滅《ほろぼ》す
8木　⦶自分勝手な言動に周囲も呆れ顔
9金　◐迷い捨て志を堅めれば万事安泰
10土　⦶美しい月を眺めて一家団欒の夜
11㊐　●欲をかき多く求めると全て失う
12月　○すべき事を黙々とこなす器量を
13火　○理に適《かな》うも訴訟争い避けるべし
14水　◎目上の計らいで白羽の矢が立つ
15木　◐口論あるも中庸に徹して難なし
16金　⦶地位や立場を笠に着て信頼失う
17土　⦶困難を分かち合って互いに労《ねぎら》う
18㊐　◐仲間の忠告に耳を傾け危機回避
19㊊　⦶敬老の日は先人に心からの感謝
20火　●言い分が理解されず気が沈む日
21水　⦶改め事あれど慎重に時機を待つ
22木　○神仏に礼を尽くして鍛錬に励む
23㊎　◎親族集いて祖先の墓に詣で合掌
24土　◐親族の相談に第三者として仲裁
25㊐　◐見えやプライドでチャンス失う
26月　⦶思い切りオシャレし注目の的に
27火　◐目先の快楽に溺れトラブル注意
28水　○気を長く持って怒りの感情封印
29木　●部下のミスが足元揺るがす原因
30金　○コツコツ努力して時を待つべし

五黄

10月の運勢⦶小吉運

吉方→南・北東
小吉方→北
庚戌三碧木星の月

吉方○南＝芸事や演説で成功する。愛嬌あり人気上昇。北東＝相続がうまくいく。支援者を得る。北＝小吉方。家庭内が円満になる。友人関係が改善されて良好に。
凶方●東＝秘密がバレてトラブル。盗難に遭う。西＝酒色におぼれ身を持ち崩す。南東＝万事不調に終わる。

運勢／飲食の機会が増えて交際が広がる。誘い誘われ楽しみ多いが気が緩みがち。言葉から誤解を招かぬよう自重。周囲との和を大切に節度をわきまえて秋を満喫して。交際費は予算を守り計画的に。生活がルーズにならぬよう自制心を。暴飲暴食に注意。口内ケアを。

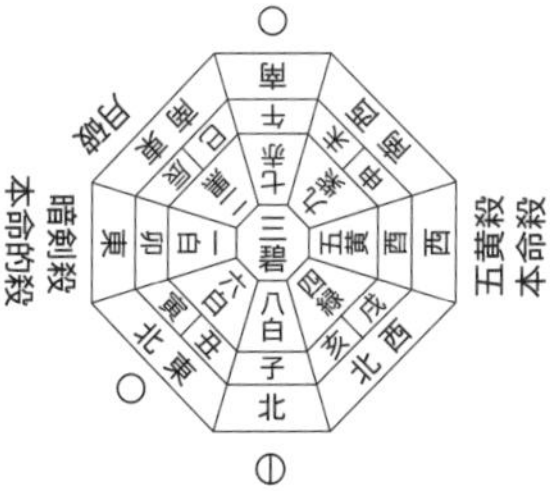

歳破→南西

1土 ○幸運な時も下心ある人物に注意
2㊐ ◎調子良くても礼を失しては駄目
3月 ◐上司に頼られて重荷を背負う時
4火 ⦶焦ってもなるようにしかならず
5水 ⦶順調だが驕りは禁物謙虚さ必要
6木 ◐迷いあるも勢いに乗って運開く
7金 ○前に進めぬ時は立ち止まり一息
8土 ●率直に謝罪しないと論争に発展
9㊐ ○淡々と努力重ねて良い種を蒔く
10㊊ ○イライラが過ぎて不協和音発生
11火 ◎識者の指示が気づきのチャンス
12水 ◐灯台下暗し身近に不正の気配が
13木 ⦶名声や名誉を得ても慢心は厳禁
14金 ⦶楽しみを友と共有して会話弾む
15土 ◐遠回りでも正道に戻る道を探す
16㊐ ⦶盛運なれど安請け合いは失敗に
17月 ●重き決断あり石橋を叩いて判断
18火 ○不平不満を並べるより不言実行
19水 ○ＳＮＳを活用し最新情報を入手
20木 ○過去の経験を生かして経費管理
21金 ◐頼まれごと多く多忙を極める時
22土 ⦶正論も押し付ければ反発を招く
23㊐ ⦶交際相手にライバル出現の憂い
24月 ◐迷いあるも互いに相談して解決
25火 ⦶相手に誠意が伝わらず空回りに
26水 ●不審点が見つかれば契約は解除
27木 ○紛争を避けて中立の立場で動く
28金 ○心逸るも障害取り除くまで我慢
29土 ◎柔軟な発想が新しい世界を開く
30㊐ ●告白する勇気がなく後悔の一日
31月 ⦶何事も焦らず節度を守って進む

☆めくっておみくじ【六十四番】――凶　ままにならぬは浮世の習い。難問は賢い人からの知恵と助言を借りる。

☆めくっておみくじ【四十五番】――**大吉** 世間を渡るには知恵と度胸がほしい。名を上げ地位を得るなど見込みあり。

五黄

11月の運勢◐自重運

吉　方→南
小吉方→東・北
辛亥二黒土星の月

吉方○南＝活躍が認められて名誉を受ける。昇進する。東＝小吉方。良きアイデアで道が開ける。北＝小吉方。飲食の楽しみ。異性運あり。**凶方**●南西＝怠慢になり仕事がうまくいかなくなる。近隣ともめ事に。北東＝相続問題に悩む。欲が絡んで失敗。南東＝信用を失う。

運勢／身辺の変化から迷いが多い。仕事や不動産絡み、身内の問題など方針転換したくても力不足では暗礁に乗り上げる。今は準備の時と認識して腰を据えて時機を待つ。年長者や家族とも相談して将来に備えること。支出を見直し貯蓄第一に。足腰関節や鼻、発疹に注意。

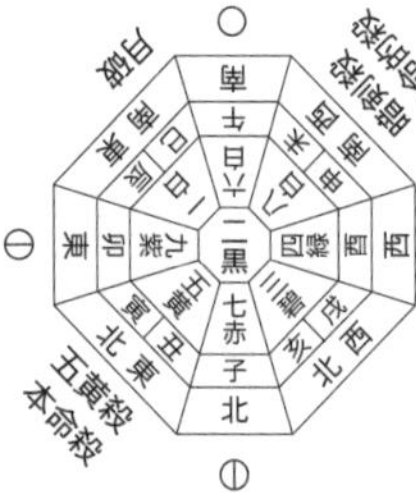

歳破→南西

1火　⦶甘い考え方では作業効率も低下
2水　◐原因究明して障害物を排除する
3㊍　⦶生みの苦しみに耐えて感性磨く
4金　●辛いときこそ笑顔忘れず頑張る
5土　○芸術鑑賞で心豊かに目の保養を
6㊐　○運動不足解消フットワーク軽快
7月　◎調和を大事にして交際関係円滑
8火　◐家庭の為に尽くし大きな成長が
9水　⦶早めに受診し噛み合わせを矯正
10木　◐目先の利に溺れ周囲の信頼失墜
11金　◐揉め事には手も口も出さず静観
12土　⦶美味しいものを食べて英気養う
13㊐　●稚拙でも勉学に励み実績上げる
14月　○決断のとき一歩を踏み出す勇気
15火　○要望を発信してチャンスの機会
16水　◎TPOを考えた装いが好感得る
17木　◐職場改善のため一肌脱ぐ心意気
18金　⦶一つ上を目指す向上心持ち修業
19土　⦶繰り返しの毎日でも腐らず努力
20㊐　◐頑固にならず柔軟な態度で対応
21月　⦶書類確認怠ると二度手間の気配
22火　●大変な時ほど明るく振る舞って
23㊌　○高望みせず勤労に励んで道通ず
24木　○勢いも過ぎると打たれる事態に
25金　◎リピーターの顧客増え商売繁盛
26土　◐親しき仲にも礼儀を忘れず交流
27㊐　⦶上から目線では人の心は離れる
28月　⦶軽口を叩けば人の怒りを買う時
29火　●奥歯に物が挟まったときは撤退
30水　○私欲に走らず徳を積む思いやり

五黄

12月の運勢◐自重運

吉　方→北西
小吉方→南東・東
壬子一白水星の月

吉方○北西＝堅実な努力が認められ引き立てを受ける。南東＝小吉方。博識な人物との良縁あり。紹介運が上昇。東＝小吉方。現状が好転して良い方向へ動き出す。凶方●北＝ストレスで疲労困憊。投資で大損失。南＝ライバルと争い立場を失う。法的なトラブル。火傷注意。

運勢／一年の締めくくりに結果を出す月。華《はな》があり何かと注目を集めるので言動には気を付けて。社会ルールを守り礼儀正しい行動を。短気を慎み控えめな態度吉。大掃除や年越し準備は協力し合い乗り切って。カード使用は計画的に。目や血圧に注意。睡眠を十分に。

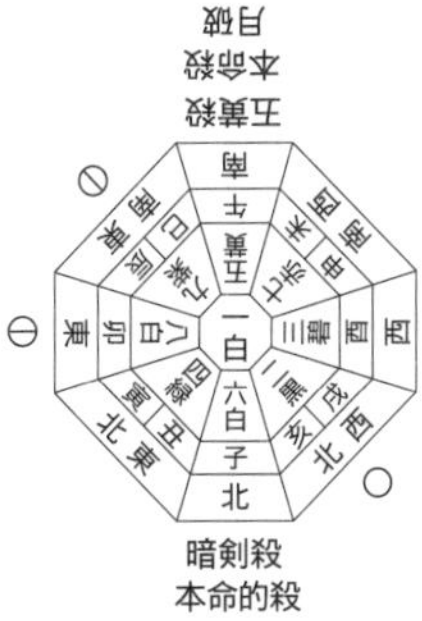

歳破→南西

1木　●腐れ縁を断ち切って難を逃れる
2金　⦶強敵多し君子危うきに近寄らず
3土　○お世話になった方にお歳暮手配
4㊐　◎外出前は慌てず忘れ物チェック
5月　◐初め不調も順を追い終わり良し
6火　◐協調性が対人関係をスムーズに
7水　⦶利に惑わず地道な努力を続けて
8木　◐決められない時は回答を先送り
9金　⦶郷に入れば郷に従い学ぶ機会を
10土　●間違いあり襟を正して正道歩む
11㊐　○暴飲暴食が胃の不調引き起こす
12月　○じっくり腰を据えて技術を習得
13火　◎テキパキと難事を整理して安心
14水　◐要点絞り分かりやすくプレゼン
15木　⦶前に出るより退く事も必要な時
16金　◐共に汗した同僚と和やか忘年会
17土　◐その人を思い浮かべ年賀状作成
18㊐　⦶担当を振り分けて家族で大掃除
19月　●お客様に感謝を込めて挨拶回り
20火　○母のような寛大な気持ちが大切
21水　○行動のとき反目の徒は無視して
22木　◎志高くして友集まり新しい発見
23金　◐意志強く統率力を発揮して動く
24土　⦶イブの夜は家でプチパーティー
25㊐　⦶奇麗なイルミを眺めながら帰路
26月　◐友の助言で迷いが消えて安心感
27火　⦶努力が実って才能が開花しそう
28水　●全ての処理を終わらせ仕事納め
29木　○意に沿わぬ相手とも上手に交際
30金　○正月準備は役割分担を決め作業
31土　○一年の我が身を省みて煩悩反省

五黄土星　☆めくっておみくじ【七十九番】——吉　年老いても若返りの勢い、一歩踏み出したいときの準備を進めておく。

六白《ろっぱく》金星《きんせい》

⦶

小吉運

孔席《こうせき》墨突《ぼくとつ》
立身処世

令和4年 壬寅五黄土星
方位盤

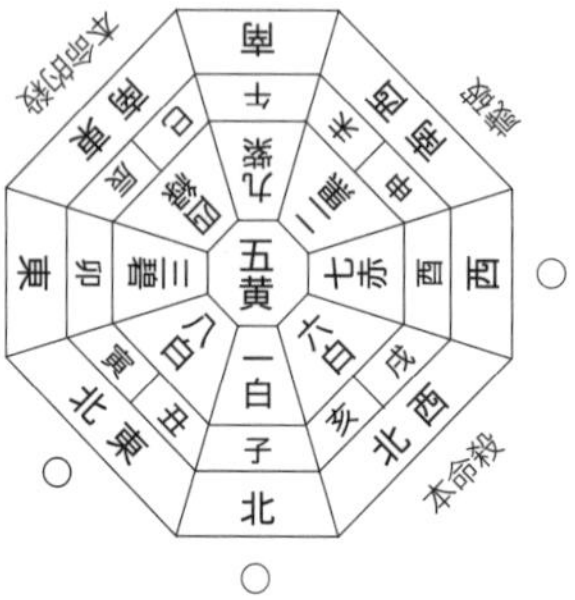

吉方→北東・西・北
凶方→南西・北西・南東

「**北東**」を吉方として活用すると、身内や親戚との関係が改善されます。相続すると考えている方は、ぜひ活用して下さい。移転・引っ越し、長期・海外旅行は年盤・月盤を重ねた六月節、九月節の最大吉方がお勧めです。

「**西**」は、金融面がプラスになって資金の流れが良好になります。趣味や習い事から楽しい出会いが膨らみます。

「**北**」は、持久力が付いて粘り強くなります。交友関係が活発になるので、良い友達や良縁にも恵まれます。

性格と人生

　活気があり行動力も抜群です。気位が高く冷静で完璧主義的な傾向があり、決して交際上手ではありませんが、内面には優しさを持っています。目下への思いやりがあり面倒見が良いタイプです。権力者や父親の意味を持つ星で「天の星」とも言われます。マイナス面としては、生まれ持った風格と気品がありますが、自我が強く人からの指図を受けることを好みません。時に協調性を欠いて目上に反発しやすい一面があるでしょう。

　全般的な運の流れとしては、目上運があり、目上や上司からの信頼や引き立てを受けて基盤を築いていきます。大多数の人は中年期には基礎が固まっていくでしょう。統率力があり、人の下につくことが嫌いで、上位を目指して進んでいきます。苦労に耐えて成功する運があり、名誉や地位を得ます。

　プライドが高く自信過剰に陥りやすいので注意が必要です。敵を作らないよう対人面の和を図りましょう。勝負事に熱中しすぎて運を落とさないように自重して。

六白金星生まれ

令和 3 年辛丑
平成24年壬辰
〃 15年癸未
〃 6 年甲戌
昭和60年乙丑
〃 51年丙辰
〃 42年丁未
〃 33年戊戌
〃 24年己丑
〃 15年庚辰

2月4日以前生まれの人は七赤生まれで見ます

ご注文は ハート出版

TEL 03-3980-7888 （定休日：土曜 / 日曜 / 祝日）

FAX 03-3590-6078 （24時間受付）

目録の価格表示は税抜き価格です。定価等は今後、諸般の事情により変わることがあり

商品によっては、売り切れる場合があります。

株式会社ハート出版　〒171-0014 東京都豊島区池袋3-9-23

http://

英国人ジャーナリスト

ヘンリー・S・ストーク

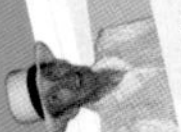

〔普及版〕

戦争犯罪国は

アメリカだった！

真のA級戦犯は東

なく、ルーズベル

チル、スター

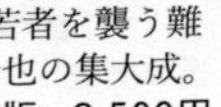

著　1,500円

心理・教育書

いい子を悩ます強迫性・パーソナリティ「障害」全対応版Q＆A

現代に急速に広まりつつある若者を襲う難解な「心の病」を救う。富田富士也の集大成。

富田富士也 著　A5版　2,500円

いつも「結果」を出す人のアウトプット習慣

著者累計40万部

「学び」を「行動」に変えられる人だけが、人生を変えられる。　藤由達藏 著　1,400円

プレ・トークでよくわかる ヒプノセラピー入門

大学の講義で使われている唯一の本！

心、身体の悩みに。藤野敬介 著　1,800円

親から始まる ひきこもり回復

深刻化する“8050 問題”

学童期から50歳を過ぎたひきこもりを回復へ。「何よりも先に親子関係を回復させる」こと。　桝田智彦 著　A5判　2,000円

猫城主 さんじゅーろー

西日本を襲った集中豪雨で、お城にあらわれた一匹の猫。日本初の猫城主が誕生！

フルカラー　西松 宏 著　1,400円

南極犬物語〔新装版〕

鎖につながれたまま、地球で最も寒い大陸、南極大陸 に残された犬たちの運命は—。

綾野まさる 作　1,200円

実験犬シロのねがい〔新装版〕

No More 動物実験！

知っていますか？捨てられた動物たちの行く末を。

井上夕香 作　1,200円

とべないホタル

シリーズ197万部

この童話でいじめが消えた！

友情・勇気・思いやり…、

親子で考える“大切なこと”

小沢昭巳 作

絵本シリーズ　各 1,200円

童話シリーズ　各　880円

す。

www.810.co.jp

条英機で

ト、チャー

ンである。

藤田裕行 訳 新書版 1,200円

東亜戦争は
日本が勝った

「太平洋戦争」はアメリカの洗脳だった。この書は、日本のプロパガンダではない。史実である。

藤田裕行 訳・構成 1,600円

日本大逆転

日本と半島を最もよく知る著者が綴る、誰も書くことが出来なかった日朝関係史。

藤田裕行 訳・構成 1,500円

元アメリカ海兵隊員
マックス・フォン・シュラー
各 1,500円

アメリカ人が語る
アメリカが隠しておきたい日本の歴史

日米２カ国語併記
「真実を語ること、それはヘイトスピーチではありません」

アメリカ人が語る日本人に隠しておけない
アメリカの“崩壊”

日米２カ国語併記
「黒人暴動」「ANTIFA」の問題も的中！

アメリカ人が語る日本の歴史
日本に迫る統一朝鮮《コリア》の悪夢

日米２カ国語併記
日本人よ、あなたたちが守るべきは憲法９条ではなく、この祖国ではないのか！

憲政史研究者・皇室史研究者
倉山塾塾長 **倉山 満**

逆にしたらよくわかる教育勅語

「教育勅語」を廃止し忘れさせようとしたのは日本の弱体化を狙う勢力の陰謀だった。

1,300円

政府も学者もぶった斬り！
倉山満の憲法九条

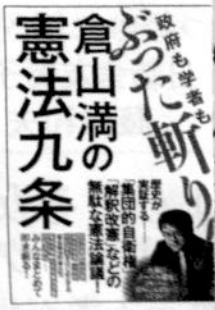

「九条にノーベル賞を」と願う方は絶対に読まないでください！　国際法も軍事も地政学もロクに知らない憲法学者、そのお花畑な論理にツッコまずにはいられない！

1,500円

理数アタマで読み解く日本史

歴史教科書・受験問題は、自虐史観・偏向のオンパレード！　「数字」が導きだす本当の歴史！

倉山 満 / 平井基之 共著　1,500円

元国際大学教授・学術博士 **青柳武彦**
各 1,600円

ルーズベルトは米国民を裏切り日本を戦争に引きずり込んだ

米国政治家が、隠蔽された開戦当時の状況を証言。

日本人を精神的武装解除するためにアメリカがねじ曲げた日本の歴史

GHQが植え付けた罪悪史観を正す。

マッカーサーの呪い永久革命の種

呪いはいまだに生きていて、現在の日本に多大なる悪影響を及ぼしている。

あなたの今年の運勢　六白金星

公私とも多方面にわたり忙しい一年になりそうです。何事にもチャレンジするのは良いことなのですが、無理をし過ぎると暗礁に乗り上げる。実力を過信せず堅実に。

◎商売運……事業の拡張や支店の増設など、あれこれと外に目を向けたくなりますが、積極的な設備投資よりも現状維持を得策とし、内部の充実に力を注ぎましょう。

◎職場運……活躍の場が広がり東奔西走の忙しさ。そういう状況の時こそ周囲に目を向け着実に進んで。情報を交換し合うと上手に意思疎通が図れてスムーズに進展。

◎家庭運……忙しさのあまり、つい家庭サービスが疎《おろそ》かに。家族あっての自分を再確認することを忘れずに。独り善がりはさらに距離を隔てて孤立を招くだけ、要注意。

◎恋愛運……仕事や雑事に追われ出会いの機会が少なくなりますが、少ないチャンスほど理想の相手と出会える可能性が。先輩や上司、近親者からの紹介を大切に。

◎金　運……大きなお金を動かしたくなるこの年。身の丈にあった運用を心掛け、リスクの高い賭け事は程々に。

◎健康運……身体が健全であるがゆえに、動き過ぎる傾向。過労に注意し、血圧、心臓病、頭の疾患に要注意。

丑の六白の運勢／**37歳**は、目上の引き立てや周囲の協力を得て飛躍のチャンス到来ですが、頑張り過ぎるのでボディーケアを忘れずに。**73歳**は、我を張り勝手気ままな振る舞いが周囲との対立を招き孤立する。一事に固執せず、大局的な見地が肝要です。

辰の六白の運勢／**10歳**は、自主性は良いが、自己中心的な行動は控えること。**46歳**は、消極策より積極策で。全力投球することで充実した時間を過ごせますが、オーバーワークには注意。**82歳**は、指先体操を行って認知症予防、脳の活性化を図りましょう。

未の六白の運勢／**19歳**は、物事が上手に運んで自信を持つことが望ましいが、争い事の火種を作る恐れもあるので、指導者の意見を仰いで。**55歳**は、手腕を発揮することでノルマの達成が可能に。モチベーションを上げましょう。ギャンブルは程々に。

戌の六白の運勢／**28歳**は、動いた分だけ成果が期待出来ます。昇進試験にも挑戦しましょう。日頃の精進の賜物で、見事にクリア。**64歳**は、周囲の雑音に惑わされず自分に自信をもって歩めば大過なく過ごせます。車を運転される方は交通事故に用心。

　☆めくっておみくじ【四十番】――末吉　何の判断でも片寄らず公平に。欲張ると甘い話に乗ってしまいやすい。

六白

1月の運勢◐自重運

吉　方→南・北
小吉方→なし
辛丑三碧木星の月

吉方○南＝認められて栄進。講演の機会得る。金銭的余裕ができる。北＝友人との関係が一変。絆が固くなる。凶方●東＝詐欺に遭う。突発的な事故。西＝金銭的に困窮する。南西＝近隣や知人との争いごとに巻き込まれる。北東＝社会活動や仕事が行き詰まり暗転する。

運勢／新年。気持ちが切り替わり生活を刷新したい願望がふくらむ。根無し草では行き倒れる。事前準備をしっかり計画的に進めていく心構えを。家族や親族との連携を図り身勝手な振舞いはご法度。義理の出費が増えるので見えを張らないで。関節痛、腰痛に注意。

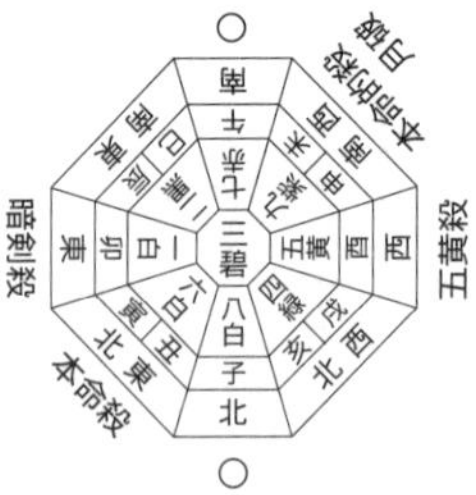

歳破→南西
年で暗剣殺→北西
年で五黄殺→南東

1㊏　◐年明け等身大の計画でスタート
2㊐　○お正月は楽しい祝い酒で乾杯を
3月　○宴席で意気投合して仲間になる
4火　◎仕事始め気持ちを切り替え出勤
5水　◐新規企画は上司と相談して決定
6木　⦶報連相で仲間との関係も順調に
7金　⦶買い物は人込み避けゆっくりと
8土　◐正月疲れが出る頃で軽い運動を
9㊐　○生活リズムを整えて基礎作りを
10㊊　●慌てず確実に歩めば足元も安定
11火　●自分に合った新たな趣味探しを
12水　○理想もいいが現実を見据え努力
13木　◐プライベートの時間で新展開も
14金　⦶対人関係は感情をコントロール
15土　⦶自然の中を散歩しリフレッシュ
16㊐　◐親しき仲にも礼儀ありと弁《わきま》えて
17月　◎出会いのチャンス積極的に活動
18火　○おいしい話は詐欺の恐れ逃げて
19水　⦶トラブル深入りせずに回避して
20木　●たまには家族で焼肉パーティー
21金　○努力の成果で良い知らせが届く
22土　◐休息時間も計画に入れて生活を
23㊐　⦶女性間の問題は時と共に解決へ
24月　⦶やり続けることが未来に繋がる
25火　◐結果待ちでも次の対策を練って
26水　◎お話し楽しくても距離を保って
27木　○細かいことは気にせず一歩ずつ
28金　⦶旧友の金銭絡みの相談はお断り
29土　●疲れたら美味しい食事と睡眠を
30㊐　○家族に優しい態度で自らも幸福
31月　◐行き詰まったら基本に戻ること

六白

2月の運勢○吉 運

吉　方→なし
小吉方→なし
壬寅二黒土星の月

吉方○小吉方ともになし。外出は時間に余裕を持って。感情的になりやすい。冷静な判断をするよう心掛けて。凶方●南西＝職場環境が悪化する。嫁姑問題。北東＝欲から行動を起こして失敗。南＝自信過剰になり判断を見誤る。火傷。北＝色恋沙汰のトラブルで痛手を負う。

運勢／これまでの努力や苦労が報われるとき。対外的に評価され目上からの引き立ても期待できる。うぬぼれることなく謙虚に向上心を持って。好き嫌いの感情が出やすい。即断即決は避けて無難。周囲とは和やかに。カード利用は明細確認を怠らず。頭痛や血圧注意。

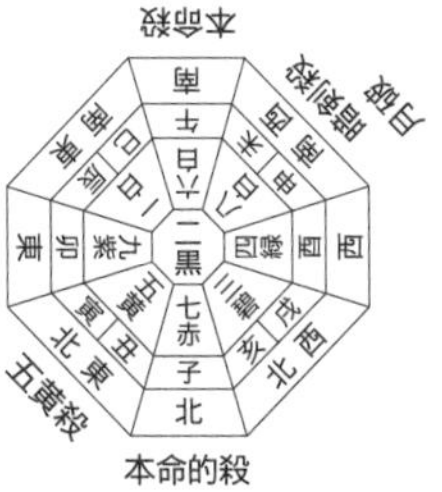

歳破→南西
年で本命殺→北西
年で本命的殺→南東

1火 ⦶金運弱くストレス解消買い危険
2水 ⦶仲間と連絡密に行動して成功へ
3木 ◐自我を抑えのんびり結果を待つ
4金 ◎立春の志を新たに集まりに参加
5土 ○情報を集めて長期計画が始まる
6㊐ ⦶乗り遅れても次を待つゆとりを
7月 ●背伸びせず周囲に合わせて無難
8火 ○普段の努力が予想外の高評価に
9水 ◐金銭の相談は即決せずに慎重に
10木 ⦶年下と切磋琢磨しスキルアップ
11㊎ ⦶自信あっても再チェックが必要
12土 ◐走り過ぎたらゆっくり心身休養
13㊐ ◎正道を歩めば周囲の好感度ＵＰ
14月 ○動く時は順序立ててスムーズに
15火 ○たまには実家へご機嫌伺いして
16水 ●寒い日は家族で鍋を囲んで団欒
17木 ○体調の良い日は皆に気配りして
18金 ◐家庭内の問題は様子を見て判断
19土 ◐カードでの衝動買い破綻の一歩
20㊐ ⦶探し物は家の中に冷静に考えて
21月 ◐暴飲暴食を避け消化器を大切に
22火 ◎積極的に人と関わって幸福感が
23㊌ ⦶急がば回れで安全策に切り替え
24木 ⦶過去の問題から脱却し平穏無事
25金 ●独りで悩まず他人に助け求めて
26土 ○視野を広げ好きなことに集中を
27㊐ ◐家族揃って温泉旅行でひと休み
28月 ⦶口出しせず相手に任せば好結果

六白金星　☆めくっておみくじ【八十六番】――**大吉**　美しい花咲くときで喜びが続く。芸術の才能を発揮するでしょう。

☆めくっておみくじ【二十四番】――凶　このおみくじは三人の女に逢うという。思いがけない異性に慎むこと。

六白　3月の運勢●警戒運

吉　方→なし
小吉方→東
癸卯一白水星の月

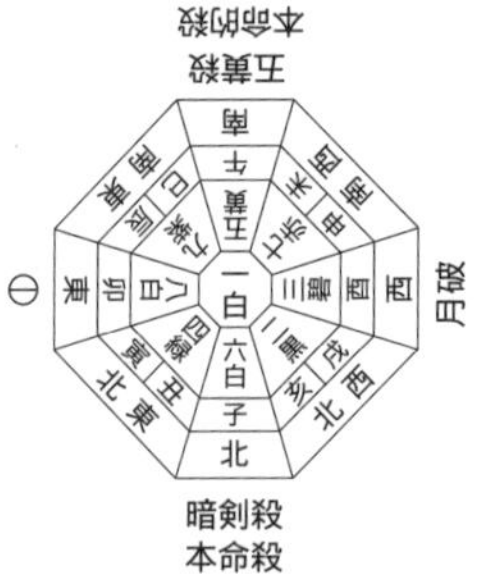

歳破→南西
年で本命殺→北西
年で本命的殺→南東

吉方○東＝小吉方。創意工夫から新発想で可能性広がる。資金調達の見通しつく。凶方●北＝ギャンブルで損失が発生。体力消耗。健康を損ねる。南＝書類や契約でトラブル。法的なもめ事で立場が悪くなる。西＝おだてに乗って損害を受ける。早とちりのミスで金運低下。

運勢／心身ともに低調。無理な背伸びや積極策は空回りに。今は基礎固めの時と心して慎重に進める。先陣を切るより支える側に回って。無理をせずマイペースを守って吉。住居問題や家庭問題は孤立しないよう皆で相談を。出費は最小限に抑えて。過労や冷えに注意。

1火　⦶花粉症マスク等で春の野山歩き
2水　◐高い壁を漸《ようや》く乗り越え問題解決
3木　○人付き合いで多忙も慌てず行動
4金　○後輩の指導は思いやる心が大切
5土　○気の合う仲間と山菜料理で歓談
6㊐　●自分が正しいと思っても再確認
7月　⦶視野を広げマンネリ生活を脱出
8火　●身体の無理は呼吸器にも影響が
9水　⦶急ぎの取引は慎重に様子を見て
10木　⦶作業は皆の意見を聞いて前進へ
11金　◐深呼吸をして静かに結果を待つ
12土　◎気持ちのゆとりが出会いを招く
13㊐　○暴飲暴食は生活習慣の乱れにも
14月　⦶仲間同士でも言葉遣いに配慮を
15火　●悲しかったら映画鑑賞で解消を
16水　⦶完全無欠を人に求めず自己改革
17木　◐状況を判断し様子を見て決定を
18金　◐誤解が解けて知人との交流再開
19土　⦶共同作業がスムーズ次の展開へ
20㊐　◐家族揃ってテーマパークで行楽
21㊊　◎墓前で日常生活の充実に感謝を
22火　○長年の準備整え実行が成功の道
23水　○先輩との連携で順調に運気向上
24木　●張り切り過ぎ心身をリラックス
25金　⦶努力の結果がご褒美として返る
26土　◐欲張ると詐欺の的に家族に相談
27㊐　●急な方針変更で思わぬ落とし穴
28月　◐新年度に向け健康管理を見直し
29火　◐一度歩み止め顧みる時間を持つ
30水　⦶パソコン見過ぎ目と肩を労って
31木　○自立し新分野の学問を始めて吉

六白 4月の運勢⦶小吉運

吉　方↓西
小吉方↓東
甲辰九紫火星の月

吉方○西＝金回りが良くなり生活が潤う。堅実な異性と良縁が。東＝小吉方。周囲の協力でトントン拍子に。**凶方**●南＝悪評を立てられ信用を失う。北＝家庭や内々のことで悩みを抱える。北西＝過労で気力体力低下。南西＝胃の不調。北東＝発展性を失う。後継者問題が。

運勢／堅実に基礎を積み上げていくことが先々の発展に。怠《なま》けず気を引き締めて地固めを。家庭内や職場では仕切るよりサポート役に徹し円満。ご近所付き合いは協調性を大切に連携を図る。外食を控えおふくろの味を満喫。やりくり上手に。胃腸を労って健康維持を。

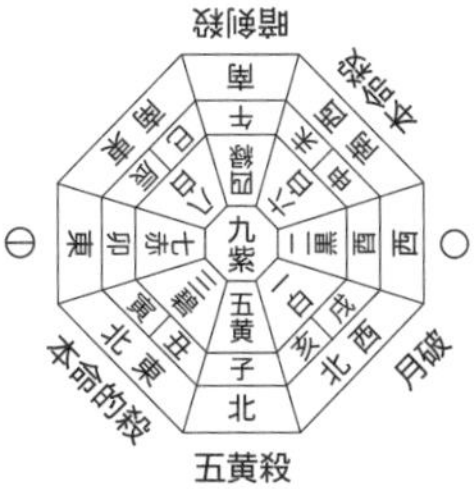

歳破→南西
年で本命殺→北西
年で本命的殺→南東

1 金 ○年度始め友と花見で盛り上がり
2 土 ●部屋を断捨離して掃除整理整頓
3 ㊐ ⦶規則正しい生活で成人病予防を
4 月 ◐買い物決まったらすきな時間に
5 火 ⦶人には優しく自分に厳しくして
6 水 ⦶堅実に努力した結果は心配なし
7 木 ◐足踏み状態を闘うエネルギーに
8 金 ◎素敵な出会いがゆっくり近づく
9 土 ○良くない習慣を切り替えて再開
10 ㊐ ○同志が集まり企画の青写真から

11 月 ●金運弱し買い物はリスト通りに
12 火 ⦶迷ったら白紙に戻し考え直して
13 水 ◐自分で頑張らず人に従い成功へ
14 木 ⦶学びは繰り返して身に付くもの
15 金 ◐異性問題は早めに決着を付けて
16 土 ◐余計なことは言わずやり過ごす
17 ㊐ ◎お見合いの会は選《よ》り取り見取り
18 月 ○お得意様と気心知れても礼節を
19 火 ⦶楽しい会食後は胃腸に注意して
20 水 ●独り時間は自宅で読書三昧など
21 木 ⦶その書類もう一度確認して保留
22 金 ◐ストレス解消には有酸素運動を
23 土 ⦶物事がスムーズに運び快晴気分
24 ㊐ ⦶正しい行動がトラブル回避の道
25 月 ◐目先より大局を見て判断が大切
26 火 ◎気負わず自然体で歩めば好日に
27 水 ○基礎固め終了で次の段階へ進行
28 木 ○対人問題は良友の助けで解決へ
29 ㊎ ●謙虚な態度で知識人と接し開運
30 土 ○口車に乗らぬよう冷静に対処を

☆めくっておみくじ【四番】――吉　志あり将来への期待が高まるが、まず実力を付けることを第一とする。

六白　5月の運勢○吉運

吉　方→なし
小吉方→なし
乙巳八白土星の月

吉方○小吉方ともになし。外出や旅行は交通機関など事前に十分な計画を立てて。凶方●北東＝親戚関係でもめ事。不動産関係でゴタゴタする。南西＝何をやってもダメで投げやりな生活に。北西＝自尊心から目上と衝突する。東＝支援失い計画倒れ。西＝酒色の席で失敗。

運勢／意欲的な取り組みから道が開ける。新規はこれまで準備が出来ているものからスタート可。好奇心から急に思いついたものは行き当たりばったりで不可。独断は禁物。目上や若者の意見を参考に計画を。ウオーキングで健康増進。足元注意。靴の点検や手入れを。

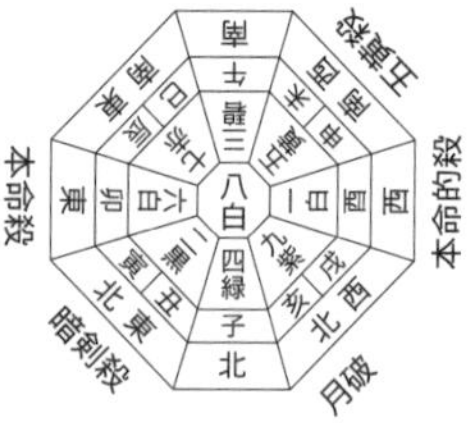

歳破→南西
年で本命殺→北西
年で本命的殺→南東

1 ㊐ ◐残務整理デーを決めて心を楽に
2 月 ⦶過ち反省し次の課題へ取り組む
3 ㊋ ⦶不測の事態に備え万全の態勢で
4 ㊌ ◐対人運弱く言動は丁寧にし無事
5 ㊍ ◎食材用意し仲間と郊外でＢＢＱ
6 金 ○意外な方の手助けで仕事が前進
7 土 ○知人からの相談は慎重に応対を
8 ㊐ ●自分の心を解放して寛《くつろ》いで散歩
9 月 ○交渉は必ず文書で確認して開始
10 火 ◐家族の問題から逃げず対話して
11 水 ⦶人のための行動で好感度アップ
12 木 ⦶高級品の衝動買い避けて後日に
13 金 ◐案じていた事メドが立ち一安心
14 土 ○たまには家族サービスで食事会
15 ㊐ ◎森林浴も兼ね婚活で魅力を発揮
16 月 ○物事がより先の段階に展開する
17 火 ●失敗したら最初からやり直して
18 水 ○血圧の変化に注視し食事で改善
19 木 ◐検討し安物買いの銭失いに注意
20 金 ⦶趣味の会を楽しみ日々を豊かに
21 土 ⦶言い過ぎたら即謝罪し和やかに
22 ㊐ ◐自我を抑えて周囲の声を聴いて
23 月 ◎虫歯予防は毎食後の歯磨きから
24 火 ○気は急くが一呼吸おいて冷静に
25 水 ○実家に連絡し母の声聞き慈しむ
26 木 ●疲労による呼吸機能低下に注意
27 金 ○部下のミスをフォロー神対応を
28 土 ◐新緑撮影スポットでリラックス
29 ㊐ ⦶滞っていた問題が解決の兆しに
30 月 ⦶大風呂敷広げず分相応に生きる
31 火 ◐楽しい買い物で生活を変化させ

六白　6月の運勢◎大吉運

吉　方→北東
小吉方→南
丙午七赤金星の月

吉方○北東＝人に助けられ良き転機をつかむ。南＝小吉方。地道な努力が認められる。過去の活動が再評価。凶方●西＝生活が派手になり出費増大。東＝気が大きく独善的になり暴走。北＝うまい話に騙される。南東＝信頼関係に亀裂が。北西＝意固地になって孤立無援。

運勢／好調な運気。人脈から役立つ情報の入手ができそう。応援を得て仕事やボランティアも順調。あちこちと目を向けたり迷ったりすると運を逃す。的を絞り信用第一で関係を深めて。異性との出会い運あり真摯に向き合って。交際費予算を多めに。風邪や腸に注意。

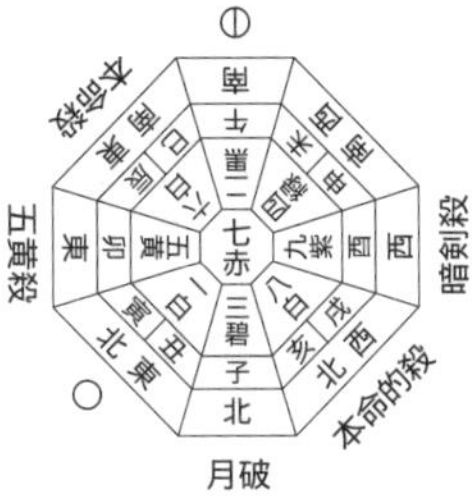

歳破→南西
年で本命殺→北西
年で本命的殺→南東

1水　◎謙虚な態度で良き支援者を得る
2木　○友達と人気のお店で楽しく会話
3金　○食事の仕度もつま先立ち体操で
4土　●迷ったら進まずスキルを高めて
5㊐　○自分の中のライバルと競い充実
6月　◐笑顔と少しの気遣い家庭円満に
7火　⦶思い付きで軽々しく行動しない
8水　⦶先輩の忠告受け入れ難を逃れる
9木　◐物事を冷静に判断し様子を見て
10金　◎自分へ投資で良い結果もたらす
11土　○人に尽くして学んで喜び感じる
12㊐　○地道に対策を練って吉報を待つ
13月　●頑張り過ぎず休んで体力を維持
14火　○友人と夏の旅計画で盛り上がり
15水　◐食品ロスしないよう買い物工夫
16木　⦶家族と紫陽花めぐり心穏やかに
17金　⦶落ち着いた対応こそ信頼を得る
18土　◐臨時収入使い道じっくり考えて
19㊐　◎モテ期到来を生かし積極果敢に
20月　○素直な気持ち思い切って伝える
21火　○実家と連絡密にして詐欺を予防
22水　●かわいいペットの動画に心和む
23木　○離れていても思いやりの一言を
24金　◐仲間との趣味の時間を楽しんで
25土　⦶休みでも生活習慣いつもどおり
26㊐　⦶プチ旅行で癒やしの露天風呂へ
27月　◐新企画は視点を変えて練り直し
28火　◎自分を信じてくれた応援に感謝
29水　○一足飛びでなく一歩ずつ進んで
30木　⦶夏越の大祓で年前半を振り返る

六白金星　☆めくっておみくじ【三十八番】——**半吉**　月光が明るく喜び、黒雲に隠れて悲嘆あり。人生の善し悪しは交互に。

六白　7月の運勢◐自重運

吉　方→西・北
小吉方→南
丁未六白金星の月

吉方○西＝親族や知人との交友が盛んになり絆が強化。北＝継続できる副業を得る。南＝小吉方。学問や芸術分野で刺激を受ける出会いが。
凶方●北西＝貴重品を無くす。ケガする恐れ。南東＝悪評を流されて信用を失う。北東＝相続問題で争いごとに。親族と法的トラブルが。

運勢／周りから頼られて中心的な立場に。人助けとばかりに無理を承知の安請け合いは行き詰まる。必要以上に立ち入らず冷静な行動を。金銭貸借は不利。義理や情が絡んでの出費に警戒。内臓に疲れがたまりがち。発酵食品で胃腸ケア。食中毒や慢性疾患の再発に注意。

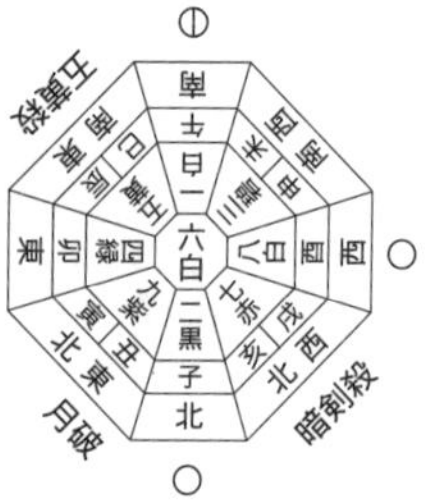

歳破→南西
年で本命殺→北西
年で本命的殺→南東

1 金　●飛び出し注意車の運転は慎重に
2 土　⦶力量を弁《わきま》えて責任のある行動を
3 ㊐　◐家族仲睦まじく家庭は元気の源
4 月　⦶通販みて服飾品購入は熟考して
5 火　⦶篤実《とくじつ》な人柄が頼りにされる一日
6 水　◐変化が生じやすいが現状維持で
7 木　◎自重して対処すれば信用を得る
8 金　○臨機応変に行動して結果を残す
9 土　○仕事の取り組み認められ順調運
10 ㊐　○比較的スムーズに行き安泰得る
11 月　○積極的に進み過ぎ少し控えめに
12 火　◎喜び事の可能性あり金運も良好
13 水　◐勤勉と思いやりで危機を免れる
14 木　●計画的な資産運用で生活設計を
15 金　⦶気持ち引き締めて頑張れば成就
16 土　◐欲を出し現実から目を背けずに
17 ㊐　⦶気が緩み衝突やケガに注意して
18 ㊊　●笑顔は災いを吉に転じる特効薬
19 火　○積極的な行動が評価される一日
20 水　○実力を過信して勇み足に注意を
21 木　○穏便に進めて交渉を成立させて
22 金　◐たまの気分転換も出費は少額で
23 土　⦶健康第一鰻を食して夏バテ予防
24 ㊐　⦶高価な骨董品購入は慎重に検討
25 月　◐高所作業で転落せぬよう慎重に
26 火　⦶熱中症に気を付けて水分補給を
27 水　●早めに就寝して心と体を休めて
28 木　○取っ掛かれば難なく仕事運順調
29 金　○変化望むも現状維持で様子見を
30 土　◎楽しい話題で交流も深まる一日
31 ㊐　◐資金繰りのトラブルに注意して

六白

8月の運勢⦶小吉運

吉　方→西・北
小吉方→なし
戊申五黄土星の月

吉方○西＝交際が広がり異性との出会いあり。金運アップ。北＝学問や研究が深化。友人や子供と絆深まる。凶方●北東＝手掛けていることが停滞して暗礁に乗り上げる。北西＝投資で損失を抱える。目上の引き立てを失う。南東＝取引が不調。婚活失敗。結婚話が破談に。

運勢／活動意欲満々で公私共に多忙。社会活動や仕事の場で率先して取りまとめ役を引き受けることが多くなる。自信満々にことを進めると目上と衝突する恐れが。謙虚さと周囲への配慮を忘れぬように。車の運転や乗り物関係に用心。勝負事に警戒。過労や頭痛注意。

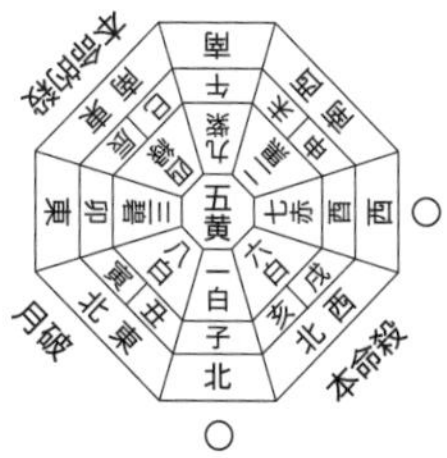

歳破→南西
年で本命殺→北西
年で本命的殺→南東

1 月 ⦶心眼働かせ巧言令色に注意して
2 火 ⦶思わぬ出費あり財布の紐締めて
3 水 ◐身内の揉め事は負けるが勝ちで
4 木 ○分不相応の事に手を出せば失敗
5 金 ●子供関連で散財家計の見直しを
6 土 ○地味でも前向きな心掛け運招く
7 ㊐ ○盛運に乗じ進んで事を為《な》すとき
8 月 ◎信用得て目上から引き立てあり
9 火 ◐欲は出し過ぎず現状に満足して
10 水 ⦶仕事多く上役の援助で目標達成
11 ㊍ ⦶交際が広がるにつれ支出も増大
12 金 ◐誠の心を持てば家族は和合する
13 土 ⦶実力伴わず万事旧を守れば安泰
14 ㊐ ●異性関係で家族の不和にご用心
15 月 ○終戦の日英霊偲び恒久平和願う
16 火 ○目上の援助あり速やかに動いて
17 水 ◎清風で高節な人柄が好感を招く
18 木 ◐優柔不断な気持ち改め心機一転
19 金 ◐多忙な一日謙虚な気持ちで行動
20 土 ⦶気が向かぬ交際は断り難逃れる
21 ㊐ ◐変化を欲するが内容を検討して
22 月 ⦶小まめな水分補給で体調管理を
23 火 ●学びの日涼しい場所で研鑽積む
24 水 ◎奉仕の精神増し勤労意欲高まる
25 木 ○閃《ひらめ》きをメモに実践して確認する
26 金 ○順調に行くが過剰反応に注意を
27 土 ◐神社仏閣を訪ねてリフレッシュ
28 ㊐ ⦶油断禁物勝って兜の緒を締めよ
29 月 ⦶誠実さ失わず笑顔で交流深める
30 火 ●疲労による足腰関節の怪我注意
31 水 ⦶満つれば欠ける中庸の心構えで

☆めくっておみくじ【二十二番】——**吉**　厚く垂れ込む不安気な雲は去り晴れる。短気、短腹にならず待つ。

☆めくっておみくじ【九十六番】――大吉　大吉を大事にしないと意味がない。人の真似や邪心があると不調和。

六白　9月の運勢⦶小吉運

吉　方↓北東
小吉方↓南
己酉四緑木星の月

吉方○北東＝金融資産に余裕ができる。親戚関係が改善。南＝小吉方。イメージチェンジが成功し魅力倍増。凶方●南西＝誹謗中傷されて対人運悪化。北西＝気が大きくなり事業に失敗。驕りから目上との関係が悪化。東＝見通しが甘く計画倒れに。西＝金運低下して困窮。

運勢／実りの秋。趣味や娯楽の会合や行事で交際関係が活発化。異性運があり婚活も順調。生活が派手になりやすいので出費にメリハリ計画性を持って。でしゃばり口の災い警戒。聞こえがよい言葉より誠意ある行動を。食事内容を見直し生活リズムを整えて健康増進。

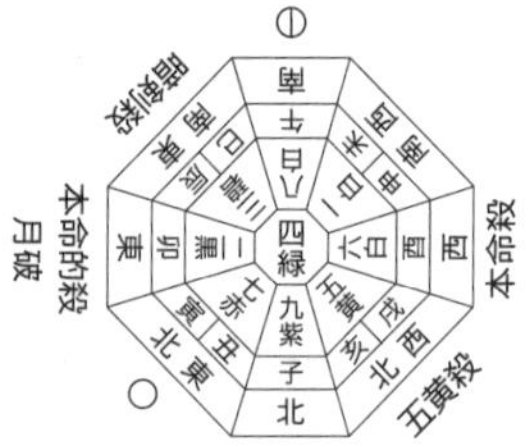

歳破→南西
年で本命殺→北西
年で本命的殺→南東

1木　●禍福は糾《あざな》える縄の如し悲観せず
2金　○専門知識が生かされて大活躍に
3土　○責任感と創意工夫で好結果得る
4㊐　◎信用第一で世間の評価得やすい
5月　◐我欲が出て物事を侮《あなど》る傾向あり
6火　⦶強引に進めなければ上手くいく
7水　⦶美食が過ぎて出費増える要注意
8木　◐変化あり良くも悪くも考え次第
9金　⦶アンティークで美的センス光る
10土　●感謝と笑顔は凶をも福に変える
11㊐　○応援受けて仕事が捗《はかど》る順調な日
12月　○柔弱《にゅうじゃく》と侮らず真摯な態度が大切
13火　◎交流は躊躇《ちゅうちょ》する事なく深めて吉
14水　◐交友関係が活発になり意気軒昂
15木　⦶天賦の才が開花する時を待って
16金　⦶交際はゆっくり楽しく進めて吉
17土　◐落ち着いて対処すれば好結果に
18㊐　◎晴れやかな日美術館で至福の時
19㊊　●生まれたご縁思い祖父母に感謝
20火　○礼節を忘れず驕慢にならねば吉
21水　⦶トラブルの可能性も難を逃れる
22木　○友とは和合信頼関係で心動かず
23㊎　◐彼岸の中日墓参して先祖を偲ぶ
24土　◐持ち前の清濁併せ呑む寛容さを
25㊐　⦶神社詣で雑念を忘れて心を洗濯
26月　◐初物の秋の果物を食し一家団欒
27火　○仲間に信任を受け多忙になる日
28水　●笑み絶やさず心を明朗に努めて
29木　○誠実な行動は周囲の援助受ける
30金　○外見は良さそうだが内実今一つ

六白

10月の運勢◐自重運

吉　方→北
小吉方→南
庚戌三碧木星の月

吉方○北＝へそくり貯金が貯まる。家庭円満になる。南＝小吉方。感性が豊かに、自己アピール力が備わる。凶方●東＝秘密が露見する。騙される。西＝快楽主義に陥り生活がルーズに。南東＝活気がなくなる。業績不振。北東＝新規の活動が失敗する。南西＝家庭不和。

運勢／周りの変化に触発され気もそぞろに。新規計画や生き方の改革に気持ちが向かう。準備不足では頭打ちに。焦らず時間をかけて取り組んで。住まいの修理や模様替えで気分一新。親戚縁故とは適度な距離感で円満。義理の出費ありそう。肩こりや吹き出物に注意。

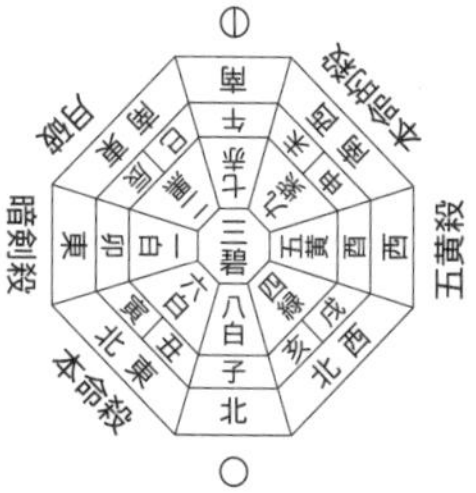

歳破→南西
年で本命殺→北西
年で本命的殺→南東

1土 ○無理せず可能な事のみ対処して
2㊐ ◐身勝手な言動は反感を買い注意
3月 ⦶多忙日で体調管理に気を付けて
4火 ⦶我欲に溺れると足元を掬《すく》われる
5水 ◐受け身で過ごす日現状維持して
6木 ○有能な部下の活躍で高評価得る
7金 ●静かに過ごし明日に備え充電を
8土 ○家族サービスは資金計画も重要
9㊐ ⦶迷わず積極的な行動で好結果に
10月 ◎奉仕の精神で処すれば希望叶う
11火 ◐趣味が高じて散財の恐れ注意を
12水 ⦶作業は早めに取り掛かり順調に
13木 ⦶軽率な発言長年の信用を無くす
14金 ◐運気停滞は次期幸運の準備期間
15土 ○髪の手入れ美容院で気分も一新
16㊐ ●節操を守って待てば幸せ訪れる
17月 ○地道な努力の繰り返し好結果に
18火 ⦶数日前のミスが表面化の可能性
19水 ◎謙虚な姿勢が認められ好感呼ぶ
20木 ◐部屋の空気を清浄にし肺を労《いたわ》る
21金 ⦶人の意見に耳を傾けて結果良し
22土 ⦶傲慢な発言で家庭内トラブルに
23㊐ ◐ながらスマホ段差で転倒ケガに
24月 ○良い一日慎みの心を忘れないで
25火 ●仁徳のない人とは関わらず安泰
26水 ○地道な仕事でも持ち前の才光る
27木 ⦶力不足分相応の働きが功を奏す
28金 ◎親戚の紹介で良縁の可能性あり
29土 ●金銭に関すること利無し自重を
30㊐ ◐過労に注意体のメンテ忘れずに
31月 ⦶一時的な困難努力と忍耐で克服

☆めくっておみくじ【九十七番】――**凶**　目の前に霧が出るが後晴れるまで待つのが利口。人の誤解と不利益用心。

六白

11月の運勢○吉運

吉　方→なし
小吉方→なし
辛亥二黒土星の月

吉方○小吉方ともになし。外出時はその方位が吉方になる人のリードに従って吉。**凶方**●南西＝家庭内でもめ事。仕事で行き詰まる。左遷。北東＝何をやってもうまくいかず運が低迷。南東＝信頼関係を損なう。猜疑心がわく。南＝尊大な態度で嫌われる。北＝色情問題。

運勢／培《つちか》ってきた実力が認められ注目される。華やかさで魅力があふれる。高慢な態度や独り善がりが周囲の反感を買う原因に。好き嫌いや感情的な言動は慎んで。周囲への感謝や気配りを忘れずに。高額商品購入は再検討を。血圧や頭痛、目に注意。

歳破→南西
年で本命殺→北西
年で本命的殺→南東

1火　◐人の忠告を聞き入れて難逃れる
2水　○礼儀正しい人柄が認められる日
3㊍　◐刻苦勉励すれば後々幸運を得る
4金　⦶持ち前の理性で大局を見て判断
5土　○伝統文化や神社仏閣に縁ある日
6㊐　○早めの決断でチャンス逃さずに
7月　◐盗難に注意宝飾の管理は厳重に
8火　⦶新規の企画は時間をかけて検討
9水　⦶愛情に溺れると失敗する要注意
10木　◐欲の掻《か》き過ぎ大きな損失を招く
11金　○短気は損気を忘れずに気を長く
12土　●日頃から感謝と笑顔を心掛けて
13㊐　○運気上昇の兆し心もウキウキに
14月　◎何事も過剰にならぬよう程々に
15火　◎喜び事あり精神が満たされる日
16水　◐財布の口を締めて散財にご用心
17木　⦶手元が疎《おろそ》かにならぬよう努めて
18金　⦶趣向を変えた会食で気分転換を
19土　◐急進せずに熟考してから行動を
20㊐　○先見の明あり頭脳冴え見識光る
21月　●入浴で心と体を癒し早めに就寝
22火　○日頃のアイデアを進め好結果に
23㊌　○働く幸せに感謝お金を有効活用
24木　◎袖振り合うも他生の縁心込めて
25金　◐無駄口に注意を口は災いの門に
26土　⦶停滞気味の日は手法を変更して
27㊐　⦶贅沢三昧にならぬよう留意して
28月　◐若手の活躍でスムーズに運ぶ日
29火　○知力に行動力が伴って充実する
30水　●スマホ見ず早く就寝明日へ備え

六白

12月の運勢◐自重運

吉　方→なし
小吉方→東
壬子一白水星の月

吉方○東＝小吉方。方針転換から状況好転して道が開ける。身内の応援を受けて順調に。資金のめどがつく。臨機応変にスタートを切る。凶方●北＝無理がたたり心身ともに疲労困憊。パワハラに遭う。乗り物事故。南＝公的な手続きや書類ミス。地位や立場を失う。火傷。

運勢／師走。家の雑用や子供のことなど重荷を背負い気苦労が絶えない。責任感からアレコレ抱え込まないで皆に協力を仰いで。盗難や詐欺などの金銭トラブルに警戒。自転車や車の運転は慎重に。疲れが溜まりやすいので昼間早く用を済ませて夜は睡眠を十分に。

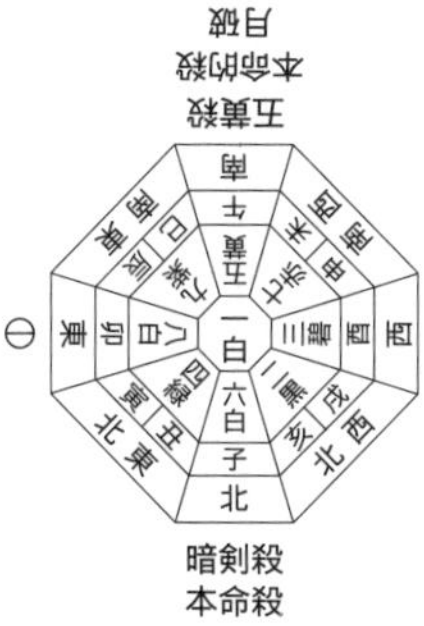

歳破→南西
年で本命殺→北西
年で本命的殺→南東

1木　⦶仕事に集中し溜めた作業片付く
2金　○新しい事に着手するのに良い日
3土　◎始まり困難でも終いに成就する
4㊐　◐怠け心を起こさず先延ばし注意
5月　◐過分な望み持たず堅実な一日を
6火　⦶楽しい会食で交友関係が広がる
7水　◐前向きな思考で時の解決を待つ
8木　⦶行き過ぎ行動でミスが露呈する
9金　●貴重品の管理万全に盗難に注意
10土　○地道な活動も真心を込めて対応
11㊐　○包容力が発揮されて個性が輝く
12月　○交際盛んな日風邪予防にも留意
13火　●多忙な日も怪我に注意して行動
14水　⦶仲睦まじくて親愛の情が深まる
15木　⦶不急の用も早めの対応心掛けて
16金　◐困難な事象でも解決の兆しあり
17土　⦶証書の扱いは慎重に内容確認を
18㊐　●しばし休息を取り英気を養って
19月　○誠意ある姿勢で人間関係円滑に
20火　○順風満帆な一日閃《ひらめ》きが冴え渡る
21水　◎計画的に準備した事が完成する
22木　◐転職や改築は綿密な準備が必要
23金　⦶過労が苦労に体調管理を万全に
24土　⦶楽しい会食と音楽で至福の時を
25㊐　◐無理は禁物早めに一段落つけて
26月　⦶傲慢になりがち身の程を弁えて
27火　●冬来りなば春遠からじ希望持ち
28水　○食べ過ぎ飲み過ぎは胃腸に負担
29木　○思わぬ援助を受け難題をクリア
30金　◎神棚や仏壇を清めて新年を待つ
31土　◐行く年に感謝し来る年に希望を

六白金星　☆めくっておみくじ【四十二番】――吉　自然は嘘つかず、季節が来れば花開く。懸案事項の処理を急いで仕上げる。

七赤《しちせき》金星《きんせい》

小吉運

薄唇軽言《はくしんけいげん》
歓天喜地《かんてんきち》

令和4年 壬寅五黄土星
方位盤

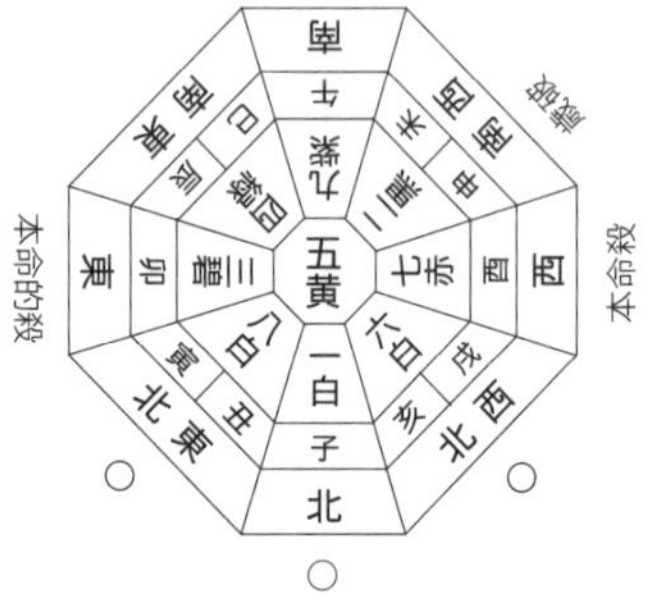

吉方→北東・北西・北
凶方→南西・西・東

「**北東**」を吉方として活用すると、行き詰まり状態を打開してピンチをチャンスに変えることが可能に。さらに、色々な分野に再挑戦を考えている方に有効です。移転・引っ越し、長期・海外旅行は、六月節、十月節がお勧め。

「**北西**」は独立心に目覚めます。投機的なことで成功したり、大きな後ろ盾を得てサポートを受けることが可能。

「**北**」は、新しい交友関係が始まり、その影響から恋に発展する可能性を秘めています。子供との関係が良好に。

性格と人生

社交性があり、明るくて如才ないタイプです。コミュニケーション能力に優れ弁舌巧みです。

多芸多趣味。仕事だけに打ち込むような生活は性に合わず、仕事や遊びや楽しみ事を両立させていく傾向があります。料理作りや味覚に優れグルメな一面があり、会食を好みます。金銭面ではいつも何とか融通がつくので、困るようなことはありませんが、気前が良く派手好きなので出費が多くなりがちです。マイナス面としては、時として楽しいことに流されて贅沢になったり、根気なく気が緩みやすいことがあげられます。

全般的な運の流れとしては、機転が利く処世術のうまさと弁舌で上手に運の波に乗るタイプです。若くして苦労をした人ほど、後半生は順調にいきやすいのですが、周りから甘やかされてわがままに成長すると怠惰な生活に流されがちです。金銭面の管理に留意して浪費癖をつけないように。また、モテるタイプなので異性問題には気をつける必要があります。

七赤金星生まれ

令和２年庚子
平成23年辛卯
〃 14年壬午
〃 ５年癸酉
昭和59年甲子
〃 50年乙卯
〃 41年丙午
〃 32年丁酉
〃 23年戊子
〃 14年己卯

２月４日以前生まれの人は八白生まれで見ます

あなたの今年の運勢　七赤金星

社交運がアップして交際範囲が広がります。趣味やレジャーを通じてストレス発散して。体力的に衰えを実感する時だけに、日頃より体力強化を図って健康維持を。

◎商売運……経費ばかり嵩《かさ》み思うように利益に反映されないのが実情ですが、光明を見いだし一服の清涼剤を見いだせそう。無理な設備投資は控えて、現状維持で。

◎職場運……元来雄弁ですが、今年はより一層顕著に。場を和やかにすることがあなたの得意分野ですが、自分の言葉に責任を持たないと口論に発展しかねず、要注意。

◎家庭運……交際運が活発な時だけに関心が外に向いています。自分本位な行動は、家族間で孤立し、家庭不和の原因に。普段よりコミュニケーションを大切にして。

◎恋愛運……恋愛運が好調。イベントや趣味、習い事など積極的に参加しましょう。思い描いていた奇跡を体感することが可能に。ただし、快楽だけ求めるのは逆運に。

◎金　運……臨時収入も期待出来ますが、遊興費などの出費が嵩みそうです。不測の事態に備え日頃から貯蓄を。

◎健康運……飲食の機会も増えるので知らぬ間に体重超過に、バランスを考えた食生活を。歯や肺の病気に注意。

子の七赤の運勢／**38歳**は、社交運が広がり楽しい飲食の機会も増えそうですが、健康管理上、暴飲暴食を控え、ギャンブルも程々に。**74歳**は、調子がよくてつい無理をしがちです。過労から病気にかかる恐れもあるので、健康診断は欠かさず受けましょう。

卯の七赤の運勢／**11歳**は、遊ぶことに夢中になりそう。時間の管理を大切に。**47歳**は、経済的なゆとりから派手に振る舞ったり、趣味嗜好に走りがちです。時には休肝日を設けて体調管理を。**83歳**は、歯周病による体調不良に注意し、早めにケアして。

午の七赤の運勢／**20歳**は、交友関係が活発で良い人間関係が構築出来そう。比例して成績も伸びていきます。ただし浪費は避けましょう。**56歳**は、自己研鑽を忘れず奮闘してきた方は、実りの秋を実感することに。仕事、趣味、金融面も充実するでしょう。

酉の七赤の運勢／**29歳**は、独身者は良縁に恵まれる機会も増えるが、思わぬ誘惑に陥る危険性もあるので、節度ある行動に留意して。**65歳**は、何事も無理をしなければ概ね順調に進展して行きます。自分へのご褒美も時には大切。怪我や歯周病にご用心。

七赤

1月の運勢○吉運

吉方→なし
小吉方→北東
辛丑三碧木星の月

吉方○北東＝小吉方。親戚知己からの援助で苦境を抜け出す。相続問題が好転。**凶方●**東＝秘密が露見する。西＝遊興三昧で浪費し困窮する。南西＝近親者や家族と激しい喧嘩に。南＝口の災いで金銭的損失。名声に傷がつく。北＝家族や身内との絆が薄れて孤立する。

運勢／新春。一年の目標を明確にして気持ちよくスタートを。人の輪の中で主役となることが多く気分も上々。生活が派手になり出費がかさむ。正月気分は程々に堅実な生活を心掛けて。熱しやすく冷めやすく気紛れご法度。感謝の心忘れず。目や歯の不具合注意。

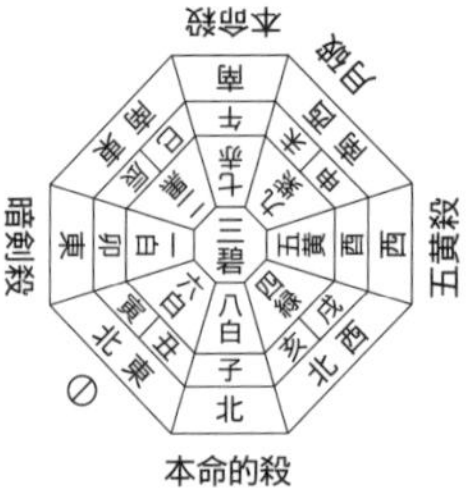

歳破→南西
年で暗剣殺・本命殺→北西
年で五黄殺・本命的殺→南東

1㊏　○一年の幸せ祈り氏神様に初詣で
2㊐　○家族団欒で今年の抱負語り合う
3月　◎柔和な態度は人の心を魅了する
4火　◐悩みや心労が多く体も疲れ気味
5水　◐勇み足の行動がトラブルに発展
6木　⦶話し上手に聞き上手で交際円満
7金　⦶親戚での集まり発言に注意して
8土　○真面目に頑張った成果が出る日
9㊐　●孤立すると行き場を失う羽目に
10㊊　⦶休養を取り心身共にリラックス
11火　○焦りは事を仕損じる落ち着いて
12水　●足腰の痛みは身体の冷えが原因
13木　○メール送信前に再チェック必要
14金　◐職場の不満あっても現状維持で
15土　⦶持ち前の明るさで交際の輪拡大
16㊐　◐上から目線の発言は反発を招く
17月　◐自己過信せず見識者に意見仰ぐ
18火　◎いい情報を集めて生活にハリを
19水　○スタートが良ければ順調に進展
20木　⦶目立たず裏方に徹し物事順調に
21金　◐マスクと手洗いでインフル予防
22土　○カードで買い物予算オーバーに
23㊐　◐階段や段差での躓《つまず》きケガに注意
24月　⦶楽しい話に時間を忘れるひと時
25火　⦶車の出し入れ前後左右確認して
26水　⦶外面を飾らず内面を磨く努力を
27木　◎多忙でも家族との時間を大切に
28金　○何事も早めの行動が有利に運ぶ
29土　⦶目上を無視して動くは失敗の元
30㊐　●寒い日岩盤浴で足腰の冷え解消
31月　○明るい笑顔と言葉に人が集まる

七赤

2月の運勢●警戒運

吉　方→なし
小吉方→南東
壬寅二黒土星の月

吉方○南東＝小吉方。気持ちの通い合う友人を得る。信用を得て取引が順調に。**凶方**●南西＝予期せぬ不運に生活や仕事が立ち行かなくなる。北東＝運気低下して何もかもが悪い方へ転がる。北＝色恋沙汰で身を持ち崩す。南＝高飛車な言動で支援者が離れる。頭痛。

運勢／慎重に進むべき時。悩みや苦労を抱えやすい。余計なお節介や口出しは禁物。運が好転するまで地道に努力を積み上げ基礎を固めて。親しい友人や後輩と親交を深めるチャンス。思いやりで絆を深めて。秘密めいた物事に警戒。倹約第一。冷えや耳の疾患に注意。

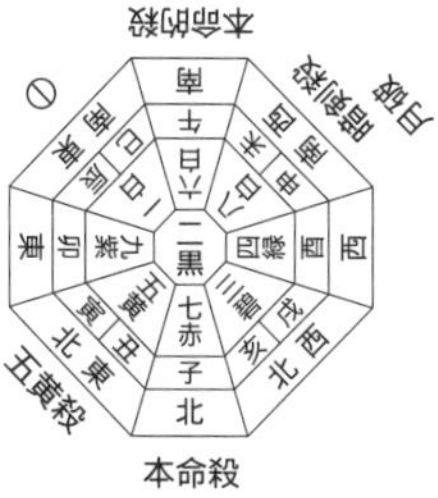

歳破→南西
年で本命殺→西
年で本命的殺→東

1火　◐部屋の模様替えでリフレッシュ
2水　⦶気を抜かずルール守り結果良好
3木　◐豆まきで邪気を払えば福が来る
4金　●親族問題深入りせず冷静に対処
5土　◎旅行や外出で楽しく豊かな時間
6㊐　○感情抑え理性を働かせた行動を
7月　⦶身体を温めて持病の腰痛を防止
8火　●睡眠不足蓄積は健康寿命が短く
9水　○家計は見えを張らず質素倹約で
10木　◐一日五分の片付けで掃除が楽に
11㊎　⦶デートは今話題のレストランで
12土　◐目上に敬意を目下に思いやりを
13㊐　◐日帰り温泉でゆっくり気分転換
14月　○自己主張を控え人の和を大切に
15火　○企画力と提案力でチームを推進
16水　⦶散歩や人と会う事で認知症予防
17木　●どんなに辛くても夜明けは近い
18金　○スマホやり過ぎで肩こり頭痛に
19土　◐古い物や不要品思い切って処分
20㊐　⦶飲食通して仲が深まり交際良好
21月　●調査せず衝動的に動けば失敗に
22火　◐スローペースでよし手堅さが吉
23㊌　◎努力の甲斐で希望の持てる日に
24木　⦶リモートワーク自己管理を徹底
25金　⦶金銭の無駄を省きやり繰り上手
26土　●子供の行動些細な変化見逃さず
27㊐　○ヘアスタイル変え気分わくわく
28月　◐対人関係で素直になれず損する

七赤金星　☆めくっておみくじ【三十三番】——吉　冬の厳しさ春の暖かさで運気は上向き、気分躍動。対人関係は良好なり。

七赤

3月の運勢⦶小吉運

吉　方→北西
小吉方→なし
癸卯一白水星の月

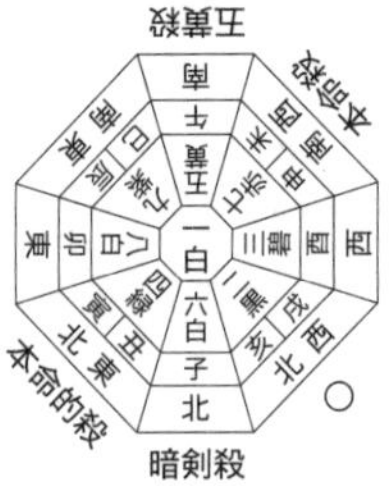

歳破→南西
年で本命殺→西
年で本命的殺→東

吉方○北西＝真面目な努力が認められ引き立てを受ける。社会活動が順調にいく。
凶方●北＝資金調達が困難になり身銭を切る。南＝訴訟や法的なもめ事に巻き込まれる。西＝失言して失敗。遊び半分の交友で浪費グセ。南西＝消化器系の疾患に。北東＝進路に迷いが生じる。

運勢／毎日の生活を大切に、まじめに日々を積み重ねて進むとき。惰性に流されず手抜きせずコツコツと取り組んで。不満や焦り出やすいが周囲の協力を得ることで落ち着いた生活に。新規より旧を守って吉。リサイクルを上手に活用して。持病の再発や消化器系に注意。

1火 ⦶口は災いのもと発言に十分注意
2水 ⦶急ぐ時ほど安全運転を心掛けて
3木 ◐ひな祭り娘の健やかな成長願う
4金 ◎家にこもらず気分転換に外出を
5土 ○早起きは三文の徳時間を有効に
6㊐ ○家庭菜園で体も心もリラックス
7月 ●うまい儲け話には裏が警戒して
8火 ○度が合わない眼鏡は眼精疲労に
9水 ◐昔からのお付き合い大切にして
10木 ⦶思わぬ収入あっても節約方針で
11金 ⦶スタンドプレーが嫌われる要因
12土 ●むやみに動かず隠忍自重が得策
13㊐ ◎優しい言葉は異性の心を鷲掴み
14月 ○創意工夫が新たなる展開を生む
15火 ○縁の下の力持ちに徹し得する日
16水 ●気の緩みから職場でのミス発生
17木 ⦶フェイクニュース真偽の確認を
18金 ◐何事も念には念を入れて慎重に
19土 ⦶楽しいおしゃべりで心も軽やか
20㊐ ◐親しき仲にも礼儀あり節度保つ
21㊊ ◐ご先祖への感謝の念が開運へと
22火 ○人との和を大切にして交際順調
23水 ⦶軽はずみな言動で関係に隙間風
24木 ○協調性発揮し忠言を得て進展す
25金 ●子供の躾《しつけ》は愛情持って根気強く
26土 ⦶お花見は財布など無くさぬよう
27㊐ ◐不動産購入の際は念入りに調査
28月 ⦶食生活の乱れが体調不良の原因
29火 ◐うっかりミスが重なりやすい日
30水 ◐自己主張は控えて自制心を持つ
31木 ◎春らしい服装で気分も爽やかに

七赤 4月の運勢○吉運

吉　方→なし
小吉方→南東
甲辰九紫火星の月

吉方○南東＝小吉方。婚活や縁談から良き出会いを得る。蓄財の情報を入手する。凶方●南＝嫌な噂を流されて立場が悪くなる。北＝家庭内が殺伐とする。北西＝気持ちの行き違いから目上との関係が悪化。経営不振になる。東＝気の緩みで失敗。西＝金回りが悪くなる。

運勢／勢いあり新規事のスタートに吉。これまで準備を進めてきたことに思い切って挑戦を。周囲の意見を参考にしながら勇み足にならぬよう段階的に。新アイデアや若者の感性を取り入れつつ旧を守る信念がプラスに。衝動買い警戒。アレルギー疾患や足のケガ注意。

1金　○若者の発想を採用し現状を打破
2土　⦶自信過剰や分外の欲は失敗招く
3㊐　●見返り求めぬ心掛け功を奏する
4月　○書類や印鑑カード取り扱い注意
5火　◐冷えが原因で関節の痛みが発生
6水　⦶テレワークでゆとりの時間確保
7木　⦶何かと雑用が舞い込み多忙日に
8金　◐面倒な相談は長引き深入りせず
9土　◎遠くの親戚より嬉しい便り届く
10㊐　○新緑に心ウキウキ足取りも軽く

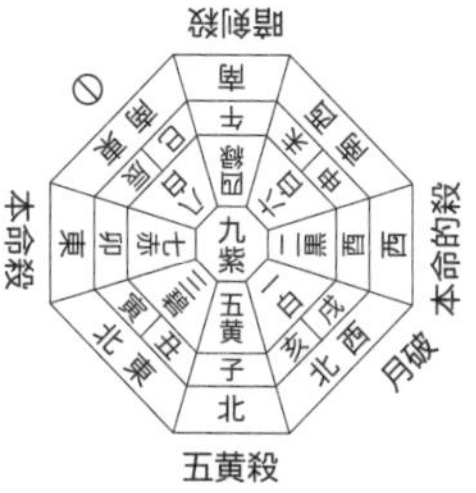

歳破→南西
年で本命殺→西
年で本命的殺→東

11月　○目立ち過ぎは頭叩かれる弁《わきま》えて
12火　●母の愛情で子供は伸び伸び育つ
13水　⦶見えからの散財で家計ピンチに
14木　◐歯周病早め治療で全身病を予防
15金　⦶気の緩みから仕事に身が入らず
16土　◐忙しいが労して功なし落ち込む
17㊐　◐渋滞で遅刻の恐れ早めに出発を
18月　◎これまでの努力で信用を得る日
19火　○急いては事を仕損じる無理せず
20水　○家庭の切り盛り頑張る妻に感謝
21木　●人から必要とされる努力も大事
22金　○結果を出すには時期尚早焦らず
23土　⦶マイペースを守り現状維持が吉
24㊐　⦶美味しい料理に舌鼓幸せな時間
25月　⦶交渉事は強硬姿勢より穏やかに
26火　◐相手の言い分もよく聞き善処を
27水　◎優柔不断な態度は信頼を損なう
28木　○スポーツで汗を流し筋力アップ
29㊎　○家庭が平和でこそ仕事も順調に
30土　◐ゆっくり風呂に入りリラックス

☆めくっておみくじ【十一番】——**大吉**　人気よし、才能よし、家業など成果多いとき。師や先輩の支援得る。

七赤

5月の運勢◎大吉運

吉　方↓なし
小吉方↓なし
乙巳八白土星の月

歳破→南西
年で本命殺→西
年で本命的殺→東

吉方○小吉方ともになし。行楽はその方位が吉方になる人のリードに従って。時間に余裕を持って行動を。

凶方●北東＝縁故関係と金銭でもめ事。南西＝古い問題が蒸し返す。生活レベルが低下。北西＝判断ミスから立場が悪くなる。南東＝取引不調。交際トラブル。

運勢／交際関係が広がり順風満帆。社会的な信用を得て公私共に良縁に恵まれる。役立つ情報を入手しやすく周囲と協力し合うことでうまく事が運ぶ。縁談や交際順調。噂に振り回され真実を見失わないよう。交際費がかさむ。気を引き締めて。流行り風邪や腸疾患注意。

1㊐　○大切な用件はメモしてミス防ぐ
2月　◐思い立ったが吉日すぐに実行を
3㊋　⌽虫歯は早めの処置で痛み少ない
4㊌　⌽面倒でも大人の対応で関係修復
5㊍　◐天高く泳ぐ鯉に子の成長を願う
6金　◎他人が幸せを運ぶ交際は大切に
7土　○仕事テキパキこなし丁寧に対応
8㊐　○母の日真心込めて感謝の花束を
9月　●夫婦円満は子どもの精神安定剤
10火　○思い切って髪を切りイメチェン
11水　⌽方針変えず一途に邁進すれば吉
12木　⌽気を引き締め時間やルール厳守
13金　⌽急いだり慌てたりが事故のもと
14土　◐情絡みの頼まれ事に手出し禁物
15㊐　◎共通の話題から親近感を覚える
16月　○種は適した土壌でこそ芽が出る
17火　○目上の指示に素直に従い高評価
18水　●睡眠不足が記憶力低下の要因に
19木　◎能力が開花し世間から注目の的
20金　◐冷えからの腰痛予防を怠りなく
21土　⌽物事甘く見ると思わぬ支障あり
22㊐　⌽腹が立っても怒らず争い避ける
23月　◐暴飲暴食の習慣が生活習慣病へ
24火　◎追い風に乗り諸事順調な流れに
25水　○初対面で意気投合仲間が広がる
26木　⌽健康に留意して持病の再発防止
27金　●スキンシップ活用子育ての基本
28土　○友人と美術館巡りで楽しい一日
29㊐　◐散歩の習慣で足腰の衰えを防止
30月　○笑ってガンキラー細胞を活性化
31火　⌽ピンチはチャンス視点を変えて

七赤

6月の運勢◐自重運

吉　方↓北西・北東
小吉方↓南東・南
丙午七赤金星の月

吉方○北西＝援助者が現れ、活動資金を調達。北東＝応援を受けて立ち直る。南東＝小吉方。社会活動や仕事が好調。南＝小吉方。地道な努力で開花。再起する。
凶方●西＝口約束や離婚問題で喧嘩に。派手な出費。東＝強欲すぎて失敗する。北＝騙され計画がつぶれる。

運勢／慎重に構えて守りを固く。周囲から頼りにされやすく親切心があだになる。家族や友人とは調和を保ちつつ生活リズムを崩さずに。長期化する相談事への深入りに用心。欲からの勝負事に警戒。金銭貸借は避ける。無理を重ねての過労に気を付けて健康管理を怠らず。

1水 ◐よく考えて不用意な発言避けて
2木 ○計画を実行に移すチャンス到来
3金 ⦶欲を出して先走れば損失を招く
4土 ⦶夫婦お互いの時間を尊重し円満
5㊐ ●陰徳の積み重ねが成功への階段
6月 ⦶メールで時間と感情の浪費注意
7火 ◐風通しを良くしカビの発生防ぐ
8水 ⦶見通しの甘さが失敗を招く原因
9木 ◐急がば回れで安全運転心掛けて
10金 ●自分本位な行動で孤立しがちに

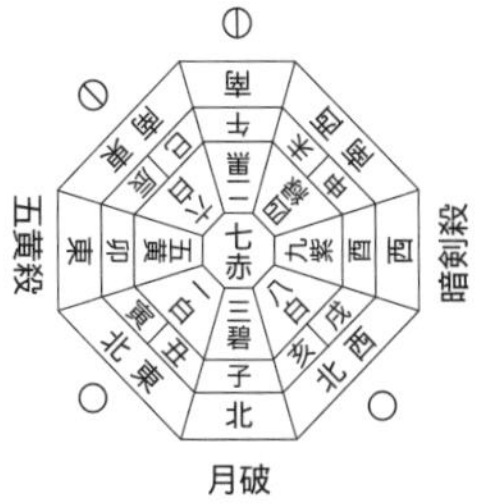

歳破→南西
年で本命殺→西
年で本命的殺→東

11土 ◎地道な努力が報われ信頼を得る
12㊐ ○気になる事は早めに解決し安心
13月 ⦶母の話に耳を傾けゆったり時間
14火 ●カラフルな傘で梅雨空を明るく
15水 ○持ち前の才能が高い評価を得る
16木 ◐五百円玉貯金に励み旅行を計画
17金 ◐楽しみ事に浮かれて仕事にミス
18土 ○独りで悩まず目上に相談し解決
19㊐ ◐家族の為に働く父に感謝の言葉
20月 ◎協力一致で歩み寄り職場も円満
21火 ⦶短気は損気で活路を失う羽目に
22水 ○年長者の知恵を借りて問題解決
23木 ●十分な睡眠で蓄積した疲労回復
24金 ○先手先手の行動で成功を手中に
25土 ⦶マイペースで調子よく運ぶ好日
26㊐ ⦶手料理を囲み楽しく家族団らん
27月 ⦶目上との対立や独走に注意して
28火 ◐冷蔵庫の中を整理し食中毒予防
29水 ◎異性との出会いのチャンスあり
30木 ○好奇心と適度な運動で若さ保つ

☆めくっておみくじ【五十番】——吉　目的を達したら次の目標に更新するとき。内容の改善が出来れば成就する。

七赤

7月の運勢◐自重運

吉　方↓北
小吉方↓南
丁未六白金星の月

吉方○北＝友人や家族関係の絆が強くなる。副収入が入る。異性運が上がる。南＝小吉方。人気運が上昇。知的能力が向上して好結果。凶方●北西＝苦情や叱責《しっせき》などで目上との関係が悪化。南東＝信頼関係を失う。周りから疎まれる。北東＝転職失敗。相続関係トラブル。

運勢／自信過剰になり理想と現実とのギャップに気持ちがギスギスしがち。目上への反抗心は視点を変え感情のコントロールを。強引に我を張るのはご法度。冷静に時間をかけ取り組んで。気が大きくなり投資やギャンブル的出費で散財しがち。頭痛や血圧、ケガに注意。

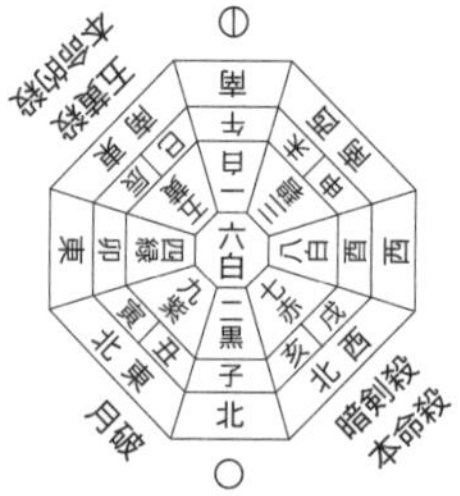

歳破→南西
年で本命殺→西
年で本命的殺→東

1金　⦶質素倹約の中にも美意識を持つ
2土　●積極的な行動を避け静かな日を
3㊐　○気持ちを切り替え新たに再出発
4月　◐定期検診で歯周病予防に努める
5火　⦶楽しい食事も小さな気配りから
6水　⦶周囲に頼れば期待以上の成果に
7木　◐今宵は空を見上げて星と語らう
8金　○アドバイスを受け目からウロコ
9土　◎ご縁に恵まれ運気アップの兆し
10㊐　○友人の企画で楽しい日帰り旅行
11月　◎強気の姿勢で一気に問題を解決
12火　◐注意力散漫で大事な物の紛失も
13水　◐治療中の病気の悪化に用心して
14木　⦶無理強いせず一歩手前で止まる
15金　◐相手を尊重し険悪な関係を回避
16土　○華やかな人達との交流を深める
17㊐　●見込み違いで失敗する可能性大
18㊊　⦶皆で助け合えば喜びが無限大に
19火　⦶女性を積極的に起用し内部改革
20水　○気持ちを素直に伝えて結果良好
21木　◐言いたい事が言えず夫婦冷戦に
22金　⦶チャンスが来るまで実力を養う
23土　⦶真夏の紫外線はオシャレの大敵
24㊐　◐新作手料理は賛否両論で課題が
25月　○上司に引き立てられ大役に任命
26火　●急な体調の変化で熱中症の疑い
27水　⦶迷っている間に人気商品が完売
28木　○好きな人の情報集めて作戦会議
29金　◎苦労あるからこそ達成感は最高
30土　●家庭内のトラブルに目を向ける
31㊐　◐慎重に進まないと見込み違いが

七赤

8月の運勢⦶小吉運

吉　方→北西・北
小吉方→なし
戊申五黄土星の月

吉方○北西＝目上に一目置かれて引き立てられる。社会活動で成果を上げる。北＝友人との交流が楽しみに。異性運好調で親密度アップ。凶方●北東＝運が傾く。改革が失敗して暗礁に乗り上げる。西＝怠けグセがついて金回りが悪くなる。虫歯。東＝足元をすくわれて失敗。

運勢／交際面が活発になり楽しみが広がる。趣味の集いや飲食の機会が増えて余暇を満喫できそう。婚活や恋愛も順調。遊びグセがついて財布の紐が緩くならぬよう預金を心掛けて。不規則な生活に用心。食事内容に気を付けて健康管理を。歯の不快感あれば早め受診。

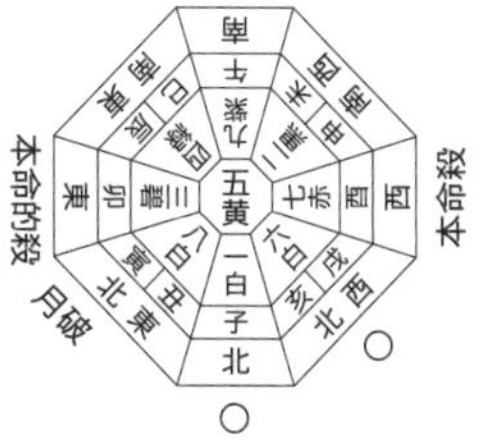

歳破→南西
年で本命殺→西
年で本命的殺→東

1 月 ⦶自然と触れ合い楽しくキャンプ
2 火 ◐泥まみれの洗濯物も元気な証拠
3 水 ⦶先は長いがコツコツと努力して
4 木 ●人前での発言が誤解を招きそう
5 金 ○気になる人と徐々に良い関係に
6 土 ○殻を破れば新たな才能が芽吹く
7 ㊐ ◎秋を先取り手料理で家族が喜ぶ
8 月 ◐大事を取って体調管理を万全に
9 火 ⦶特売で安物買いの銭失いになる
10 水 ⦶浮気心が芽生えて手を出し失敗
11 ㊍ ◐ライバルと張り合っても得なし
12 金 ⦶自然の成り行きに逆らわず静観
13 土 ●独りの時間を有意義に過ごす日
14 ㊐ ○追い風に乗って期待以上の成果
15 月 ○家族でお盆を過ごして先祖供養
16 火 ◎棚からぼたもち皆と分かち合う
17 水 ◐離婚問題に発展する事件が発生
18 木 ⦶あと少しと焦るより原点に戻る
19 金 ⦶雑談から新しいヒントをもらう
20 土 ◐些細な事で固い絆にヒビが入る
21 ㊐ ○最終段階の契約書類は再確認を
22 月 ●執着が手放せず不利益を受ける
23 火 ○予防をすれば夏風邪も怖くない
24 水 ◎完璧な対策で住みやすい環境を
25 木 ○変化のない毎日でも多くの幸が
26 金 ◐窮地に立たされても正々堂々と
27 土 ⦶先輩の意見を聞いて節度を守る
28 ㊐ ⦶夏バテ解消で食欲も徐々に増す
29 月 ◐心の変化で悩みも少し楽になる
30 火 ⦶地道に続けた努力の成果が結実
31 水 ●感情に流された発言で後悔する

七赤金星　☆めくっておみくじ【三十九番】——**凶**　昔の人は苦は娑婆《しゃば》という。災いは巡って来るもの、再三の用心をしたいもの。

七赤

9月の運勢◐自重運

吉　方→なし
小吉方→南
己酉四緑木星の月

吉方○南＝小吉方。悔い改めて再起出発。創意工夫の成果が上がり認められる。
凶方●南東＝紹介話が破談に。中傷され評判ガタ落ち。北西＝欲が出てやり過ぎ失敗。投機で損失。東＝足踏み状態で停滞。北東＝縁故関係者と金銭トラブルに。南西＝意地を張り夫婦不和。

運勢／周囲の変化に影響を受け改革へと前向きになるも準備不足では迷走する。仕事や生活環境も焦らず現状維持が得策。時機を待って。縁故関係の出入りが多く義理人情の付き合いに配慮が必要。予定外の出費ありそう。節約を。関節痛に注意。柔軟体操で健康増進。

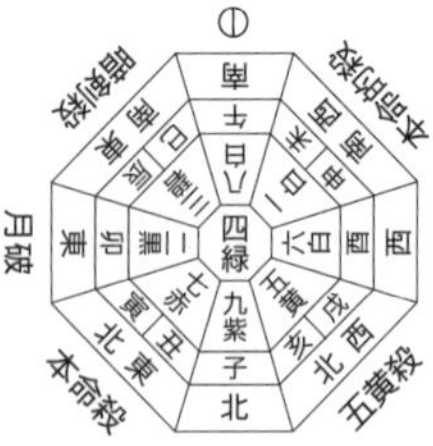

歳破→南西
年で本命殺→西
年で本命的殺→東

1木　○気が逸るも状況判断をしっかり
2金　⦶苦労は買ってもせよ心が安らぐ
3土　◎一歩一歩の足固めで願望が成就
4㊐　◐他人の口車に乗るとトラブルが
5月　◐生活習慣を改めて成人病予防を
6火　⦶足元が安定せず土台固めが必要
7水　◐身辺に変化あるも上司に順応を
8木　⦶見通しが立たず欲を捨て堅実に
9金　●実力発揮でき大きな成果を得る
10土　⦶言わぬ努力と見せぬ努力で輝く
11㊐　○小さな一歩が大きくなり信用増
12月　◎陰日向なく誠実な働きが実績に
13火　◐見込み違いから失敗し成果出ず
14水　⦶仲間内の足を引っ張る人に注意
15木　⦶全ての事が一段落し達成感あり
16金　●知ったか振りをせず謙虚な心で
17土　○広い視野で物事を見る目を養う
18㊐　●分を弁《わきま》え一歩控えた行動が大切
19㊊　⦶田舎の祖父母に感謝の花束宅配
20火　○目上や同僚の意見参考に好結果
21水　◎改革は周囲の理解の根回し重要
22木　◐嫌な事でも柔軟性を持ちトライ
23㊎　◐追い風が急変ご先祖様に墓参を
24土　⦶順調に進むが妨害も動揺せずに
25㊐　◐意思が定まらず進む方向に迷う
26月　○運気良好誠実に進み大きな成果
27火　●私情を抑え目上の指示に従い吉
28水　○分を知り無理せず静かが安泰に
29木　⦶好機のチャンス踏み出す勇気を
30金　○実力を過信せずに等身大でOK

七赤

10月の運勢○吉運

吉　方→北東
小吉方→なし
庚戌三碧木星の月

吉方○北東＝起死回生のチャンスを得る。蓄財が増えて家庭円満。転職が成功。
凶方●東＝陰湿な手口で嫌がらせをされる。水難が。西＝異性問題や浪費で身を持ち崩す。南東＝異性運なく良縁を逃す。南＝決断ミス。書類関係のトラブル。北＝家庭内がギクシャク。

運勢／努力が実り評価されるとき。趣味活動や学びなど成果が上がり意気揚々。おだてられ天狗にならないよう謙虚さを忘れずに。知識をひけらかしたり白黒ジャッジする言動がトラブルの元。優しい言葉遣いで和やかに。高額品購入は再検討。頭痛や目、血圧に注意。

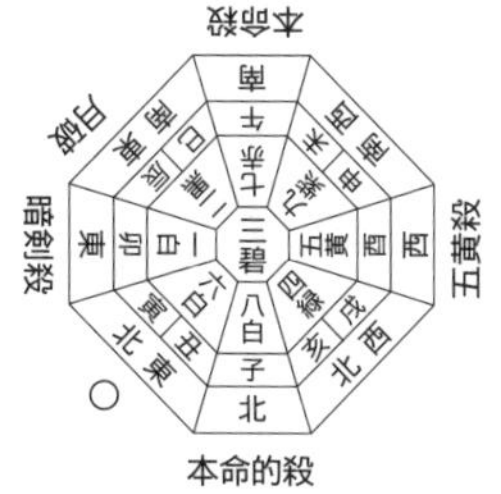

歳破→南西
年で本命殺→西
年で本命的殺→東

1土　◐八方塞がり無理せず静かに待つ
2㊐　⦶千里の山も一歩から愚直に努力
3月　⦶軽挙妄動を慎んで慎重に行動を
4火　◐変化の多いときは経過観察して
5水　○優柔不断で出遅れる早めに決断
6木　●目先の欲に駆られ大きな損失が
7金　○常に慎みを持ち接し好感度ＵＰ
8土　○予想以上に実力発揮自信が付く
9㊐　◎人との交流で新しい情報ゲット
10㊊　◐交際方法を熟考し確実な人選択
11火　⦶環境の悪化が心配打開策を考慮
12水　⦶甘い話に乗りやすく誘惑を断つ
13木　◐未来予想は原点に戻って描こう
14金　⦶実力不足で辛いが基礎を固めて
15土　●何事も諦めず根気よく続けて吉
16㊐　⦶山また山で苦労の連続も反省を
17月　○他者の気持ちを汲んで現状維持
18火　◎何をしても道が開ける盛運の時
19水　◐焦らず気長に待てば道は開ける
20木　⦶新規の事柄に順応して結果良好
21金　⦶滞っている案件は協力者と解決
22土　◐世の中は実力次第で成果に差が
23㊐　○今は我慢し止まる様子見て前進
24月　●行き詰まったら読書で気分転換
25火　○協力者と知恵を出し合えば進展
26水　○好調でも謙虚に後輩の意見尊重
27木　◎周囲と和合して対人運が順調に
28金　◐目上目下を問わず寛大な心大切
29土　⦶明日の準備夜の戸締まり確認を
30㊐　⦶外見より内面の美しさを磨いて
31月　◐上昇も過ぎれば失速の恐れあり

七赤金星　☆めくっておみくじ【九十番】――**大吉**　まず一心に励めば誰にでも通じるもの。努力の実りが大きく育つとき。

七赤

11月の運勢◐自重運

吉　方→なし
小吉方→なし
辛亥二黒土星の月

吉方○小吉方ともになし。疲れを溜めやすい運気。旅行や外出は心身共に無理のないスケジュールを組んで。
凶方●南西＝ご近所トラブル。家族の絆にひびが入る。北東＝財産のことでもめる。南東＝悪い噂を流される。北＝へそくりが出ていく。南＝左遷。評価が落ちる。

運勢／先の見えないとき。何事も無理をしないでゆっくり進める。外にばかり目を向けないで日常生活の身の回りの事を大切に。家庭サービスを忘れず真心を通わせて。酒色や情絡みの腐れ縁に警戒。危うきに近寄らず。小銭貯金で金欠防止。足元や冷え、泌尿器系注意。

歳破→南西
年で本命殺→西
年で本命的殺→東

1火 ○ひるまず押しの一手で恋愛成就
2水 ●何事も人任せにせず自ら動いて
3㊍ ○書物や資料に親しみ気付き得る
4金 ⦶諦めず探して見つける解決の道
5土 ○積み重ねた努力が結実を迎える
6㊐ ◐感謝と思いやり夫婦円満のコツ
7月 ◐もう一枚上着を重ね体温キープ
8火 ⦶見えを張らねば赤っ恥もかかず
9水 ◐恋の未練を断ち切りよい方向へ
10木 ○準備を念入りにしチャンス待つ
11金 ●甘い言葉に迷い痛い思いしそう
12土 ○素人は手出しせずプロに相談を
13㊐ ◎黙って指示に従い上司を手助け
14月 ◎夢を目標に置き換え果敢に挑戦
15火 ◐私利私欲に走れば仲間が離れる
16水 ⦶近隣の助け日頃の交流のおかげ
17木 ⦶ライフプランを見直すチャンス
18金 ◐手こずる子育て先輩ママに相談
19土 ⦶助け合う心で職場の士気高める
20㊐ ●異性の誘い断って恋人を大切に
21月 ⦶のんきに構え後始末に四苦八苦
22火 ⦶自分の仕事に集中し定時で帰宅
23㊌ ◎腰を上げ少しずつ始める冬支度
24木 ◐高い理想を望む婚活は難航する
25金 ⦶疲れたら栄養補給と早めに就寝
26土 ⦶流す涙あと少しで乾くと信じて
27㊐ ◐友と復習勉強テスト結果が出る
28月 ○幸運を呼び込む善行の積み重ね
29火 ●足の痛み放置せず医者に診《み》せる
30水 ○善意のアドバイス素直に聴いて

七赤

12月の運勢⦶小吉運

吉　方→北西
小吉方→なし
壬子一白水星の月

吉方〇北西＝社会活動が認められ支援うける。地道に取り組んで引き立てられる。**凶方**●北＝車や自転車の事故。スポーツのケガ。南＝資格試験や学びの結果を出せず。南西＝気の緩みから日常生活がルーズに。北東＝仕事や取引で急に業績悪化。親類縁故とのもめ事が。

運勢／一年の締め括りに。雑用は皆と協力し合い丁寧に順序だてて片付ける。気紛れに手を付けず頼りになるリーダーの言に従って確実に進めて。お世話になった方へのお礼や年越し準備は例年通りに旧を守る。やりくり上手に。過労に警戒。胃腸炎や慢性疾患に注意。

歳破→南西
年で本命殺→西
年で本命的殺→東

1木 〇煮え切らぬ態度は誤解が生じる
2金 ◎一大プロジェクト強い心で遂行
3土 ●思い付きで話す言葉に重みなし
4㊐ ⦶一年を振り返り自分と向き合う
5月 ⦶気合いを入れ直して目指せ合格
6火 ◐不安感じる縁談は見送ってよし
7水 ⦶苦労が報われ笑顔を手に入れる
8木 ●職場のパワハラ我慢せず相談を
9金 〇育んだ愛が結婚へと繋がる予感
10土 ⦶不快な発言はさらりとかわして
11㊐ 〇未来を信じ日々の努力を怠らず
12月 ◐探し物が丁寧な掃除で無事発見
13火 ◐テスト本番うっかりミスに注意
14水 ⦶節約で浮いたお金は賢く生かす
15木 ◐スランプの時こそ志を胸に問う
16金 〇仲間と一致団結やりがい感じる
17土 ●非難の応酬はお互い傷つくだけ
18㊐ 〇何気なく立ち寄る店で無駄遣い
19月 〇言い過ぎを抑え兄弟姉妹仲良く
20火 ◎この人と決断ゆっくり絆深める
21水 ◐自分から求めて広げる仲間の輪
22木 ⦶目上の助言仰ぎ一陽来復の兆し
23金 ⦶おやつの時間決めリフレッシュ
24土 ◐イブの喧嘩はシャレにもならず
25㊐ ⦶目の酷使が脳疲労に労《いたわ》る習慣を
26月 ●腐れ縁切ると決めたら連絡せず
27火 ⦶得意分野に磨きをかけて武器に
28水 〇年末の主婦の負担を家族で分担
29木 ◎先入観を捨てて視野を広く保つ
30金 ◐見栄えの良さに飛びつけば失敗
31土 ⦶無病息災を祈り年越しそば食す

☆めくっておみくじ【三十六番】——**末吉** 初めは損をしても終わりに益するのを待つ。人に先を譲れば福が来る。

八白《はっぱく》土星《どせい》

自重運

回心転意
大人《たいじん》虎変《こへん》

令和4年 壬寅五黄土星
方位盤

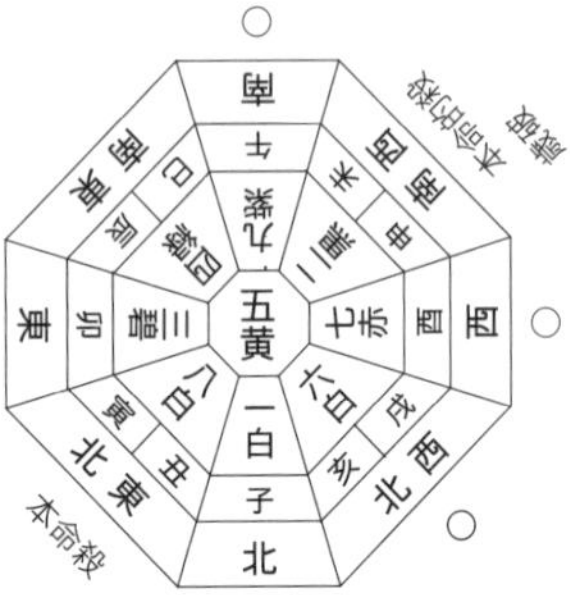

吉方→南・北西・西
凶方→南西・北東

「南」を吉方として活用すると、稽古や研究の成果が日の目を浴びて称賛されたり、受験生は合格祈願に最適な方位です。移転・引っ越し、海外・長期旅行は、二月節、五月節、八月節、十一月節の最大吉方がお勧めです。

「北西」は、目上運が上がるので良い上司に巡り会います。そこからやる気がアップし、何事にもストイックに。

「西」は、社交面が活発になって相手を楽しませる話術が出来るようになります。また臨時収入にも恵まれます。

性格と人生

山のようにどっしりとした印象を与える人が多いでしょう。意志強固で信念が固く、努力を惜しまず続けていくタイプですが、頑固で言い出したら聞かない偏屈なマイナスの一面も。協調性に欠けて他人と争いがちなので、社交性が無く傲慢だと周りから誤解されやすいのですが、内面には優しさや情のもろさを秘めています。目上運は強いほうで、内柔外剛の愛される一面があります。蓄財の星といわれ、所有欲が旺盛です。

全般的な運の流れとしては、一獲千金を狙うような冒険は不向きです。初めは思うようにいかなくても、一歩一歩、山を築いていくように努力を積み重ねていくことで運を伸ばしていきます。独り善がりになって孤立しないよう相手の立場に立って考える姿勢を身につけて。物事を改革していく傾向があり、人生に起伏が多いのですが、七転び八起きの運で盛り返す力が強いのです。

対人面では心を広く持ち社交性を身につければ晩年にかけて開運につながります。

八白土星生まれ

平成31年己亥
〃 22年庚寅
〃 13年辛巳
〃 4年壬申
昭和58年癸亥
〃 49年甲寅
〃 40年乙巳
〃 31年丙申
〃 22年丁亥
〃 13年戊寅

2月4日以前生まれの人は九紫生まれで見ます

あなたの今年の運勢　八白土星

人生の節目を迎え転換期に入りました。これまで順調に進んできた事案が停滞し、行き詰まりを感じる時。軽率な方向転換は、却って悪化を招くので慎重に行動を。

◎商売運……外に目を向けるより内部統制に力を注ぐ時。今年の頑張りが来年以降、さらなる躍進に繋がります。リサーチ活動の徹底と後継者の育成に力を注ぎましょう。

◎職場運……職場の移動や配置換えなど人事異動があったり不慣れな部署への異動もありそう。悩みは尽きませんが、この年の頑張りが翌年以降の活躍に繋がります。

◎家庭運……家の中を整理整頓しましょう。断捨離すれば今まで手狭だった空間が有効活用でき、さらに運気のアップにも。自分としっかり向き合うことが必要不可欠。

◎恋愛運……長い交際期間を経て漸《ようや》く迎えられる春に安堵する一方で、逆に終止符を打つような状況も考えられます。一度きりの人生です。お互いに後悔のない恋愛を。

◎金　運……冠婚葬祭などの出費が嵩み、時には不動産やお墓の問題に直面しそうです。予《あらかじ》め準備しておいて。

◎健康運……腰椎や頚椎《けいつい》などの関節痛が慢性化に。悪化する前にケアが大切です。耳や鼻の病気にも要注意。

寅の八白の運勢／**12歳**は、自己主張が強く我が儘な面が出やすい時。新ジャンルに関心を持ち、将来の夢や希望を自己啓発に心掛けて。**48歳**は、後継者問題に直面しそう。生活環境が大きく変わることもありますが、焦らず対処していければ大丈夫。

巳の八白の運勢／**21歳**は、境遇の変化により、将来の進路に不安を感じることも。自分の意思をしっかりと持ち周囲に振り回されないで。**57歳**は、方向転換を余儀なくされそう。現状打開に焦る必要はなく地道に精進。呼吸器や肺の病気に注意が必要です。

申の八白の運勢／**30歳**は、不安や動揺から迷いが生じ、暗中模索の状態です。一度に解決しようとせず、幾度もチャレンジして落着へ。**66歳**は、想定外のトラブルに気をつけ、対人関係を円滑に。血圧の上昇に注意し、躓《つまず》きによる怪我にも用心しましょう。

亥の八白の運勢／**39歳**は、転職・転業・脱サラなどに心動かされる年。独りで決断をせず、家族や友達、時には専門家に意見を仰ぐこと。**75歳**は、自分本位になり独善的になり過ぎると反発や反感を買うことに。転倒による骨折に注意し、詐欺にも用心。

八白

1月の運勢◐自重運

吉　方↓北東
小吉方↓なし
辛丑三碧木星の月

吉方○北東＝家族や縁故関係の応援で行き詰まっていた事態が好転する。社会参加で良きチャンスを得る。
凶方●東＝思わぬ災難。事故。西＝欲が絡んで不運に見舞われる。南西＝ご近所と利害トラブル。北＝家庭に波風落ち着かない。南＝口の災い。手抜き書類ミス。

運勢／新年。派手な言動より一年の目標をしっかり胸に誓って。意地を張らず頑張り過ぎずじっくりと自己充実を目指す。心の通い合う身内や仲間との和やかな時間を大切に。家族や住居のための出費を計上。コツコツ貯金を目標に。体温調節に留意。冷えや足元注意。

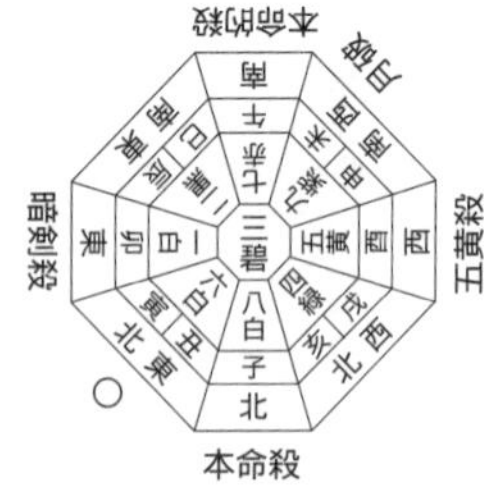

歳破→南西
年で暗剣殺→北西
年で五黄殺→南東
年で本命殺→西
年で本命的殺→東

1㊏　○家内安全を願い家族揃い初詣で
2㊐　◎おせち囲み話題尽きぬ家族の和
3月　◐千客万来は嬉しさも疲れもあり
4火　◐気分一新し情熱を燃やす初仕事
5水　⦶外見より内面を磨く努力が必要
6木　◐天狗になっての暴言がピンチに
7金　○生きたお金を運用し金運が上昇
8土　●イライラの爆発は周りに悪影響
9㊐　⦶片思い独りで悩まずラブコール
10㊊　○成人式の晴れ着姿に未来託して
11火　○仕事も社交も積極さが成功の道
12水　⦶友達に悩み相談持ち込まれそう
13木　●質素も過ぎればケチの仲間入り
14金　○リーダーや同僚に従って安泰日
15土　◐ライバル意識しても勝ち目なし
16㊐　◐帰宅後はソープで手洗いを励行
17月　⦶近所でも小銭入れ持参して外出
18火　◐パートナーとの争いが致命傷に
19水　◎キャリアに物言わせて万事順調
20木　○ミス放置せず素早くリカバリー
21金　⦶スタートは不振でも徐々に向上
22土　●日帰りプチ旅行でリフレッシュ
23㊐　⦶人を責める前に自分も反省して
24月　◐功を焦れば思わぬつまずきあり
25火　⦶悪口聞かされても平常心で行動
26水　⦶隣の芝生は青く見えるが迷わず
27木　◐野菜ジュース飲んでデトックス
28金　◎会話の中で大きなヒントを掴む
29土　○アルバイト収入も家計の手助け
30㊐　⦶家族団欒にテイクアウトも活用
31月　●自分を信じてポジティブ思考に

八白

2月の運勢◐自重運

吉　方→南
小吉方→東・北
壬寅二黒土星の月

吉方○南＝引き立てを受け地位向上。社会貢献が認められる。東＝小吉方。学びを生かして好進展。北＝小吉方。社交運や異性運向上。**凶方**●南西＝生活が不安定になり落ち着かない。ご近所とのトラブル。北東＝強欲から争いごとに巻き込まれる。家運が徐々に衰える。

運勢／昔からの知人や老人とのいざこざが多く気が休まらない。必要以上に波風を立てぬよう配慮が必要。惰性に流されぬよう日常の雑事に手を抜かずに取り組む。金銭面は倹約第一。家電製品や台所用品は新製品より古いものを大切に使う。持病再発や胃炎、湿疹注意。

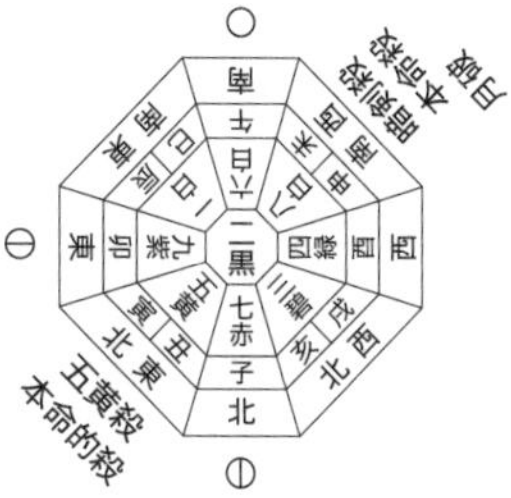

歳破→南西
年で本命殺→北東
年で本命的殺→南西

1火 ○笑顔の応対で相手に花を持たせ
2水 ◐中傷は妬《ねた》みが半分知らぬ振りを
3木 ⦶招福豆で心身共に鬼は外福は内
4金 ⦶早寝早起きこそ健康管理の基礎
5土 ●外の洗面所では貴重品を再確認
6㊐ ◎心ときめく人身近に発見しそう
7月 ◎業績アップの決め手は粘り強さ
8火 ◐発酵食品でヘルシーダイエット
9水 ●多忙でも神仏に合掌し安全祈願
10木 ○スクワットで体力不足の解消を
11㊎ ◐近所との距離は付かず離れずで
12土 ⦶保存の利く料理を多めに作って
13㊐ ⦶部屋の温度差防ぎ快適住まいに
14月 ◐義理チョコ漏れぬようメモ確認
15火 ○水回りピカピカ掃除で気分一新
16水 ○自分のメンテナンス法リサーチ
17木 ⦶机を整理整頓してテレワークを
18金 ●ルール破りはペナルティが発生
19土 ○ご無沙汰メールで縁がありそう
20㊐ ◐オーバーワーク後で付けが回る
21月 ◐聞き役に徹しお口にチャックを
22火 ⦶メークは目元にポイントおいて
23㊌ ◐自分なりの働き方改革をする日
24木 ◎能ある鷹は爪隠して好結果期待
25金 ○ライバルとの会話が良い刺激に
26土 ◐近くで意外な癒しスポット発見
27㊐ ●反省は言葉と態度で伝えるべき
28月 ⦶見返り求めると全てが台無しに

☆めくっておみくじ【十六番】——吉　家庭の安心は親子や孫と愛情深い対話から生まれる。数日先に朗報あり。

八白　3月の運勢○吉運

吉方→北西
小吉方→南東
癸卯一白水星の月

吉方○北西＝気力体力が充実して活躍する。社会活動に努力を重ね一目置かれる。南東＝小吉方。婚活で良縁得る。信頼を培い取引好調。
凶方●北＝パワハラに遭う。後輩や子供から反抗される。南＝名誉を汚される。西＝軽率な言動からトラブルに。東＝二転三転して停滞する。

運勢／活気あり足元も軽やかに。準備してきた新規事を着手する好機。焦らずに目標に向けて狙いを定めて。我が物顔な独走態勢では不評を買う。周囲とは会話を密にして協力を仰いで。金銭は計画性を持って衝動的出費を防ぐ。アレルギー疾患や神経痛、足元に注意。

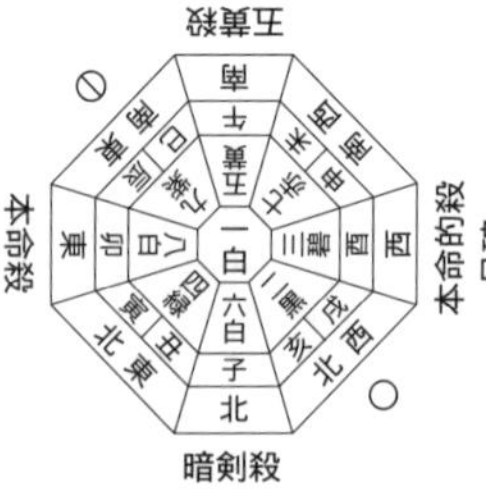

歳破→南西
年で本命殺→北東
年で本命的殺→南西

1火　◐薬オンリーより休養と睡眠第一
2水　⦶子供の失敗見て見ぬ振りも大切
3木　⦶知らぬが仏でなく知らぬが恥に
4金　◐相手の非を咎《とが》めず己を反省して
5土　◎家族それぞれの趣味語り合う日
6㊐　◎手足を伸ばしてゆっくりと休息
7月　○ジョギング前にまず準備体操を
8火　●高速道路挑発されても安全運転
9水　○夫婦仲良いことが家運発展の道
10木　◐ケチでよし節約節制が今は大事
11金　⦶車より歩け歩けで足腰を鍛えて
12土　⦶解決を急ぎ挫折するより待つ事
13㊐　◐日曜大工高所の作業にはご注意
14月　◎課題山積でも十分にこなせる日
15火　○趣味のオンライン講座下調べを
16水　○ラインの返信は忘れず今すぐに
17木　●その一言が誤解やトラブルの因
18金　○女性の機転と発想が成果を呼ぶ
19土　◐マンネリは成果上がらず工夫を
20㊐　⦶交際といえど経費の予算を計上
21㊊　⦶彼岸会線香と花を供え先祖供養
22火　◐親しき仲も相手敬うマナー大切
23水　○イエスマンより中立守るが無難
24木　○カルチャー講座で新しい才能が
25金　⦶臭い物にフタをして知らぬ振り
26土　●甘い言葉の裏にワナありご用心
27㊐　○一目惚れでも相性チェック大切
28月　⦶分からず屋の上司に逆らえば損
29火　⦶一度で決めず二度三度考え決断
30水　○フレッシュな春色でおしゃれを
31木　◐腹が立ってもぐっとこらえ我慢

八白

4月の運勢◎大吉運

吉　方→西
小吉方→東
甲辰九紫火星の月

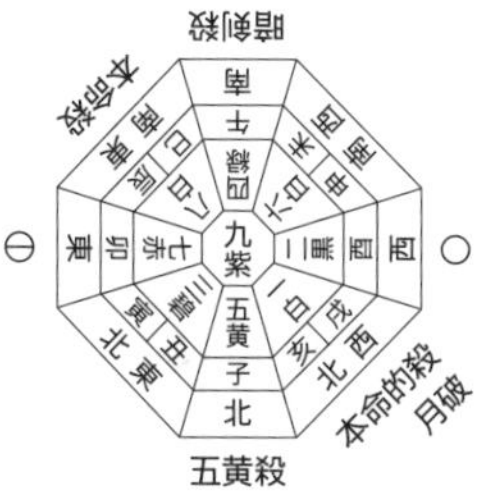

歳破→南西
年で本命殺→北東
年で本命的殺→南西

吉方○西＝仲間と交流を深めて絆を固く。東＝小吉方。周囲からの応援や資金に恵まれスタート。良縁あり。
凶方●南＝ぼんやりしていて致命的なミスが。北＝表沙汰に出来ぬ腐れ縁に悩む。北西＝心を開けずに理解されない。南東＝アレルギー症状が出る。縁遠くなる。

運勢／対人関係が良好。仕事面でも交際や縁談などの愛情面でも充実した月に。より一層周囲への配慮を心掛け和を保って。あちこちと目移りして信頼を損ねぬように誠意を持った対応を。家族や友人と過ごす時間を大切に。交際費は多めに計上。鼻かぜや腸に注意。

1金　◎礼儀正しさ好感を集め契約成立
2土　○ＳＮＳで楽しい話題を発信して
3㊐　○もっと自分の個性を押し出す日
4月　●良い話はトンビに油揚げ慎重に
5火　⦶アートに触れ合い美意識をＵＰ
6水　⦶スキンケア一新でお肌も艶艶《つやつや》に
7木　⦶愚痴はメモにも口にもせず抹殺
8金　○お参り甘茶で心なごむ花まつり
9土　◐強気にならずに物腰を柔らかく
10㊐　◎桜の花満開自分も満面の笑顔で
11月　◎良いご縁を育てる努力惜しまず
12火　○目の前のタスク単純作業こなす
13水　●結婚は諸条件より優しさが一番
14木　○通信機器の料金プランを再検討
15金　◐焦るよりもクールダウンする日
16土　⦶夜の運転は交通情報を活用して
17㊐　⦶うがい手洗いの習慣で健康家族
18月　◐使わないスマホアプリ消去して
19火　◎華美より清潔感ある装い大好評
20水　○ガッツで口より行動でアピール
21木　⦶ＧＷに行きたい場所リスト作り
22金　●食べ過ぎ体重増加と自己嫌悪に
23土　○ハイキング履き慣れた靴が一番
24㊐　◐家族とお出掛け出費は惜しまず
25月　⦶母性愛もおせっかい過ぎると損
26火　⦶ブランドより人柄が有利な展開
27水　◐軽いヨガで筋肉のコリを解《ほぐ》して
28木　○愛犬とお散歩で自分も健康維持
29㊎　○植木に水やりを忘れず労る心で
30土　◐季節のイベント行事を楽しむ日

八白土星　☆めくっておみくじ【五十一番】――吉　努力が実らなくともなお努力。立身は一朝にならず、日々の精進あるのみ。

八白

5月の運勢◐自重運

吉　方↓なし
小吉方↓南東・東
乙巳八白土星の月

吉方○南東＝小吉方。交際関係が広がり趣味や飲食から喜び。異性との良縁あり。東＝小吉方。後援者がつき計画や金銭的見通しがつく。凶方●北東＝不動産や相続関係でトラブル。南西＝職場環境や待遇が悪くなる。やる気が起きない。北西＝冷静さを欠き目上と喧嘩に。

運勢／周りから声が掛かることが多く落ち着かない。八方美人になって良い人を演じず無理をせず上手に断る知恵を。外から厄介事を背負い込まぬように警戒。約束事は慎重に、時間もお金も無い振りが一番。転職は慎重に。過労にならぬよう健康管理。内臓疾患注意。

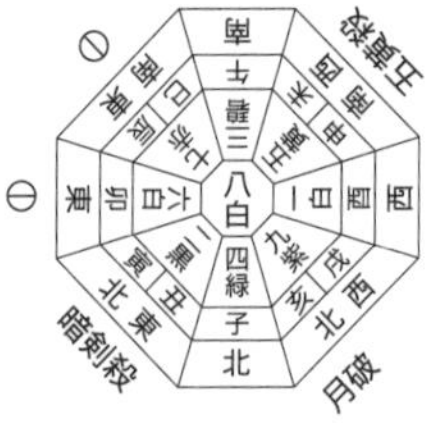

歳破→南西
年で本命殺→北東
年で本命的殺→南西

1㊐ ●旅先での盗難や病気全てに注意
2月 ○初めの頑張りが認められ上昇運
3㊋ ◐明日ありと思わず予定に即対応
4㊌ ⦶団体旅行人に迷惑かけぬ行動を
5㊍ ⦶こどもの日世話多くも愛の手を
6金 ◐公事の出費多くても見えは禁物
7土 ◎心通う仲間から耳寄り情報入手
8㊐ ⦶母あればこそ感謝のプレゼント
9月 ○ラブチャンス意外に身近な人と
10火 ●行きは良い良いでも帰りは怖い
11水 ⦶寄らば大樹の陰で上司を大切に
12木 ◐経理ミス押印ミスに警戒する日
13金 ⦶足は第二の心臓歩いて健康増進
14土 ⦶カフェインレスで胃腸を労って
15㊐ ◐己を磨く為にも試練は好機なり
16月 ◎働いた給料は大いに有効活用を
17火 ○デメリットにも目を向けて判断
18水 ○疎遠になっている友にメールを
19木 ●八方塞がり安易に話さず動かず
20金 ○大安吉日何か良い事がありそう
21土 ◐人任せで楽をするとツケが回る
22㊐ ⦶安物買いの銭失いで懐も寂しく
23月 ⦶愚痴を聞かされストレス溜まる
24火 ◐部下の為に予定変更も仕方なし
25水 ◎開運色のアイテム身に着けよう
26木 ○子供の赤いシグナル夫婦で解決
27金 ⦶不平不満は口に出さず心に納め
28土 ●他人事より自分の頭の蠅を追え
29㊐ ○ごみゼロの日町の掃除積極的に
30月 ◐近所の井戸端会議に深入り無用
31火 ⦶欲を出すとどんでん返しを招く

八白

6月の運勢⦶小吉運

吉　方→南
小吉方→なし
丙午七赤金星の月

吉方○南＝陰ながらの努力が日の目を見る。グループ活動や共同研究で成果。
凶方●西＝苦情や口約束からケンカに。カード支払いでトラブル。東＝見通しが甘く先に進めず空回り。北＝うまい話に乗って大失敗。北西＝資金難で右往左往。南東＝信用失う。婚活失敗。

運勢／心身共にはつらつと。社会活動や仕事でも大いに結果を出せる充実した月に。自信過剰になって強硬策を取ると周囲と衝突して裏目に。柔軟策で周囲との調和を図る。学びの機会には進んで挑戦して吉。投資は慎重に。ギャンブル避けて無難。事故やケガ、頭痛注意。

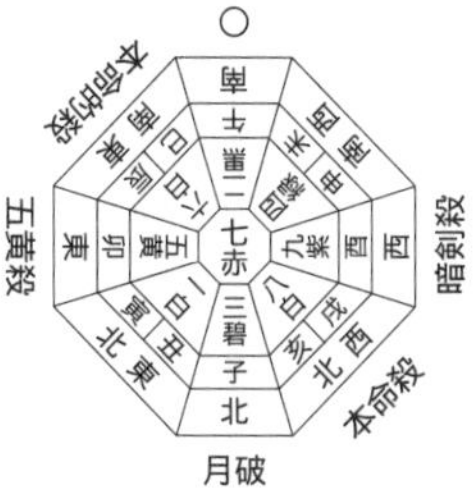

歳破→南西
年で本命殺→北東
年で本命的殺→南西

1水　⦶衣替え際立つ服で人目引きそう
2木　●強硬策や車のスピードに注意を
3金　○親しい相手でも説明疎《おろそ》かにせず
4土　○変化求めず平凡に過ごせば安泰
5㊐　◐家族で神仏にあやかり心和む日
6月　●熱しやすく冷めやすい短所是正
7火　○不要品ネット販売でプチ収入が
8水　◐通信光熱費などを見直して削減
9木　⦶自信があれば臆せずアピールを
10金　⦶小さな親切を心掛け己の財産に
11土　◐程よい食事タイムと休息が必要
12㊐　◎ザックバランな人柄が人気の的
13月　○朝のラジオ体操が一番の健康法
14火　⦶除湿器準備して梅雨のカビ対策
15水　●トゲのある話し方がパワハラに
16木　○忠告は相手の立場を考慮して吉
17金　◐仕事遅いが親切丁寧がポイント
18土　⦶親友でも保証人のサインはＮＧ
19㊐　⦶多少儀礼に外れてもウソも方便
20月　◐筋を通しても力不足で伸び悩む
21火　◎相手に花を持たせるのも社交術
22水　○陰徳積む気持ちが信頼得るカギ
23木　⦶近所のマイパワースポット参拝
24金　●深夜テレビの見過ぎ視力低下に
25土　○若い人の力借り有意義な一日に
26㊐　◐一方的親切の押し売り相手迷惑
27月　⦶二足のわらじも生活潤す正攻法
28火　⦶お中元は体裁より真心のギフト
29水　◐濡れ手に粟の商法はいずれ失敗
30木　◎諦めず念願成就のチャンスあり

☆めくっておみくじ【八十九番】――**大吉**　玉磨かざれば光なし。志を高く学問を学べば努力で立身を得るでしょう。

八白　7月の運勢⦶小吉運

吉　方→なし
小吉方→北
丁未六白金星の月

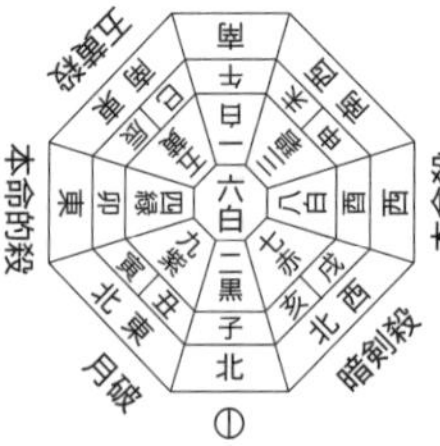

歳破→南西
年で本命殺→北東
年で本命的殺→南西

吉方○北＝小吉方。副業でコツコツ稼ぐ。旧知の友との絆が深まる。家庭円満。

凶方●北西＝目上と意見の対立で言い合いに。南東＝腐れ縁の相手に悩まされる。北東＝心機一転できず不完全燃焼に。西＝貯金絡みでトラブルに。口内炎。東＝電話勧誘で嫌な思いをする。

運勢／社交面が活発に。趣味の活動や飲食の機会が増えて楽しみが広がる。お節介や余計なひと言が不協和音のもと、誠実に向き合って。独身者には異性との縁あり。見えの散財に警戒。気を引き締めて出費をコントロール。栄養バランスに留意。虫歯や打撲に注意。

1金　○学力伸びる子に適した塾選びを
2土　⦶仕事と趣味のバランス保ち快調
3㊐　●気合い十分でも出番待ち焦らず
4月　○クーポン券の利用で得した気分
5火　◐何事も失敗回避は真面目が一番
6水　⦶マネー運や自己投資の土台作り
7木　⦶人の噂に左右されない心構えを
8金　●一度に成果を求めず基礎固めを
9土　○対人交流はソフトムードで好転
10㊐　◎身近な目標で進み成果を上げる
11月　◐苦労あるが才能伸ばすチャンス
12火　⦶現状維持でチャンスを待ち実行
13水　◐早朝に窓を開け空気を入れ替え
14木　◐パソコン操作は若者の力を拝借
15金　○整理整頓し気分も運気も急上昇
16土　●ホットな野菜料理で胃腸を守る
17㊐　⦶地味な中に積極的な動き生じる
18㊊　○良き指導者に従いスタートする
19火　◎実力つけ持ち前のネバリを発揮
20水　◐自己過信せず謙虚な態度が重要
21木　⦶壁に突き当たりそう基礎固めを
22金　⦶ネオン街恋しくても素早く帰宅
23土　◐うなぎ食し夏バテ予防栄養十分
24㊐　○夏休みの計画は感染対策万全に
25月　●不用意な発言を控え熱意が大切
26火　⦶人との和が運気の好転ポイント
27水　○表現力と営業力が上昇し順調運
28木　◎自信持ち事に当たれば勝算あり
29金　◐古い厄介事は公平な考えで処理
30土　⦶交際の輪が広がり恋愛運アップ
31㊐　⦶発想の転換で一ランク上を目標

八白

8月の運勢◐自重運

吉　方→南・北西・西
小吉方→なし
戊申五黄土星の月

吉方○南＝研究や試験で好成績。頭の回転が速くアイデアがわく。北西＝目上の引き立てあり。身体健全で活動的になる。西＝金回りが良くなる。恋愛運アップ。凶方●北東＝後継者問題が起きる。親戚縁者と摩擦が。南西＝昔の問題が再燃する。無気力になる。胃の不調。

運勢／身辺の変化に戸惑い気味。焦って方針転換を図るも無理は通らず。腰を据えて時機を待つ。周囲の理解を得て十分な対処策を講じて。住まいの修繕や模様替え検討。冠婚葬祭など義理の出費が増える。身の丈に合った向き合い方を。足腰の関節痛や吹き出物注意。

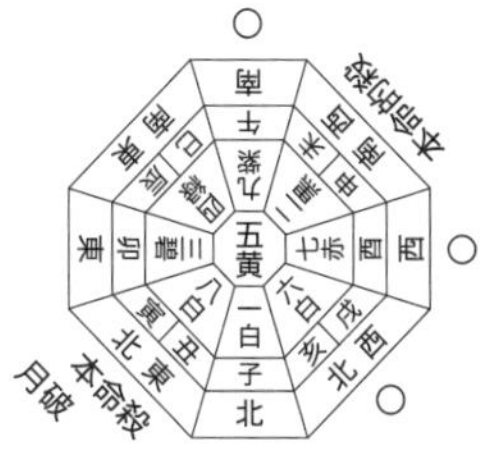

歳破→南西
年で本命殺→北東
年で本命的殺→南西

1月 ◐暑さ対策万全で外出木陰で休息
2火 ○社交術はお世辞より誠実さ重要
3水 ●睡眠不足でのレジャーは危険大
4木 ⦶実力があってもアピール力不足
5金 ○開運ポイントいつも笑顔で対応
6土 ◎良い香りの花に癒され気分爽快
7㊐ ◐古キズが痛みそう冷房にご用心
8月 ⦶大好きなドリンクでリラックス
9火 ⦶家庭の平和と家族の健康に感謝
10水 ◐相手をよく見て災いを最小限に
11㊍ ○地道な仕事ぶりで成果名誉得る
12金 ●見え虚勢を張らず自然体を貫く
13土 ⦶全体の事を考えた発想と視野を
14㊐ ○家キャンプの食事で楽しさ倍増
15月 ◎焦点を絞り全力投球で成果あり
16火 ◐古い問題を先送りせず先ず解決
17水 ⦶外出先でもケガや体調不良用心
18木 ◐恋愛関係は結論急がずゆっくり
19金 ◐我欲慎み常に感情をセーブして
20土 ○人の噂話に乗らず出所確認して
21㊐ ●経験者の知恵借り意欲的に実践
22月 ⦶騒ぐほど諸事反転で冷静に対応
23火 ○家計は火の車無駄省き節約生活
24水 ◎愛の告白誠意伝えるアプローチ
25木 ◐クールビズ定着軽快な服装第一
26金 ⦶一歩引き上長のアドバイス尊重
27土 ⦶周囲と協力して前進難題が解決
28㊐ ◐事態急変も慌てず目上の力拝借
29月 ○好機到来でトントン拍子に進展
30火 ●分不相応な事柄は成就しにくい
31水 ⦶ネット情報に左右されず再確認

八白土星　☆めくっておみくじ【六十五番】――**末吉**　まだ苦労があるが一陽来復を待てばよく、先々にいくほど花開くもの。

八白

9月の運勢⦶小吉運

吉　方→西
小吉方→なし
己酉四緑木星の月

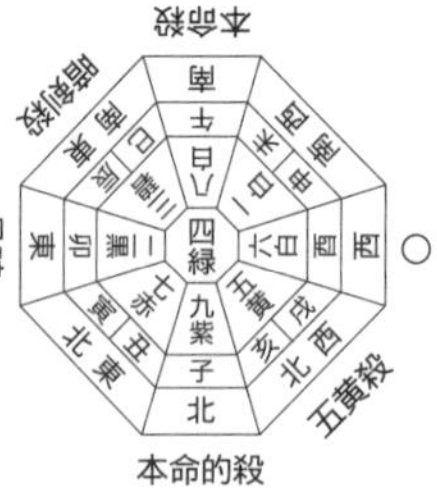

歳破→南西
年で本命殺→北東
年で本命的殺→南西

吉方○西＝社交や飲食の機会から有益な人脈を得る。金運が上がり資金調達も。
凶方●南東＝噂に振り回され大損に。北西＝傲慢な態度で孤立する。出世が遠のく。東＝計画が尻つぼみに。意欲が不足し精彩を欠く。南＝悪い習慣を改められず。北＝家庭内でのいざこざが。

運勢／向上心あり。結果を出せる月。周囲からの注目が集まり人気運も上々。うぬぼれずに皆と協力し合って好結果に。知的好奇心旺盛なとき。書物やネットなどから刺激を受けて良き発想が湧くことも。派手な出費に警戒。長期計画で金銭管理。目や心臓、血圧注意。

1木　○不時の災害に備え防災用品準備
2金　◎諸事順調で意外な人から援助が
3土　●怪しいサイトにアクセスしない
4㊐　⦶甘え捨て勇気出せば道は開ける
5月　⦶アイデア次第で金運が好転する
6火　◐年長者や目上には敬意を表して
7水　○実力発揮し如才ない行動で昇進
8木　●不平不満を顔に出さず我慢の時
9金　⦶腰などの痛み自己判断せず受診
10土　○ソフトムードで周りと融和して
11㊐　◎愛情溢れる家族に感謝の言葉を
12月　◐行くも退くも不調ぎみ自重大切
13火　⦶目的達成のために周到な準備を
14水　⦶人材発掘に力注ぎ将来に備えて
15木　◐体験型の防災訓練で知識を学ぶ
16金　○健康管理や食品衛生に配慮大事
17土　●風邪と油断せず早めの対策重要
18㊐　⦶住まいに関する事すぐ着手が吉
19㊊　○敬老の日家族で祝うプレゼント
20火　◎有識者の意見に従って仕事順調
21水　◐仕事では補佐役に徹し結果待つ
22木　⦶信念を持ち筋の通った行動大事
23㊎　◐バランス良い食事で体力回復を
24土　◐遊び心は程々に本業一筋で励む
25㊐　⦶目的決めず散策リラックス効果
26月　●誘惑が多い勝負事に手出し厳禁
27火　⦶足元が危うく時間をかけるべし
28水　○事が大きくなる前に和解が大切
29木　○規則正しい生活リズムを崩すな
30金　◐実り少なくてもやり甲斐に満足

八白 10月の運勢●警戒運

吉　方→なし
小吉方→なし
庚戌三碧木星の月

吉方○小吉方ともになし。基盤固めの月。住居や身近なことに手を付ける好機。外出は時間に余裕を持って。凶方●東＝秘密がばれる。西＝安かろう悪かろうで大損。南東＝マンネリで意欲に欠け信頼関係にひびが。北＝足腰を痛める。南＝派手な出費で金欠に。口喧嘩。

運勢／思うに任せない低調月。家族や友人、後輩などのために世話苦労が多い。避けて通れぬ問題が山積み。苦労をいとわず支える側に回って吉。目上のアドバイスを仰ぎながら周囲への気配りで和やかに。睡眠を十分にとって体力温存。腎臓泌尿器系や耳、足元に注意。

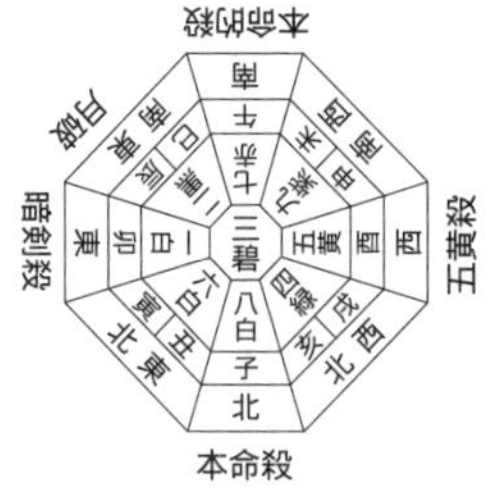

歳破→南西
年で本命殺→北東
年で本命的殺→南西

1土 ◐パワー不足で不調新規事は自重
2㊐ ⦶寄り道せず浮いた心引き締めよ
3月 ◐丁寧に受け身で臨めば家庭円満
4火 ○ライバルの出現が好影響与える
5水 ●無理を続けると病気になる恐れ
6木 ⦶ママ友との時間情報交換大切に
7金 ○手堅く進み仕事の能率が上がる
8土 ◎同僚と心が通い合う食事楽しむ
9㊐ ●転職を考えるが時期尚早で我慢
10㊊ ⦶長い物に巻かれる親戚付き合い
11火 ◐金銭の貸借や投資が不安定な時
12水 ◐不利な立場でも辛抱が一番大事
13木 ○人の忠告ありがたく耳を傾けて
14金 ●疲労ぎみ無理せずしっかり休養
15土 ⦶業績不振は専門家に助言を仰ぐ
16㊐ ○ドライブで友人との会話楽しむ
17月 ◎新しい夢へ自信を持ってトライ
18火 ●見込み違い生ず計画実行控えて
19水 ◐外出先での盗難やケガにご注意
20木 ◐恋愛ゆっくり進展する可能性が
21金 ◐交通渋滞も余裕を持ち安全運転
22土 ⦶プレゼン何度もリハーサルして
23㊐ ●身の回りを整理整頓し心機一転
24月 ⦶勇み足のミスに用心し再確認を
25火 ○対人面での誤解や口論にご用心
26水 ○足腰を鍛え健康寿命を延ばそう
27木 ◐手際よく仕事こなし諸事進行す
28金 ⦶過大評価と落胆せず益々精進を
29土 ◐ペットと過ごす癒し時間大切に
30㊐ ◐自己採点厳しく広範囲な視野で
31月 ⦶若い人の協力でスムーズに進む

☆めくっておみくじ【八十三番】――凶　希望を願っても叶わない。苦労しても報われず、失意は状況が変わるまで。

☆めくっておみくじ【四十六番】――凶　雷鳴が走るとき、不意の出来事が起こるという。予定や計画に障害あり。

八白　11月の運勢⦶小吉運

吉　方→南
小吉方→東・北
辛亥二黒土星の月

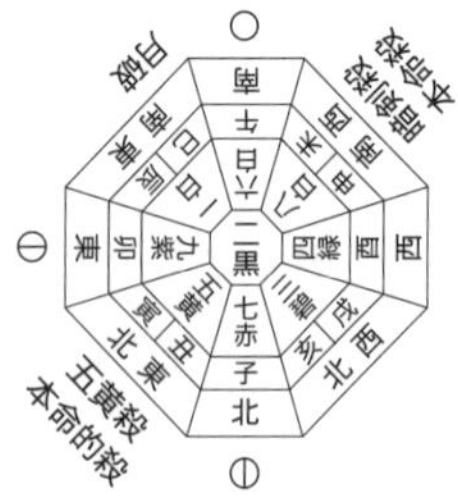

歳破→南西
年で本命殺→北東
年で本命的殺→南西

吉方○南＝頭角を現して一目を置かれる。活動に公的支援得る。東＝小吉方。先見の明あり。新規事が発展。北＝小吉方。独身者は異性運が向上。貯金が貯まる。凶方●南西＝仕事に行き詰まる。北東＝親戚縁者とゴタゴタする。南東＝タチの悪い仲間と関わり信用失う。

運勢／穏やかな日常を続けて行けるように周囲への配慮が必要。自分らしさを出し過ぎる悪目立ちは叩かれる。意地を張らずわがままを慎んで誤解を避ける。先輩や老人を敬いしきたりに従うが無難。金銭は無駄を省き外食よりお家《うち》ご飯。便秘や下痢、消化器系に注意。

1火　●生活習慣を見直して健康に留意
2水　⦶専門分野深く追究し仕事に活用
3㊍　○絵画などの芸術作品を鑑賞する
4金　◎ネット検索で手軽に情報を収集
5土　◐本は心の栄養剤秋の夜長に読書
6㊐　⦶心身共軽く夫婦で散歩や運動を
7月　⦶歯の定期検診で食の大切さ実感
8火　◐願望挫折しそう次の機会待って
9水　○お金は額に汗して堅実に得よう
10木　●日常生活のマンネリ化にご用心
11金　⦶マイペース良いが思い付き禁止
12土　○スローライフ楽しむ野菜作りを
13㊐　◎交渉事は冷静沈着手際よく実行
14月　◐自己認識の甘さから低調ぎみに
15火　⦶全体の事を考えた視野と発想で
16水　⦶正論でも発言次第で不快感招く
17木　◐マネー運は徹底的に支出抑えて
18金　○冷えに注意し寒さ対策を十分に
19土　●運気下降し公私共に最大限注意
20㊐　⦶歩行者も交通ルール守り安全に
21月　○幅広い年齢層の友人と意見交換
22火　◎バランス良い食事が健康の基本
23㊌　◐仕事は何よりチームワーク第一
24木　◐現状維持を保ちチャンス待とう
25金　⦶恋愛運は自分を磨く努力が大切
26土　◐油断大敵先手必勝の積極的方針
27㊐　○環境に配慮してリユースに協力
28月　●問題発生仲間と協力し全力投球
29火　⦶対人関係がスムーズに運び安泰
30水　○何事にもチャレンジ才能が開花

八白

12月の運勢○吉運

吉　方→北西
小吉方→南東
壬子一白水星の月

吉方○北西＝勤労意欲が増して働き者になる。南東＝小吉方。新規の良縁を得る。高品質の商品を見つける。
凶方●北＝過労から健康損ねダウン。交通事故。南＝書類ミスでトラブル。法的なもめ事に巻き込まれる。東＝我を通して失敗する。西＝金銭のことで口論に。

運勢／多忙な年末。雑用をフル回転でこなせる好調月。計画や予定は見通しがつき安堵。頼りになる仲間の応援が心強い。ぶっつけ本番で焦ると痛恨のミス。落ち着いて何事もひと呼吸置き心にゆとりを。衝動買いに警戒。ストレス捻挫、足元注意。履きなれた靴が安心。

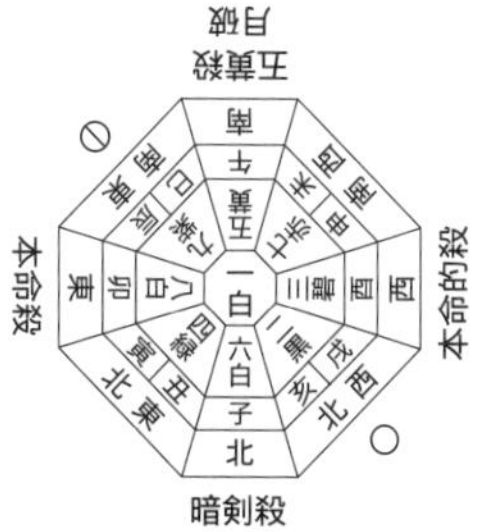

歳破→南西
年で本命殺→北東
年で本命的殺→南西

1木 ○体を温める食事が一番の健康法
2金 ◐非常時に備え食料備蓄が重要に
3土 ⦶お世話になった方への贈り物を
4㊐ ⦶少しずつ部屋を片付け掃除開始
5月 ◐明るい色の服装でツキを招こう
6火 ○風邪予防免疫力UPの食材利用
7水 ●わずかな不調でも早めに手当て
8木 ○調子に乗り過ぎてハメを外すな
9金 ○習い事開始のベストタイミング
10土 ◎親しき有識者に従って取引良好

11㊐ ◐不快な対人関係は小細工無用で
12月 ⦶周囲との連携チームプレーが鍵
13火 ⦶親しき人思い浮かべて賀状作成
14水 ◐我を張らず妥協すれば楽になる
15木 ○良い着想で将来への計画着実に
16金 ●昼夜の寒暖差に注意し体調管理
17土 ○落ち着いた夫婦の会話楽しんで
18㊐ ○ゴミを削減しエコ活動と大掃除
19月 ◎新しい方針や目標に手応え実感
20火 ◐規則正しい生活習慣身に付けて
21水 ⦶楽しい事考えて過ごし幸運招く
22木 ⦶忙しい一日の終わりにゆず風呂
23金 ◐強引に事を運ぶと失敗失望多し
24土 ○家族で集う時間プレゼント交換
25㊐ ●気の合う仲間とクリスマス楽し
26月 ○簡単に信用せず自分で確認して
27火 ○子供の意見をよく聞く態度大切
28水 ◎ベストの相性でも慎重に進めて
29木 ◐年末の買い物メモ取り忘れずに
30金 ⦶暴飲暴食に注意して良い年末を
31土 ⦶心穏やかに新年を迎えましょう

八白土星　☆めくっておみくじ【十番】――**大吉**　過去にこだわらず新風を入れる。希望の芽が伸びるので期待できるでしょう。

九紫《きゅうし》火星《かせい》

○

吉運

雲集《うんしゅう》霧散《むさん》
紫電《しでん》一閃《いっせん》

令和4年 壬寅五黄土星
方位盤

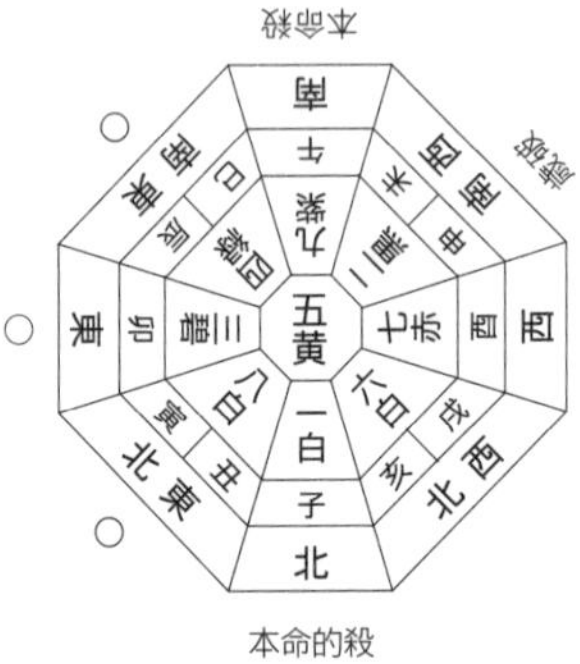

吉方→東・南東・北東
凶方→南西・南・北

「**東**」を吉方として活用すると、気持ちが明るくなって何事にもポジティブになります。頭の回転も早くなり、勘も鋭くなって、嘘を見破り騙されません。転居・引っ越し、長期・海外旅行は三月、七月、八月、十二月節に。

「**南東**」は、仕事上の取引が拡大し、業績アップ、商売繁盛に繋がります。恋人募集中の方は最大限に活用を。

「**北東**」は、相続や後継者問題に大きな進展が得られます。お墓の問題も無事解決の方向に導いてくれます。

性格と人生

九紫火星生まれ

平成30年戊戌
〃 21年己丑
〃 12年庚辰
〃 3年辛未
昭和57年壬戌
〃 48年癸丑
〃 39年甲辰
〃 30年乙未
〃 21年丙戌
〃 12年丁丑

2月4日以前生まれの人は一白生まれで見ます

明るく陽気で頭脳明晰なタイプ。社交性もあります。学問に対する探究心があり、文芸・芸術方面にも関心や才能があります。美的センスがあり、若いときから華やかな存在感で一目置かれますが、派手になりやすく持続力がなくて飽きっぽい一面がマイナス点。先見の明があり、即断即決できる決断力に富んでいるものの、場合によってはあきらめが早すぎると思われることもあります。好き嫌いがはっきりしていて感情の起伏が激しいので、目下の人への思いやりが不足する傾向も。

全般的な運の流れとしては、粘り強く一業に専念し、知恵やセンスを生かして基礎を固めていけば名誉ある立場も可能です。自尊心が強く、自分が主役の生き方を望みますが、他人の意見を素直に受け入れて、人への思いやりの心を持つと人望が集まるでしょう。短気で移り気な面が強く出ると、職業や対人、家庭内に波風が立って孤独になる恐れがあります。嫌なことから目を背けずに早い時期から安定を図れば中年期以降に運が安定します。

あなたの今年の運勢　九紫火星

昨年からの苦労や努力が報われる時です。日々研鑽を重ねてきた方は、脚光を浴びて出世や栄誉を得ることも。離合集散の年回りなので親しい方との別れの暗示も。

◎商売運……企画が功を奏し爆発的な人気を得る一方で、来年の厳冬期に備え準備が大切な一年になります。また、全てが白日の下にさらされるので、税務対策を万全に。

◎職場運……長年に亘《わた》って苦労を共にしてきた仲間と離反したり寂しい一面もありますが、功績が評価され昇進することも。ただし、有頂天になると反発を買うことに。

◎家庭運……生活面が派手になって浪費しがち。キャッシュレス決済のため気付いた時は火の車にならぬよう明細のチェックを。家族間の旅立ちには最大限の支援を。

◎恋愛運……非常に活発で一気に燃え上がり加速します。あまりの急展開にもはや運命を感じる。大切に育んで。反面、長い交際に終止符を打つような状況に陥る暗示も。

◎金　運……見えや体裁を気にして出費が嵩む時。カードのスキミングや紛失に注意して明細確認を怠らず。

◎健康運……血圧の上昇や熱中症に用心しましょう。デジタル家電の影響で目のケアを大切に。早めのケア◎。

丑の九紫の運勢／**13歳**は、成績が伸びる科目と弱点の科目が如実に現れます。レベルアップのために弱点科目を克服し精進しましょう。**49歳**は、良い事も悪い事も全て顕在化するので、いつも身辺をクリアに。健康面は目、ノイローゼや火傷に要注意。

辰の九紫の運勢／**22歳**は、独自の才能を伸ばし手腕を発揮して功ある時ですが、何事も行き過ぎて軌道を逸脱しないよう注意しましょう。**58歳**は、煩《わずら》わしい問題が解決しホッとひと息つけるところですが、健康管理にも重要な年回り。生活習慣を見直して。

未の九紫の運勢／**31歳**は、前向きで積極的な行動により相応の成果が期待出来るが、煮え湯を飲まされぬように軽率な行動は控えて。**67歳**は、保証人の依頼は断ること。そこで離れて行く人は致し方なし。心臓病や高血圧に注意し、熱中症対策を万全に。

戌の九紫の運勢／**40歳**は、長年の功績が認められてこれまで埋もれていた才能が開花し、脚光を浴びる。昇進や栄誉に恵まれる一年に。**76歳**は、自己中心的な思考になりやすい傾向。車を運転される方は十分に注意して、状況により免許返納も考えましょう。

☆めくっておみくじ【五十七番】――吉　渡る世間は波高し。上位に立つより下から支える立場で本領発揮する。

九紫

1月の運勢⦶小吉運

吉　方↓北
小吉方↓なし
辛丑三碧木星の月

吉方○北＝住居のことで喜びが。家族や友人との絆が強くなる。へそくり貯まる。凶方●東＝突発的な災難で停滞する。隠し事が露見する。西＝欲が絡んで金銭トラブルに。浪費グセがつく。南西＝職場で険悪に。ご近所ともめ事に。北東＝心機一転できずにゴタゴタする。

運勢／新春。手堅く一歩一歩進む心掛けでスタートを。周囲と真心込めたお付き合いを。旧友との交流が嬉しい。近隣へ日常の挨拶なども欠かさずに。短気は損気。年長者や古株の人を尊重して円満に。家庭サービスを怠りなく。金銭は慎ましく。胃の不調や慢性病再発注意。

歳破・年で本命的殺→南西
年で暗剣殺→北西
年で五黄殺→南東
年で本命殺→北東

1㊏　○夢の実現計画の一歩元旦にあり
2㊐　◐神聖な空気感に包まれ氏神詣で
3月　◐お節を囲み家族団欒のひと時を
4火　◐爽やかな笑顔で年初の挨拶回り
5水　◐早朝に掛け声響く伝統の寒稽古
6木　○自然体で明るくアピールして吉
7金　●難問題は無理せずやり過ごして
8土　○閃《ひらめ》きが結果に繋がって挫折なし
9㊐　⦶単独より連携で好結果もたらす
10㊊　○交渉事は遠方の情報に注目して
11火　◎温めてきた企画上昇気流に乗る
12水　⦶高価な物より大事な一品大切に
13木　⦶自己過信せず年配者に意見仰ぐ
14金　●チャンス逃しても次回に勝機が
15土　○現状に感謝してワインで乾杯を
16㊐　⦶思い付きの方向転換は修復不能
17月　◐誠心誠意の言葉が好転に繋がる
18火　⦶苦手な上司に豊かな人間性発見
19水　◐周囲の状況を見極め手出しせず
20木　◎計画事に見通しつき愁眉《しゅうび》を開く
21金　⦶焦る気持ちでも平常心を忘れず
22土　○目立つ立場でも控えめが美しい
23㊐　●畑仕事で過ごす休日心にゆとり
24月　○正しいと信じる事に確信を持つ
25火　⦶冒険するより現状維持で様子見
26水　●予算超過による財政悪化に注意
27木　◐上司との意見交換で意思疎通を
28金　◐希望を捨てず叶うまで辛抱して
29土　◎寒さに負けぬ体力作り工夫して
30㊐　⦶言葉を飲み込み笑顔で夫婦円満
31月　⦶古傷は懐かしく痛み再生に導く

九紫 2月の運勢○吉運

吉　方→なし
小吉方→北西
壬寅二黒土星の月

吉方○北西＝小吉方。心身充実して活躍する。目上に認められ引き立てられる。
凶方●南西＝職が安定せず生活が立ち行かない。家庭内に波風。北東＝運が低迷して何をやってもうまくいかない。東＝感情的に行動して孤立する。西＝趣味道楽で浪費する。婚活に失敗。

運勢／自信を持って積極的に行動して吉。準備不足や身勝手な暴走は周囲から反感を持たれるもと。礼儀正しい対応を心掛けて対人関係良好に。好き嫌いの感情を出さず穏やかに。目上の意見に素直に耳を傾けて。衝動買いにご用心。足のケガや飛び出し事故に注意。

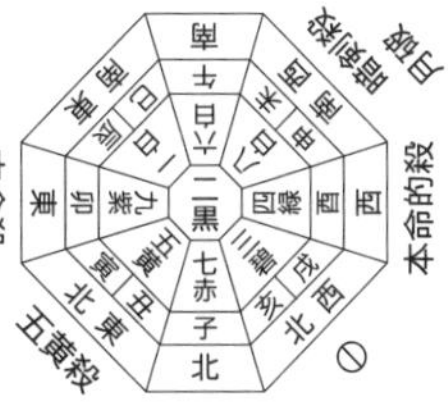

歳破→南西
年で本命殺→南
年で本命的殺→北

1火 ◐甘言に惑わされず冷静な対応を
2水 ○最優先すべき事は何かを考える
3木 ◐二者択一解決して心が晴れ晴れ
4金 ◐ドタキャンは社会的信用を失う
5土 ⦶誠意尽くし金で買えぬ満足感が
6㊐ ⦶言わぬが花発した言葉深く後悔
7月 ◎嫉妬は時間かけてお互いを理解
8火 ○ミスを引き起こすのは自信過剰
9水 ○知識の積み重ねが評価される日
10木 ●臨機応変目下への応援感謝され
11㊎ ○見通しが的中して安全策に変更
12土 ◐知人の紹介にて良縁に恵まれる
13㊐ ⦶家族皆でほろ苦い春の蕗《ふき》を食す
14月 ○自重して予定外の散財を避ける
15火 ⦶人間関係改善で仕事の進捗順調
16水 ◎電子メールより心込めた手紙を
17木 ○約束事は書き記し間違い避ける
18金 ⦶書類の見落とし発見し一息つく
19土 ●三人寄れば文殊の知恵を借りる
20㊐ ○旬の果物柑橘類でリフレッシュ
21月 ◐体力増強フットワーク軽やかに
22火 ⦶土壌を整え種を撒き再スタート
23㊌ ⦶お取り寄せ食材で脚光を浴びる
24木 ◐予定がかぶり時間配分に注意を
25金 ◎初心に戻れば全てが新鮮に映る
26土 ○労りの言葉正しく使えば円満に
27㊐ ○無駄を省いて行動の幅が広がる
28月 ●危機感を持ち失敗しない覚悟で

☆めくっておみくじ【十五番】――**凶**　心得違いがあり不満・上下不和。体調不良など身辺の状況に注意。

☆めくっておみくじ【七十八番】――大吉　自信を持ち公平な道を歩んでいけば実績を積み、松や柏の緑のように吉。

九紫　3月の運勢◎大吉運

吉　方↓東・北東
小吉方↓なし
癸卯一白水星の月

吉方○東＝問題点を改善して新スタート。北東＝運を好転させて良縁に恵まれる。縁故関係からの紹介で開運。凶方●北＝資金繰り四苦八苦。乗り物事故用心。南＝立場に恵まれず不平不満が爆発。西＝ケンカで口論に。南東＝契約ミスで信用低下。北西＝目上とギクシャク。

運勢／順風満帆。外出する機会が多く出会い運あり。公私を問わず信用を第一に人脈を広げて。趣味や勉強にも好機だが興味や好奇心から目移りしやすい。迷わぬように目標を心に決めて。独身者には良縁を得るチャンス、交際費を多めに計上して。風邪や腸疾患に注意。

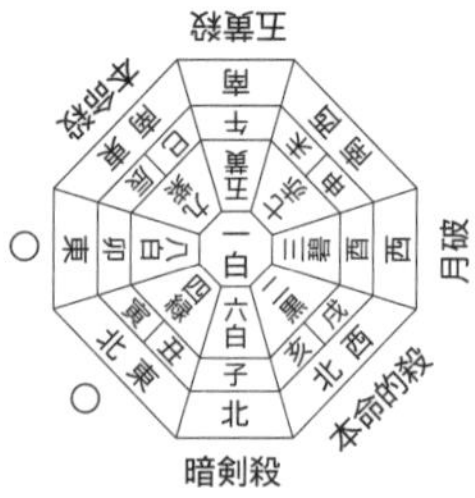

歳破→南西
年で本命殺→南
年で本命的殺→北

1	火	○明朗な人柄で場の空気を和ます
2	水	⦶人の善意を素直に受け取ると吉
3	木	◐短気は損気怒りを抑えて深呼吸
4	金	◐雛納め遅いと晩婚の言い伝えが
5	土	◐家族の祝い事アイデアで楽しく
6	㊐	◎暖かさに誘われ散歩で春を実感
7	月	◎新分野への好奇心泉の如く湧く
8	火	○旨い食事と睡眠で明日の活力に
9	水	●温かな思いやり有り難うと感謝
10	木	○努力の過程で万事順調な流れに
11	金	⦶霊力伝説桃の木と春彩る花多し
12	土	◐忠告を受け原点に戻り自己研鑽
13	㊐	⦶難問の解決プロの助けを借りる
14	月	◐会議のスムーズな進行に協力を
15	火	◎遠方からの便り幸せの風が到来
16	水	○友人とホテルランチで気分一新
17	木	○プチ瞑想行い仕事の効率上げる
18	金	●苦しい時に支えになる物が必要
19	土	○恋愛関係は見定めて結論を出す
20	㊐	◐旅行準備は余裕を持って整える
21	㊊	◐礼儀正しい所作が称賛を浴びる
22	火	⦶経験の積み重ねが自信に繋がる
23	水	◐情報は偏らず多方面から収集を
24	木	◎交際の第一歩順調継続は誠意で
25	金	○週末の集まり若人で盛況を博す
26	土	⦶スポーツに挑戦体重減で身軽に
27	㊐	●草木を愛で静かな休日を楽しむ
28	月	○積極行動で結果は後から達成感
29	火	⦶原因究明は冷静な調査分析から
30	水	◐対話は相手に合わせ無理をせず
31	木	○意志の強い優しさ大きな財産に

九紫

4月の運勢◐自重運

吉　方→南東・北東
小吉方→西
甲辰九紫火星の月

吉方○南東＝仕事良好。親戚知己からの紹介話で良縁をつかむ。北東＝自己改革成功で心機一転。西＝小吉方。家族や旧友と会話の弾む関係築く。臨時収入あり。**凶方**●南＝不名誉な事件で信頼を損なう。北＝表沙汰に出来ない異性問題の悩み深く。北西＝投機事で損失。

運勢／周囲との関わりで振り回されることが多い。思わぬ見込み違いや見落としで気疲れが増す。期待に応えようと実力以上に張り切って無理をしないように。相手の出方を見て長引く問題は引き受けぬ決断を。金銭貸借は不利。栄養や健康管理しっかりと。過労注意。

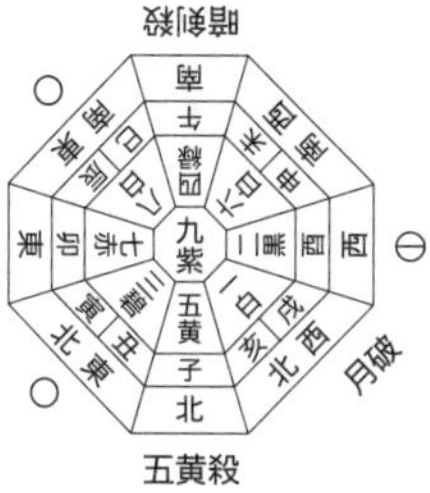

歳破→南西
年で本命殺→南
年で本命的殺→北

1金　◐行動は時期尚早現況を把握して
2土　◎菜の花畑に春の息吹を感じ散策
3㊐　○家人の様子迅速対応で家内安全
4月　○誠実さと正当な発言で賛同得る
5火　●異見拒絶せず多様性受け入れて
6水　⦶事前準備次第で明暗が分かれる
7木　⦶分を守り努力して終日良い気分
8金　◐着眼点変えトライ新局面迎える
9土　◐春らしい装いで気持ち軽やかに
10㊐　◐家族の喜ぶ食事を予算内で調達
11月　◎懸命に言葉選び発信で共感得る
12火　○平穏な心で目的に邁進できる日
13水　○斬新から古風好まれる見合い席
14木　●大丈夫と自己暗示かけて成功へ
15金　⦶稲妻の如く成功する程頭を下げ
16土　⦶目標を一つに絞って万全を期す
17㊐　◐辛く悲しい時発想の転換で楽に
18月　⦶前向きな姿勢周囲に良い影響が
19火　◐視界ぼやけ目の疲れ眼科でケア
20水　◎時間をかけて縁結び幸せな家庭
21木　○関心を持つことで大きな広がり
22金　○出勤ルート変更で運気を変える
23土　●約束事の口外が信用問題に発展
24㊐　⦶森林浴気を胸一杯に青春に戻る
25月　●変化を見逃さず失敗を回避する
26火　◐飲食の席が情報交換の場楽しむ
27水　⦶多忙な訪問先確実にアポイント
28木　◐悔しさ表に出さぬ大人の対応を
29㊎　○茶摘みの盛り一番茶で無病息災
30土　○心をひとつに歌う合唱曲に感動

☆めくっておみくじ【三十一番】――吉　古傷問題が再発するが収まる。また小さな願い事が叶う喜びあり。

九紫　5月の運勢⦶小吉運

吉　方→なし
小吉方→なし
乙巳八白土星の月

歳破→南西
年で本命殺→南
年で本命的殺→北

吉方○小吉方ともになし。外出や旅行は事前に計画を十分に立て余裕を持って。凶方●北東＝親戚関係ともめる。昔の問題で責められる。南西＝生活がだらしなくなる。家族と折り合いが悪くなる。北西＝感情的になりイライラする。南東＝噂に振り回され友人を失う。

運勢／責任感とプライドから公私共にフル回転。気が付いたら疲労困憊でスタミナ切れに。焦らずじっくり取り組んで。仕事や社会活動なども手を広げるより心に余裕を持って現状維持で。目上とは摩擦を避けて良好な関係を。血圧や交通事故に注意。投資は慎重に。

1㊐　⦶風薫る五月外出の計画に心躍る
2月　●夢を継続し勉学に励む精神力を
3㊋　○出向いた先で温かな歓迎受ける
4㊌　◐結果は直ぐに出ず辛抱して待つ
5㊍　◐気力注意力不足の日寄り道せず
6金　⦶自我を抑え年長者の言葉を拝聴
7土　⦶仲間と楽しみ共有し連帯感持つ
8㊐　◎母を懐かしみ我が若き日を回想
9月　○自己アピールは嫌味なく程々に
10火　⦶危険と感じたら迷わず退散する
11水　●深酒は睡眠不足と明日の負担に
12木　○去る者は追わずご縁大切にして
13金　⦶人気絶頂気を許すと落とされる
14土　◐努力の結果に嬉しいご褒美あり
15㊐　◐目に青葉山歩きで日常を忘れる
16月　◐女友達と楽しい企画で活気づく
17火　◎新企画を積極的に進め好感触が
18水　○打てば響く会話で疲れ知らずに
19木　⦶趣味収集は身の丈に合う計画で
20金　●雲の切れ間一条の光に勇気百倍
21土　○親しい仲でも言葉遣いに注意を
22㊐　◐模様替え費用をかけず気分一新
23月　◐難問は上司に相談し万全を期す
24火　⦶計画は緻密に行動は迅速丁寧に
25水　◐人との関わり思いやり忘れずに
26木　◎続けてきた事が力であり価値に
27金　○多忙でも好みの一曲で別世界に
28土　⦶古い問題処理は丁寧に時間かけ
29㊐　●家族旅行趣向を変え自然体験型
30月　○君子危うきに近寄らず諺《ことわざ》を体現
31火　◐タイミングずれチャンスを逃す

九紫

6月の運勢◐自重運

吉　方→なし
小吉方→北西
丙午七赤金星の月

吉方○北西＝小吉方。力を発揮して実力者から恩恵を得る。金銭的援助を受ける。凶方●西＝感情的になってケンカに。金銭的な損失。東＝マンネリから抜けられず先行き不透明。欲が絡んで挫折する。北＝うまい話に騙されて大損する。子供や後輩との関係が悪化する。

運勢／飲食や趣味の集いの機会が増えて交際関係が賑《にぎ》やかに。親しき仲にも礼儀あり。配慮のない物言いがトラブルを招くもと。売り言葉に買い言葉で感情的にならぬように冷静に。他人の気持ちや言葉を尊重して円満。気紛れな出費はご法度。歯や喉、気管支注意。

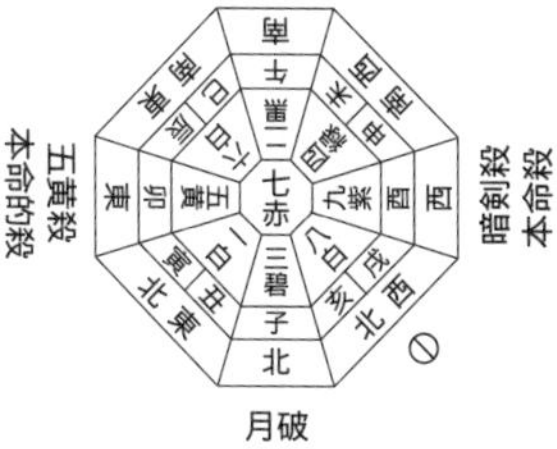

歳破→南西
年で本命殺→南
年で本命的殺→北

1水 ◐大事な案件早めの対応が肝要に
2木 ⦶歴史を学び旅への刺激を受ける
3金 ◐周囲巻き込みボランティアの輪
4土 ◎遠方からの便りがアイデア運ぶ
5㊐ ○走り梅雨の季節静かに読書三昧
6月 ⦶貴重品の管理保管は厳重に行う
7火 ●仕事中心で家庭サービス疎かに
8水 ○覚悟の断捨離でシンプルライフ
9木 ◐新規事業は資金が足りず止まる
10金 ⦶自信喪失から回復努力惜しまず
11土 ⦶予期せぬ誘いが手に汗ドキドキ
12㊐ ◐言葉の行き違い忍耐強く伝える
13月 ◎賢人の知恵借り順調を維持する
14火 ○環境の変化が努力の切っ掛けに
15水 ○時代を越えて残る古い物の価値
16木 ●安全第一で石橋叩いてから渡る
17金 ○人生の離合集散優しい目注いで
18土 ◐足るを知り平安な現状に感謝を
19㊐ ●心に最高の癒し家族間の笑い声
20月 ⦶成功の道標《みちしるべ》忠告の受け取り次第
21火 ◐一歩ずつ確かに歩み頂上に立つ
22水 ◎出会いに予測される交際が成就
23木 ○急進を控え現状のレベル上げて
24金 ○多忙な日常健康に注意し充実感
25土 ●筋肉の痛みストレッチで回復を
26㊐ ○自由自在レシピで浮腫《むくみ》に冬瓜《とうがん》を
27月 ◐状況変化を敏感に捉え余裕発生
28火 ⦶飲酒の席幹事が楽しく締め括り
29水 ⦶嚥下《えんげ》障害の予防日常の訓練必須
30木 ◐茅の輪くぐり心身の清涼感纏《まと》う

☆めくっておみくじ【八十二番】——凶　猛火が天を焦がすのは人の怒りの姿。過去の古傷を断ってみると一安心。

☆めくっておみくじ【七十三番】――吉　久しい闇も明るい光が差すので安堵好転、最良の知らせが舞い込むかも。

九紫

7月の運勢◐自重運

吉　方↓東
小吉方↓西
丁未六白金星の月

吉方○東＝役立つ情報を入手して大躍進。縁談や取引順調。西＝小吉方。縁故から支援あり。貯蓄チャンス。凶方●北西＝目上と衝突して言い合いに。打撲骨折。南東＝腐れ縁の相手から嫌がらせ。北東＝改革が失敗し鳴かず飛ばず低迷。南西＝怠け心が出て言行不一致。

運勢／周りと比べて行き詰まりを感じて落ち着かない。環境や生き方を変えたいが準備不足では挫折する。冷静に方向性を見定めて。親戚付き合いは意地を張らずに和を保つ。義理絡みの出費がかさむ。見えを張らない付き合いを。儲け話警戒。腰痛や関節痛、段差に注意。

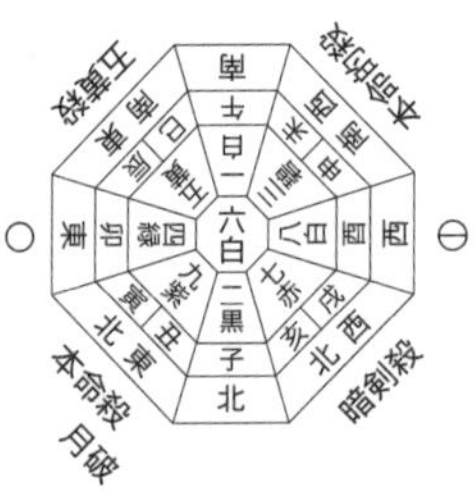

歳破→南西
年で本命殺→南
年で本命的殺→北

1金　◎不言実行の積み重ねで功を成す
2土　⦶万事好調な日で余計な事考えず
3㊐　○家族への思いやりが開運への鍵
4月　●物事は焦らずワンクッションを
5火　○モチベーションを上げ難問打開
6水　●投資や儲け話は信憑性と思考力
7木　◐就活は弱音を吐かずに忍耐強く
8金　⦶短所を個性と捉え賢明な判断を
9土　◐一進一退交渉事は暫《しば》し様子見で
10㊐　◐雨の紫陽花に誘われ一時《いっとき》お散歩

11月　⦶新規事に魅力感じるが時期尚早
12火　⦶午前中に家事を終え午後は昼寝
13水　◐勢いに任せた単独行動は自重を
14木　○ぶらり散歩で新店舗を発見する
15金　●人の噂話と自慢話は半分に聞く
16土　○自己を守るは誘惑に負けない心
17㊐　○話題の映画で流行りの感性磨く
18㊊　◎情報収集を上手に活用し新展開
19火　◐会話の語尾は明確に誤解される
20水　◐買い物上手で出費削減でき満足
21木　⦶栄養と睡眠で体の免疫力アップ
22金　◐人に近付く歩きスマホに注意を
23土　○土用の鰻《うなぎ》を食し滋養強壮効果大
24㊐　●体裁ばかり気にして損する一日
25月　⦶書類の整理は時間に余裕を持つ
26火　○夏の夜の一等星の輝きに心踊る
27水　◎業積アップはパートナーのお陰
28木　◐長めの風呂で心身リフレッシュ
29金　⦶暴飲暴食や怠惰《たいだ》生活にピリオド
30土　⦶ペットと遊ぶ時間も時には必要
31㊐　◐決着後も再度見直しミス防止を

九紫

8月の運勢⦶小吉運

吉　方↓南東・東
小吉方↓なし
戊申五黄土星の月

吉方○南東＝婚活や縁談で良縁を得る。転職活動が順調に。東＝志望の道が開ける。活力が湧き才能発揮。
凶方●北東＝近親者から迷惑を掛けられて悩みを抱える。不動産管理のトラブル。南＝書類関係のミスで災難。北＝秘密を抱えて苦しむ。精神的なスランプ状態に。

運勢／正々堂々と基礎を固めて実力を養ってきた結果が認められるとき。成績アップや昇進が期待できそう。うぬぼれた言動は孤立を招く。尊大な態度を慎んで謙虚に。好き嫌いの感情を出さず笑顔で周囲と調和図って。カード払い料金を把握。血圧やめまい、頭上注意。

歳破→南西
年で本命殺→南
年で本命的殺→北

1月　○テレワーク併用で交通費を削減
2火　●早合点は誤解を生ず冷静に対応
3水　⦶見識者や上司の助言で功を奏す
4木　○インテリア変更でセレブ感覚に
5金　◎新しい可能性を自力で切り開く
6土　⦶ゴミの出し方はマナーを守って
7㊐　◐凡ミス悔やむより発想の転換を
8月　◐熱中症予防は水分補給と体作り
9火　◐仕事の効率化を実践チャレンジ
10水　⦶癒し系の音楽聴きストレス回避

11㊍　●川辺のキャンプ天気予報に注意
12金　⦶陽光浴びて心身に元気を蓄える
13土　○締めが肝心で先を見据えた対策
14㊐　○美術や文化に触れ心の充実体験
15月　◐森林浴で心身のリフレッシュを
16火　⦶享楽的に流され無駄な出費多く
17水　◐旅行に行くなら吉方位を選んで
18木　◐隣近所の問題は安請け合い禁物
19金　⦶災害対策に防災マップ活用して
20土　●自分を守る術は己を客観視して
21㊐　○煩《わずら》わしい事から解放され安堵感
22月　○親しき仲にも礼儀ありで好印象
23火　◎来る者こばまぬ姿勢で快適な日
24水　◐漫画やゲームに熱中し現実逃避
25木　⦶文書管理ルールを策定し明確に
26金　◐正論に拘《こだわ》り過ぎず柔軟な対応を
27土　◐物欲より心の充実が豊かさ呼ぶ
28㊐　⦶自転車も交通ルールの規則守る
29月　●感情コントロールの調節が大切
30火　○対人関係のトラブル避けて好転
31水　◎状況を冷静に見守る事で運上昇

九紫火星　☆めくっておみくじ【四十八番】――**小吉**　山海の珍味を前に食べられず。欲しいものを我慢して人の助けを待つこと。

☆めくっておみくじ【九番】――大吉　平素の努力が評価され、また三種類の望みを叶えていく上々の運気です。

九紫　9月の運勢●警戒運

吉　方→なし
小吉方→なし
己酉四緑木星の月

吉方○小吉方ともになし。移動や移転、旅行は要警戒。夜の外出は控えて無事。
凶方●南東＝宣伝や口コミに踊らされて失敗。信用問題に。北西＝欲が絡んで目上との関係が悪化。東＝努力ばかりで結果が出せない。北＝家族や友人ともめる。南＝法的なトラブル発生。

運勢／一足飛びに願いを叶えるより一歩一歩の積み重ねと心得て辛抱強く。外へ打って出るより家族や友人との交流を大切に心に絆を育てて。頼れる仲間作りが今後に役立つ。学びも好機。自分の内部を磨き基礎作りを心掛けて。節約第一。耳や泌尿器関係、足元に注意。

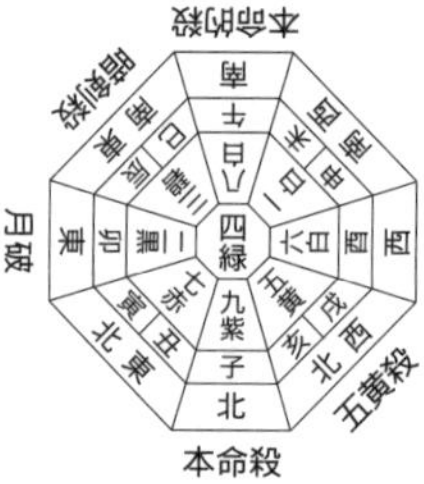

歳破→南西
年で本命殺→南
年で本命的殺→北

1木　◎防災訓練は地域と連携プレーで
2金　◐危険なサイト誘導アクセスせず
3土　⦶問題を独り抱え込まず人に相談
4㊐　◐簡単便利なネット通販活用して
5月　◐人と程良い距離感と礼節を保つ
6火　○公明正大な判断で人気を集める
7水　●不安や迷いに囚《とら》われず心機一転
8木　○入れ過ぎたスケジュールを調整
9金　⦶SNSやユーチューブを楽しむ
10土　○忘れたら残念なのがエコバック
11㊐　◐自己過信が予期せぬ展開を呼ぶ
12月　●週初め仕事は手際良く片付ける
13火　◐仕事の段取りを上手に切り替え
14水　⦶難事も突進力で克服できる予感
15木　○上司の忠告に耳を傾け有言実行
16金　●マナー違反の運転に警戒し走行
17土　○疲労困憊に高価なスイーツ食し
18㊐　⦶主婦と主夫の料理対決味くらべ
19㊊　○丁寧な対応を心掛けて利得あり
20火　◐人の短所は個性と考えた方が楽
21水　⦶疲労蓄積解消は好きな事に没頭
22木　◐仕事のペース配分が乱れ疲労感
23㊎　◐自分より他人の事で奔走《ほんそう》する日
24土　◎パワースポットで御利益を頂く
25㊐　●便利なスマホ決裁も慎重さ必要
26月　⦶八分目で満足すればすべて円満
27火　⦶マイナス思考を見直し楽観主義
28水　○誤った食生活の改善は自制心で
29木　◐不慣れな事はじっくり検討して
30金　●目上に従い目下に任せ効果絶大

九紫

10月の運勢⦶小吉運

吉　方→なし
小吉方→北西
庚戌三碧木星の月

吉方○北西＝小吉方。目上との信頼関係で恩恵受ける。凶方●東＝誤解を受けて難儀する。盗難に遭う。西＝快楽主義に陥り身を持ち崩す。酒食で不摂生。南東＝交際や取引が立ち消えに。南西＝感情的になり生活や仕事に波風が立つ。北東＝プライドが邪魔し運を逃す。

運勢／日常の雑務に振り回されやすい。地道な努力で実りつつあるので慎重に時機を待って。周囲を支える立場ながら学ぶチャンスが多い。新しい取り組みには経験者の知恵が役に立つ。金銭はやりくり上手に。家庭サービス手抜きなく。消化器系や慢性疾患に注意。

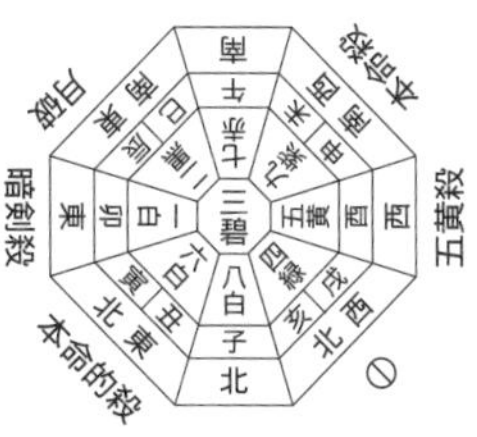

歳破→南西
年で本命殺→南
年で本命的殺→北

1土 ◐発言は場の空気を読んで的確に
2㊐ ◐ご当地グルメ郷愁を感じ舌鼓を
3月 ○先手必勝ライバルに差をつける
4火 ●良かれと思っても口出しは厳禁
5水 ◎思わぬ展開で絡んだ糸を解《ほぐ》して
6木 ○巧妙な詐欺対策に万全を期して
7金 ○集中力が欠けたら気分転換する
8土 ◐なまじかけるな薄情《うすなさ》け見守って
9㊐ ⦶単独行動より共同作業に徹する
10㊊ ⦶人に託すことで混乱回避できる
11火 ◐仲間の存在に感謝し謙虚な姿勢
12水 ○強気控え穏便で引き立て運あり
13木 ●実力以上の仕事は困難を極める
14金 ⦶仕事帰りウインドショッピング
15土 ⦶収支のバランスを保つ事が大切
16㊐ ◎閃きが冴えて好感度が上昇する
17月 ⦶平凡な暮らしに感謝の心忘れず
18火 ⦶電車遅延は機転利かし迂回路を
19水 ◐滝の音飛沫《しぶき》で心身が浄化される
20木 ◐感情の行き違いに柔軟な対応を
21金 ○芸術文化に触れ賢者の心を学ぶ
22土 ●ライバル登場に敵対モード不可
23㊐ ◎鍋料理で一家団欒明るい笑顔で
24月 ⦶早めの処理対応が功を奏する時
25火 ○流行の装いを一工夫で華やかに
26水 ◐自信がある事でも謙虚さが必要
27木 ⦶秋の夜長ワインの香り楽しんで
28金 ⦶アプリの写真加工で思わぬ発見
29土 ◐ボランティア活動は仲間と共に
30㊐ ○リフォームは予算内で決着して
31月 ●隠忍自重で過ごせば活路を生む

☆めくっておみくじ【五十八番】――凶　前途に邪魔者あり。強気の姿勢は進退が窮まりやすく、くれぐれも自重に。

九紫　11月の運勢○吉運

吉　方→なし
小吉方→北西
辛亥二黒土星の月

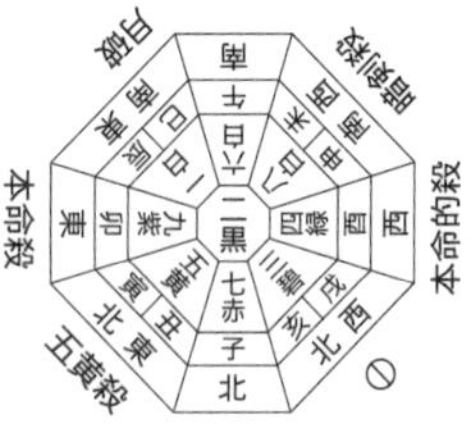

歳破→南西
年で本命殺→南
年で本命的殺→北

吉方○北西＝小吉方。積極的な働きかけが功を奏し社会活動や仕事の成果上がる。凶方●南西＝勤労意欲低下し生活が苦しく。嫁姑問題。北東＝強引さが災いして暗転。相続関係でトラブル。南東＝裏切られて傷つく。東＝見えを張って失敗する。西＝遊興費がかさみ金欠に。

運勢／勢いがありはつらつと活動できるとき。これまでに準備を進めてきたことで計画実行のチャンス到来。派手なパフォーマンスが誤解を生むもと。堅実に有言実行を。若々しさが魅力になる。ウオーキングなどで健康管理を。衝動買い警戒。肝臓や神経症、不眠に注意。

1火　○一を聞いて十を知る俊敏対応を
2水　⦶要領を上手に生かして買い物を
3㊍　○エステとネイルサロン一石二鳥
4金　◐業務多忙も手を抜くと失遂する
5土　⦶人との出会いは郊外がチャンス
6㊐　◐価値観の相違で意見の対立呼ぶ
7月　◐自己管理と予防注射で身を守る
8火　○努力と信用第一で仕事運が好調
9水　●人を信じ過ぎしっぺ返しを食う
10木　⦶季節感が漂う秋の味覚を楽しむ
11金　◎迷う誘いは丁寧に断って安泰日
12土　○笑顔こそ円滑な人間関係を保つ
13㊐　◐衝動買い思わぬ出費と喪失感が
14月　⦶企画が認められ難局を打開する
15火　⦶車の運転マナー厳守で安全第一
16水　◐儲け話やギャンブルなど要注意
17木　⦶体調管理に気を付けた食生活を
18金　●柔軟な対応が功を奏し好結果に
19土　⦶アニメ漫画でストレス発散して
20㊐　◎落葉を踏みしめて自然と親しむ
21月　○チャレンジ精神こそツキを呼ぶ
22火　◐自信過剰が裏目に出て嫌悪感に
23㊌　◐成り行きに任せてチャンス待つ
24木　⦶気を抜かずに統率力を発揮して
25金　◐労多くして実利少ない波乱の日
26土　○三日坊主のダイエット再挑戦を
27㊐　●誤った情報の判断ミス命とりに
28月　⦶子供への過干渉が予想外の展開
29火　◎覚えたて料理の試作で自己満足
30水　○事前準備にミスがないか再確認

九紫 12月の運勢○吉運

吉　方→東・北東
小吉方→西
壬子一白水星の月

吉方○東＝現状を打開して前進。北東＝良縁を得て運が好転する。西＝小吉方。友達から恋愛に。金運上昇。
凶方●北＝パワハラに苦しむ。体力低下。南＝決断力や判断力が低下し間違いを犯す。南東＝対人トラブル。風邪で高熱。北西＝実力を発揮できない。活力不足。

運勢／追い風を受けて好調な月。交際面が広がり集まり事が多い。信用を第一に協力し合える関係を築いて。流行りものに目移りしやすい。口コミなどにアレコレ迷わず自分流のやり方でお金や労力の無駄を省いて。義理絡みの出費は計画的に。うがい手洗い風邪の予防を。

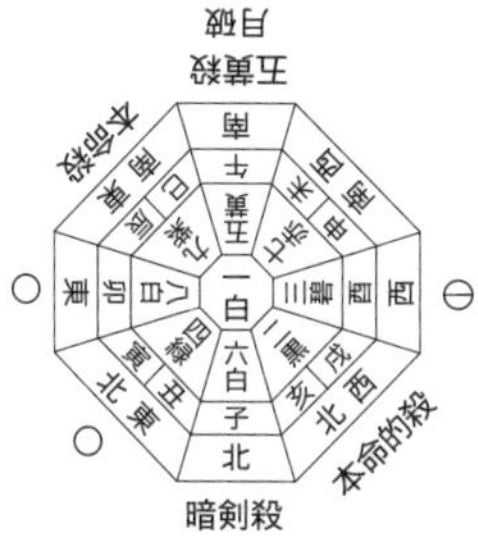

歳破→南西
年で本命殺→南
年で本命的殺→北

1木 ◐情報収集力を駆使し時間短縮を
2金 ⦶寒い日は携帯カイロで暖をとる
3土 ⦶一喜一憂せず冷静沈着な態度で
4㊐ ◐ご無沙汰ぎみの友達に近況報告
5月 ○本音で話せる友人知人を大切に
6火 ●家の中こそ危険が多く転倒注意
7水 ○マスクうがい手洗いで感染予防
8木 ○自力で道を開く努力と向上心を
9金 ◎起死回生一発逆転のチャンスが
10土 ◐子供対応は優しさと厳しさ必要
11㊐ ○何事も挨拶から始まる爽やかさ
12月 ⦶夜更かし肌荒れ体調不良の原因
13火 ◐依頼事は安請合いせず断る勇気
14水 ⦶旬な情報収集は社会人必須科目
15木 ●伝達力不足で話の食い違い注意
16金 ○便利な電子決済は計画性持って
17土 ○自然な流れの良さを見逃さずに
18㊐ ◎人気運が一気に高まり魅力倍増
19月 ◐すべて控めな行動で焦りは禁物
20火 ○断捨離すれば気分爽快で運上昇
21水 ⦶師走の街イルミネーション堪能
22木 ◐ゆず湯の香り癒し効果バツグン
23金 ⦶積み重ねた努力が成果を得る時
24土 ●聖夜に響くは安息のレクイエム
25㊐ ○家族揃って寛《くつろ》ぎ団欒の楽しみが
26月 ○仕事の成功は仲間との一致団結
27火 ◎具材や味を変え鍋料理を楽しむ
28水 ◐緊張感を和らげ処理能力を発揮
29木 ◐来年度の資格挑戦は計画通りに
30金 ⦶掃除のやり残し点検で目標達成
31土 ◐来年こそと夢託し除夜の鐘聴く

☆めくっておみくじ【三十五番】――吉　目標に近づくが焦りは禁物。誰にでも真心で接すれば願いが叶うでしょう。

開運吉方位

久保田恵都予

開運を図る手段として用いられる方法に「祐気《ゆうき》吉方取り」があります。実践方法としては、清新な気を受けながらの森林浴、山野の散策、神社仏閣の参拝や観光旅行、温泉巡りなどです。年、月、日の重なる日を調べて（自宅を基点に）各人の九星の吉方になる方位を決め、時間帯を選びます。

一般的に活用される祐気取りの作法としては「お水取り」があり、有意義な結果を得られると思います。採水は神社の御神水、湧水、井戸水が良く、その場で飲み、また容器にいただき持ち帰り、翌日から毎朝8日間、続けて飲みます。日帰りの場合は目的地に2時間は留まり十分に気を受け、温泉入浴もお勧めです。同じ日取りに複数の方位が生じる時は各方位の意味を参考に。

※お水取りは、吉方位と吉方時間を併せて行うこと。

※第1が取れない場合は第2、第3の時間を用いる。

注意：土用中は土剋水《どこくすい》で水が濁るのでお水取りは避ける。
令和4年の土用期間は1月17日〜2月3日、4月17日〜5月4日、7月20日〜8月6日、10月20日〜11月6日。

一白水星生まれ

❷月○西8・17・26（pm1〜3、pm5〜7）経済面での嬉しい副収入の喜び。吉。

❹月○東10（am3〜5、pm1〜3〜5）身内の理解を受けて悩み解消、自己に自信。吉。

❺月○南東6・15・24（am7〜9）雄弁で説得力増し、周囲の信用が高まる。吉。

❻月○南東10・19・28（am11〜pm1〜3、am7〜9）取引で有利な展開に。吉。

❼月○東13（am5〜7〜9）気管、肺疾患の予防、回復に良い効果。吉。

❽月○東10・19・28（pm7〜9、am11〜pm1）充実し新規開拓の意欲が湧く。大吉。
○南東10・19・28（pm1〜3〜5）異性運や諸事順調な進展に広がり活発化。大吉。
○西10・19・28（pm7〜9、am7〜9〜11）金銭の融通で気持ちに余裕。大吉。
○北西10・28（pm7〜9、am5〜7）目上の後押しで実力発揮の機会を得る。大吉。

❾月○東6（pm7〜9、am11〜pm1）積極的に取り組むパワー育み将来に期待。大吉。
○西6（pm7〜9、am7〜9〜11）友情と信頼得て精神的な豊かさを磨く。大吉。
○北西6（pm7〜9、am5〜7）頭脳が冴え、名案が仕事のレベルＵＰに。大吉。
○西16・25（pm3〜5、pm1〜3）努力が希望を叶える結果に繋がる。吉。

❿月○西4（pm3〜5、pm1〜3）仲間との交流で人脈が広がり、喜び事あり。吉。
○北西14（am11〜pm1）上長者の引き立てと物質的苦労の消散。吉。

⓫月○西11・20・29（a.m.7～9～11）チャンス得て目的達成への糸口を掴む。吉。

⓬月○西９・18・27（a.m.3～5、p.m.1～3～5）リフレッシュでき体力が漲る。吉。

二黒土星生まれ

❶月○北東８（a.m.11～p.m.1、a.m.9～11）向上心が生まれ前進への原動力に。吉。

　○北東13（a.m.9～11～p.m.1）家族の問題、方針転換で円満に運ぶ。吉。

❷月○南８・17・26（p.m.1～3～5～7）仕事運良く、昇進への足掛かりを。吉。

❻月○北西10・19・28（a.m.11～p.m.1～3）公私に良運、人に尽くして朗報が。吉。

❽月○南10・19・28（p.m.7～9、a.m.5～7～9）実力、学問の向上と発展に。大吉。

　○西10・19・28（p.m.7～9、p.m.5～7）援助あり、臨時収入の喜びを得る。大吉。

　○北西10・28（p.m.7～9、p.m.1～3～5）気力も充実、大きな計画に着手を。大吉。

❾月○南６（p.m.7～9、a.m.5～7～9）先見の明で株式投資の判断、堅実で有利。大吉。

　○西６（p.m.7～9、p.m.5～7）金運に恵まれ社交運の幅が広がり、悠々自適。大吉。

　○北西６（p.m.7～9、p.m.1～3～5）目上の引き立て相続問題の改善に一役。大吉。

　○南16・25（p.m.3～5～7～9、p.m.1～3）業績アップに自信持ち行動。吉。

❿月○南４（p.m.3～5～7～9、p.m.1～3）潜在能力発見で新境地が開ける。吉。

⓫月○南11・20・29（a.m.7～9、a.m.5～7）実力者の支援、持病の予防効果。吉

三碧木星生まれ

❸月○南東６・15・24（p.m.5～7、a.m.7～9）得意分野の進出と成果に期待。吉。

❹月○南東２（p.m.5～7、a.m.7～9）個性を発揮し評価受ける喜びあり。吉。

❼月○南13（a.m.5～7～9）社会に貢献で人望を得られる存在に。吉。

❽月○北10・19・28（p.m.7～9、a.m.3～5）独創的な発想や企画を生む閃きが。大吉。

　○南東10・19・28（a.m.9～11）手腕を生かし、出世運の実績作りを掴む。大吉。

　○南10・19・28（p.m.7～9、p.m.5～7）理知的センスの開花で業績が順調。大吉。

❾月○北６（p.m.7～9、a.m.3～5）精神安定、周囲の応援で希望達成へステップ。大吉。

　○南６（p.m.7～9、p.m.5～7）信念を持ち臨む勇気が生まれ開運へ繋がる。大吉。

　○北16・25（p.m.3～5、p.m.1～3）今後の筋道に見通しつけて準備を始める。吉。

❿月○北４（p.m.3～5、p.m.1～3）家族の愛情、絆が深まり安らぎを得られる。吉。

⓬月○南東９・18・27（a.m.3～5、p.m.1～3）心機一転で諸事好調な流れに。吉。

四緑木星生まれ

❼月○南13（a.m.5～7～9）打開策が見つかり、悩みも解消。吉。

❽月○北10・19・28（pm7～9、pm3～5）交友関係良好、副収入の喜びが。大吉。
○東10・19・28（pm7～9）心身若返り、気力が満ちて目的への前進を。大吉。
○南10・19・28（pm7～9、pm5～7）勘が冴え、実直さで人気上昇運。大吉。
❾月○北６（pm7～9、pm3～5）忍耐力が培われ意欲的に、腎系統の改善に。大吉。
○東６（pm7～9）旧から新への転換に明るい兆しと希望の道が広がる。大吉。
○南６（pm7～9、pm5～7）知識欲の高まり、地位向上への支援あり。大吉。
○北16・25（pm3～5、am9～11、pm1～3）日々の貯蓄精神が生まれる。吉。
❿月○北４（pm3～5、am9～11、pm1～3）目下の協力、助けで関係が良好。吉。

五黄土星生まれ

❶月○北８（pm1～3、am9～11、am5～7）家庭安泰、健康維持と良い睡眠。吉。
○北東８（am11～pm1、am5～7～9～11）家族の理解と後押しを得る。吉。
○北13（am9～11、am7～9、pm3～5）公私に新たな出会いの縁が。吉。
○北東13（am9～11～pm1）現状を打破し、改革着手に臨む気力が出る。吉。
❷月○南８・17・26（pm1～3～5、am5～7）日頃の努力が報われ信用に繋がる。吉。
❸月○北西６・15・24（pm5～7、am11～pm1～3）守りの対処は後に開運に。吉。
❹月○北西２（pm5～7、am11～pm1～3）アレルギーや血圧の抑制に効果あり。吉。
○西10（am3～5、am11～pm1～3～5）想定外の副収入に恵まれる。吉。
❻月○南10・19（am11～pm1、am5～7～9）運気も好感度も嬉しい上昇。吉。
○北西10・19・28（am11～pm1～3）活動力増し立場向上、評価も得る。吉。
❽月○南10・19・28（pm7～9、am5～7～9、pm3～5）目的達成に自信。大吉。
○西10・19・28（pm7～9、am11～pm1）心の安定、余裕で飛躍の道。大吉。
○北西10・28（pm7～9、pm1～3～5）実力、才能開花の結果に期待を。大吉。
❾月○南６（pm7～9、am5～7～9、pm3～5）商売、技芸の努力が軌道に乗る。大吉。
○西６（pm7～9、am11～pm1）交際運に活気、金銭面も有利に進展。大吉。
○北西６（pm7～9、pm1～3～5）相続問題、仕事の改善、希望が叶う流れ。大吉。
○北東25（am11～pm1）現状打破へ心機一転の意欲。吉。
○南16・25（pm3～5～7、pm1～3、am9～11）学力、営業向上に満足。吉。
○西16・25（pm3～5、am11～pm1～3）周囲との交流で有益情報得る。吉。
❿月○北東４（am11～pm1）家族の和で気持ちの安らぎと充実。吉。
○南４（pm3～5～7、pm1～3、am9～11）新規開拓に取り組む一歩を。吉。
○西４（pm3～5、am11～pm1～3）穏やかな日々と心のゆとりを保つ。吉。
○北東14（am11～pm1、am5～7～9～11）交友関係に信頼の絆深まる。吉。

⓫月○南11・20・29（a.m.7~9、p.m.3~5）視野が広がり粘り強さで能力発揮。吉。
⓬月○北西 9・27（a.m.3~5、p.m.1~3）上司の引き立て、交渉取引が有利に運ぶ。吉。

六白金星生まれ

❶月○北 8（a.m.5~7~9）部下の協力で一致団結、難題克服。吉。
　○南 8（a.m.11~p.m.1、a.m.9~11）計画事の実行は結果に繋がる好機。吉。
　○北13（a.m.9~11、p.m.1~3~5）冷え、血行障害の体質改善に良い。吉。
　○南13（a.m.9~11~p.m.1、p.m.3~5~7）専門職、技芸の取得に効果。吉。
❹月○西10（a.m.3~5、p.m.1~3~5）貯蓄に堅実さが湧き将来のプラスに。吉。
❻月○北東10・19・28（a.m.11~p.m.1、a.m.7~9）家族の健康、住居の問題に良い。吉。
❼月○北13（a.m.5~7~9）知恵が働き決断よく新たな一歩で道開く。吉。
❽月○北10・19・28（p.m.7~9、a.m.5~7、p.m.5~7）実力向上で発展に。大吉。
　○西10・19・28（p.m.7~9、a.m.11~p.m.1）資金繰り順調、仕事が拡大。大吉。
❾月○北 6（p.m.7~9、a.m.5~7、p.m.5~7）身内の支え、公私に安定の喜びが。大吉。
　○西 6（p.m.7~9、a.m.11~p.m.1）対人関係円滑で応援受け将来の出世の道。大吉。
　○北東25（a.m.9~11）現状打破でチャンスを呼び込む。吉。
❿月○北東 4（a.m.9~11）仲間との交流で新たな出会いの楽しみ。吉。
　○北14（a.m.5~7~9）信念を守る強固な意志が生まれる。吉。

七赤金星生まれ

❸月○北西 6・15・24（p.m.5~7、a.m.11~p.m.1）体力増強、目上の引き立て。吉。
❹月○北西 2（p.m.5~7、a.m.11~p.m.1）改革、改善の意欲に溢れ、流れを呼び込む。吉。
❻月○北東10・19・28（a.m.11~p.m.1、a.m.7~9）実直な取り組みに援助あり。吉。
　○北西10・19・28（a.m.11~p.m.1、p.m.3~5~7）諸事発展への可能性を。吉。
❼月○北13（a.m.5~7~9）家族の団結、子供との絆の深まりで安泰な日々。吉。
❽月○北10・19・28（p.m.7~9、p.m.5~7）心労解消、慶福の流れを得る。大吉。
　○北西10・28（p.m.7~9、a.m.11~p.m.1、p.m.3~5）計画事の成就、開運。大吉。
❾月○北 6（p.m.7~9、p.m.5~7）隠れ才能が発揮され評価を受けて自信に。大吉。
　○北西 6（p.m.7~9、a.m.11~p.m.1、p.m.3~5）活躍の場を得て希望が叶う。大吉。
❿月○北東14（a.m.11~p.m.1、a.m.7~9）相続問題の進展が円滑に。吉。
⓬月○北西 9・27（a.m.3~5~7、p.m.1~3）責任持つ行動が立場を守る。吉。

八白土星生まれ

❶月○北東8（a.m.11～p.m.1、a.m.9～11）目標に向けての努力が結果と実現に。吉。
○北東13（a.m.9～11～p.m.1）マンネリを脱出、仕事の改革着手は順調運。吉。
❷月○南8・17・26（p.m.1～3、a.m.5～7）循環器系に良い効果、気力の充実。吉。
❸月○北西6・15・24（p.m.5～7、p.m.1～3）地位の安定、向上に見通しがつく。吉。
❹月○北西2（p.m.5～7、p.m.1～3）目上の応援受け、社会で活躍のチャンス得る。吉。
○西10（a.m.3～5、a.m.11～p.m.1～3）社交性が広がり、周囲と円満に。吉。
❻月○南10・19（a.m.11～p.m.1、a.m.7～9）愁いも消散、将来への足場を作る。吉。
❽月○南10・19・28（p.m.7～9、a.m.7～9、p.m.3～5）意欲盛ん、不屈の精神。大吉。
○西10・19・28（p.m.7～9、a.m.11～p.m.1）金運、交遊関係広がる幸運。大吉。
○北西10・28（p.m.7～9、p.m.1～3）確実な歩みで仕事と地位の精進発展に。大吉。
❾月○南6（p.m.7～9、a.m.7～9、p.m.3～5）才能、感性に磨きがかかり開花する。大吉。
○西6（p.m.7～9、a.m.11～p.m.1）資格取得や知人の協力支援を受ける喜び。大吉。
○北西6（p.m.7～9、p.m.1～3）体力増強、計画実行に自信湧き、手応え。大吉。
○西16・25（p.m.3～5、p.m.1～3）仲間の信頼得て、人気も良縁も高まる。吉。
⓫月○南11・20・29（a.m.7～9、p.m.3～5）投資運用に勘が冴え先見の明が。吉。

⓬月○北西9・27（a.m.3～5、p.m.1～3）ビジネスの拡大、上長の引き立てあり。吉。

九紫火星生まれ

❶月○北8（a.m.3～5～7）腎系統の持病改善の効果、異性運に恵まれる。吉。
○北13（a.m.9～11、p.m.3～5～7）知人の紹介で新規の取引拡張に期待。吉。
❸月○北東6・15・24（p.m.5～7、a.m.7～9）家庭の円満で平和と喜びを。吉。
○東6・15・24（a.m.5～7～9～11）培った努力で新境地を開く道筋作る。吉。
❹月○北東2（p.m.5～7、a.m.7～9）目標の実行、挑戦に勇気が生まれる。吉。
○北東10（a.m.3～5～7）気分の切り替え上手に不調を脱出。吉。
○南東10（a.m.3～5、a.m.9～11、p.m.1～3）対人関係で良縁、信用増す。吉。
❼月○東13（a.m.5～7～9～11、p.m.3～5）過去の実績が結果として開運に。吉。
❽月○東10・19・28（p.m.7～9、a.m.9～11）気力、知力充実し前進、実利生む。大吉。
○南東10・19・28（a.m.11～p.m.1、a.m.5～7）惜しまぬ努力が運気を好転。大吉。
❾月○東6（p.m.7～9、a.m.9～11）将来を見据え課題に取り組み実現への流れ。大吉。
⓬月○北東18・27（a.m.3～5～7）知人との交流で新情報入手が有利な展開へ。吉。
○東9・18・27（a.m.3～5、a.m.11～p.m.1～3～5）勘が冴えて見通しつく。吉。

子平推命（八字推命）

半田晴詠

●子平推命でみる宿命方位

子平推命での吉方位とは、生誕地から判断します。命式の時柱《じちゅう》と気学の日盤《ひばん》を基に方位盤を作成し、命式の喜神《きしん》・忌神《いむがみ》で吉凶を判断。流年《りゅうねん》の気学吉方位と合致した年に吉方位を活用すると最大効果があり開運に繋がります。

従児《じゅうじ》格　喜神～食傷《しょくしょう》・財帛《ざいはく》　忌神～比劫《ひごう》・印綬《いんじゅ》・官殺《かんさつ》

本命七赤金星

喜神食傷

甲9　子

喜神財帛　月令

丁2　卯（乙）

癸4　丑

喜神食傷

甲9　寅

丁	○	戊	×	己	×	庚	×
巳	△	午	△	未	○	申	×
丙	○	1	6	8ア ハ		辛	×
辰	△					酉	×
乙	○	9	2	4		壬	○
卯	○	5	7	3		戌	△
甲	○	空	×	空	×	癸	×
寅	○	丑	×	子	×	亥	×

この方は、子平宿命方位の吉方位は、南東・西北（戌）

令和四年、九星で七赤金星は吉方位になり、生誕地からと現住居から西北方位が合致する地が最大吉方位。

●子平推命・命式の作成方法

ご自分の誕生日の十干十二支で、年柱・月柱・日柱・時柱の四柱を組み立て、『六親早見表』『時干支早見表』『月令早見表』『時差表』、干合・合冲・月令との当令・調候・扶抑を整理して格局（命式名）を求めます。

子平推命は時柱を重要視しますので、土用月、またサマータイムの年月に生まれた場合は、命式作成の際、資料を参考にしてください。

当令とは（月令の五行が四柱の天干にある命式で地支の1支は3点に数えます）。調候とは（命式の四柱の干を風景にとらえて美しければ精神的・家庭的に幸福）。扶抑とは（人生において成功する時期と失敗する時期を表す）ことなどを観察します。

●命式の格局判断【占例】

誕生日の年・月・日・時を万年暦の干支で四柱を作成。

この命式の格局は従児格、君側《くんそく》の食傷・財帛ともに喜神で日主も2点の根があり、理想的。食傷の象意である表現や働きで財を生む事業家向

１９６７年９月18日19時08分

東京都生　時差＋19分　女命

時柱	日主	月柱	年柱	
丙食	乙	己財	丁食	（火）日主２点
④	②	④	④	（土）財帛４点　喜神
戌	酉	酉	未	（食）食傷８点　喜神
		（辛）月令		

き。月干己・日干乙・時干丙は三干一組の上吉格の錦繍《きんしゅう》大地《だいち》で、日主の乙（花）が大地（己）からの養分を吸収し太陽（丙）に照らされ美しく咲いている様子。また日干乙と時干丙は二干一組の吉格の艶陽《えんよう》麗花《れいか》で、飛びぬけた美しさを持っているので誰からも好まれ、正に女性実業家向きの基本命式で、益々の活躍が期待できる。

●格局（命式名）の種類

〈身強の外格〉

従旺格（比劫が多く官殺がない）
喜神（比劫・印綬）
忌神（財帛・官殺）
※食傷は命式の君側の関わりで喜神また忌神にもなる。

従強格（印綬が多く官殺・食傷がない）
喜神（印綬・比劫）
忌神（食傷・財帛・官殺）

一行得気格（一つの五行と比劫のみ）
喜神（比劫・印綬）
忌神（食傷・財帛・官殺）

〈身弱の外格〉

従児格（日主弱で食傷が多い）
喜神（食傷・財帛）
忌神（比劫・印綬・官殺）

従財格（日主弱で財帛が多い）
喜神（財帛・食傷・官殺）
忌神（比劫・印綬）

従殺格（日主弱で官殺が多い）
喜神（官殺・財帛）
忌神（比劫・印綬・食傷）

両神成象格
財タイプ（日主と財帛が同点の命式）で日主が強い場合
喜神（食傷・財帛）
官タイプ（官殺と日主が同点の命式）で日主が強い場合
喜神（印綬・比劫）
※財・官タイプともにバランスを崩す六親が忌神

内格身強（日主が一番強い）
喜神（食傷・財帛・官殺）
忌神（比劫・印綬）

内格身弱（日主が一番弱い）
喜神（比劫・印綬）
忌神（食傷・財帛・官殺）

●格局の象意

日主と君側との関係から、個人の命式判断では奥深い観察をし、たくさんの象意がありますが、簡略的判断を記述します。

〈外格〉

従旺格——プライド強く自分を全面的に出し自信家。君側との関係が良ければ社会的に成功するので独立して事業に向く。しかし従神（点数）が弱い場合は自分自身に自信がなく、反面我が強く自己主張して自我を取り繕うとする。

従強格——頭脳明晰で要領が良く権威を使うことに優れている。しかし従神が弱い場合は要領が悪く依頼心が強くなり対人関係を悪くする。日主より印綬が強すぎると権威や学力を鼻にかける傾向があり、また仕事に振り回されて生活にゆとりがなくなることもある。要領の良さから人材を選ぶことができるので経営者にもなれる。

一行得気格――偏った命式だが特殊な才能があり、年少にして自己確立し人生の目標が決まる。社会的に成功し高い地位を得るが、家庭に恵まれないとか、健康を害することが多く、人生において波乱が多い。

従児格――日主が弱いので、他人の上に立つより自分の能力を上手に表現し頭角をあらわすスポーツ選手のように、他者と比較される分野に身をおくことで認められる。ただし日主無根の場合は年齢を重ねると体力を消耗してしまうので長続きしない。また従神が弱いと自分を明確に表現することができない。

従財格――発想能力・経営能力・支配能力があり、他人の面倒をみるのでトップにはなるが、独立より雇われ社長や管理職で成功する。日主無根で従神乱立の場合は支配能力がないのに支配しようとして、気力も体力も低下してしまう。人生の目的は財を追う傾向がある。

従殺格――管理能力・経営能力に優れ宮使いに向いている。教育者・コンサルタント・会社の管理職、女性は看護師などで成功する。従神が弱い場合は忍耐力がなくわがままで上下関係では服従しているようで本心から服従しない。女性は官殺が２干以上あると一人の男性で満足しない。

両神成象格――財タイプは太っ腹で気前が良い。身強の人は財を支配することができるが身弱の人は財をうまくコントロールできない。ただし運勢が財を抑えた時に発展する。官タイプは謙虚さがある。身強の人は自己管理能力がある。身弱の人は自己管理能力に劣るが、運勢が官殺を抑えた時に発展する。両神成象格は運勢によって両神の均等が破れる年に災難に遭う傾向がある。財が弱くなると、大きな怪我や金銭の散財等。官が弱くなると、病気や仕事の失脚等。

〈内格〉は日主と月令（蔵干）の関係、月令が天干に透る干を格局とする。

建禄《けんろく》格――理想形態で、日主が一番健全な状態で生まれ心身ともに健在、性格も穏やかで大勢の人々の尊敬の的になる。ただし過旺であれば他人との争いがある。

月刃《げつじん》格――日主が強すぎて大過となり、争いが多い。身弱の場合は助力があり他人から助けられ、稀に衆望される。身強の場合は過旺であれば人間関係でトラブルがあり孤立しやすい、特に肉親との争いが多い。

食神格――食神は財を生む。容姿が美しく言動も愛情がある。身強の場合は財を生む基なので、衣食住に恵まれる。身弱の場合は衣食住の不足や、商売をしても儲からない。

傷官格――身弱の人は天干に透干《とうかん》していれば食神と変わらない良さがある。話好き・干渉好き・世話好き・

才能が豊かで多芸多才で温厚だが、言動が激しいことがあり外見がきつく見えることも。月令を得た場合は本質的に財を生みだす才能がある。

財帛格——正財・偏財ともに人が気づかない事に素早く気づき行動が早い。長所でもあり短所にもなりうるが、気が利くので司令塔になることがある。正財はこつこつ稼いで貯める財、地味で真面目。偏財は大きく財を稼ぐ、人に奢ったり気前よくスケールが大きく太っ腹。

七殺格——性格が荒々しいところがあるが、自分に厳しい。人から見ると爽やかで痛快さがある。内格の中で武という世の中を大きく動かせるタイプ。偏財格の人と共に文武両道にて、政界などで活躍をする。

正官格——真面目で四角四面の人が多く、謙虚さと誠実さが好まれ大出世する。当令した干があれば家柄が良く、年干は社会面に良く発展成功する。

印綬格——才能・吸収の能力があり、正印は日主を生じる意味の具体的才能の良さがあり自分のために役立てることができる。偏印は才能がありながら、自分以外の人に才能を奉仕してしまう。従って他人のためにはなるが自分のためにはならず、利用されることが多い。

【実占例】——2022年は日主4点・喜神比劫12点・喜神印綬9点となり、従旺格の象意がパワーアップし、心身ともに自信もつき学問芸術での成功と名誉を得ることができる大吉運年。

1973年9月3日6時23分
茨城県生　時差+22分
日主2点・比劫4点・印綬3点の従旺格
2022年　流年・壬寅　大運・丑

④	④	⑨	④			④
癸比	壬	庚印	癸比			壬
②	②	③	②			
卯	寅—冲—	申	丑		丑	寅
		（庚）	当令			

『六親早見表』

癸	壬	辛	庚	己	戊	丁	丙	乙	甲	日干／六親	
癸	壬	辛	庚	己	戊	丁	丙	乙	甲	比肩	比却
壬	癸	庚	辛	戊	己	丙	丁	甲	乙	却財	
乙	甲	癸	壬	辛	庚	己	戊	丁	丙	食神	食傷
甲	乙	壬	癸	庚	辛	戊	己	丙	丁	傷官	
丁	丙	乙	甲	癸	壬	辛	庚	己	戊	偏財	財帛
丙	丁	甲	乙	壬	癸	庚	辛	戊	己	正財	
己	戊	丁	丙	乙	甲	癸	壬	辛	庚	偏官	官殺
戊	己	丙	丁	甲	乙	壬	癸	庚	辛	正官	
辛	庚	己	戊	丁	丙	乙	甲	癸	壬	偏印	印綬
庚	辛	戊	己	丙	丁	甲	乙	壬	癸	正印	

『天干の干合』

＜変化干合＞
甲—己　月令が（戊・己）化土
乙—庚　月令が（庚・辛）化金
丙—辛　月令が（壬・癸）化水
戊—癸　月令が（丙・丁）化火

＜倍加干合＞日主が月干または時干と干合し、月令が当令していない場合は月干・時干は2倍になる。

＜無作用干合＞年干と月干が干合し、月令が当令していない場合は合去になる。

【倍加干合の例】

⑱	①	①	②
癸 —	戊	戊	庚
倍加×2			
亥	申	子 —	午
		合去	
		（癸）当令	

月令が当令、倍加干合で、癸（水）18点（水の地支は申・亥の2支）

『時差表(分)』

北海道(根室)	+42
北海道(札幌)	+25
青森	+23
岩手	+25
宮城	+24
秋田	+21
山県	+21
福島	+22
茨城	+22
栃木	+20
群馬	+17
埼玉	+19
千葉	+21
東京	+19
神奈川	+16
新潟	+16
富山	+9
石川	+6
福井	+5
山梨	+14
長野	+13
岐阜	+7
静岡	+14
愛知	+8
三重	+6
滋賀	+4
京都	+3
大阪	+3
奈良	+3
和歌山	+1
兵庫	+1
鳥取	− 3
島根	− 8
岡山	− 4
広島	− 10
山口	− 14
徳島	− 2
香川	− 4
愛媛	− 9
高知	− 6
福岡	− 19
佐賀	− 19
長崎	− 20
熊本	− 18
大分	− 13
宮崎	− 14
鹿児島	− 18
沖縄(那覇)	− 29
沖縄(石垣)	− 43

『時干支早見表』

戊癸	丁壬	丙辛	乙庚	甲己	日干／生時
壬子	庚子	戊子	丙子	甲子	23時～1時
癸丑	辛丑	己丑	丁丑	乙丑	1時～3時
甲寅	壬寅	庚寅	戊寅	丙寅	3時～5時
乙卯	癸卯	辛卯	己卯	丁卯	5時～7時
丙辰	甲辰	壬辰	庚辰	戊辰	7時～9時
丁巳	乙巳	癸巳	辛巳	己巳	9時～11時
戊午	丙午	甲午	壬午	庚午	11時～13時
己未	丁未	乙未	癸未	辛未	13時～15時
庚申	戊申	丙申	甲申	壬申	15時～17時
辛酉	己酉	丁酉	乙酉	癸酉	17時～19時
壬戌	庚戌	戊戌	丙戌	甲戌	19時～21時
癸亥	辛亥	己亥	丁亥	乙亥	21時～23時

『月令(蔵干)早見表』

土用		月日
	甲	2/4 ～ 3/11
	乙	3/12 ～ 4/17
(辰)	戊	4/18 ～ 5/5
	丙	5/6 ～ 6/12
	丁	6/13 ～ 7/17
(未)	己	7/18 ～ 8/7
	庚	8/8 ～ 9/14
	辛	9/15 ～ 10/21
(戌)	戊	10/22 ～ 11/7
	壬	11/8 ～ 12/13
	癸	12/14 ～ 1/19
(丑)	己	1/20 ～ 2/3

『地支の支合·支冲』

一組の合は用途を失う
(点数に入らない)
一組の冲は用途を失う
(点数に入らない)

支合	支冲
丑—子	午—子
亥—寅	未—丑
戌—卯	申—寅
酉—辰	酉—卯
申—巳	戌—辰
未—午	亥—巳

二組の合·冲は全て用途を失う

二組の合	二組の冲
子—丑—子	子—午—子
寅—亥—寅	丑—未—丑
卯—戌—卯	寅—申—寅
辰—酉—辰	卯—酉—卯
巳—申—巳	辰—戌—辰
午—未—午	巳—亥—巳

地支の合と冲が逢う場合は合冲が解けて支として全て機能します(点数に入る)

合冲が逢う

冲　合	合　冲
未—丑—子	未—午—子
巳—亥—寅	午—未—丑
辰—戌—卯	巳—申—寅
卯—酉—辰	辰—酉—卯
寅—申—巳	卯—戌—辰
丑—未—午	寅—亥—巳
午—子—丑	丑—子—午
申—寅—亥	子—丑—未
酉—卯—戌	亥—寅—申
戌—辰—酉	戌—卯—酉
亥—巳—申	酉—辰—戌
子—午—未	申—巳—亥

〈サマータイム〉

生時間が下記であれば、1時間マイナスしてください。

昭和23/5/2午前1時～9/11午後12時
昭和24/4/3午前1時～9/10午後12時
昭和25/5/7午前1時～9/9午後12時
昭和26/5/6午前1時～9/8午後12時

『土用表』は十数頁あり記載できないのでお問い合わせ下さい。1·4·7·10月の中旬生まれの人。

暦の読み方

佐藤宗昡

一年の中で最も良い日はいつか選んでみましょう。暦は「暦注《れきちゅう》」といい、毎日いろいろな運気があり、吉凶の意味を有しているのです。

パーソナル分野では行事や冠婚葬祭を決める時、大安や仏滅の六曜、十二直は12種類の吉凶、二十八宿は毎日の月の位置や動き方で日々の吉凶などを基盤にしてた吉日です。パブリックでは「行事、六曜、十二直、二十八宿」の中から3つ以上の吉を備える日を出し、パーソナルの九星により細分化して最良の日取りを決めます。

ただし、行事では不成就日、六曜では仏滅・赤口、十二直ではとず、二十八宿では心・危・翼は取り除いています。（心は引っ越し・旅行に限り吉日とします）。

また、九星での吉凶は坎宮《かんきゅう》（北）中宮（中央）、暗剣殺が在位した日は取り除くことです。

●「見合い・婚活・紹介」に良い日は？　異性運に恵まれる兆しのある日（パブリック）

六曜……大安。　十二直……たつ（最良日）、みつ、たいら、さだん、ひらく、なる。　二十八宿…張、角、氏、房、尾、室、壁、奎、婁、胃、参、軫、亢。

【吉日】――1月10日・12日・14日・20日・26日・27日・28日、2月23日・26日、3月6日・15日・18日・24日・30日、4月7日・12日・19日・21日・23日・27日、5月6日・8日・14日・18日・26日・30日、6月1日・5日・14日・17日・30日、7月13日・16日・25日・29日、8月2日・11日・14日・26日・27日・30日、9月7日・8日・9日・19日・23日・25日、10月7日・8日・10日・16日・22日・26日、11月1日・3日・9日・16日・22日・30日、12月2日・3日・15日・18日。

●合格成就、学業向上を願うなら心一つです（パブリック）

二十八宿の室、昴、張の日に。「祈願者の吉方位の神社仏閣」へ祈願すれば叶う。ただし、不成就日は避ける。

パーソナル

五月の暦

皐月《さつき》　パブリック

菖蒲、新茶、そら豆、若菜
五月雨、母の日、初鰹、筍

乙巳《きのとみ》八白土

新暦	七曜	干支	九星	暦の行事	旧暦	六曜	十二直	廿八宿	各地の行事
1日	日	きのえ寅	三碧	●朔五時二八分　白い羽根運動 メーデー	四月一日	仏滅	ひらく	星	飛騨一之宮水無神社例祭（岐阜） 平泉毛越寺藤原祭（岩手）
2日	月	きのと卯	四緑	八十八夜　一粒万倍日	二日	大安	とず	張	下関赤間神宮先帝祭（山口）
3日	火	ひのえ辰	五黄	⊡憲法記念日	三日	赤口	たつ	翼	博多どんたく（福岡） 浜松まつり（静岡）
4日	水	ひのと巳	六白	⊡みどりの日　不成就日	四日	先勝	のぞく	軫	揖斐祭り（岐阜） 七尾青柏祭（石川）
立夏		二一時二六分		十九候／蛙初めて鳴く　二十候／みみず出ずる　二十一候／たけのこ生ず					1日の日の出4・50
5日	木	つちのえ午	七赤	⊡こどもの日　立夏　端午の節句 児童福祉週間	五日	友引	のぞく	角	府中のくらやみ祭（東京） 豊岡出石の幟まわし（兵庫）

【吉日】――1月10日・30日、2月7日、3月7日・22日・27日、4月4日・19日・24日、5月2日・17日・22日・30日、6月14日、7月17日・25日、8月9日・14日・22日、9月6日・11日・19日、10月9日・17日、11月1日・6日・14日・29日、12月4日・12日。

●引っ越しは良い吉日を選ぶことです（パブリック）

六曜……大安。　二十八宿…房、心、張、軫。

十二直……たつ、みつ、さだん、ひらく。

【吉日】――1月10日・12日・14日・26日、2月なし、3月7日・13日、4月11日・21日、5月2日・8日・14日・26日・30日、6月1日・5日、7月なし、8月2日、9月17日・19日、10月10日・16日・22日・24日・26日、11月20日・30日、12月12日・18日。

※方位については本書「開運吉方位」頁を参考に。

●金運を上げる日には気合いを込める（パブリック）

六曜……大安、先勝。　十二直……たつ、みつ。

二十八宿…角、亢、箕。

【吉日】――1月14日・26日、2月なし、3月なし、4月11日・21日・23日、5月6日・16日・30日、6月30日、7月6日・29日、8月26日、9月19日・23日・28日、10月24日・26日、11月30日、12月2日・15日。

◎合格成就・学力向上に良い日（パーソナル）

	一白水星	二黒土星	三碧木星	四緑木星	五黄土星	六白金星	七赤金星	八白土星	九紫火星
1月	30	10	10・30	10・30	10	30	10	10	30
2月	−	7	−	7	7	−	7	7	7
3月	7・22・27	27	7・22	7	22・27	7・22	27	7・22	7・22
4月	19	19・24	19・24	4・24	4	4・24	4・19・24	24	4・24
5月	2・22	2・17・30	17・22・30	17・22・30	2・17	30	2・17・25	17・22	17・22・30
6月	−	−	14	14	14	14	−	−	14
7月	17	25	17	17・25	−	17・25	25	−	17・25
8月	9・22	14	9・14・22	9・14・22	9・14	22	14	9・14	9・22
9月	11	6・19	6・11・19	19	19	6・11	6・11・19	6・11・19	6
10月	17	−	9・17	−	9	9・17	9・17	17	9
11月	6・14	1・6	14・29	1・6・29	1・6・14・29	1・14・29	1・14	6	1・14・29
12月	4・12	12	4	4・12	4・12	−	−	12	4

◎**見合い・婚活・紹介に良い日**（パーソナル）

	一白水星	二黒土星	三碧木星	四緑木星	五黄土星	六白金星	七赤金星	八白土星	九紫火星
1月	12・14・26・27	10・14・20・26・28	10・12・20・27・28	10・12・20・26	10・12・14・20・26・27	12・26・27・28	10・12・14・20・27・28	10・14・26・28	12・20・28
2月	23	−	23・26	26	23・26	23	23	−	23・26
3月	18・30	6・15・18・24・30	6・24	6・15・24・30	6・15・18・30	18・30	6・15・18・24	6・15・18・24・30	6・15・24
4月	7・12・19・21・23・27	19・23	12・19・27	7・12・21	7・21・23・27	12・21・23・27	19・23	7・19・23	7・12・21・27
5月	6・14・18	8・14・26・30	6・8・18・30	8・14・18・26・30	6・8・14・26	6・14・18・30	6・8・26・30	14・26	6・8・18・26・30
6月	1・5・30	1・30	5・14・17・30	1・5・14・17	5・14	1・5・14・17・30	17・30	1・17・30	5・14・17
7月	13・29	16・25	13・29	13・16・25	13・16・29	16・25・29	16・25・29	−	13・16・25・29
8月	2・11・26	2・11・14・26・30	14・27	14・26・27・30	2・11・14・26・27	2・11・30	2・14・30	2・11・14・26・27	27・30
9月	7・9・23・25	7・8・19・25	9・19・23	8・9・19・23	7・8・9・19・23	7・8・9・25	7・19・25	7・19・25	8・9・23
10月	8・22・26	8・10・16・22・26	7・8・16・26	7・10・16	7・10・16・22	8・10・22・26	7・8・26	7・8・10・16・22・26	7・16
11月	16・22	1・3・9・30	3・16 22・30	1・30	1・3・9・16・30	1・9・22	1・3・9・22・30	3・4・16・22・30	1・3・16
12月	2・3	3・15	2・18	18	3・15	2・3・15	2・15・18	3・15・18	2・18・

◎引っ越しに良い日（パーソナル）

	一白水星	二黒土星	三碧木星	四緑木星	五黄土星	六白金星	七赤金星	八白土星	九紫火星
1月	12・14・26	10・14・26	10・12	10・12・26	10・12・14・26	12・26	10・12・14	10・14・26	12
2月	−	−	−	−	−	−	−	−	−
3月	7・13	−	7・13	7	−	7・13	13	−	7・13
4月	11・21	11	11	11・21	11・21	21	11	11	11・21
5月	8・14・26・30	2・8・14・26・30	8・30	8・14・26・30	2・8・14・26	14・30	2・8・26・30	2・14・26	8・26・30
6月	1・5	1	5	1・5	5	1・5	−	1	5
7月	−	−	−	−	−	−	−	−	−
8月	2	2	−	−	2	2	2	2	−
9月	−	17・19	19	17・19	17・19	17	17・19	19	17
10月	22・26	10・16・22・26	16・24・26	10・16・24	10・16・22・24	10・22・24・26	26	10・16・22・26	16・24
11月	20	30	20・30	20・30	20・30	20	30	30	20
12月	12	12	18	12・18	12・18	−	18	12・18	18

◎金運を上げるのに良い日（パーソナル）

	一白水星	二黒土星	三碧木星	四緑木星	五黄土星	六白金星	七赤金星	八白土星	九紫火星
1月	14・26	14・26	−	26	14・26	26	14	14・26	−
2月	−	−	−	−	−	−	−	−	−
3月	−	−	−	−	−	−	−	−	−
4月	21・23	11・23	11	11・21	11・21 23	21・23	11・23	11・23	11・21
5月	6	16・30	6・16・30	30	6	6・16・30	6・16・30	16	6・30
6月	30	30	30	−	−	−	30	30	−
7月	6・29	−	6・29	6	6・29	29	29	6	29
8月	26	26	−	26	26	−	−	26	−
9月	23	19・28	19・23・28	19・23	19・23・28	−	19・28	19・28	23・28
10月	26	26	24・26	24	24	24・26	26	26	24
11月	−	30	30	30	30	−	30	30	−
12月	2	15	2	−	15	2・15	2・15	15	2

易で見るコイン占い

福田有宵

易とは、中国の古典といわれる四書五経の一つで、「易経」の思想をもとにした運命学です。

易経は三千年以上の歴史があり、占いのほかにも哲学書としても一般に活用されてきました。易経の中には社会生活の対処法なり、処世術の心得など、有益なものが書かれています。

毎日の生活をしていく上で、これから先はどうなるのだろうかと、誰でも未知の様子を知りたいと願うものです。ですので現在から未来にかけての見通しが分かれば生活が楽しくなります。易は未来を知る占いです。

●占い方——コイン易占法

正式には筮竹《ぜいちく》（50本）と算木《さんぎ》の筮具を用いますが、初心者に分かりやすい方法として、硬貨（コイン）六枚を用意して（どの硬貨でもよい）使用します。

まず、初めに何を占うか目的（占的）を決めて、精神を集中し心の中で強く念じます。

次に六枚の硬貨を両手の中で軽く振り、数回振り終えたあと手前から一枚ずつ取り出し、図のように下から上へと一列に並べます。表か裏で陰陽を出します。

●卦の見方——表と裏で陰陽をみる

硬貨は、日本国の文字側が表で陽（⚊）、数字側が裏で陰（⚋）とします。そして硬貨六枚の表や裏を組み立てると、六十四卦の中の一つが出現します。

●判断の方法

例題の答えは「☷☰」地天泰です。判断としては安定しているときは上手に現状を維持し、新条件の決断は採用しないこと。

本式には爻《こう》といい下記の配列の何番目に意味や変化があるかを出しますが、ここでは略式ですので判断のポイントを六十四卦に絞り、分かりやすくしました。

上爻《じょうこう》	——陰	100 裏	裏	6枚目
五爻	——陰	100 裏	裏	5枚目
四爻	——陰	100 裏	裏	4枚目
三爻	——陽	100 表	表	3枚目
二爻	——陽	100 表	表	2枚目
初爻《しょこう》	——陽	100 表	表	1枚目

●六十四卦の意味

1 ☰☰ 乾為天（けんいてん）…志望や理想高く急進しやすい。年長者の助言参考に冷静に対処。実利は期待薄。

六十四卦

坤《こん》 ☷	艮《ごん》 ☶	坎《かん》 ☵	巽《そん》 ☴	震《しん》 ☳	離《り》 ☲	兌《だ》 ☱	乾《けん》 ☰	上の卦／下の卦
11 ䷊ 地天泰《ちてんたい》	26 ䷙ 山天大畜《さんてんたいちく》	5 ䷄ 水天需《すいてんじゅ》	9 ䷈ 風天小畜《ふうてんしょうちく》	34 ䷡ 雷天大壮《らいてんたいそう》	14 ䷍ 火天大有《かてんたいゆう》	43 ䷪ 沢天夬《たくてんかい》	1 ䷀ 乾為天《けんいてん》	けん ☰
19 ䷒ 地沢臨《ちたくりん》	41 ䷨ 山沢損《さんたくそん》	60 ䷻ 水沢節《すいたくせつ》	61 ䷼ 風沢中孚《ふうたくちゅうふ》	54 ䷵ 雷沢帰妹《らいたくきまい》	38 ䷥ 火沢睽《かたくけい》	58 ䷹ 兌為沢《だいたく》	10 ䷉ 天沢履《てんたくり》	だ ☱
36 ䷣ 地火明夷《ちかめいい》	22 ䷕ 山火賁《さんかひ》	63 ䷾ 水火既済《すいかきせい》	37 ䷤ 風火家人《ふうかかじん》	55 ䷶ 雷火豊《らいかほう》	30 ䷝ 離為火《りいか》	49 ䷰ 沢火革《たくかかく》	13 ䷌ 天火同人《てんかどうじん》	り ☲
24 ䷗ 地雷復《ちらいふく》	27 ䷚ 山雷頤《さんらいい》	3 ䷂ 水雷屯《すいらいちゅん》	42 ䷩ 風雷益《ふうらいえき》	51 ䷲ 震為雷《しんいらい》	21 ䷔ 火雷噬嗑《からいぜいごう》	17 ䷐ 沢雷随《たくらいずい》	25 ䷘ 天雷无妄《てんらいむもう》	しん ☳
46 ䷭ 地風升《ちふうしょう》	18 ䷑ 山風蠱《さんぷうこ》	48 ䷯ 水風井《すいふうせい》	57 ䷸ 巽為風《そんいふう》	32 ䷟ 雷風恒《らいふうこう》	50 ䷱ 火風鼎《かふうてい》	28 ䷛ 沢風大過《たくふうたいか》	44 ䷫ 天風姤《てんぷうこう》	そん ☴
7 ䷆ 地水師《ちすいし》	4 ䷃ 山水蒙《さんすいもう》	29 ䷜ 坎為水《かんいすい》	59 ䷺ 風水渙《ふうすいかん》	40 ䷧ 雷水解《らいすいかい》	64 ䷿ 火水未済《かすいびせい》	47 ䷮ 沢水困《たくすいこん》	6 ䷅ 天水訟《てんすいしょう》	かん ☵
15 ䷎ 地山謙《ちざんけん》	52 ䷳ 艮為山《ごんいざん》	39 ䷦ 水山蹇《すいざんけん》	53 ䷴ 風山漸《ふうざんぜん》	62 ䷽ 雷山小過《らいさんしょうか》	56 ䷷ 火山旅《かざんりょ》	31 ䷞ 沢山咸《たくさんかん》	33 ䷠ 天山遯《てんざんとん》	ごん ☶
2 ䷁ 坤為地《こんいち》	23 ䷖ 山地剝《さんちはく》	8 ䷇ 水地比《すいちひ》	20 ䷓ 風地観《ふうちかん》	16 ䷏ 雷地予《らいちよ》	35 ䷢ 火地晋《かちしん》	45 ䷬ 沢地萃《たくちすい》	12 ䷋ 天地否《てんちひ》	こん ☷

2 ☷☷ 坤為地（こんいち）…堅実第一に待機し自ら手を下さず実力を蓄える。女性の知恵を生かすなら吉。

3 ☵☳ 水雷屯（すいらいちゅん）…諸事伸び悩み見通しがつかないので無理押し禁物。結論は忍耐して待つ。

4 ☶☵ 山水蒙（さんすいもう）…今は霧の中で先が見えず安易に答えを出さない。専門家や賢人の知恵借りる。

5 ☵☰ 水天需（すいてんじゅ）…待てば海路の日和吉。前向きに進めたいが頭を押さえられる。急がば回れで。

6 ☰☵ 天水訟（てんすいしょう）…何事もトラブルを避け公平で中庸の道を。前半不調でも後半時機選ぶ。

7 ☷☵ 地水師（ちすいし）…変化や波乱に冷静に対処し揉め事は深入り避け問題解決は正攻法で臨めば小事吉。

8 ☵☷ 水地比（すいちひ）…諸事先手必勝で後手に回ると好機を失う。人の協力や目上を頼るのが賢明な策。

9 ☴☰ 風天小畜（ふうてんしょうちく）…しばらく止まり条件整えて進行、柔よく剛を制する交際交渉がカギ。

10 ☰☱ 天沢履（てんたくり）…虎の尾を踏む危うさで新規事や勝負は自重し、礼儀や習慣を守り安全策が良い。

11 ☷☰ 地天泰（ちてんたい）…現在は安定維持に努め、対人面は和を図り、妥協策は良いが最後の仕上げが大切。

12 ☰☷ 天地否（てんちひ）…初め塞がり困難さがあるので忍耐が大切。対人面では意思疎通を図り好機を待つ。

13 ☰☲ 天火同人（てんかどうじん）…小事は進めて吉。単独より共同方針が有利で相談事は目上やプロに聞く。

14 ☲☰ 火天大有（かてんたいゆう）…日が輝き盛運に向かうが自己過信を慎む。目上の知恵と援助で通る。

15 ☷☶ 地山謙（ちざんけん）…努力し謙虚であれば光る。将来に重点を置いて行動するが今は実力を蓄える。

16 ☳☷ 雷地予（らいちよ）…備えあれば憂いなし。何事も計画的に進めるが途中で道楽に溺れる。挫折に用心。

17 ☱☳ 沢雷随（たくらいずい）…時運や状況に従い臨機応変に合わせる。複雑な対人関係は上長者を選んで吉。

18 ☶☴ 山風蠱（さんぷうこ）…マンネリで欲求不満多いが時機を見て改善する。金銭や異性は腐れ縁に注意。

19 ☷☱ 地沢臨（ちたくりん）…新しい企画や希望は進めて吉。基礎を固めたら積極方針で事業や学業など好機。

20 ☴☷ 風地観（ふうちかん）…現実より理想と信念を貫き努力が実を結ぶが、軽々しく変化求めず現状維持を。

21 ☲☳ 火雷噬嗑（からいぜいごう）…口論やトラブルは冷静に対処。運気は障害や妨害あり多難、急進せず。

22 ☶☲ 山火賁（さんかひ）…表面を飾り中身が薄いので実力以上に背伸びをしない。大事は不利でも小事は吉。

23 ☶☷ 山地剥（さんちはく）…剥は削り取る、奪うという意味。万事進めず守りを固め約束の不履行に対処。

24 ☷☳ 地雷復（ちらいふく）…一陽来復の卦で春気が次第に伸びるので幸運。就職や再縁、二度目の挑戦吉。

25 ☰☳ 天雷无妄（てんらいむもう）…人為や策略は無用。自然の成り行きに任せて良く、過信して動くは不利。

26 ☶☰ 山天大畜（さんてんたいちく）…初めの苦労は終わりに喜びあり。実力や財運を蓄えて将来好機を得る。

27 ☶☳ 山雷頤（さんらいい）…頤は下顎で言語や飲食を表し、仕事や生活面の向上を図る方針で。失言に用心。

28 ☱☴ 沢風大過（たくふうたいか）…何事も過ぎたるは及ばずで、実力以上に背伸びせず。金銭貸借や投資不利。

29 ☵☵ 坎為水（かんいすい）…諸事苦難多く今は希望停滞、トラブルが長引き対処策が少ないので忍耐強く。

30 ☲☲ 離為火（りいか）…社交面で接近や別離が生じたり、華美散財や文書印鑑など管理を堅実にすれば安心。

31 ☱☶ 沢山咸（たくさんかん）…希望が叶うチャンスあり物事が早く進展する。異性運は相感じて愛情がわく。

32 ☳☴ 雷風恒（らいふうこう）…現在のペースを守り新規計画は見合わせる。結婚や夫婦の問題は固めて吉。

33 ☰☶ 天山遯（てんざんとん）…問題の処理は消極的が良く、交際や交渉事は効果少なく深入りを避ける。

34 ☳☰ 雷天大壮（らいてんたいそう）…運気や自我の勢いが強すぎる。忠告を聞き急進を避け安全策が賢明。

35 ☲☷ 火地晋（かちしん）…地上に太陽が輝き活気多く計画や願望は見通しがつく。内容充実し目上運は吉。

36 ☷☲ 地火明夷（ちかめいい）…地中に太陽没し、見通しが暗い。時機を誤り決断がつかないときは自重第一。

37 ☴☲ 風火家人（ふうかかじん）…本業を守り家庭の安泰を願う。対人面は協調精神を忘れず婦人中心で吉。

38 ☲☱ 火沢睽（かたくけい）…睽は背く意味で人や物など対立あり、二兎を追わない。家庭の内輪揉め注意。

39 ☵☶ 水山蹇（すいざんけん）…蹇はいざりで足腰を痛めやすく運気は進退に窮し善後策がなく困難に耐える。

40 ☳☵ 雷水解（らいすいかい）…苦労や心配事の解決好転を図る。新規計画は不調なので現状維持守り安全。

41 ☶☱ 山沢損（さんたくそん）…金銭や物質面は損しやすいか努力のわりに益少ない。欲張らず奉仕し好転。

42 ☴☳ 風雷益（ふうらいえき）…諸事進めて利益あり。人と協同して順調に伸びていくが先手を取るのが良策。

43 ☱☰ 沢天夬（たくてんかい）…決壊を表し不慮の災い多く、強行策や目的を急ぐと失敗。短慮と軽率注意。

44 ☰☴ 天風姤（てんぷうこう）…予期しない出来事に遭い吉凶両面を示す。対人面で噂や巧言と不実を含む。

45 ☱☷ 沢地萃（たくちすい）…人や物と財が集まり吉。五穀豊作の意があり活気旺盛で二者は名実のライバル。

46 ☷☴ 地風升（ちふうしょう）…種をまき基礎を固めて将来性吉。昇進や昇給の期待あり。目上の助力を求める。

47 ☱☵ 沢水困（たくすいこん）…悩みや困難を表し、現在は耐えて待つ。不平不満や破談、不調なれど自重を。

48 ☵☴ 水風井（すいふうせい）…旧状を守り軽々しく動かぬこと。新規計画は延ばし学問研究や交際大切に。

49 ☱☲ 沢火革（たくかかく）…時機熟せば公私などの状況の改革が可能。新旧交代や人事の刷新、転業は良い。

50 ☲☴ 火風鼎（かふうてい）…本体はそのままで内部内容改善して吉。三人共同や、交際や飲食の機会が多い。

51 ☳☳ 震為雷（しんいらい）…目的や行動に積極性があるが予期するほど実利なし。堅実に焦らず急がば回れ。

52 ☶☶ 艮為山（ごんいざん）…山のごとく止まり静観。用件が滞り相談事が不調、意地や偏見を避け信念守る。

53 ☴☶ 風山漸（ふうざんぜん）…何事も順序を守り一歩ずつ着実に進めて吉。最後まで続行努力を怠らず。

54 ☳☱ 雷沢帰妹（らいたくきまい）…時期外れになり後手に回りチャンス逃す。予定や約束は入念に対処。

55 ☳☲ 雷火豊（らいかほう）…表面は盛運でも内部に苦労あり。慢心や散財を避け安定方針で有終の美を飾る。

56 ☲☶ 火山旅（かざんりょ）…人に親しみ薄く孤立しやすい。移転や旅行の意味あるが物心共に不足に配慮。

57 ☴☴ 巽為風（そんいふう）…迷いや考え過ぎて進退問題やビジネスに決断つかず。甘い話や利欲に用心を。

58 ☱☱ 兌為沢（だいたく）…社交面で飲食や趣味の楽しみ多い。口車に乗ると後悔あり、口論舌禍に用心。

59 ☴☵ 風水渙（ふうすいかん）…悩みや困難が消散する。好機でも今後の志望は通じにくい。年長者の助言活用。

60 ☵☱ 水沢節（すいたくせつ）…公私ともに常識や節度を守り無事。現状維持で交際や金銭は質素に無駄省く。

61 ☴☱ 風沢中孚（ふうたくちゅうふ）…真心を表し人に誠意を尽くして吉で情愛も深い。物質運乏しく淡白。

62 ☳☶ 雷山小過（らいさんしょうか）…小事は良いが大事は行わない。不和誤解や対立あり、進めると失敗。

63 ☵☲ 水火既済（すいかきせい）…初めは吉で終わりに乱れあり。諸事先手良く現在は安泰でも将来は不安定。

64 ☲☵ 火水未済（かすいびせい）…初めは凶でも後に好転。現在整わないが将来は目標可能でも新規事慎重に。

手相占い

浅野八郎

●金銭と深い関わりがある線

手のひらの薬指の付け根の丘（太陽丘）を縦に走っている線を「太陽線」といいます。「第二運命線」ともいわれる重要な線の一つといえます。

金銭とのかかわりが非常に深い線で、この線があれば、金運、アイデア、仕事、名声に恵まれるといわれています。

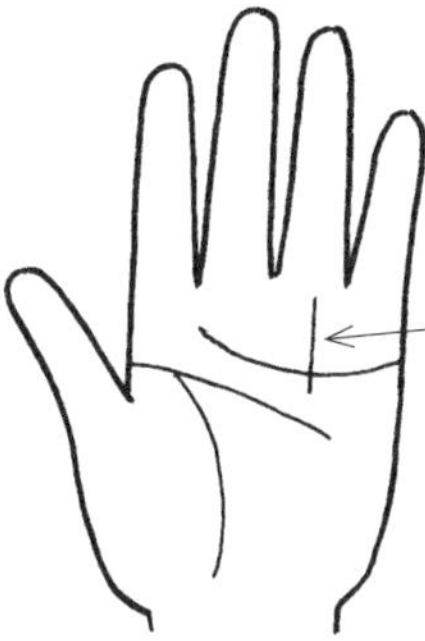

線の彫りが深くはっきりし、まっすぐ長く伸びているほど、強い金運を物語ります。

今回は、この太陽線で、あなたの金銭運やお金との接し方を占ってみましょう。

●太陽線はどちらにある？

最初に両手を組んでみて下さい。親指が下になったほうの手（＝積極的な手）と、親指が上になったほうの手（＝消極的な手）のどちらに太陽線がありますか？　どちらの手に、どんな太陽線があるかで、次のようなことがわかります。

❶両手ともに太陽線はない

お金は欲しいと思いながらも、金持ちになりたいという意欲はとくに燃やさないタイプです。金銭感覚に子供っぽいところがあり、金銭に対して適当になってしまうこともあります。

このままでは、とくに大きな金運には恵まれないことになりますが、自分のやり方次第で、金運を呼び込むことも十分可能です。もっと金銭に対して意欲的になったり、将来のことも考えて金銭計画をきちんと立てることが必要です。

また、徹底的に節約に励むのも、プラスになります。

❷消極的な手のみに太陽線がある

金銭にあまり関心がないかもしれません。お金のことはすべて人まかせになりやすいタイプです。なんとかなるさと、いつも楽観的に考えがち。金銭的にしっかりしているパートナーが必要となりそうです。

ただし、社会的責任が重くなると同時に、心の中ではお金に対して欲が少しずつ高まってくるタイプでもあります。これから先なにかのきっかけで金運が出てくることがあります。そのチャンスを見逃さぬことが大事です。

❸積極的な手に短い太陽線がある

お金の使い方が派手になりがちで、収入があればあるだけ使ってしまいやすい人です。

ショッピングでは、後先考えずに、衝動買いしやすいタイプともいえます。ときには大胆に大きな買い物をすることもありそうです。

ただ、太陽線は短いけれど、運命線は長くはっきりしている場合は、浪費家しているようで、それを仕事のために使っていたり、生きたお金の使い方をしている人といえます。大胆にお金を使い、利益にも結びつけます。

❹積極的な手に感情線まで届く太陽線がある

収入を得る才能やセンスは人並みといったところ。ほどほどの金運といえます。得することばかりというわけではありませんが、大きく損をすることはあまりないでしょう。

日々節約をしたり、積み立て貯金をするなど保守的な方法で、金運を伸ばしていく人でもあります。

ただ本格的にマネーについて勉強をしたり、過去の

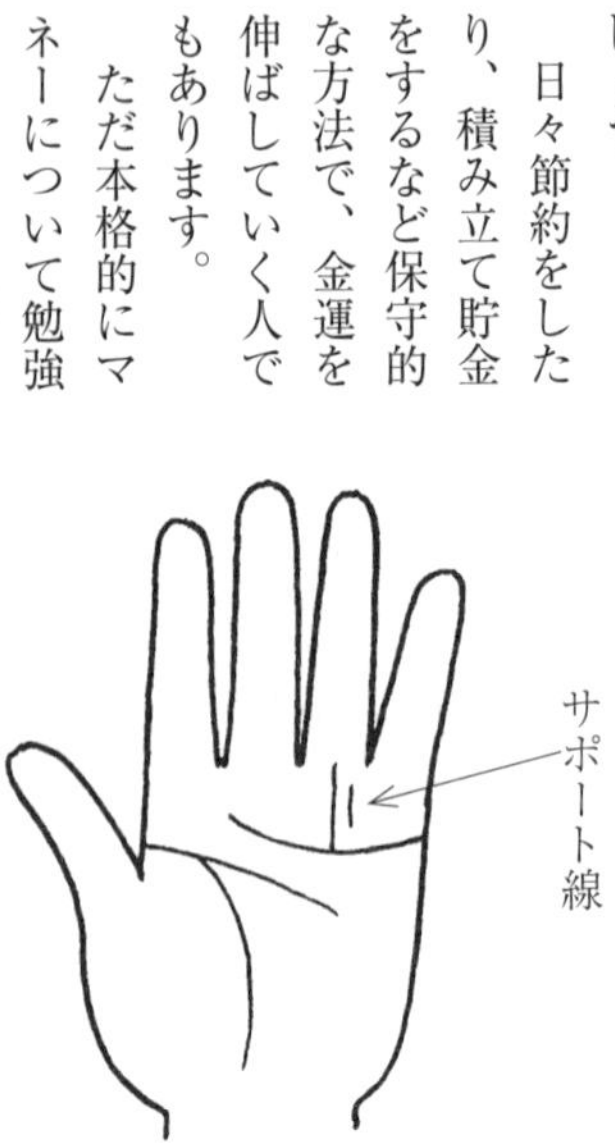

データを分析をしてお金の使い方を工夫することで、それなりの金運をつかむこともできます。

　また、この太陽線の横に、同じような線（サポート線）がもう一本ある場合は、やりくりが上手になってきているときです。少しのお金をびっくりするほど有効に使っていけます。金銭的に苦しい状況を乗り越えることも不可能ではありません。

❺積極的な手に感情線を少し越える太陽線がある

かなり金運の強い人です。その気になれば金儲けのチャンスもいっぱいあります。今現在も、さらに金運が高まってきています。なかなかお金が貯まらなかった人にも、貯まるチャンスが多くなってきます。

　積極的な行動に出ることがお勧めです。また、金につながるような資格を身につけることもプラスになります。仕事でも自分が意欲的にやっていけるものが見つかると、大金をつかむチャンスが出てきます。勝負どころでは強気にいきましょう。

感情線

❻積極的な手に長く頭脳線の近くまでのびる太陽線

頭脳線に届いたり、頭脳線を越えるほどの長い太陽線があれば、人並みはずれた経済的なカンと才能があることを物語っています。財産家になる素質も十分にあります。お金を貯める、増やすという才覚にすぐれ、その結果大金持ちになるというわけです。

　この太陽線に勢いを感じられるときには、金運パワーも高まっています。イチかバチかの勝負にも強く、鋭いカンを働かせて大儲けすることも不可能ではありません。ハイリスク・ハイリターンのものを狙ってみるのもよさそうです。

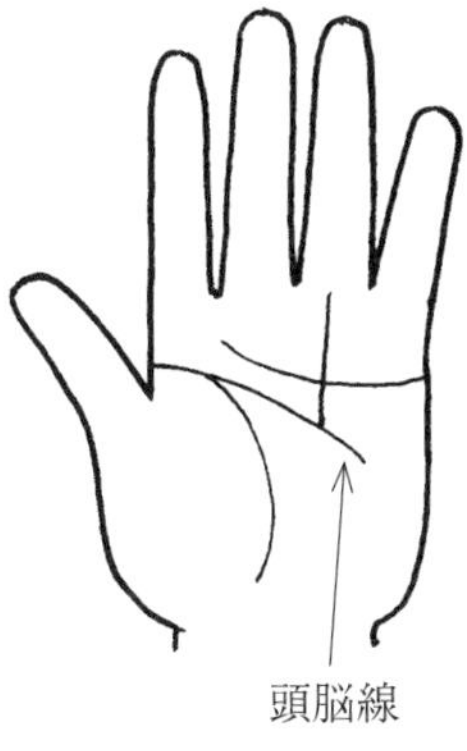

頭脳線

人相の五官占い

佐藤宗眩

人相学は三千年の歴史があり、占いでは最も興味深い。判断の基本は五官、即ち、眉、目、鼻、口、耳です。

●眉（保寿宮《ほじゅきゅう》）は人間性・品性を表す。「男眉」の代表は一文字眉、三角眉で意地強く精力的、苦労に耐えて貫く。「女眉」の良相は新月眉（三日月）で理想が高い。繊細で感情的、芸術性があり、親の恩恵を受けます。

　運勢の流れは眉頭《まゆがしら》側が初年であり、年齢と共に眉尻《まゆじり》側を晩年とする。前箒眉《そうび》（眉頭が太く濃い）は初年運で始めは家庭が良い。後箒眉（眉尻が濃い）は初年は苦労しても後に良くなる。八字眉は処世術上手、締まり屋で財運あり、要領が良い。両眉の間が広いのは気持ちよく交際広いが気楽さ、大雑把で細心さが欠ける面あり。両眉の間が狭いのは気が細かい、神経質で感情的になりやすい。

　男性の左眉は兄弟で右眉が姉妹、眉頭が兄姉を眉尻が弟妹を表すが、女性の場合は右眉が兄弟、左眉が姉妹を表す。眉毛の間が切れたり薄くなる部分が出るときは健康が不調か、寿命を示すことがありそう。

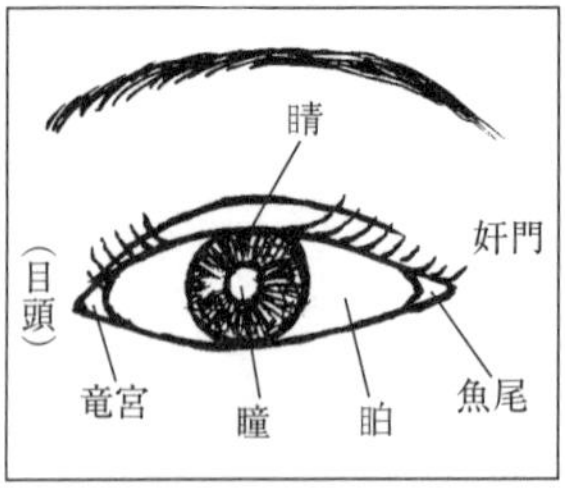

●目（監察宮《かんさつきゅう》）は〝心の窓〟といわれ精神を表し、最も感情表現が豊かで、正直さと考えが表情に現れます。「軽眼」（大きい眼、出張った眼）は情熱家で感受性に富み、勘が良く事業の才能や交渉上手。お洒落《しゃれ》で美食家、熱しやすく冷めやすい面あり。「重眼」（小さな眼、窪んだ眼）は意志が強く責任感あり、粘りがあって最後まで貫く。真面目で誠実、自分の考えや意見に拘りやすく、遠慮がちで消極的なタイプです。

　愛情面では、竜宮は内面的愛情や性愛の様子を示し、魚尾《ぎょび》・奸門《かんもん》は妻妾宮《さいしょうきゅう》といわれ夫婦関係や異性との色情問題を観て、紅潤色は吉、蒙色《もうしょく》（黒いくすみ）は複雑な状況を示します。

●鼻（審弁宮《しんべんきゅう》）は顔の中央にあるので主人公で、性格や個性を表す。特徴として財帛《ざいはく》宮・牢獄宮といわれ、金運や体の内臓関係がわかり、人生においては中年運の強弱を知るところです。

　顔を三等分し中間位置の鼻が豊かで長く見える人は心

豊かで身分相応の福分あり。短い鼻の人は気楽さと妥協しやすく軽率さがあるので慎重に。

鼻高きは自尊心が高く、鼻低きは自尊心が低い。丸鼻は金運や物質運あり。段鼻（鷲《わし》鼻）は個性が強く負けず嫌い、攻撃的で妥協しない傾向、頑張るのはよいが柔軟さも必要。袋鼻は鼻先が下がり丸味あり、金運があり欲もあるので一家を成すが、人情を重んじると伸びる。曲がった鼻筋は生活や金銭に変化が多く、背骨を傷めたり反抗心が出やすい。小鼻（金甲《きんこう》）がふっくらと張りがあるのは金運ありと観ます。

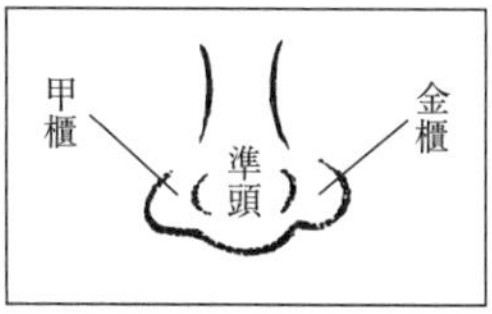

●口（出納宮《すいとうきゅう》）は仕事の活動力、金銭の出入り、愛情の強弱、子孫の有無などを観る部位です。

上唇、下唇、口角、歓待紋（縦皺）を水星《すいせい》という。大きい口は積極的で活動家。小さい口は安全を図り小事に拘りやすく消極的なので、自信を付けることが伸展の鍵。

愛情面では、上唇は積極性があり父系の情熱で、下唇は受け身で母性的な意味を持っている。上唇と下唇の標準の厚さは、下唇の1に対して上唇が4分の3。その厚さを比較し、上下の強さを決めること。厚い唇は情の豊かさ、薄い唇は理知的なので冷静な愛情表現となります。

水星は食欲、性欲が本能のまま強く表れるが、歓待紋は愛欲に敏感であり、豊かな艶を持ちます。口角は両端の部分で、意志の強弱や金銭と愛情の締まり具合を表し、口角が緩いと出費散財といわれます。

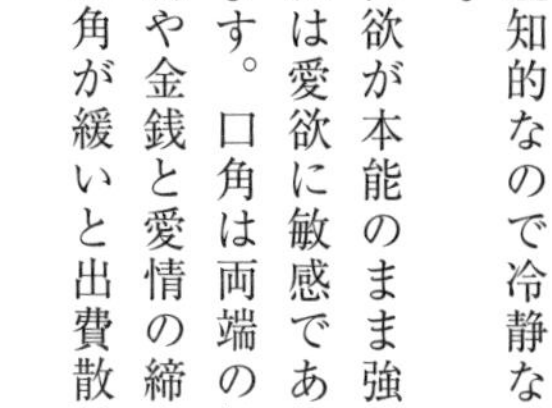

●耳（採聴宮《さいちょうきゅう》）は様々なことを聞く働きで知識を集め智を司るので、頭脳と結び付いたことを表します。

耳の形が長く上のほうに伸びているのは頭がよく才能あり、仕事は努力を重ねて成功するでしょう。耳の小さい人は理想が小さく、仕事に対しても心配するが、耳輪《じりん》が上向きであれば人の上に立つリーダーの才智があり、相応の福分を供えています。

外輪と郭《かく》（内輪）がしっかりしている人は聡明で垂珠《すいじゅ》（耳たぼ）の肉が厚くあるのは財と寿を有する。

金運については耳を蔵にたとえられ、耳が厚い人は金運が良く晩年は良好。耳が極めて薄いのは蔵が小さくお金が収まりにくい。

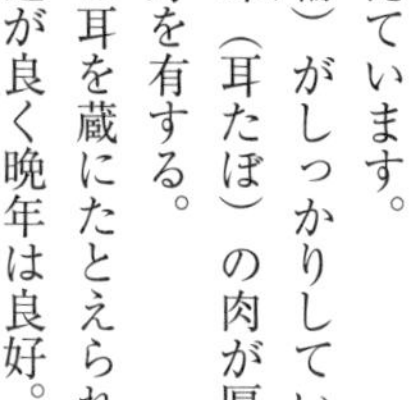

姓名判断

栗原里央子

●赤ちゃんの名前のつけ方

この世に「生」を受け、一番初めの赤ちゃんへのプレゼントが名づけです。たった2字や3字で作る名前に心おきなく願いを込めるのは簡単なことではありません。

本項では、より幸せになれる名づけを、いろいろご紹介していきたいと思います。

◎名前の響きにこだわる名づけ方法

名前は一日に何回も声（音）に出して呼ばれる大切なものです。古来より、言葉には「ことだま」という不思議な力が宿っていると言われていますので、それぞれの持っている音の組み合わせを参考にして、良い相生の音、響きを作ってみてください。

【土性】あいうえお　【木性】かきくけこ
【金性】さしすせそ　【火性】たちつてと
【火性】なにぬねの　【水性】はひふへほ
【水性】まみむめも　【土性】や　ゆ　よ
【火性】らりるれろ　【土性】わ　　を
【土性】ん

五行の関係

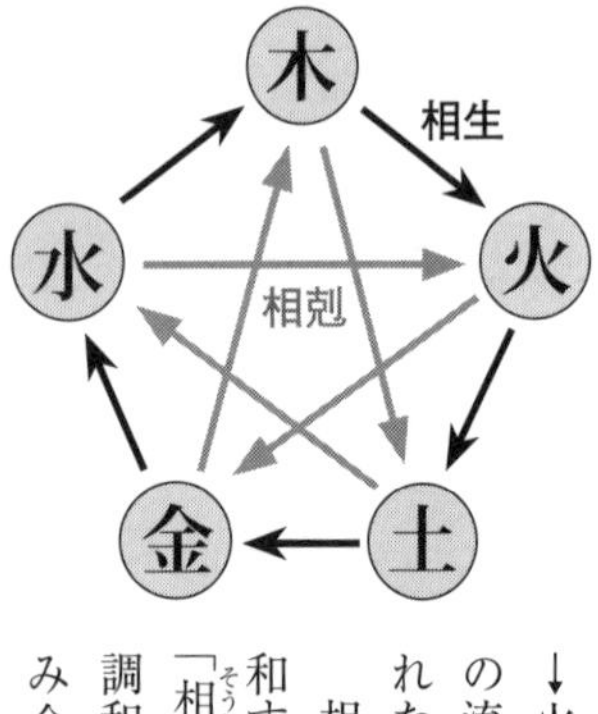

隣り合う五行（木→火→土→金→水）の流れが、調和のとれた良い関係です。

相性が良くて、調和する組み合わせを「相生《そうしょう》」といい、不調和でマイナスな組み合わせを「相剋《そうこく》」といいます。

ことだまを生かすには、姓（名字）の最後の字と、名前の最初の字に、相生の良い関係の「音」を持ってくるのがポイントといえるでしょう。

名字《みょうじ》　名前《なまえ》

じ→金性
な→火性　」相剋

◎運のよい名前

最初に「総格」です。これは単純に姓名（名字と名前）に使われている全ての文字の画数を足せば、その数になります。

次に「天格」です。姓、つまり名字の画数そのもので、

〈3文字姓名〉

字	画数	格
小	3	⑬天格
栗	10	⑯人格
旬	6	⑦地格
❶（仮数）	1	

④外格　⑲総格

総格⑲（3＋10＋6）
外格④（3＋1仮数）または
（19－16＋1）
総格-人格＋仮数
姓や名前が1文字の時は「仮数1」を立てて、外格にも加える。
総格数を出す時だけは「仮数1」を加えない。

〈4文字姓名〉

字	画数	格
藤	21	㉕天格
井	4	㉑人格
聡	17	㉑地格
太	4	

㉕外格　㊻総格

総格㊻（21＋4＋17＋4）
外格㉕（21＋4）または
（46－21）
総格-人格
「藤」は「藤」で21画
「聡」は「聰」で17画

〈5文字姓名〉

字	画数	格
大	3	⑩天格
坂	7	⑫人格
な	5	⑫地格
お	4	
み	3	

⑩外格　㉒総格

総格㉒（3＋7＋5＋4＋3）
外格⑩（4＋3＋3）
5文字の場合「3文字名の下2文字」と天格の「上1文字」を足す。
または　（22－12）
総格-人格

先祖から受け継いでいるもので、吉凶は見ません。

「人格」これを「主運」ともいい、その人の中心運であり性格を表す。天格、地格とのバランスの中心になります。姓の下一字と名前の上一字を合わせた数。

「地格」は、姓名の名前の画数がそのまま格数となり、比較的「前運」といって幼少の頃が出やすい性格。

「外格」は、総格から人格を差し引いた数。主に外部の交際面、家庭などをみています。

◎正しい画数の数え方

氵（サンズイ）は水から来る字で3画ではなく4画
艹（クサカンムリ）は艸から来る字で4画ではなく6画
忄（リッシンベン）は心から来る字で3画ではなく4画
犭（ケモノヘン）は犬から来る字で3画ではなく4画
辶（シンニュウ）は辵から来る字で3画ではなく7画
阝（コザトヘン）は阜から来る字で3画ではなく8画
阝（オオザトヘン）は邑から来る字で3画ではなく7画
扌（テヘン）は手から来る字で3画ではなく4画
𤣩（タマヘン）は玉から来る字で4画ではなく5画
糸（イトヘン）は糸から来る字で7画ではなく6画
月（ニクヅキ）は肉から来る字で6画
衤（コロモヘン）は衣から来る字で5画ではなく6画

一から十までの画数は、数の単位から成り立っているのでその数をもって画数と定めます。ですので、五＝5画、九＝9画、十＝10画ですが、百は6画、千は3画、万（萬）は15画、億は15画と普通の字画に従います。

ひらがな、カタカナの画数

1画＝く、し、つ、の、へ。

2画＝い、う、こ、て、と、ひ、め、り、る、ろ、ん。

3画＝あ、え、か、け、さ、す、せ、そ、ち、に、み、も、や、ゆ、よ、ら、れ、わ。

4画＝お、き、た、ぬ、ね、は、ふ、ま、む、を。

5画＝な、ほ。

1画＝ノ、フ、ヘ、レ。

2画＝ア、イ、カ、ク、コ、ス、セ、ソ、ト、ナ、ニ、ヌ、ハ、ヒ、マ、ム、メ、ヤ、ユ、ラ、リ、ル、ワ、ン。

3画＝ウ、エ、オ、キ、ケ、サ、シ、タ、チ、ツ、テ、ミ、モ、ヨ、ロ、オ。

4画＝ネ、ホ。

◎それぞれの格数に宿る運と意味

画数による姓名判断を支えているのは、算出した格数ごとにみられる「数意」です。これは文字通り、数が持っている意味のことです。

数意は、それぞれ吉凶さまざまな運に分かれ、吉凶を呼び起こす原因や回避するための知恵も、数ごとにかなりの違いがあります。

そこで、それぞれの数が持つ意味を参考にして命名などに役立ててください。

①（1、11、21、31、41など）
だいたい、どのような職業、職種にも適応できます。とくに学問、才能、技術を生かせることに向いていて、努力を惜しまず、社交面もよく、目上や目下運にも恵まれる数です。財運も兼ね備えています。

②（2、12、22、32、42など）
ここ一番という時に弱さがあり、決断力にやや欠けるところが迷いを生じやすいでしょう。対人面でも不平不満が多く、円滑さに欠けることがあります。そのため孤立しやすいので、気を付けることです。

③（3、13、23、33、43など）
行動力があり、頭の回転もよくチャンスをつかむのも上手ですが、時々、感情に左右され、バランスが崩れることがあります。多方面に適した能力を持っているのですから、五行の配置に注意すれば吉祥数です。

④（4、14、24、34、44など）

この数はいつも落ち着きがなく、不安でイライラしたり、気持ちに余裕がないため、周囲との和を保ちにくいのがマイナスです。健康面での不安が生じやすいので、あまり使いたくない数字です。

⑤（5、15、25、35、45など）

女性は優しくて家庭思いで、大切にするタイプです。男性は穏やかで情があり、周囲と和を図るタイプです。男女とも目標を持ったら努力を惜しまずやりぬくので、才能が発揮できるでしょう。健康面も順調です。

⑥（6、16、26、36、46など）

誠意と努力が報われる数で、凶を吉に変える誘導数でもあります。初めのうちは縁の下の力持ちのようですが、その苦労が身になりトップになるでしょう。ただ、名誉を好み、思いつきの行動が盛運を弱めます。

⑦（7、17、27、37、47など）

独立心が強く行動力もあって、苦労を乗り越えていく信念があって良いのですが、自我が強かったりプライドが高すぎるため、人情の機微に欠ける面があるので、誤解を招きやすいでしょう。

⑧（8、18、28、38、48など）

困難に負けない忍耐力と、チャンスを生かして行動を起こす勇気、進取性を表す数といわれています。温和に見えても強気でテクニックが上手ではないので、反感を買うことがある傾向でしょう。

⑨（9、19、29、39、49など）

多方面において意見の対立や行き違いが生じやすい数です。マイペースで進めるので冷たく思われ孤独になりがちです。穏やかで几帳面な性格ですが、財と権力に弱いところがマイナスの要因です。

⑩（10、20、30、40、50など）

周囲に対して気遣いができ協調性がありますが、時には利用されやすく、強気で行動するとトラブルに巻き込まれるところがあります。夢や希望に時間をかけて取り組むことが望ましいでしょう。

◎吉祥数として喜ばれる画数

1、3、5、6、8、11、13、15、16、21、23、24、25、31、32、33、35、37、41、45、47、48、52、57、61、65、67などの数は安定したラッキーな数。

姓名判断、命名は、画数だけではなく、天格、人格、地格、外格、総格を総合して判断していくものなので、分からない点があれば、専門家に問い合わせて下さい。

（熊崎式、大熊茅楊式判断法を参考）

風水・開運インテリア

藤 瑛梨賀

風水とは、自分を取り巻く様々な「環境」を良くすることで運を開いていく環境学です。環境の中でも、生活の基盤となり、そしてあらゆる運のベースとなる家・住まいについて、風水を取り入れて運気を向上させることはとても大切です。

最近ではテレワークが浸透し、これまで以上に自宅で過ごす時間が増えています。身の回りの住空間を風水で整え、金運、仕事運、恋愛運などの運気をアップさせるとともに居心地の良い快適な住まいを手に入れましょう。

風水において最も基本的で大事なことは次の3つです。

①風通しを良くすること

家の中の空気が淀んでいたり、悪臭がしていたりすると気が淀んでしまいます。窓を開けて新たな空気・良い気を呼び込んでください。風通しが悪い場合はシーリングファンやサーキュレーターを使用するのも効果的です。

②室内を明るくすること

光は人間を健康にするパワーとエネルギーに溢れています。日中はカーテンを開けて太陽の光を取り込んでください。窓が無ければ照明を明るくする、壁紙やインテリアを明るい色にするなどの工夫をしましょう。

③こまめに掃除すること

風水では「清潔が基本」です。汚れやほこりが溜まると気が淀み、そこから悪い気が発生します。また、物が出しっ放しであったり、乱雑に収納されていると運気が下がります。整理整頓や掃除により厄《やく》を祓い、幸運を呼び込むことが大切です。

この3つの基本を守れば同じ家でも清々しさを感じて気分は良くなるはずです。次に、以上を踏まえた上で、自分のライフスタイルに応じてラッキーカラーを活用し、またベッドや机、ラッキーアイテムなどを風水に従って配置してみましょう。家のインテリアを考えるときに、各部屋の方位に応じたラッキーカラーをカーテン、クッション、小物などに取り入れます。

方位の求め方は家の形が四角形ならその対角線の交差した点を中心としてそこに磁石を置き、東、西、南、北、東北、南東、南西、北西の八方位を各45度とします。各部屋も同様に、中心に磁石を置き確認してください。

開運をもたらすラッキーアイテムには次のようなものがあげられます。

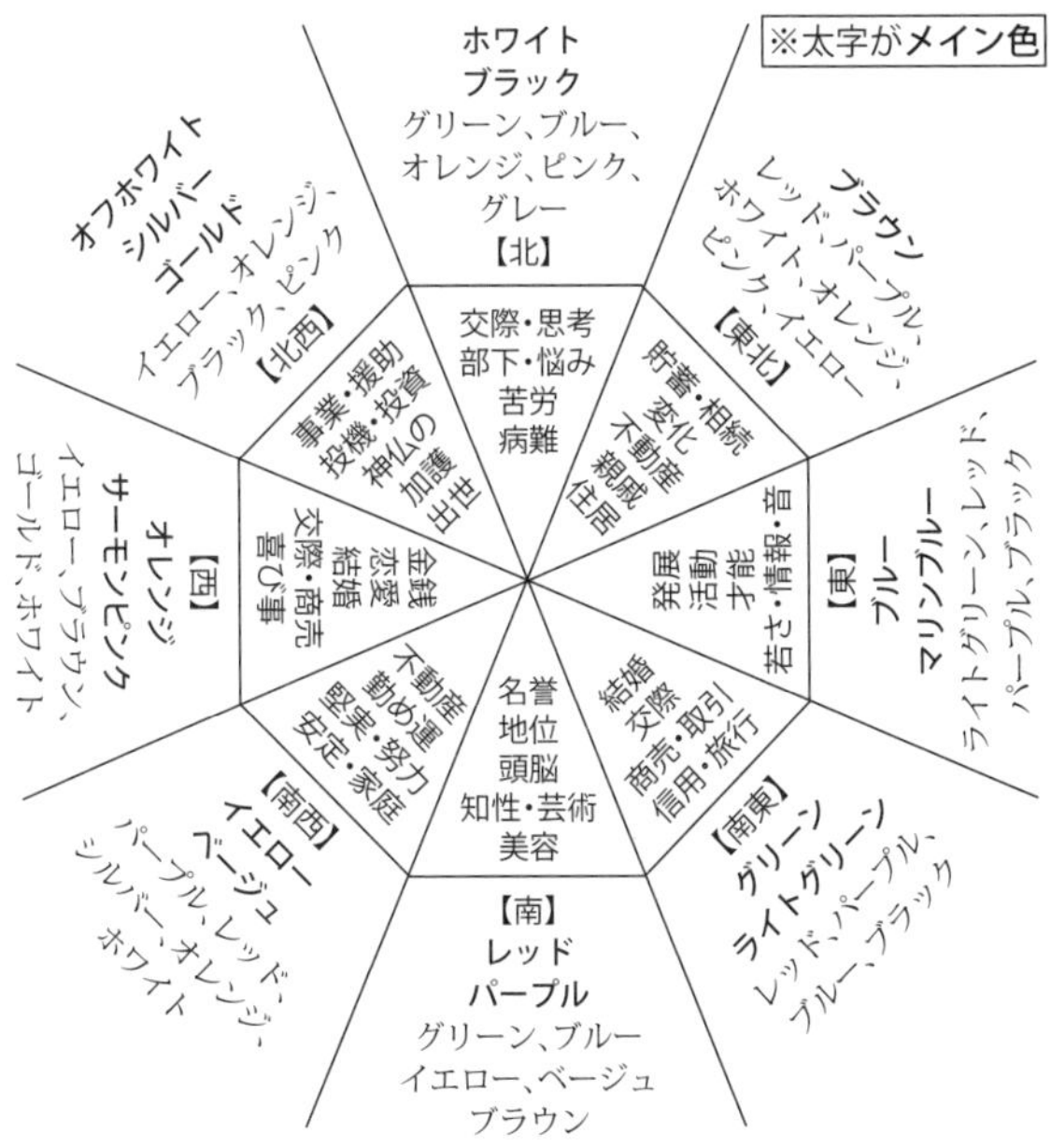

『花と観葉植物』――植物には、家相でいう「欠け」の部分を補い、悪い気をシャットアウトするパワーがあります。玄関、リビング、キッチン、トイレや書斎など、どの部屋に飾っても良い気を運ぶ万能アイテムでもあります。また、観葉植物には空気清浄の作用や加湿効果のある種類もあり、植物を身近に置けば空間が爽やかになり気分が癒されます。

『クリスタル』――光を反射するクリスタルは、良い気を散らして隅々まで行き渡らせることができます。悪い気を和らげる効果もあるので、特に相性が良い北や北西の窓辺に置くとよいでしょう。

『香り』――良い香りを漂わせると、良い気が入ってきやすくなります。さらに、香りには「癒し」「リラクゼーション」「ストレス解消」「安眠」などの効果があり、人の心や身体に与える影響はとても大きいといえます。玄関やリビング、寝室、トイレなどで、エッセンシャルオイル、アロマミスト、ハーブ、リードディフューザーなど使用して好きな香りを楽しみましょう。

『サウンド』――美しい音色が鳴るアイテムは悪い気を抑えて、良い気を家の中に呼び込む力があります。ウインドベル、ウインドチャーム、風鈴などをドアや家の東側、自分が欲しい運の方位につるすと効果が期待できます。

『鏡』――鏡は昔から尊いものとして大切にされており、気の流入を促して運気を上げる強力なパワーを発揮します。いつも磨いてきれいにしておくことが大切です。一般的には鏡の面が太陽の方角に向くように飾りましょう（東、南）。金運を上げたいならフレームは金色か黄色に。

続いて家の中の主要な場所ごとに具体的に解説します。

【玄関】

家の顔ともいえる玄関は、全ての「気の入り口」となる最も重要な場所です。いつも清潔に明るくそして風通しを良くするという基本を守って、良い運気を呼び込んでください。不要なものが置かれていたり、靴が何足も並んでいるような玄関は運気が下がってしまいます。整理整頓を心掛け、インテリアにも十分配慮してください。

ラッキーアイテムとしては次のものが考えられます。

①玄関マット（天然素材が望ましい）は良い気を招き入れ、悪い気をブロックします。

②生花、観葉植物（ドライフラワーはＮＧ）は玄関を入って右側に置くとよいでしょう。

③絵画、イラスト、写真などは良い気を呼び込む大きな力があるので、玄関を入って右側に飾りましょう。

④香り。⑤鏡。

大きな気が流れる玄関に置くのはとても効果的で、半身以上を映せるような大きな鏡が理想的です。

玄関に入って右に飾ると人間関係、家庭運、仕事運が、左に飾ると金運、財運、恋愛運が上昇します。ただし、玄関ドアの真正面に飾るのはＮＧです。せっかく入ってきた良い気を跳ね返してしまうからです。

【トイレ】

トイレは陰の気が強い場所なので、常に「明るく暖かく」を心掛けてください。また、一番悪い気が溜まる場所とされているので、いつも清潔を保ち、換気をすることが大切です。窓が開かないトイレなら、消臭アイテムとして植物や炭を利用するのもおすすめです。

その他、次の点を心掛けて下さい。

①エッセンシャルオイルなどの香りを使用する。

②使用後は便器のふたを必ず閉めること。

③足元を温かく保つためにスリッパ、トイレマットを使用しましょう。健康運アップに繋がります。

④タオルはいつも清潔を保ちましょう。濃い色は避け、清潔感のある淡い色が良いでしょう。

⑤スペースに余裕があれば花や観葉植物を置きましょう。飾れないならポストカードをフレームに入れて飾っても効果があります。

【机の配置】

机はドアに背を向けない配置が良いとされます。さらに机の前は窓ではなく、壁に向かって配置すれば勉強も仕事も集中力が高まり、能力を発揮することができます。

机の向きは、集中力を高めたい、落ち着いて勉強や仕事をしたい人には北方位がベストです。知識を吸収し才能を伸ばすことができます。

子供に学習意欲を持たせたい、モチベーションを高めたいと思う人は、東向きに。ただし、成長、発展は望めますが、集中力は長続きしませんので注意してください。

南向きは、陽気が強すぎて、仕事、勉強には不向きです。

西向きは、遊びの誘惑に気持ちが向き、やる気が落ちるので避けたほうが懸命。西向きにしか置けない時は部屋に観葉植物を置くなどの工夫でやる気を高めましょう。

【寝室】

寝室は一日の疲れを取って運気を吸収する場所です。気の入り口である玄関に次いで大事な場所とされています。寝室で一番重要なのが「枕の向き」です。どの方位に枕を向けて寝るかで運は大きく変わります。

一般的には敬遠されがちですが、風水的に最もおすすめめなのは北向きです。北に頭を向けて寝れば気の流れをスムーズに取り入れることができ、興奮して寝付かれない時でも熟睡することができます。頭寒足熱により、健康運アップも期待できます。

東向きは、出世したい人やこれから成長する子供には特におすすめです。また、朝早く起きて会社や学校に行く人、時間にルーズな人や遅刻しがちな人はぜひ東向きにしてください。子供の東枕は発展運、成長運が上がり、積極的な性格になっていきます。

西向きは、暮れていく気を吸収することになるので寝起きが悪くなり、老《ふ》けやすくなります。子供には向いていません。反面、落ち着きを与えてくれるため、お年寄りや病気の人にとっては悪くない方位です。

南向きは、最も良くない方位です。この方位に頭を向けると、イライラしがちで安眠できないばかりでなく、足が冷えやすくなり健康運もあまり良くはありません。

カーテンやクッションばかりでなく、シーツやベッドカバーなどの寝具類、パジャマなどにもラッキーカラーを使用して、睡眠中に良い気を吸収し開運の促進を図りましょう。

インテリアのカラーや配置に配慮するなどのちょっとした工夫で、住む人の運気を容易に向上、改善させることができます。風水をマスターして住空間を見直すことで、毎日を心地よく、幸せに過ごしましょう。

西洋占星術

惑星開運術　上田享矢

星　座　運　アイラ・アリス

2022年★惑星（火星、木星、土星、天王星、海王星、冥王星）
イングレス・チャート

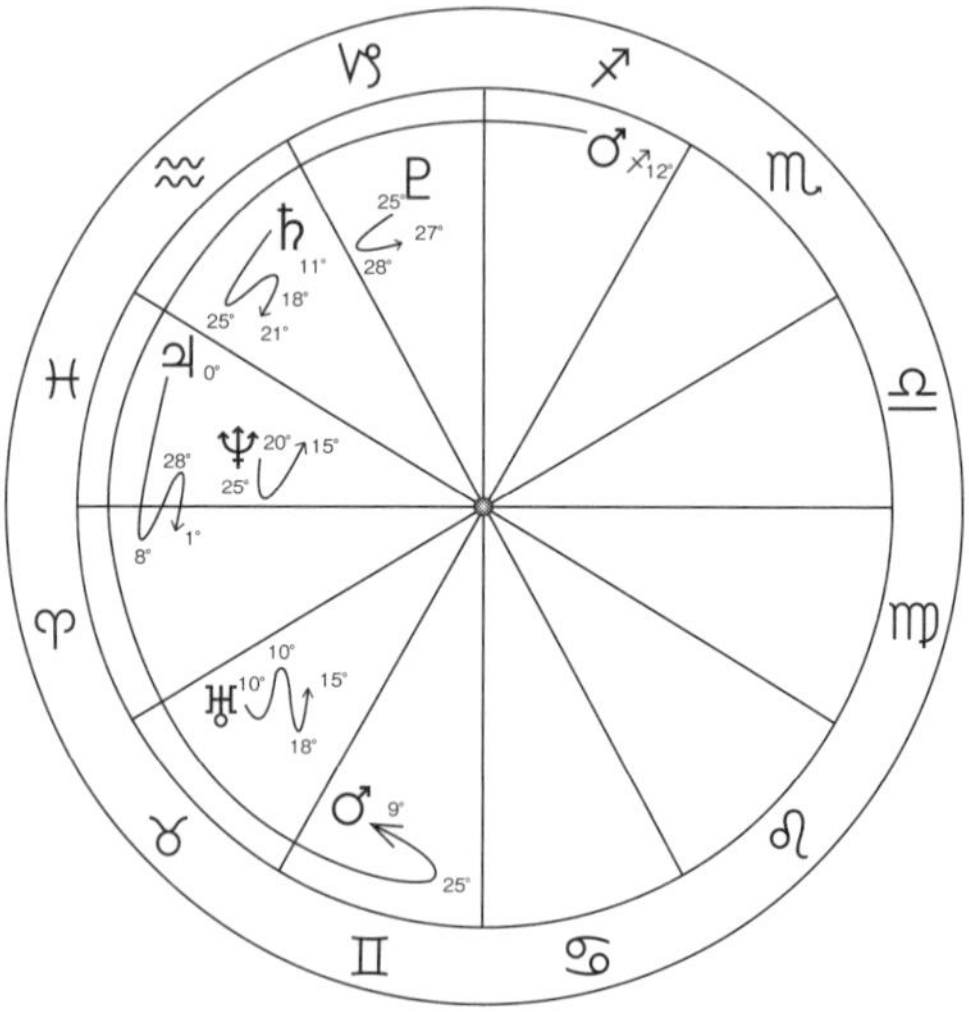

☉ 太陽　☽ 月　☿ 水星　♀ 金星　♂ 火星　♃ 木星　♄ 土星　♅ 天王星　♆ 海王星　♇ 冥王星

♈ 牡羊座　♉ 牡牛座　♊ 双子座　♋ 蟹　座　♌ 獅子座　♍ 乙女座　♎ 天秤座　♏ 蠍　座　♐ 射手座　♑ 山羊座　♒ 水瓶座　♓ 魚　座

［資料提供］ハイブリッド占星学研究所

惑星開運術

●各天体の動きと概要

年初、〝幸運の星〟木星は魚座、〝制御の星〟土星は水瓶座でスタート。その後、木星は魚座から牡羊座に出たり戻ったりします。（5月11日に牡羊座に移動し、さらに10月28日に魚座に戻り、12月20日深夜に再び牡羊座に入ります）

以下、土星は水瓶座11°〜25°、天王星は牡牛座10°〜18°、海王星は魚座20°〜25°、冥王星は山羊座25°〜28°を行ったり来たりしています。

火の星座：牡羊座、獅子座、射手座
地の星座：牡牛座、乙女座、山羊座
風の星座：双子座、天秤座、水瓶座
水の星座：蟹　座、蠍　座、魚　座

【表（次ページ）の見方】

各月の最初に、惑星が次の星座に移る時のその惑星名（〜星）、日にち、星座（〜座）、時間（24時間制）の順で記してあります。太陽だけ太字で最初に記してありますが、後は起きる日にち順です。

〈例〉1月なら「1月・太陽—20日—水瓶—11：40」となっていますが、これは「1月20日11時40分に太陽が山羊座から水瓶座に移行する」ということです。その他の惑星の移行日と時間もここに記してあります。

動きが速い月（moon）だけは別表（枠罫で囲み部分）になります。

〈例〉1月2日8：03分に月は山羊座に入ります。また、〝逆行〟の情報は月の表の下側に記してあります。

幸運の星木星が魚座から牡羊座という暖かい位置に移行しつつあります。木星以遠のほとんどの星が冬の星座にあり、世の中は事件的には一見大きな変化は見られずとも、人々は心の中で主体性と豊かな感性を取り戻し、人間らしい生活を再構築しはじめます。

1月↓↓↓↓5月↓↓↓8月↓↓↓↓12月
木　星：魚座↓↓↓牡羊座↓↓魚座↓↓↓↓牡羊座
土　星：水瓶座↓↓↓↓↓↓↓↓↓↓↓水瓶座
天王星：牡牛座↓↓↓↓↓↓↓↓↓↓↓↓↓↓牡牛座
海王星：魚　座↓↓↓↓↓↓↓↓↓↓↓↓↓↓魚　座
冥王星：山羊座↓↓↓↓↓↓↓↓↓↓↓↓↓↓山羊座

また、7月以降は逆行になる星が多いです。いつもと調子が変わることがあり、小さなミスに注意しましょう。

【星の動き・利用の仕方】

ホロスコープが詳しく分からなくても、この表は利用できます。まず、今、あなたが訳もなく気分が良かった日（悪かった日）をチェックしてみて下さい。これはたいていの場合、月（Moon）の位置によって起きます。

たとえば、1月2日は気分が悪かったけれど、4日からはうきうきしてきたというのであれば、あなたは月が山羊座の時に調子が悪く、水瓶座の時に調子が良いのだということが分かります。ですから、次に水瓶座に月が来る2月1日から2日は狙い日です。

また、ずばり水瓶座でなくとも同じ〝風の星座〟の双子座や天秤座に月が来た時も調子が上がるはずです。

こうして、まず分かりやすい月の位置の情報を自分に取り込み、次に金星や火星など別の星の影響も見てみましょう。

一度データが取れれば、次回より繰り返し使えます。

1月

太陽－20日－水瓶－11:40
水星－2日－水瓶－16:11
火星－24日－山羊－21:54
水星－26日－山羊－12:06

月

2日	山羊	08:03
4日	水瓶	07:45
6日	魚	09:18
8日	牡羊	14:27
10日	牡牛	23:48
13日	双子	12:09
16日	蟹	01:12
18日	獅子	13:04
20日	乙女	23:03
23日	天秤	07:04
25日	蠍	12:58
27日	射手	16:36
29日	山羊	18:10
31日	水瓶	18:44

水星－14日－水瓶－10°R
天王－19日－牡牛－10°D
金星－29日－山羊－11°D

2月

太陽－19日－魚－01:44
水星－15日－水瓶－06:55

月

2日	魚	20:01
4日	牡羊	23:58
7日	牡牛	07:54
9日	双子	19:28
12日	蟹	08:28
14日	獅子	20:18
17日	乙女	05:44
19日	天秤	12:52
21日	蠍	18:20
23日	射手	22:30
26日	山羊	01:29
28日	水瓶	03:37

水星－4日－山羊－24°D

3月

太陽－21日－牡羊－00:35
金星－6日－水瓶－15:31
火星－6日－水瓶－15:24
水星－10日－魚－10:33
水星－27日－牡羊－16:46

月

2日	魚	05:55
4日	牡羊	09:54
6日	牡牛	17:01
9日	双子	03:41
11日	蟹	16:25
14日	獅子	04:33
16日	乙女	14:00
18日	天秤	20:27
21日	蠍	00:46
23日	射手	04:00
25日	山羊	06:55
27日	水瓶	09:56
29日	魚	13:33
31日	牡羊	18:32

4月

太陽－20日－牡牛－11:25
金星－6日－魚－00:19
水星－11日－牡牛－11:11
火星－15日－魚－12:07
水星－30日－双子－07:24

月

3日	牡牛	01:51
5日	双子	12:05
8日	蟹	00:31
10日	獅子	13:01
12日	乙女	23:09
15日	天秤	05:47
17日	蠍	09:24
19日	射手	11:18
21日	山羊	12:53
23日	水瓶	15:18
25日	魚	19:16
28日	牡羊	01:11
30日	牡牛	09:20

冥王－30日－山羊－28°R

5月

太陽－21日－双子－10:24
金星－3日－牡羊－01:12
木星－11日－牡羊－08:23
水星－23日－牡牛－10:16
火星－25日－牡羊－08:19
金星－28日－牡牛－23:47

月

2日	双子	19:48
5日	蟹	08:06
7日	獅子	20:51
10日	乙女	07:54
12日	天秤	15:35
14日	蠍	19:35
16日	射手	20:51
18日	山羊	21:03
20日	水瓶	21:54
22日	魚	00:51
25日	牡羊	06:41
27日	牡牛	15:24
30日	双子	02:24

水星－10日－双子－4°R

6月

太陽－21日－蟹－18:15
水星－14日－双子－00:28
金星－23日－双子－09:36

月

1日	蟹	14:50
4日	獅子	03:39
6日	乙女	15:23
9日	天秤	00:24
11日	蠍	05:42
13日	射手	07:33
15日	山羊	07:15
17日	水瓶	06:45
19日	魚	08:02
21日	牡羊	12:38
23日	牡牛	20:59
26日	双子	08:14
28日	蟹	20:55

水星－3日－牡牛－26°D
土星－5日－水瓶－25°R
海王－28日－魚－25°R

7月

太陽-23日-獅子-05:08

水星-5日-蟹-15:26

火星-5日-牡牛-15:05

金星-18日-蟹-10:33

水星-19日-獅子-21:36

月

1日	獅子	09:41
3日	乙女	21:32
6日	天秤	07:26
8日	蠍	14:16
10日	射手	17:35
12日	山羊	18:02
14日	水瓶	17:14
16日	魚	17:19
18日	牡羊	20:19
21日	牡牛	03:24
23日	双子	14:12
26日	蟹	02:55
28日	獅子	15:37
31日	乙女	03:12

木星-29日-牡羊-8°R

8月

太陽-23日-乙女-12:17

水星-4日-乙女-15:59

金星-12日-獅子-03:31

火星-20日-双子-16:57

水星-26日-天秤-10:04

月

2日	天秤	13:07
4日	蠍	20:48
7日	射手	01:40
9日	山羊	03:40
11日	水瓶	03:46
13日	魚	03:45
15日	牡羊	05:44
17日	牡牛	11:23
19日	双子	21:07
22日	蟹	09:30
24日	獅子	22:10
27日	乙女	09:26
29日	天秤	18:46

天王-24日-牡牛-18°R

9月

太陽-23日-天秤-10:05

金星-5日-乙女-13:06

水星-23日-乙女-21:06

金星-29日-天秤-16:50

月

1日	蠍	02:12
3日	射手	07:41
5日	山羊	11:04
7日	水瓶	12:42
9日	魚	13:43
11日	牡羊	15:48
13日	牡牛	20:40
16日	双子	05:17
18日	蟹	17:00
21日	獅子	05:39
23日	乙女	16:55
26日	天秤	01:44
28日	蠍	08:16
30日	射手	13:05

水星-10日-天秤-8°R

10月

太陽-23日-蠍-19:37

水星-11日-天秤-08:52

金星-23日-蠍-16:53

木星-28日-魚-14:12

水星-30日-蠍-04:23

月

2日	山羊	16:39
4日	水瓶	19:22
6日	魚	21:48
9日	牡羊	00:58
11日	牡牛	06:05
13日	双子	14:09
16日	蟹	01:12
18日	獅子	13:46
21日	乙女	01:27
23日	天秤	10:25
25日	蠍	16:20
27日	射手	19:56
29日	山羊	22:23

水星-2日-乙女-24°D

冥王-9日-山羊-26°D

土星-23日-水瓶-18°D

火星-30日-双子-25°R

11月

太陽-22日-射手-17:22

金星-16日-射手-15:10

水星-17日-射手-17:43

月

1日	水瓶	00:44
3日	魚	03:48
5日	牡羊	08:08
7日	牡牛	14:16
9日	双子	22:38
12日	蟹	09:23
14日	獅子	21:49
17日	乙女	10:05
19日	天秤	19:59
21日	蠍	02:17
24日	射手	05:17
26日	山羊	06:19
28日	水瓶	07:08
29日	魚	09:16

木星-24日-魚-28°D

12月

太陽-22日-山羊-06:49

水星-7日-山羊-07:09

金星-10日-山羊-12:55

木星-20日-牡羊-23:33

月

2日	牡羊	13:42
4日	牡牛	20:39
7日	双子	05:50
9日	蟹	16:50
12日	獅子	05:10
14日	乙女	17:47
17日	天秤	04:50
19日	蠍	12:32
21日	射手	16:14
23日	山羊	16:51
25日	水瓶	16:15
27日	魚	16:35
29日	牡羊	19:37

海王-4日-魚-22°D

水星-29日-山羊-24°R

牡羊《おひつじ》座　3月21～4月20

総合運＝「終わり」と「始まり」が交互にやってきそう。運気の波が激しい年なので、一喜一憂せずに落ち着いて対応を。初夏から秋にかけては、幸運期の前哨戦が幕を開けます。
愛情運＝運命の人はすぐそばに。外見より内面の重視でお相手選びを。
仕事・対人運＝整理整頓がテーマです。腐れ縁の相手や、不利益ばかりの仕事は、春までに区切りをつけて。夏になると次々に「良縁」が訪れる。
金運＝お金のことは運任せに。状況を静観したほうが上手く行くはず。
健康運＝足元のトラブルに注意。外出時は履きなれた靴のほうが安心。
1月＝努力の結果が見えにくい時期。自暴自棄にならないよう注意。
2月＝友愛の精神をモットーに。誰

牡牛《おうし》座　4月21～5月21

総合運＝古い価値観を打ち破るタイミング。一般論や社会常識に固執せず、オリジナルの人生を築きましょう。夏の間は、ひとりの時間を充実させると、メンタルが安定します。
愛情運＝一目ぼれの予感。思い切って連絡先を聞いてみるのもあり。
仕事・対人運＝対等な関係にツキあり。本音で話し合える相手が、この年のキーマンです。副業運が好調なので「二足の草鞋《わらじ》」を履くのも◎。
金運＝通販をフル活用。じっくり商品を選ぶと、無駄遣いが減りそう。
健康運＝「ながら運動」がおすすめ。自然と引き締まったスタイルに。
1月＝未来へ展望が開ける月。自分磨きのための投資も吉と出そう。
2月＝今年の仕事の目標を確認。進

双子《ふたご》座　5月22～6月21

総合運＝コツコツと実績を積み重ねる一年。結果よりも過程を重視すると、たくさんの恩恵を得られるでしょう。暑い季節は、プレッシャーから解放されて、気分も伸び伸び。
愛情運＝堅実なムード。親せきや目上の人からの紹介相手に有望株が。
仕事・対人運＝キャリアの転換期。昇進や独立を機に、肩書や職種がガラッと変わる可能性も。対人面は、よくも悪くもドライになる傾向。
金運＝倹約家の友人を観察。効率の良いお金の貯め方がわかります。
健康運＝無理の利かない年。特に、お盆過ぎの夏バテは長引く暗示が。
1月＝油断は大敵です。順調なときほど水面下の動きを注視して。
2月＝専門知識をブラッシュアッ

に対しても平等に愛情を注ぐと◎。

3月＝ナーバスモード。愚痴っぽくなると、疫病神に取りつかれそう。

4月＝現状に甘んじない姿勢が◎。今よりさらに上を目指す意欲を持つ。

5月＝ショッピング運が吉。偶然タイムセールに遭遇するラッキーも。

6月＝トークセンスがピカイチ。気の利いたジョークで場を和ませて。

7月＝受け身に徹して正解。オフは、のんびり自宅で過ごしましょう。

8月＝スポットライトを浴びる星回り。才能を上手にＰＲできます。

9月＝折り目正しい生活が◎。節制や節度を心掛けると運気が上昇。

10月＝誰にでも愛想よく接して。お誘いの声がたくさんかかりそう。

11月＝善意が裏目に出やすい月。実行する前にシミュレーションを。

12月＝グッドなひらめきあり。素直に従うと、来年に向け好ダッシュ！

むべき方向性がはっきりするはず。

3月＝対人運が好調です。同じ夢を追いかける同志が見つかる幸運も。

4月＝すべてを慈しむ気持ちが◎。平凡な日々のありがたさを再認識。

5月＝新たなステージへ。年齢や環境を理由に諦めなくても大丈夫！

6月＝損得抜きの交友を。自分にとって一番大切な相手がわかりそう。

7月＝シンプルイズベストが合い言葉。迷ったときは基本に戻ると◎。

8月＝知らぬが仏の星回り。余計な詮索やお節介は厄介事を招くだけ。

9月＝良い意味での思い込みが肝心。強気な姿勢でツキをつかんで。

10月＝「病は気から」を実感。まずは精神のストレスを減らす工夫を。

11月＝髪型をマイナーチェンジ。あなたの魅力が周囲に伝わります。

12月＝眠れるパワーが目覚める予感。大事な場面で驚きの行動力を発揮。

プ。職場での待遇に差が出るはず。

3月＝知ったかぶりはＮＧ。わからないことがあれば素直に質問して。

4月＝臨機応変さがカギ。柔軟に方向転換すると、またとない好機が。

5月＝精神的な充足感でいっぱい。生きる喜びを実感できるでしょう。

6月＝チャレンジ精神が宿るとき。自らの力で運命に立ち向かって。

7月＝メリハリ生活にツキ。休む時はきっちり休んでリフレッシュ！

8月＝コミュニケーション力が◎。誰とでもすぐに打ち解けられそう。

9月＝家庭に明るい兆しが。家族への感謝の気持ちが湧いてくるはず。

10月＝アクセル全開の月。あれこれ考える前にまずはアクションを。

11月＝感情に飲まれがち。周囲に八つ当たりすると運気が大幅ダウン。

12月＝「ほめること」が開運のツボ。苦手な人との関係もスムーズに。

蟹《かに》座　6月22～7月23

総合運＝ハイレベルな年になりそう。活躍の場を海外に広げたり、学生として一から学び始めたりと、新たな日常がスタート。特に寒い季節はビッグチャンスが目白押しです。
愛情運＝春の出会いをお見逃しなく。いつになく本気になりそう。
仕事・対人運＝「独立独歩」が基本。他人を当てにせず、自らの力で道を開拓して。賛同する仲間や同僚が、磁石のように集まってくるはず。
金運＝棚ボタ運。「もらった宝くじが大当たり」なんてサプライズが。
健康運＝体調バッチリ。免疫力が上がり、医者いらずの年になりそう。
1月＝人を喜ばせる気持ちが大切。巡り巡ってあなたにもラッキーが。
2月＝心が大きく変容。どうしても

獅子《しし》座　7月24～8月23

総合運＝「第六感」が磨かれるとき。「無意識の領域」が活性化するので、身に迫るリスクを自然と回避できるでしょう。実現したい計画があるなら、春の間に準備をしておいて。
愛情運＝まさかの出来事が。元恋人などと偶然再会し衝撃が走ります。
仕事・対人運＝親友と固い絆で結ばれる年。あなたの弱い部分を、丸ごと受け止めてくれるはず。仕事は、「最後の砦」としての役目もあり。
金運＝「つもり貯金」に挑戦して。物欲を抑えるとマネー運も盤石に。
健康運＝アレルギー疾患にご用心。花粉症の人は早めの対策がグッド。
1月＝短絡的な判断はＮＧ。「急いては事を仕損じる」を肝に銘じて。
2月＝人と人とをつなぐポジション

乙女《おとめ》座　8月24～9月23

総合運＝「公平」がキーワード。見た目の良し悪しや、好き嫌いの感情に左右されず、客観的に物事を判断して。温めていたプランを実行するなら、上半期のほうが良さそう。
愛情運＝異性受けしやすいファッションが◎。モテ度がＵＰするかも。
仕事・対人運＝パートナー運が吉。お互いの足りない部分を補い合える、すばらしい相手が登場します。コラボ企画や共同作業にもツキが。
金運＝契約を結ぶチャンス。思い通りの金額で取引できるでしょう。
健康運＝気疲れの傾向。特に秋以降のストレスは、不定愁訴の原因に。
1月＝プレッシャーを力に変えられます。プライドを捨てて大一番へ。
2月＝細部にまで目を光らせて。ケ

手放せなかったエゴが消滅します。

3月＝向上心が芽生える兆し。現状に満足せずさらなる進化を遂げて。

4月＝先入観は捨ててＯＫ。「実体験」を基準にすると正しい決断が。

5月＝発想を大転換。別の角度から物事を眺めるクセをつけましょう。

6月＝キャパオーバーの気配。つらいときは誰かを頼るのも一案です。

7月＝リニューアル運。長年の生活習慣を修正すると手ごたえあり。

8月＝何事も「八分目」を意識すると◎。運気もほどよく安定します。

9月＝アプリや情報端末を活用して。仕事に生かせるネタもいっぱい。

10月＝「無関心は最大の敵」です。常に弱者の側に寄り添いましょう。

11月＝自分の殻を打ち破れる予感。大役を任されたら迷わず快諾して。

12月＝掃除が開運アクション。目に見えない「厄」を一掃できるはず。

が適任。風通しの良い人間関係に。

3月＝自意識過剰になりやすい天体図。常に「謙虚さ」をお忘れなく。

4月＝アクティブな毎日を送れるとき。細かいことは気にせず前へ。

5月＝現実を直視することが重要。ベストな方向へと導かれるはず。

6月＝しなやかな思考を保てるとき。あなたの機転でみんなに笑顔が。

7月＝人から「情け」をかけられる予感。心がじんわりと温まりそう。

8月＝勝負をかけるなら今月。一か八かの賭けが大成功しそうです。

9月＝大らかな態度にツキあり。焦らずゆったりと構えれば好結果に。

10月＝快調なフットワーク。「足で稼ぐ」をモットーに動き回って。

11月＝好き嫌いが顔に出がち。えこひいきすると周囲から批判の声が。

12月＝覚悟を持って挑めばＯＫ。どんな失敗でも今後の糧になります。

アレスミスを抑えられるでしょう。

3月＝協力体制が完ぺき。みんなで力を合わせれば、不可能も可能に。

4月＝集中力が磨かれる月。欲張らずひとつのテーマに没頭すると◎。

5月＝楽観的な姿勢にツキ。「何とかなる」と気軽に構えれば大丈夫。

6月＝足元をすくわれる危険が。甘い誘いに乗らないよう気をつけて。

7月＝環境の変化の兆し。あるがままの状況を受け入れると好展開に。

8月＝被害妄想にご用心。他人を責める前に、まずは自省の時間を。

9月＝即断即決がカギ。直感力を磨くと、問題解決のスピードがＵＰ！

10月＝謙虚な姿勢をキープ。脇役に徹したほうが運気もスムーズに。

11月＝ＳＮＳ仲間がキーパーソン。率直に意見交換すると好情報あり。

12月＝面倒な用事ほど先に着手。余暇の時間をたっぷり確保できそう。

天秤《てんびん》座　9月24～10月23

総合運＝スケジュール管理がカギ。事前の計画に沿って行動すると、物事がスムーズに進みます。趣味を始めるなら、文章や絵画など、「書く」あるいは「描く」ジャンルが◎。

愛情運＝仕事関係の知人がキューピッド。好みの異性と知り合えそう。

仕事・対人運＝「有能な人」として評判に。少々ハードな依頼も、ソツなくこなせるはず。悩みの種だった対人問題は、下半期に入ると解決。

金運＝資産運用の方法を熟考して。専門家に相談すると良い助言あり。

健康運＝ドラッグストアへ。あなたに合うサプリや健康グッズが続々。

1月＝他人を当てにする傾向が。たとえ苦しくとも自助努力は必須。

2月＝固い殻を打ち破れる予感。課

蠍《さそり》座　10月24～11月22

総合運＝クリエイティブな活動にツキが。ゼロから何かを生み出すことで、運気全般に好影響があるはず。天の恵みが降り注ぐ11月・12月は、一年の成果を享受できる収穫期。

愛情運＝憧れの人との距離が接近。夢のようなひとときを過ごせます。

仕事・対人運＝公私ともに慕われる人気者のあなたに。メンバー人選で常に候補にあがるなど、あちらこちらから「待望論」が噴出しそう。

金運＝レジャー費用は思い切って奮発。投資額以上の有意義な経験が。

健康運＝ユーモア精神がカギ。笑いと脱力が若さを維持する特効薬に。

1月＝好ニュースが続々。携帯やスマホの着信はそのつどチェック！

2月＝一家だんらんの時間を増やし

射《い》手《て》座　11月23～12月22

総合運＝引っ越しをしたり、家族が増えたりと、日常生活が一変。子どもや高齢者がいる人は、生活環境のメンテナンスに着手して。チャンスが訪れるのは、梅雨から夏の間。

愛情運＝恋はあせらず。次のロマンスは、気長に待つのが正解のよう。

仕事・対人運＝アットホームなムード。気心の知れた人たちと、心穏やかに過ごせます。転職を考えているなら、身内のツテを頼るのが早道。

金運＝保険や年金について学ぶと吉。今後への不安がなくなるはず。

健康運＝ウイルス対策を強化して。特に、秋冬は自衛策が功を奏します。

1月＝「自分なり」を信条に。人と比べずマイペースで進めればＯＫ。

2月＝交友範囲が拡大。ふだん話さ

題を克服するたびに大きく成長。
3月＝お金の出し惜しみは禁物です。必要経費は気持ちよく支払って。
4月＝出会い運が上々。共通点が次々に見つかりびっくりするはず。
5月＝内省のひとときを作ると◎。現状のプラス面が見えてきます。
6月＝心身のコンディションが万全。「若いね！」と褒められるかも。
7月＝パフォーマンスは無用。持って生まれた実力で勝ち抜ける月。
8月＝駆け引き上手になれる予感。あなたに有利に物事が運びそう。
9月＝共感力がバツグン。元気のない人に励ましの声をかけてあげて。
10月＝強い意志に神が宿るとき。自らが矢面に立ち、みんなをヘルプ。
11月＝「継続は力なり」を座右の銘に。不得意分野にも淡々と挑戦を。
12月＝年下の友人とコンビを組んで。行動範囲が一気に拡大しそう。

て。家族間の結束が強くなりそう。
3月＝華やかなムード。仕事もプライベートも、引っ張りだこの様子。
4月＝ルーティンワークの効率化を。仕事環境がみるみる改善します。
5月＝人を引き寄せる磁力がUP。隠れファンがますます増えるはず。
6月＝弁解や言い訳に終始しがち。事実はありのまま話したほうが◎。
7月＝ハングリー精神が旺盛に。逆境をバネに、大きな目標を達成へ。
8月＝「長い物には巻かれよ」の姿勢が◎。イザコザを回避できます。
9月＝斬新なプランにツキ。前例に頼らず、オリジナル企画で勝負を。
10月＝善意を利用される危険が。美辞麗句や愛想の良さには要警戒。
11月＝運気の追い風が吹きそう。大事な決断を下すならこの一ヶ月に。
12月＝給与運吉。これまでの功績が認められ、驚くようなラッキーが。

ない人にも、積極的に声をかけて。
3月＝プライベートの悩みが足かせに。家を出たら気持ちをリセット。
4月＝強い意志で壁を突破。自らが先頭に立ち仲間を鼓舞しましょう。
5月＝頭の回転が速め。厄介な依頼をサラッとこなし尊敬の眼差しが。
6月＝人脈に光明あり。有能なビジネスパートナーに恵まれるかも。
7月＝不動のメンタルがテーマ。一度下したジャッジは覆さないこと。
8月＝ライフワークとの出合いあり。平凡だった毎日が劇的に変化。
9月＝依頼や相談はプロにお任せ。ひとりで悩むより進展が早くラク。
10月＝脚光を浴びるとき。あなたの個性がクローズUPされるはず。
11月＝その場しのぎの言動が多め。余計な誤解を招かないよう注意。
12月＝可能性の扉が開く予感。恐れず最初の一歩を踏み出しましょう。

山羊《やぎ》座　12月23〜1月20

総合運＝「情報を制する者が世界を制す」を体現する年。取捨選択の能力が上がっているので、「正解」を瞬時に見分けられるはず。夏休み・年末は家族サービスに力を注いで。
愛情運＝仲良し異性と恋仲に。自由で気取らない交際が楽しめそう。
仕事・対人運＝人脈運がバッチリ。特に春は、様々なコミュニティーとのつながりができ、視野が大きく開けます。仕事面にもプラス効果が。
金運＝光熱費を抑えると家計安定。省エネ家電への買い替えもグッド。
健康運＝時間を決めてスマホを使用。頭痛や眼精疲労が軽減されそう。
1月＝金運上昇の兆し。お正月早々、クジや福引きが当たりハッピー。
2月＝心身をリラックス。何事も頑

水瓶《みずがめ》座　1月21〜2月19

総合運＝これまで蒔いた種を、じっくりと育てる一年。少々「引きこもり」の傾向も強まりますが、衣食住に恵まれる安定期です。ＧＷが過ぎた頃、無風状態だった日常に動きが。
愛情運＝ほのぼのとした恋模様。同郷人や家族構成の似た人が好相性。
仕事・対人運＝すでに手元にあるものが「お宝」に。積み重ねてきた技術を磨いたり、築き上げてきた友情を守ったりすることに力を注いで。
金運＝トイレが金運スポット。心を込めて掃除すると、福の神が降臨。
健康運＝食事はゆっくりと時間をかけて。自然と太りにくい体質に。
1月＝怠け心は禁物です。厄介な役目も、逃げずにやり遂げるべき。
2月＝スタートダッシュがカギ。や

魚《うお》　座　2月20〜3月20

総合運＝ラッキースターはあなたの味方に。ツキを感じるイベントが続き、晴れ晴れとした気分で過ごせそう。星回りが変わる5〜10月は、戦略を練り直すためのハーフタイム。
愛情運＝フィーリング重視。直感でピンと来た人が運命の相手かも。
仕事・対人運＝まさに「奇遇」と呼びたくなるような出会いが。求職中の人も、不思議な流れに導かれて、理想の職場にたどり着ける予感。
金運＝一獲千金を狙う好機。「朝イチ」でお金を動かすと勝率がＵＰ！
健康運＝シェイプアップ運。理想体型をイメージするのが成功のコツ。
1月＝棚ボタラッキー運。いくつもの偶然が重なり、奇跡的な結末へ。
2月＝人の優しさに触れられる予

張りすぎないほうが結果も上々に。

3月＝頭の回転がスピーディー。複数のノルマを同時にこなせるはず。

4月＝相手の顔を立てると吉。見えないところであなたの株が上昇。

5月＝ライバルの存在が励みに。切磋琢磨しながら頑張りましょう。

6月＝体力を過信しがち。周囲に迷惑をかける前にしっかり休息を。

7月＝「二者択一」を迫られる気配。どっちつかずの判断は控えること。

8月＝親孝行にツキあり。休日は、両親のために時間を割くと開運。

9月＝「成長したい」と意欲満々。習い事をリサーチするのも◎。

10月＝ネガティブな人とは距離を。ツキを下げる負の呪縛が大です。

11月＝サプライズ運！　最後の最後で、頼もしい味方が現れるはず。

12月＝イマジネーション力が◎。空想の世界に浸ると心に癒やしが。

りたいと思ったらすぐ意思表示を！

3月＝堅実路線に徹したい月。次なるチャンスに向け英気を養って。

4月＝物事は自然の流れが肝心です。「去る者は追わず」の態度が◎。

5月＝温もりあるムード。身近な人たちの思いやりを体感できます。

6月＝注目度が抜群。周囲の視線を意識しながら、自己プロデュース。

7月＝手際のよさが光るとき。テキパキと動くと、様々な面に好影響。

8月＝様々なオファーが舞い込む予感。できる限り引き受けましょう。

9月＝援助運あり。追い込まれても、どこからともなく救いの手が届く。

10月＝掛け声をかけながらエクササイズ。脂肪の燃焼率が上がりそう。

11月＝自分の思いを貫いて。正しいと感じる意見は遠慮せず提案を。

12月＝一発逆転運。あきらめずにリベンジすれば、思い通りの結果に。

感。心に小さな明かりが灯るはず。

3月＝前向きな展望でいっぱいの月。人生を楽しむゆとりが出ます。

4月＝マネーチャンスを独り占め。臨時収入に恵まれて懐が潤いそう。

5月＝周囲との連携を重視。単独行動よりグループ活動にツキあり。

6月＝女房役に徹して吉。相手のペースに合わせると結果オーライに。

7月＝心機一転を促すような出来事が。素直に従えば日常風景が一変。

8月＝知識欲が湧いてきそう。空き時間は、読書や勉強に当てると◎。

9月＝引き立て運あり。陰の努力をきちんと評価してくれる人が登場。

10月＝リベンジのチャンス。以前の失敗を帳消しにできるでしょう。

11月＝メンタル力が抜群です。何が起きても動じないタフなあなたに。

12月＝実力発揮の一ヶ月。その道のプロとして引く手あまたのよう。

カバラ占い

浅野八郎

カバラ占いとは、ヨーロッパに古くから伝わる「数」を元に判断する占いで、生年月日から「運命数」を出して占います。その運命数によって、その人の運勢や性格など、さまざまなことが分かるといわれています。今回は、カバラ占いであなたの「性格」と「相性」を占ってみましょう。

カバラ「運命数」の出し方

生年月日（西暦）の数字を合計して、2桁になったら1桁目と2桁目の数字を合計し、最終的に1桁になるまで足し算を続けます。その1桁の数が、「運命数」です。（ただし11と22になった場合は、2桁のままでも、そのままストップします）

〈例〉生年月日が1982年12月24日の場合

1＋9＋8＋2＋1＋2＋2＋4＝29→2＋9＝11→

運命数『11』。

運命数1

意志が強く、冷静で優れた判断能力を持ち、大胆な行動力もある人です。リーダーシップもありますが、ときには独善的になってしまうことも。そんな運命数1の人にとって相性がいいのは、あなたの行動にブレーキをかけてくれたり、ときには「ノー」と厳しい判断を下す人。

運命数2

少々控えめですが、思いやりがあり、争い事を嫌う平和主義者でしょう。少々迷いやすいところがあるので、決断力のある人との相性がよいでしょう。迷っているときに、方向を決めてくれたり、正しい選択に導いてくれる人を大事にすることです。

運命数3

明るく社交的なタイプ。どんな人ともある程度うまくやっていけますが、どちらかというと広く浅い人づき合いになりがちです。そんな運命数3の気持ちを分かってくれるのは、心に夢のある人です。共通の夢に向かっていっしょにチャレンジしていける人なら、なおプラスに。

運命数4

性格も生き方も保守的なところがあり、安全第一主義。少々繊細で、もの静かなタイプでもあります。そんな運命数4の人と相性がいいのは、頼りがいがあったり、勇気のある大胆な人です。いざというときに、勇気をくれたり、背中を押してくれる人ならベストです。

運命数5

何事にも積極的で、前向きに取り組んでいく人です。自信家な面もありそう。そんな運命数5の人と相性がいいのは、心のやさしさがあり、すべてを包み込んでくれるような包容力のある人でしょう。たとえ失敗しても、やさしく励ましてくれるような人が必要です。

運命数6

何事にも一生懸命に取り組んでいく人。仕事と家庭をうまく両立させたり、オンオフ共にはりきっていく人でしょう。そんな運命数6の人と合うのは、落ち着きのある人でしょう。いっしょにいるだけで、安心するような、少し息抜きをさせてくれる人がピッタリです。

運命数7

クールで思慮深く、慎重さのある人です。目標に向かって一人でコツコツ努力していくタイプともいえます。そんな運命数7の人と相性がいいのは、正反対な性格の人。少々ガサツに見えても、細かいことを気にしないおおらかな人と、意外にうまくやっていけそうです。

運命数8

何事にも情熱を傾ける活動的なタイプ。チャレンジ精神も旺盛です。そんな運命数8の人と相性がいいのは、ソフトな物腰の温和な人です。いっしょにいることで、周りを見る余裕ができたり、視野が広くなって、より豊かな人生を歩むことが出来そうです。

運命数9

感受性が強く、個性と理知的なセンスを持っている人です。ときには哲学的な考え方をしていくことも。そんな運命数9の人とピッタリなのは、カンが鋭かったり、独特なイマジネーションのある人でしょう。いっしょにいることで、お互いを高め合うことができます。

運命数11

進歩的で、前衛的なことに心ひかれます。いつも現状に満足することがなく、貪欲に取り組んでいきます。そんな運命数11の人と合うのは、物質的・金銭的なものよりも精神性を重視するような人です。人生についていっしょに話し合える人ならベストでしょう。

運命数22

好きなことには情熱を持って取り組んでいきます。そんな運命数22の人と合うのは、柔軟性のある人です。その時の状況によって、いろいろな考え方や方法を取り入れていくことができる人と、楽につき合っていけそうです。

タロット占い

ステラ・ボンボヤージュ

近年のコロナ渦による不安定な情勢の中、タロット占いを学び副業を目指す人が増えています。カード占いそのものが空前の大ブームとなっており、市場では国内外ともに多種多様なカードが見られるようになりました。深層心理を鏡のように映しだしてくれる神秘的な絵柄は、いつの時代も私たちの心を魅了してやみません。

　さて、今回はタロットを学んでいる方から最も多く寄せられる質問である「逆《ぎゃく》位置」について、掘り下げてみたいと思います。まず、タロットの構成を簡単にご紹介しますと、カードは大アルカナ22枚、小アルカナ56枚、計78枚で成り立っています。（「アルカナ」はラテン語で「秘儀」を意味します）。これらのカードをシャッフルし、スプレッドしたときに、占者から見て「正《せい》位置」「逆位置」のカードが現れます。横向きにカードを置く時にも下図のように正逆の区別がありますので注意してください。

　さて、カードが逆に出た場合はどのような解釈になるのでしょうか？　そもそも必ず逆の解釈をしなければならないのでしょうか？　これには正解がなく占者の感性や判断、インスピレーション、さらに他のカードとの兼ね合いなどに依《よ》るところが大きいでしょう。タロットは、一枚一枚のカードに肯定的な意味も否定的な意味も包括されています。すべてのカードを正位置ととらえてもよいですし、逆さまに出るとどうもしっくりこない……という場合は逆の意味を考慮してリーディングすればよいのです。

「逆位置」は大きくわけて三パターンの解釈があります。ひとつは、正位置の意味が文字通りシンプルにひっくり返るパターン。二つ目は、正位置の意味が少し弱まる引き算パターン。三つめは正位置の意味がエスカレートする足し算パターンです。いずれにしても、正逆はともかく、そのカードが現れたこと自体に意味があるのです。

＊正位置と逆位置について＊（例・魔術師）

縦の場合

正

逆

横の場合

正

逆

本当に状況が悪ければ、凶意を象徴するカードが出るものです。吉意をひっくり返して凶を告げる、といったまわりくどいことをするほどタロットは複雑ではありません。それでは順に大アルカナカードの「逆位置」の意味を見ていきましょう。

【魔術師】――目の前のチャンスに気づきながら、つかみとる意気込み、パワーにやや欠ける。始めたことは進展に時間がかかる。有言実行の気構えがあれば吉。

【女教皇】――冷戦沈着を装いながらも、内面ではピリピリ、イライラと神経質に。冷たくドライな対応で相手の気分を害しやすい。プライドを捨て去ることがカギ。

【女帝】――満たされながらも不足感がつきまとい、貪欲に求めてしまう傾向。過度な贅沢や浪費、嫉妬や独占欲、慢心によるトラブルには注意が必要。

【皇帝】――高すぎるプライドや虚栄心が進展を妨げる。信念の強さと頑固一徹は表裏一体。膠着状態に陥りやすい。周囲の意見を聞き入れる柔軟さが大切。

【法皇】――保守的になりやすく、変化を受け入れることを拒む。常識から逸脱できないため、精神的に不自由な思いをする。世間体を気にしてチャンスを棒に振る。

【恋人】――コミュニケーションがうまくいかない暗示。何かしらの事情で連絡がつきにくい。愛情面での進展は焦らずに時間をかけたほうが良い。目移りしやすい。

【戦車】――エネルギー不足により意気消沈した状態に。もしくは血気盛んなゆえに暴走しやすいが、思いつきや無計画な行動は道のりが険しい。焦燥感は裏目に。

【力】――殊勝な気持ちがあるが、いざとなると意志が弱まる。自己コントロール力に乏しい。計画の遂行には意外と時間がかかる。長期戦で構える覚悟があれば吉。

【隠者】――知恵はあるが料簡《りょうけん》が狭くなりがち。自分の考えに固執する傾向が強まる。孤独を好み、気難しく近寄りがたいムードを与えてしまう。疑心暗鬼になる。

【運命の輪】――好転の兆しを見せるが、予想以上に時間がかかる。またはチャンスは素早く通り過ぎるため、タイミングを逃さないように、という警告でもある。

【正義】――対人関係でのバランスが崩れやすい。えこひいきするとトラブルになる恐れ。偏見のない公正な見方が大切。決断を迫られると優柔不断になってしまう。

【吊るされた男】――努力して夢を叶えるには、長期戦を覚悟して臨むこと。見返りを求めると期待外れに。尽くし過ぎてボロボロになる。我慢の限界が近づく。

【死神】――新しい出発、スタート地点に立つ。一度は白紙に戻るがやり直しがきく。対人面では復縁の可能性あり。心機一転、生まれ変わったような意欲がわく。

【節制】——マンネリ、惰性で続けていることから抜け出せない。生活が不規則になり、時間にルーズになりがち。慣れあいの関係に陥りやすく、発展性に欠ける。

【悪魔】——自堕落な状況を客観的に見ている。「抜け出そう」という意志があり、その努力を始めようとする。腐れ縁や悪習慣を断ち切るチャンスでもある。

【塔】——謙虚さと誠実さをもって事に当たれば、崩壊は免れる。能力を過信せず、念には念を入れて慎重に。切り替えを早くして、運命を受け入れる覚悟が必要。

【星】——理想が高く、それなりの努力もするが高望みしやすい。夢ばかり追って行動が伴わない。アイデアは良いが実行可能か疑問。自分の実力を冷静に見極めて。

【月】——迷いや疑心が晴れていき、不安が解消していく。隠されていた事実に気づき、自分を取り戻す。ライバルが退散する。変化を恐れずに受け入れる姿勢が吉。

【太陽】——自己主張が強すぎて、独りよがりの我儘に映る。傲慢な態度で反感を持たれやすい。思い通りにいかないと子供っぽく駄々をこねる。おめでたい人。

【審判】——待ちわびている知らせは、もう少し時間がかかる。過度な期待は禁物。復活や逆転の可能性はあるが、シナリオ通りには進みにくい。結論を急がずに。

【世界】——緊張感やプレッシャーをバネにするとうまくいく。完成まで後ひといき、最後の最後まで油断は禁物。完璧主義になり、自他ともに厳しくなりやすい。

【愚者】——冒険心が裏目に出やすい。ある程度の計画性は必要。ルールは遵守するよう心がけて。いい加減な対応で信用を失う。危機管理力があればうまくいく。

　スプレッドに「正位置」が多い場合は、相談者は問題を抱えながらも、何とか解決したいという前向きなパワーやエネルギーがあります。「逆位置」が多い場合、相談内容が混沌としており、質問が漠然であったり、本人が問題解決に向けて意気込みに欠けているケースが多いでしょう。

　最後に「ジャンピングカード」の扱い方について。ジャンピングカードというのは、シャッフル中に意図せず飛び出してくるカードを指します。相談者に対して「何が何でも知ってほしい、伝えたい」というカードの意志、そしてそこに載った力強いメッセージ性があります。キーカードとして参考にすることで、きっと問題を読み解く重要な手掛かりになるはずです。

占術家名鑑

一般社団法人 日本占術協会 役職者名簿

（五十音順:令和3年4月1日～令和5年3月31日）

【会　長】 エミール・シェラザード
【副会長】 佐藤宗昡
〃 藤 瑛梨賀
【事務総局長】 半田晴詠
【専務理事】 アイラ・アリス
〃 半田晴詠
【常務理事】 栗原里央子
〃 肥留川喜聖
〃 前田龍徳
〃 美園環希
【常任理事】 ステラ・ボンボヤージュ
〃 濱野延珠
〃 星 美友己
〃 モナ・カサンドラ
【理　事】 安芸実
〃 秋山勉登務
〃 安蔵妙和
〃 稲葉光信
〃 上田享矢
〃 吉祥水茄
〃 久保田恵都予
〃 桑原鶴雲
〃 乾　象
〃 田辺山陽
〃 つちや郁子
〃 巾 聖加
【理　事】 二見眞有
〃 マダムベーラ・モンテ
〃 マーク・矢崎
〃 松岡能子
〃 みほし朱夏
〃 山中康示
〃 山本楓花
〃 瑶 紫葉
【監　査】 グレース怜奈
〃 平泉 優
【名誉会長】 浅野八郎
【名誉顧問】 福田有宵
【最高顧問】 富塚崇史
【顧　問】 井上陽姿子
〃 牧野有峰
【相談役】 伊藤璃香
〃 今宮由晞
〃 後藤青衣山
〃 小山眞樹代
〃 泰 承苑
〃 巳幸万祐
【参　与】 秋山勉唯絵
〃 川崎有紗

支　部

【大阪支部】
支部長 松岡能子
副支部長 萩野重徳

【京都支部】
支部長 山本楓花
副支部長 中村天祐

【東海支部】
支部長 田辺山陽
副支部長 山下照世

【北関東支部】
支部長 安蔵妙和
副支部長 小林妙昌

【九州支部】
支部長 桑原鶴雲
副支部長 環　舟

【広島支部】
支部長 山中康示
副支部長 リリーマリンカ

【群馬支部】
支部長 マリア
副支部長 窪田鏡月

開運への扉　会員名簿の使い方

このページは順に日本占術協会会員の方々の写真ならびに名前が掲載されております。

それは、この開運暦をお読みになった皆さまが、ときには人生に対する種々のお悩みがあり、「さて誰かに相談したいけれど、よく分からない。占いという専門分野の中でなにかアドバイスを」と思っても、誰がどこにいるのか？　電話は？　というような時のためのご便宜にと考えて掲載されているものです。平成10年6月より日本占術協会の「占術士認定制度」がスタートし、有資格者がこの名鑑に掲載されてあります。

元来、占いというものは単に当てるだけのものではありません。もちろん、当てなくてはいけません。しかし、困った問題、苦しい問題などに対してのアドバイスとともに、どうしたらよいかという開運法、これが大切なことと思います。

そのためにも、この中からよい占者を選んでいただければ幸いです。いろいろな分野の占者の中から、ご自分の悩みのアドバイスになる占法をだいたい見定め、電話、手紙などで確かめてご利用いただきたいと思います。

福田有宵名誉顧問

浅野八郎名誉会長

エミール・シェラザード会長

佐藤宗昡副会長

藤瑛梨賀副会長

占術家氏名
〈所在地〉
①＝主宰または所属している占術会
②＝主な占断方法
③＝鑑定依頼上の注意
☎＝問い合わせ先電話番号
〶＝現住所または事務所

秋《アキ》山《ヤマ》勉《ツ》唯《タ》絵《エ》
〈東京〉

①日本占術協会参与・認定占術士・自由が丘開運学院会長・日本易推命学会相談役
②四柱推命・易学・気学・風水・手相・人相・西洋占星術・姓名判断・タロット
③電話予約　☎03(3725)9946
〒152-0035　目黒区自由が丘二-十六-十九-五〇一
自由が丘開運学院内

アイ・恵照《ケイショウ》
〈大阪〉

①日本占術協会・コーセイ占星学研究所・日本数理運命研究所　②観相・手相・西洋占星術・タロット・数霊・四柱推命　③アメリカ村三角公園前占いルーム「ラピス」出演12～9時まで
☎090（3868）1218
〒542-0086　大阪市中央区西心斎橋一-七-十一

安《アン》藤《ドウ》和《カズ》明《アキ》
〈兵庫〉

①日本占術協会大阪支部顧問
②観相を主とした総合判断・姓名判断・方位
③電話予約
☎06（6494）1110
〒661-0981　尼崎市猪名寺二-二-一-三二一

秋《アキ》山《ヤマ》勉《ツ》登《ト》務《ム》
〈東京〉

①日本占術協会理事・認定占術士・日本易推命学会会長・自由が丘開運学院学院長
②四柱推命・周易・気学・風水・手相・人相・姓名判断・西洋占星術・タロット
③電話予約の上御来院下さい。
☎03（3725）1015
〒152-0035　目黒区自由が丘二-十六-十九-五〇一
自由が丘開運学院内

アイラ・アリス
〈東京〉

①日本占術協会専務理事・認定占術士・㈱ルネ・ヴァン・ダール研究所・日本時空心理学協会副会長　②西洋占星術・タロット・時空心理学・ケルト占術
西洋占星学講座・タロット講座講師
③電話予約　☎03(3350)6841
〒160-0023　新宿区西新宿六-一〇-一
日土地西新宿ビル八階
ルネ・ヴァン・ダール研究所

安《ア》芸《キ》実《ミ》
〈神奈川〉

①日本占術協会理事・認定占術士・日本易推名学会理事・カルチャー講師
②四柱推命・周易・九星気学・タロット・風水・手相・人相・西洋占星術・姓名判断・心理カウンセリング
③自由が丘占い館・エンジェルガーデン出演　水曜日一号店　土曜日二号店
☎090（3240）4123
安芸実HP　https://akkimi.tokyo/

相《アイ》賀《ガ》琉《リュウ》予《ショウ》
〈愛知〉

①日本占術協会・認定占術士・占庵《SENAN》・大須店主宰・琉予（プロ養成講座）大須店主宰・文化センター講師　②手相・気学・家相・カバラ・風水・人相・宿曜占星他　③予約
☎090（4185）7559
〒460-0011　名古屋市中区大須四-十一-四十四
チサンマンション上前津五〇三号

朝風《アサカゼ》かおる
〈東京〉

①日本占術協会・認定占術士・㈱ルネ・ヴァン・ダール研究所・日本時空心理学協会理事
②西洋占星術・タロット・時空心理学
西洋占星学講座・タロット講座講師
③電話予約　☎03（3350）6841
〒160-0023　新宿区西新宿六-一〇-一
日土地西新宿ビル八階
ルネ・ヴァン・ダール研究所

青《アオ》木《キ》泉《セン》蓉《ヨウ》
〈愛知〉

①日本占術協会・占いのオズ代表
②四柱推命・姓名判断・タロット・手相・西洋占星術　③名古屋大須・占いのオズ
☎052（243）1078
〒460-0011　名古屋市中区大須三-三〇-八六　第一アメ横ビル一階
http://www.uranaioz.jp

愛《アイ》月《ヅキ》日《ヒ》奈《ナ》子《コ》
〈東京〉

①日本占術協会・占いサロン愛月主宰・小山眞樹代子平推命研究所（旧五術）・横浜開港記念会館眞樹の会理事
②タロット・子平推命・四柱・西洋占星術・数秘術・手相
③電話予約☎03（6403）3468
〒169-0075　新宿区高田馬場三-一-五
サンパティオ高田馬場三〇九
「占いサロン愛月」で検索

天《アマ》里《サト》文《フミ》香《カ》

〈東京〉

①日本占術協会・小山眞樹代子平推命研究所（旧五術）・横浜開港記念会館研究室眞樹の会理事
②子平推命・手相・タロット
③御紹介のみ
✉fumika5972@gmail.com
〒146-0084 大田区南久が原二-一-六

安《アン》蔵《ゾウ》妙《ミョウ》和《カ》

〈茨城〉

①日本占術協会理事・北関東支部支部長・認定占術士・茨城学院
②四柱推命・手相・家相・気学・墓相
③電話予約
☎０２９（２２５）０６２９（同FAX）
〒310-0902 水戸市渡里町三〇八〇

秋《アキ》多《タ》宣《ノブ》慶《ヨシ》

〈愛知〉

①日本占術協会・小山眞樹代子平推命研究所（旧五術）・横浜開港記念会館眞樹の会理事
②子平推命・手相・タロット
③電話予約・御紹介のみ
☎０８０（７０１４）０３５０
名古屋市港区千年

アルタイル・ナスル

〈埼玉〉

①日本占術協会・認定占術士・日本時空心理学協会
②西洋占星術・タロット・時空心理学他
③ミラ・フォーチュン東大島店に偶数週水曜、神公・社アトレ亀戸店に第一土曜出演。ココナラでメール鑑定。
✉altair-nassr@ozzio.jp

アクア・マルム

〈埼玉〉

①日本占術協会・認定占術士・日本時空心理学協会
②西洋占星術・タロット・時空心理学
③メール予約
✉aquamalum11@gmail.com

アザリー・ヌール

〈東京〉

①日本占術協会・日本時空心理学協会
②西洋占星術・タロット・時空心理学
③スキルマーケットサイト「ココナラ」にて個人鑑定受付中です。
✉azari.noor.2012@gmail.com
https://note.com/azainoor

阿《ア》部《ベ》桂《カ》子《コ》

〈千葉〉

①日本占術協会・開運の會晴詠会員
②九星気学・手相・家相・姓名・周易・子平推命
③電話予約
☎０４７（４８８）８５４０
〒276-0015 八千代市米本一三五九

井上《イノウエ》陽《ヨ》姿《シ》子《コ》

〈神奈川〉

①日本占術協会顧問・認定占術士・JFA日本占星学連盟副会長・アストロオフイス代表
②西洋占星術・タロット
③電話予約
☎０４５（４３２）４３９９（同FAX）
〒222-0021 横浜市港北区篠原北二-十一-十二-六二一

今《イマ》宮《ミヤ》由《ユ》晞《キ》

〈千葉〉

①日本占術協会相談役・認定占術士・茅楊同人会・運命館ピムカ主宰 ②易占・タロット・家相・手相・方位・命名・改名・中国占星術・四柱推命・数理学・宿曜占星術
③電話予約・通信・出張鑑定
☎０４３（４６１）８１９５（同FAX）
事務所〒285-0837 佐倉市王子台一-十三-九

伊《イ》藤《トウ》璃《リ》香《カ》

〈東京〉

①日本占術協会相談役・認定占術士・岳易館・有宵会常任理事
②周易・気学・家相・人相・手相・姓名
③電話予約・通信鑑定
☎０９０（５７７４）８３２０
東京都

井《イ》田《ダ》樺《カ》信《シン》

〈埼玉〉

①日本占術協会・日本易推命学会理事
②自宅鑑定・出張鑑定・手相・人相・周易・気学風水・姓名判断・イーチンタロット
③自由が丘・西新井・占館出演
☎090（4952）7648（携帯）
〒343-0845 越谷市南越谷三−一−五−一−五

樹《イツキ》　紅《ク》実《ミ》

〈群馬〉

①日本占術協会・日本易推命学会理事
②四柱推命・気学・風水・手相・人相・易・姓名判断・タロット・西洋占星術
③電話予約
☎090（1453）7291
〒370-0511 群馬県邑楽郡大泉町北小泉一丁目三一−三

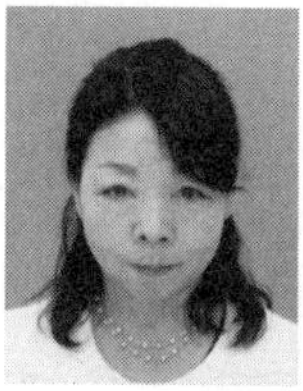

稲《イナ》見《ミ》壽《ジュ》峰《ホウ》

〈茨城〉

①日本占術協会・認定占術士・茨城学院
②四柱推命・子平・気学・手相・人相・家相・墓相・周易
③電話予約
☎0296（72）4172（同FAX）
〒309-1604 笠間市大渕一八五九−四

岩《イワ》崎《サキ》杏《キョウ》泉《セン》

〈東京〉

①日本占術協会・岳易館・有宵会
②気学・手相・家相・周易・姓名判断
③東京駅天佑會エメロード　水曜日出演　検見川神社神易館出演
☎080（3087）2180

稲《イナ》葉《バ》光《コウ》信《シン》

〈千葉〉

①日本占術協会理事・認定占術士
②諸口流断易・高尾學館算命学・浅野流手相
③メール予約
✉yukiya178inaba@gmail.com

宇《ウ》月《ツキ》田《タ》麻《マ》裕《ヒロ》

〈東京〉

①日本占術協会・ハッピネスファクトリー代表
②宿曜占星術・紫薇斗数・姓名術・タロット・西洋占星術・気学・手相ほか
ホームページ　http://happiness-f.com
☎03（3490）4902（ホリプロ）
〒153-8660 目黒区下目黒一−二−五
（株）ホリプロ　スポーツ文化事業部内

上《ウエ》田《ダ》享《キョウ》矢《ヤ》

〈東京〉

①日本占術協会理事・認定占術士・米国占星学協会永久会員・ハイブリッド占星学研究所所長　②西洋占星学・算命学・タロット・方位・八卦　③メール予約
✉helloku01@ybb.ne.jp
〒165-0031 中野区上鷺宮一−六−九　ハイブリッド占星学研究所
http://www.kyoyaueda.com

卯《ウ》月《ヅキ》なな子《コ》

〈東京〉

①日本占術協会
②タロットカード・西洋占星術
③対面鑑定・予約制
☎03（3770）7236
〒150-0042 渋谷区宇田川町十二−十一　Uビル3F フォーチュンカフェ　トリン

卯《ウ》月《ヅキ》　亨《リョウ》

〈東京〉

①日本占術協会・認定占術士・岳易館・有宵会・日本時空心理学協会
②タロット・九星気学
③電話・メール予約
☎090（2259）0716
✉uduki.ryo@gmail.com

上《ウエ》園《ソノ》司《ツカ》紗《サ》

〈埼玉〉

①日本占術協会
②タロット・気学・手相
③電話予約（ご紹介者のある方のみ）
☎090（1200）7785

エミール・シェラザード
（神《カミ》野《ノ》さち）
〈東京〉

①日本占術協会会長・認定占術士・国際予想科学協会理事 ②東洋占術・奇門遁甲・四柱推命・時空心理学・西洋占星術・タロット・カウンセリング・方位・気学・手相
③電話予約☎03（3354）6830
〒160-0014 新宿区内藤町一-一二-一-八〇四 kamino.co
http://www.kaminosachi.com/

江《エ》ヶ《ガ》﨑《サキ》瀞《シズ》加《カ》
〈茨城〉

①日本占術協会
②九星気学（方位学）・家相
姓名判断（赤ちゃんの命名・改名
ペンネーム・社名） ③電話予約
☎0299（26）1735〔同FAX〕
☎0299（833）2100
〒315-0046 石岡市石川二七七九

エ　ミ　リ
〈東京〉

①日本占術協会・日本易推命学会・自由ヶ丘開運学院修了・自由ヶ丘エンジェルガーデン鑑定士・土曜日一号館火曜日二号館に出演
②気学・四柱推命・手相・タロット・方位
☎03（5701）3239 一号館
☎03（5701）3973 二号館

英《エ》　笑《ミ》　子《コ》
〈埼玉〉

①日本占術協会
②九星気学（方位・家相）
手相・四柱推命・姓名判断・その他
③電話予約
☎090（6146）4732
☎048（839）2396
〒336-0031 さいたま市南区鹿手袋
三-一三-二七-三〇三

大《オオ》川《カワ》嬉《キ》芳《ホウ》
〈三重〉

①日本占術協会・認定占術士・英国占星学協会終身会員・恵仁志舎主宰・中日文化センター講師
②西洋占星術・周易・四柱推命・人生コンサルタント
③電話予約
☎059（228）6515〔同FAX〕
〒514-0036 津市丸之内養正町 七-十一

荻《オギ》原《ワラ》加《カ》夏《ナ》美《ミ》
〈東京〉

①日本占術協会・㈳日本易学連合会・承聖会・至聖会・加夏美易学会主宰
②気学・方位学・家相・四柱推命・断易・周易・奇門遁甲・姓名・タロット他
③電話予約・通信鑑定・出張鑑定可
☎090（3400）9046
〒116-0002 荒川区荒川 四-十二-七

大《オオ》鳥《トリ》居《イ》龍《リュウ》　孝《コウ》
〈三重〉

①日本占術協会・認定占術士・伊勢開運学院学院長・愛占館館長
②算命学・四柱推命・六壬神課・手相・人相・風水・家相・姓名判断・方位・タロット
③対面通信鑑定・イベント出張有（予約優先）　愛占館伊勢店
☎0596（29）1230〔同FAX〕
〒516-0037 伊勢市岩渕 一-十四-八

環《カン》　舟《シュウ》
〈福岡〉

①日本占術協会・九州支部副支部長・認定占術士 ②周易・九星気学・人相・手相・見方道アドバイザー ③電話予約・出張鑑定
鑑定室☎090（5738）0358
FAX 092（662）7958
〒813-0044 福岡市東区千早三丁目
二-三-一五「なごみの部屋」

加《カ》賀《ガ》宮《ミヤ》　萌《モエ》
〈東京〉

①日本占術協会・㈱ルネ・ヴァン・ダール研究所・日本時空心理学協会理事
②西洋占星術・時空心理学
③電話予約 ☎03（3350）6841
〒160-0023 新宿区西新宿六-一〇-一
日土地西新宿ビル八階
ルネ・ヴァン・ダール研究所

神《カン》戸《ベ》　美《ミ》水《スイ》
（球英・悠聖）
〈神奈川〉

①日本占術協会・認定占術士・全国占術協会会員・占術鑑定士・関西推命学院講師
②九星気学（方位・易）・四柱推命・手相・カバラ・人相・家相・カウンセリング
③電話予約・メール予約・出張鑑定
☎090（7001）1028
✉yukky.red39@gmail.com

叶《カノ》　佳《カ》

〈神奈川〉

①日本占術協会
②算命学・西洋占星術・九星気学・タロットカード・カルトゥーシュカード
③新大久保　開運の扉（毎週日曜）、町田献血ルーム（月一回）
お問い合わせ　http://uranaishinavi.biz/PEOPLE/DETAIL/ID/981/

各《カ》務《ガミ》好《コウ》紀《キ》

〈東京〉

①日本占術協会・認定占術士・国際予想科学会協会員
②西洋占星術・タロット・手相・九星気学
③電話予約「109の扉」にて対面鑑定・イベント・出張鑑定
☎080（5012）5551
〒151-0053　渋谷区代々木　二-一三-一　ニューステートメナー一〇九号「109の扉」

川《カワ》﨑《サキ》有《アリ》紗《サ》

〈群馬〉

①日本占術協会参与・認定占術士・群馬支部顧問・岳易館・㈱カルチャー講師
②気学・手相・人相・周易・風水・数秘術・姓名判断
③電話予約・前橋けやきウォーク
☎080（2018）2999
〒372-0025　伊勢崎市東本町　一二三

がどう美《ミ》木《キ》

〈愛知〉

①日本占術協会
②四柱推命・手相・タロット
③電話予約・イベント・電話鑑定あり　占いのオズ第4日曜出演
☎080（5151）8769
名古屋市

川《カワ》﨑《サキ》聡《ソウ》苑《エン》

〈大阪〉

①日本占術協会
②四柱推命・気学・花精神易（花占い）
③電話予約・通信・出張鑑定
☎090（6558）8428
〒579-8013　東大阪市西石切町二-十-二八

貴《キ》島《ジマ》万《マ》里《リ》代《ヨ》

〈神奈川〉

①日本占術協会・岳易館・有宵会
②周易・気学・姓名判断
③電話予約・出張鑑定（カフェ鑑定）
☎070（3886）5372

岐《ギ》風《フウ》尚《ショウ》優《ユウ》

〈岐阜〉

①日本占術協会・「占の城千夜物語」山陽庵グループ・藤金
②算命学・手相・タロット・姓名・家相・易・気学・風水
③電話予約・個人鑑定・イベント・通信
☎050（5586）9051
http://gifuu.web.fc2.com/
〒500-8041　岐阜市靭屋町

吉《キッ》祥《ショウ》水《ミ》茄《ナ》

〈東京〉

①日本占術協会理事・認定占術士・岳易館・有宵会
②気学・手相・家相・周易・タロット・メンタルケア（カウンセリング）
③電話予約（カフェ鑑定）
☎090（8681）1137
✉kisshou-eastwind09717@docomo.ne.jp

岸《キシ》浦《ウラ》光《コウ》伶《レイ》

〈埼玉〉

①日本占術協会・認定占術士・有宵会・日本易学連合会光伶教室（1名から教えております）②西洋占星術・タロット・気学・易・四柱推命・家相・姓名・手相
③電話予約
☎090（3919）0709
☎048（866）0370〔同FAX〕
〒336-0026　さいたま市南区辻　八-一三-一七-二〇一

川《カワ》﨑《サキ》貞《ジョウ》命《ミョウ》

〈茨城〉

①日本占術協会・認定占術士・茨城学院
②四柱推命・手相・家相・気学
③電話予約
☎090（5995）6644
〒ひたちなか市東大島一-一五-一〇
占い相談室　ゆめ

京《キョウ》本《モト》華《カ》歩《ホ》
〈大阪〉
①日本占術協会
②四柱推命・気学・カラー心理カウンセラー・カラー占い
③個人鑑定は休止

気《キ》流《リュウ》勉《ツ》貴《キ》美《ミ》
〈東京〉
①日本占術協会・日本易推命学会
②四柱推命・周易・気学・風水・手相・人相・姓名判断・西洋占星術・タロット・フラワーセラピー
③御紹介様のみ（white bouquet）
☎０９０（３４９７）６６００
〒102-0075 千代田区三番町五-十九-一四一〇
〒141-0031 品川区西五反田四-二八-六-九〇二

金《キン》原《バラ》玄《ゲン》周《シュウ》
〈栃木〉
①日本占術協会・岳易館・有宵会
②周易・気学・人相・手相
③Eメールでご連絡下さい。
✉ekisen.t.arrow@gmail.com

久《ク》保《ボ》田《タ》恵《エ》都《ツ》予《ヨ》
〈東京〉
①日本占術協会理事・認定占術士・岳易館・有宵会理事
②周易・気学・家相・相学・手相・姓名
③電話予約・通信鑑定
☎０９０（７２５６）８８０６
FAX０３（３８３８）５０６２
〒120-0005 足立区綾瀬一-一五-一八-二一六

栗《クリ》原《ハラ》里《リ》央《オ》子《コ》
〈東京〉
①日本占術協会常務理事・認定占術士・茅楊同人会・ベネッセたまひよしあわせ名前研究所顧問・ハワイ台湾フォーチュン友の会主宰・林宗穀博士文教基金会特別名誉顧問
②周易・姓命判断・命名・改名・気学・人相・手相・家相 ③電話予約・出張鑑定・通信
☎０３（３９１０）４２７０ FAX ４２５７
〒114-0023 東京都北区滝野川三-三四-六
✉fortune2345@gmail.com

桑《クワ》原《ハラ》鶴《カク》雲《ウン》
〈福岡〉
①日本占術協会理事・認定占術士・九州支部支部長
②周易・九星気学・命名・推命・家相
③個人鑑定は受け付けておりません
☎０９０（３４１２）８２００
〒807-0815 北九州市八幡西区本城東二-一-二七
✉kuwahara.kakuun@gmail.com

窪《クボ》田《タ》鏡《キョウ》月《ゲツ》
〈群馬〉
①日本占術協会・群馬支部副支部長・高御産巣日会教室主宰
②気学・手相・人相・姓名判断
③電話予約（ご紹介者のある方のみ）
☎０９０（１５５４）３４６４
〒379-2201 伊勢崎市間野谷町二〇三

桂《ケイ》サヤカ
〈東京〉
①日本占術協会
②四柱推命・気学・タロット・イーチンタロット・手相・人相
☎０４２３（９５）０７７６
〒189-0013 東村山市栄町二-一五-一〇 クレール久米川四〇三

乾《ケン》象《ショウ》
〈千葉〉
①日本占術協会理事・認定占術士・岳易館・有宵会
②周易・九星気学・観相・姓名・家相・気学推命・聖数命理学
③開運サロン暖母・ユアエルム成田店八千代台出演・成田占術教室講師
☎０９０（７７３７）９０３８
〒285-0867 佐倉市八幡台三-十一-十三

慶《ケイ》峰《ホウ》
〈神奈川〉
①日本占術協会・認定占術士・岳易館・有宵会
②気学・周易・手相・算命学・易タロット
③電話予約
☎０９０（１２６５）３７７０

小《コ》林《バヤシ》花《カ》翠《スイ》

〈東京〉

①日本占術協会・認定占術士・ハナキサロン主宰・毎日文化センター講師
②四柱推命・方位・断易
③電話予約・イベント
☎03（3855）0956
FAX 03（3857）0528
〒121-0836 足立区入谷四-九-八 ハナキサロン

河《コウ》野《ノ》有《ユウ》泉《セン》

〈千葉〉

①日本占術協会・認定占術士・岳易館・有宵会 ②気学・周易・手相・算命学
③通信鑑定・電話予約
☎090（8453）3170
〒270-0034 松戸市新松戸六-七〇 二-D-一一一四

小《コ》林《バヤシ》多《タ》助《スケ》

〈茨城〉

①日本占術協会・認定占術士・音波姓名学之会長・天道山法梵院霊迎神社神職
②音の響きによる撰名・生前戒名授与 開運総合占術指南
③「撰名書」は当院所有の商標です
☎0297（83）0623
〒300-1514 取手市宮和田一八三三-一二

小《コ》山《ヤマ》眞《マ》樹《キ》代《ヨ》

〈神奈川〉

①日本占術協会相談役・認定占術士・小山眞樹代子平推命研究所（旧五術）主宰・横浜開港記念会館眞樹の会主宰
②子平推命・四柱・紫《シ》薇《ビ》斗《ト》数・太乙神数・奇門遁甲・周易・気学・手相・人相・風水・家相・改名
③予約はFAXにて受付
☎045（391）3339（電・FAX同）
http://www.5jutsu.com/maki.html
〒241-0826 横浜市旭区東希望ヶ丘 五一
E・mail:maki-koyama@5jutsu.com

後《ゴ》藤《トウ》青《セ》衣《イ》山《ザン》

〈千葉〉

①日本占術協会相談役・認定占術士・茅楊同人会・一光堂易断所・教室主宰
②周易・九星占い（姿天盤）・気学・哲理姓名学・姓名判断・命名・家相・人相・手相・タロット ③電話予約
☎0474（45）0448（同FAX）
〒273-0135 鎌ヶ谷市中佐津間 二-七-八

三《サン》宮《グウ》光《コウ》珠《シュ》

〈群馬〉

①日本占術協会・三宮明日香大社代表
②風水家相・奇門遁甲・紫薇斗数・子平推命四柱・六壬占卜・断易・姓名術・気学・手相・人相・開運神事③電話予約
☎0277（76）4970
〒379-2311 みどり市笠懸町阿左美 三六一五-二
HP sangu-asukataisha.com

佐《サ》藤《トウ》宗《ソウ》眩《ゲン》

〈茨城〉

①日本占術協会副会長・認定占術士・岳易館・有宵会理事 ②周易・気学・家相・相学・人相・姓名 ③電話予約
☎0297（45）5578
FAX 0297（47）0601
〒302-0101 守谷市板戸井 二一八六-五

小《コ》林《バヤシ》妙《ミョウ》昌《ショウ》

〈茨城〉

①日本占術協会・認定占術士・北関東支部副支部長・茨城学院
②気学・手相・人相・家相・墓相・四柱推命・子平・周易
③電話予約
☎080（5470）9342（携帯）
〒300-0062 土浦市都和 一-十三-十七

小《コ》松《マツ》樹《ジュ》幸《コウ》

〈千葉〉

①日本占術協会・岳易館・有宵会
②気学・家相・神綾学（数理）
③電話予約
☎090（7268）4035
〒270-2203 松戸市六高台二-四七

秋《コス》櫻《モス》萌《モ》心《ココ》

〈広島〉

①日本占術協会・認定占術士・神秘学研究所マリンカの部屋・占術修士・金星の集い会員 ②タロットカード
③占いサロンるみなりえ、個人鑑定は行っておりません
☎070（5677）0440
〒730-0011 広島市中区基町一一-五 和光紙屋町ビル1F 占いサロンるみなりえ内

秀《シュウ》和《ワ》仙《セン》宵《ショウ》

〈茨城〉

①日本占術協会・認定占術士・岳易館・有宵会・有峰会
②気学・周易・家相・相学
③電話予約
☎090(4067)4735
〒300-1515 取手市平野一四二-一 山﨑方

白《シラ》土《ト》愛《ヨシ》眞《ミ》

〈茨城〉

①日本占術協会・認定占術士・岳易館・有宵会 ②周易・九星気学・手相・姓名判断・家相・土浦気学教室主宰 ③電話予約
☎090(7401)0672
〒300-0061 土浦市並木三-三-十三
✉yo.shirato@gmail.com

志《シ》峰《ホウ》鶴《カク》苑《エン》

〈大阪〉

①日本占術協会
②四柱推命
③電話予約
☎080(1495)4094
〒572-0028 寝屋川市日新町 十二-十八

桜《サクラ》山《ヤマ》愛《マナ》生《オ》

〈神奈川〉

①日本占術協会
②西洋占星学・算命学・タロット・手相
③メールにてお問い合わせ下さい
✉machiko.ace.123@ezweb.ne.jp

櫻《サクラ》　紫《シ》玉《ギョク》

〈東京〉

①日本占術協会・岳易館・有宵会 ②周易・九星気学・姓名判断・手相・家相・人相・オーラソーマ・タロット・オラクルカード ③電話予約 原宿占い館「タリム」レギュラー日（水・木・土）
☎03(3497)5825(タリム)
〒150-0001 渋谷区神宮前一-八-二十一 ラレンヌ原宿「タリム」

杉《スギ》本《モト》侑《ユウ》穂《スイ》

〈千葉〉

①日本占術協会・岳易館・有宵会 學侑堂市川教室主宰
②周易・手相・観相・気学・姓名・開運方位
③東京駅「エメロード」出演、検見川神社「神易館」日曜日出演
☎047(3774)3787
☎090(2300)2989
〒272-0035 市川市新田二-一四-一

スピカ

〈愛知〉

①日本占術協会・認定占術士・米国アストロジャーズ連盟終身会員・NHK・朝日カルチャーセンター講師・アストロサークル講師
②西洋占星術
③電話又はEメール予約
☎0562(74)5858〔同FAX〕
〒470-1131 豊明市二村台七-六-二十八 兼松方
✉spica_astro@clock.ocn.ne.jp

鈴《スズ》木《キ》若《ワ》桂《カ》瑚《コ》

〈東京〉

①日本占術協会
②気学・方位学・家相
③電話予約（ご紹介者のある方のみ）
☎080(5434)4593
〒121-0816 足立区梅島 一-十一-五

ステラ・ボンボヤージュ

〈東京〉

①日本占術協会常任理事・認定占術士・日本時空心理学協会理事
②西洋占星術・タロット・夢診断・時空心理学
③電話予約
☎090(5554)8933
✉styoko@sun2.gmobb.jp

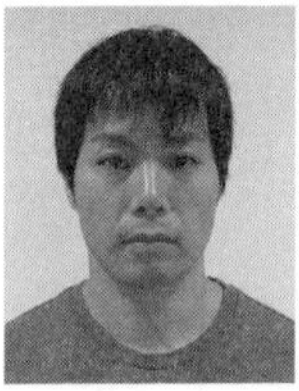

七戸《シチノヘ》伯有《オサウ》

〈埼玉〉

①日本占術協会
②手相・人相・九星気学
③各種鑑定承ります。（電話・メール・オンライン）要予約。
☎080(1165)0993
✉uranaiaoidou@gmail.com
インスタグラムhaku1983

鈴《スズ》 かれん

〈東京〉

①日本占術協会・日本易推命学会・自由ヶ丘開運学院修了
②四柱推命・気学・風水・手相・人相・易学・タロット
③自由ヶ丘エンジェルガーデン出演
☎03（5701）3239 1号館
☎090（1880）0712

千《セン》手《ジュ》舞《マイ》花《カ》

〈愛知〉

①日本占術協会・NHK文化センター・サーラアカデミー講師
②四柱推命・気学・手相・数秘・タロット
③メール・電話にて予約 豊橋カルミア／舘山寺（浜松市）／ラ・パレット出演
☎0564（51）8702
〒愛知県岡崎市
✉cenju55@gmail.com

蒼《ソウ》苑《エン》伽《カ》ノ子《コ》

〈兵庫〉

①日本占術協会・認定占術士
②四柱推命・周易・九星気学・風水
③電話予約
☎0797（81）3938（同FAX）
〒665-0847 宝塚市すみれが丘 三-二-一-九一一
http://www.soenkanoko.jp/

田《タ》中《ナカ》妙《ミョウ》元《ゲン》

〈京都〉

①日本占術協会
②総合鑑定・気学・姓名・カウンセリング
③電話及び通信予約（お電話やFAXでの御相談には応じておりません）

田《タ》辺《ナベ》山《サン》陽《ヨウ》

〈愛知〉

①日本占術協会理事・認定占術士・東海支部支部長・占い aube代表・山陽庵主
②四柱推命・タロット・易・手相・人相・家相・風水・姓名・占星術・原稿・イベント出張・教授
③電話予約
☎052（231）1230（同FAX）
〒460-0008 名古屋市中区栄 二-七-十三 ヴィア白川一F ネットは山陽庵

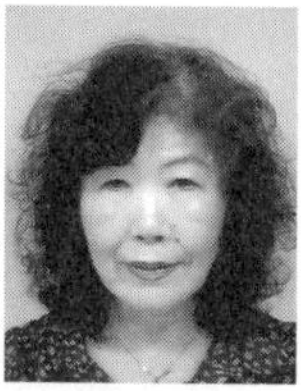

高《タカ》田《ダ》玲《レイ》照《ショウ》

〈東京〉

①日本占術協会・岳易館有宵会
②算命学・気学・手相・家相・姓名判断・断易・タロット
③お台場大江戸温泉物語内 占術屋主催・絆の糸教室主宰
☎090（354）64053
東京都板橋区大山東町 一-五 膝和シティホームズ板橋大山弐番館一〇五

高《タカ》橋《ハシ》信《ノブ》行《ユキ》

〈東京〉

①日本占術協会
②奇門遁甲・家相・方位
③電話予約
☎03（3642）0181
〒135-0047 江東区富岡 二-三-七

竹《タケ》澤《ザワ》妙《ミョウ》幸《コウ》

〈栃木〉

①日本占術協会・認定占術士
②易・気学・妙幸のハッピー占い・人相・四柱推命
③電話予約・在宅ハッピーロード（幸《ユキ》画廊内）
☎028（654）1865
〒321-0145 宇都宮市茂原 二-十一-四一

高《タカ》柳《ヤナギ》壽《ヒサ》子《コ》

〈愛知〉

①日本占術協会
②家相方位学
③電話予約
☎080（6902）0048
FAX052（719）0127
〒464-0092 名古屋市千種区茶屋が坂 一丁目一-三〇 ㈱花菱ギャラリー

高《タカ》田《ダ》美《ミ》智《チ》子《コ》

〈静岡〉

①日本占術協会
②四柱推命・易・気学・数霊
③電話予約
☎053（592）1236（同FAX）
〒431-0102 静岡県浜松市西区雄踏町宇布見八五〇一

つちや《ツチヤ》郁子《イクコ》
〈東京〉
①日本占術協会理事・運命の女神ノルン主宰
②算命学
③メールにて予約
✉nornikuko@gmail.com
☎080（5406）0880
104-0061中央区銀座一―二二―十二 マドリガル銀座

髙松《タカマツ》 佳修《カシュウ》
〈茨城〉
①日本占術協会・認定占術士・茨城学院
②四柱推命・気学・家相・手相
③電話予約
☎029（295）4462〔同FAX〕
311-0105 那珂市菅谷一〇〇-七八

泰《タイ》山《ザン》林《リン》翰《カン》
〈神奈川〉
①日本占術協会・岳易館・有宵会 泰祐堂主宰・泰山易学会代表
②周易・気学・手相・姓名判断
☎050（5438）7229
✉taizaneki@gmail.com
小田急相模原駅より徒歩7分 P有り
HP http://taizaneki.gger.jp/

dainmt《ダイ》
〈東京〉
①日本占術協会・認定占術士
②西洋占星術・数秘術・気学・周易・タロット・ルーン・手相
③電話予約・原宿占い館「タリム」出演
☎03（3497）5825〔タリム〕

髙《タカ》月《ツキ》華《ハナ》乃《ノ》
〈福岡〉
①日本占術協会・慈恵堂開運指導協会
②周易・九星気学・方位・命名・家相・タロット・開運指導
③電話予約
☎090（2583）0087
811-0110 福岡県粕屋郡新宮町夜臼五-十二-一-九〇一

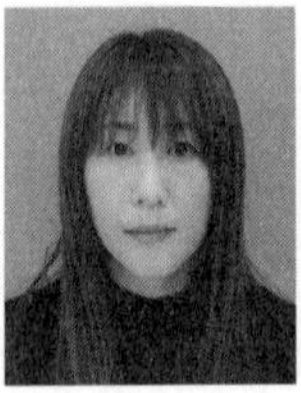

東《トウ》間《マ》琉《ル》香《カ》
〈埼玉〉
①日本占術協会
②気学・手相・四柱推命
③電話予約（ご紹介者のある方のみ）
☎090（4732）7686

戸嶋《トシマ》 祥《ショウ》博《ハク》
〈福岡〉
①日本占術協会・無量館
②周易・気学・手相・姓名判断・命名
③電話予約・出張鑑定
☎092（871）8322〔同FAX〕
814-0133 福岡市城南区七隈二-一-六-二九

DOURYU《ドウリユウ》
〈東京〉
①日本占術協会・認定占術士・日本易推命学会理事・DFP総合占術研究所主宰
②四柱推命・気学・風水・手相・人相・姓名判断・西洋占星術・易・タロット・宿曜
③電話予約 ☎050(3414)5712
http://www.douryu.com
〒155-0031世田谷区北沢二―七―二 中瀬ビル四F-C

富塚《トミヅカ》 崇史《タカフミ》
〈東京〉
①日本占術協会最高顧問・認定占術士・茅楊同人会・方聖閣主宰
②気学・家相・易・人相・手相
③電話予約
☎090（3338）0348
102-0072 千代田区飯田橋三-二-一〇-四〇一
☎03（3556）3131
FAX 03（3556）3132

天《テン》川《カワ》鼓《コ》悠《ユウ》
①日本占術協会・岳易館・有宵会
②算命学・四柱推命・気学・周易
③ご紹介のある方のみ

中《ナカ》谷《タニ》仁《ヒト》美《ミ》
〈東京〉
①日本占術協会会員・岳易館・有宵会会員
②算命・手相・人相・周易
③日本赤十字社・吉祥寺タキオン出演
☎070（3833）2856　電話予約
〒180-0002　武蔵野市吉祥寺東町一-十一-十五

中《ナカ》村《ムラ》天《テン》祐《ユウ》
〈大阪〉
①日本占術協会・京都支部副支部長
②四柱推命・気学・姓名・手相・西洋占星術・カウンセリング
③電話予約
☎06（6466）2718〔同FAX〕
〒554-0002　大阪市此花区伝法一-一-二-七一三

長《ナガ》澤《サワ》光《コウ》祐《ユウ》
〈茨城〉
①日本占術協会・認定占術士・岳易館・有宵会
②周易・気学・人相・手相・姓名判断
③電話予約
☎0297（57）0181〔同FAX〕
〒300-2337　茨城県つくばみらい市谷井田一二三九-一

長《ナガ》瀬《セ》皐《コウ》楓《フウ》
〈神奈川〉
①日本占術協会・日本易推命学会理事
②四柱推命・気学・六壬・手相・人相・家相・姓名判断・タロット
「湯河原の母」公式サイト
☎0465（62）6120
✉nagase.koufuu@gmail.com
〒259-0303　足柄下郡湯河原町土肥四-一-十三-五〇三

中《ナカ》西《ニシ》政《セイ》山《ザン》
〈奈良〉
①日本占術協会・認定占術士・日本易学連合会・相談役・四柱推命政山教室主宰
②四柱推命・家相・方位・姓名
☎0742（53）6515
〒631-0821　奈良市西大寺東町二-一-三十一-三〇一
（りそな銀行西大寺支店の3階）

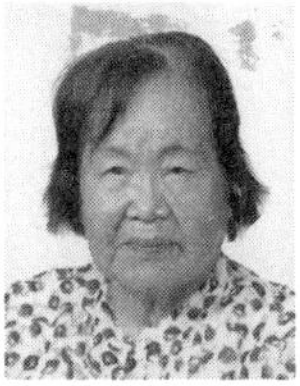

仁《ニ》科《シナ》　茜《アカネ》
〈群馬〉
①日本占術協会
②気学・手相・人相・姓名判断・易
③電話予約
☎0270（74）7096〔同FAX〕
〒370-0121　伊勢崎市境女塚五三二一

西《ニシ》尾《オ》治《ハル》美《ミ》
〈愛知〉
①日本占術協会・認定占術士
②西洋占星術・タロット・手相・姓名判断・四柱推命・気学
③電話予約
☎090（7044）9336
〒460-0012　名古屋市中区千代田三-二一-一三　一三〇六

西《ニシ》　彩《サイ》妙《ミョウ》
〈大阪〉
①日本占術協会・NHK文化センター神戸・京阪守口・梅田・各教室講師・西運命学研究所主宰
②四柱推命・気学・命名・手相・トランプ
③電話予約☎090（1140）9095
〒536-0001　大阪市城東区古市三-九-四-二〇六

仁《ニ》平《ヘイ》磨《マ》希《キ》
〈茨城〉
①日本占術協会・茨城学院
②気学・四柱推命・家相・墓相・手相・人相・易・姓名
③電話予約
☎0296（72）1055
〒309-1611　笠間市笠間三四五　笠間えびす大国（三所神社・八坂神社）社務所内

中《ナカ》村《ムラ》文《アヤ》音《ネ》
〈茨城〉
①日本占術協会・認定占術士・茨城学院
②気学・手相・四柱推命
③電話予約
☎090（3477）1124
FAX0296（72）4848
〒309-1611　茨城県笠間市笠間二〇一三

巾《ハバ》　聖《セイ》加《カ》
〈東京〉

①日本占術協会理事・認定占術士・方聖閣飯田橋教室
②九星気学・人相・家相・四柱推命
③ご紹介者のある方のみ

濱《ハマ》崎《サキ》範《ノリ》子《コ》
〈茨城〉

①日本占術協会・認定占術士　②気学・四柱推命・周易・姓名・手相・家相・相性・開運指導　③予約制・出張鑑定・イベント鑑定
☎029（285）8786（同FAX）
☎090（4136）6385
〒312-0001　ひたちなか市佐和　一四二〇の一

半《ハン》田《ダ》晴《ハル》詠《ヨ》
〈東京〉

①日本占術協会専務理事・事務総局長・認定占術士・岳易館・有宵会理事・㈱カルチャー講師・開運の會晴詠主宰　②周易・気学・手相・人相・家相・姓名・子平推命　③電話予約・ファックス予約
☎03（3628）5675
FAX03（3605）1739
〒120-0005　足立区綾瀬　六−六−八

濱《ハマ》野《ノ》延《エン》珠《ジュ》
〈千葉〉

①日本占術協会常任理事・認定占術士・（岳易館・有宵会理事）
②気学・家相・姓名・手相・周易
③電話予約・原宿占い館タリム㈫出演
☎04（7146）8738（同FAX）
〒277-0863　柏市豊四季　四九四−一七

野《ノ》澤《ザワ》明《ミョウ》永《エイ》
〈栃木〉

①日本占術協会・認定占術士・岳易館・有宵会・紬華の会
②気学・四柱推命・周易・家相・開運方位・姓名判断・命名　③電話予約
☎028（627）4056（同FAX）
〒321-0974　宇都宮市竹林町五二二−十四

日《ヒ》宣《ムラ》妙《ミョウ》苑《エン》
〈大阪〉

①日本占術協会・日本易学院師範鑑定士
②数理学・九星気学・四柱推命・地理風水・日家奇門・奇門遁甲・命名・手相・タロット
③電話・メール予約　対面・電話鑑定
☎090（5163）5218
〒551-0012　大阪市大正区平尾二−四−四
✉himura0myouen@gmal.com

平《ヒラ》泉《イズミ》　優《ユウ》
〈東京〉

①日本占術協会・監査・認定占術士・日本易推命学会理事・自由が丘開運学院専任講師・セブンカルチャー講師　②四柱推命・算命学・気学・易・風水・手相・人相・姓名判断・西洋占星術・タロット・心理カウンセリング　③電話予約　自由が丘エンジェルガーデン一号店出演
☎03（5701）3239

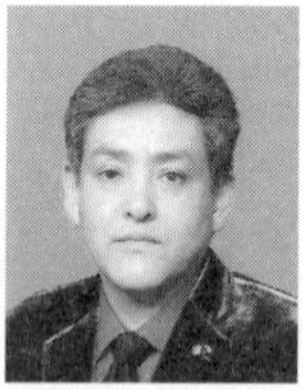

肥《ヒ》留《ル》川《カワ》喜《キ》聖《ショウ》
〈埼玉〉

①日本占術協会常務理事・認定占術士・方聖閣飯田橋教室
②九星気学・家相・周易・人相・姓名判断・手相・四柱推命
③電話予約
☎048（543）4775（同FAX）
〒365-0042　鴻巣市松原　二−三−四一

ヒーラー暖《ダン》母《ボ》
〈千葉〉

①日本占術協会・認定占術士・成田占術教室　②気学・方位・家相・四柱推命・算命学・姓名判断・周易・心理カード・心理カウンセリング　③開運サロン暖母（ユアエルム成田＆ユアエルム八千代台）
☎043（312）2461（同FAX）
〒285-0867　佐倉市八幡台三−十一−十三　今平方

春《ハル》希《キ》鷺来《ローラ》
〈愛知〉

①日本占術協会・山陽庵グループ・推命学研究照山会
②四柱推命・易・タロット・手相・気学・姓名・家相
③電話又はメールお申込み
☎050（5242）7478
✉h.lauranai@gmail.com　愛知県津島市

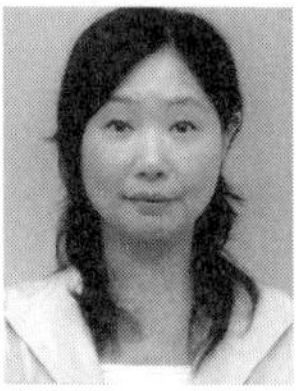

広《ヒロ》沢《サワ》優《ユウ》苑《エン》

〈兵庫〉

①日本占術協会・大阪支部幹事・認定占術士
②四柱推命・周易・気学・家相
☎090（3719）3490

福《フク》田《ダ》有《ユウ》宵《ショウ》

〈千葉〉

①日本占術協会名誉顧問・認定占術士・茅楊同人会・熊﨑式姓名学学術振興会・日本作家クラブ・岳易館・有宵会理事長 ②周易・気学・家相・相学・姓名 ③電話予約
☎047（344）6909
FAX047（348）3895
〒270-0034 松戸市新松戸 一-六四

藤《フジ》 瑛《エ》梨《リ》賀《カ》

〈埼玉〉

①日本占術協会副会長・認定占術士・茅楊同人会
②易・気学・人相・手相・姓名・家相・奇門遁甲・タロット
③電話予約
☎048（964）0121（同FAX）
〒343-0845 越谷市南越谷

福《フク》田《ダ》理《マ》仁《キ》

〈栃木〉

①日本占術協会・認定占術士
②周易・気学・姓名・家相・推命・断易・地相・方位・人相・手相
③電話予約
☎028（626）5762（同FAX）
〒320-0072 宇都宮市若草 三-一〇-六

二《フタ》見《ミ》眞《マ》有《ユ》

〈東京〉

①日本占術協会理事・認定占術士・茅楊同人会 ②周易・九星気学・人相・手相・耳相・ハワイ「プエオハナカード」・カウンセリング ③電話予約
☎090（4371）8266
渋谷区広尾「プエオハナ広尾」
http://www.pueohana.com

古《フル》澤《サワ》環《カン》陽《ヨウ》

〈福岡〉

①日本占術協会・認定占術士
②気学・手相・人相・心理カウンセラー
③電話予約 占い庵
☎090（8226）5283
〒820-0054 飯塚市伊川 一二六五

福《フク》田《ダ》賀《カ》及《ヨ》

〈栃木〉

①日本占術協会・認定占術士
②周易・気学・姓名・家相・推命・断易・地相・方位・人相・手相
③電話予約
☎028（626）5762（同FAX）
〒320-0072 宇都宮市若草 三-一〇-六

福《フク》田《ダ》有《ユ》倭《イ》

〈千葉〉

①日本占術協会・岳易館有宵会理事
②気学・手相・周易・家相・開運方位
③電話予約 學侑堂占処
☎047（374）3787
〒272-0035 市川市新田 二-十四-一

碧《ヘキ》龍《リュウ》 享《キョウ》子《コ》

〈岐阜〉

①日本占術協会
②九星気学・開運方位・手相・風水・ストレスセラピー
☎090（5452）0156
〒500-8817 岐阜市八ツ梅町一丁目

星《ホシ》 美《ミ》友《ユ》己《キ》

〈東京〉

①日本占術協会常任理事・認定占術士・茅楊同人会・フォーチュンテラー主宰 ②人相・手相・気学・易・算命学・数理学・運命エネルギーグラフ・断易 ③NPO法人シニアライフコーディネーター認定
☎042（593）5668（同FAX）
☎090（4716）3168（携帯）
〒191-0041 東京都日野市南平 七-十八-五五

北条《ホウジョウ》愛《ア》耶《ヤ》子《コ》

〈福岡〉

①日本占術協会・博多の母代表
②周易・気学・27宿・方位・家相・人相・手相・姓名判断・命名・タロット・人生相談
③☎092（474）7071
「博多の母」博多駅構内アミュエストB1ATMの前、午前十時～午後九時
「博多の母」でブログ検索できます。

牧《マキ》野《ノ》有《ユウ》峰《ホウ》

〈茨城〉

①日本占術協会顧問・認定占術士・茅楊同人会・岳易館・有宵会常任理事・有峰易学教室主宰
②周易・気学・家相・相学・姓名
③電話予約
☎0297（74）0798（同FAX）
〒302-0031 取手市新取手 五-四-二七

前《マエ》田《ダ》龍《リュウ》徳《トク》

〈東京〉

①日本占術協会常務理事・認定占術士・茅楊同人会・岳易館・有宵会
②周易・四柱推命・九星気学・人相
③電話予約
☎03（3209）0376（同FAX）
〒160-0021 新宿区歌舞伎町 二-二八-十一

マダム・ガラシヤ

〈東京〉

①日本占術協会・日本易推命学会・国際予想科学協会理事・E&W占術研究会主宰「しあわせの会」主宰
②四柱推命・気学・風水・手相・人相・姓名・易・カバラ・タロット・家相・バイオリズム
③文京区白山五-二-七 サロン・ド・ガラシヤ出演
☎080（3424）1429予約料ナシ
文京区白山五-二-七 ヤシロビル2F サロン・ド・ガラシヤ

松《マツ》岡《オカ》能《ヨシ》子《コ》

〈大阪〉

①日本占術協会理事・認定占術士・大阪支部長・日本暦学会・運命学研究所ラピス主宰
②四柱推命・周易・人相・気学・手相・家相・命名・奇門遁甲
③電話予約
☎06（6928）5874（同FAX）
〒534-0022 大阪市都島区都島中通二-十六-四

マダムベーラ・モンテ

〈東京〉

①日本占術協会理事・認定占術士・国際予想科学協会理事
②ヨーロッパ手相術・カバラ数秘術・九星気学易・干子九星術・タロット
☎090（8649）2234
〒108-0014 港区芝 四-一六-二-一五〇三

マーク・矢《ヤ》崎《ザキ》

〈東京〉

①日本占術協会理事・認定占術士
②西洋占星術・四柱推命
〒169-8077 新宿区西早稲田一-一-六
☎03（3204）3279
株式会社説話社 マーク・オフィス
✉mark_office@setsuwa.co.jp

牧《マキ》野《ノ》一《カズ》江《エ》

〈茨城〉

①日本占術協会・認定占術士・岳易館・有宵会
②気学・手相・姓名判断・周易
③電話予約
☎0297（74）3777（同FAX）
☎090（4712）0218
〒302-0031 取手市新取手五-六-一

マ　リ　ア

〈群馬〉

①日本占術協会・認定占術士・群馬支部支部長
②九星気学・手相・数秘学・風水
③電話予約
☎090（3216）0977

マザーリーフ

〈東京〉

①日本占術協会
原宿占い館塔里木〒150-0001 渋谷区神宮前一-八-二一ラレンヌ原宿1F・B1 ☎03（3497）5825
②西洋占星術・タロット・人相・手相
☎080（5528）6463
〒157-0064 世田谷区給田二-一〇-一八

三《ミ》幸《ユキ》桃《モモ》子《コ》

〈愛知〉

①日本占術協会・国際予想科学協会理事・NHK文化センター・中日文化センター講師 ②人相・手相・四柱推命・姓名判断・周易・タロット・カバラ ③電話予約要

☎052（798）3309〔同FAX〕

☎090（4869）6789

〒463-0021 名古屋市守山区大森五丁目一一〇六

三《ミ》山《ヤマ》絢《ジュン》照《ショウ》

〈埼玉〉

①日本占術協会・認定占術士・子平館・東京支部 ②四柱推命・気学・タロット・手相・姓名判断 ③「輝」久喜駅前クッキープラザ四階（火）・「クローバーリーフ」浦和パルコ5階（水・土）鑑定・個人教授可

☎090（5331）3349

〒359-1151 所沢市若狭 四-二五〇七-二

美《ミ》園《ソノ》環《タマ》希《キ》

〈東京〉

①日本占術協会常務理事・認定占術士・岳易館・有宵会

②タロット・気学・西洋占星術・周易・姓名・手相・家相・フトマニ

③電話予約・原宿占い館「タリム」出演

☎03（3497）5825〔タリム〕

☎090（3081）3228

FAX03（6765）6561

宮《ミヤ》本《モト》蓉《ヨウ》妙《ミョウ》

〈茨城〉

①日本占術協会・認定占術士・易占師養成茨城学院

②四柱推命・気学・周易・姓名・手相・家相・墓相

③電話予約

☎0296（72）0711〔同FAX〕

〒309-1611 笠間市笠間 四三四〇-六

巳《ミ》幸《ユキ》万《マ》祐《ユ》

〈東京〉

①日本占術協会相談役・認定占術士・茅楊同人会

②易・中国占星術・四柱推命・気学・人相・手相・方位・タロット ③電話予約

☎03（3353）1750

〒160-0012 新宿区南元町 四-十七-四二二

宮《ミヤ》田《タ》麻《マ》有《ユ》

〈千葉〉

①日本占術協会・岳易館・有宵会

②気学・手相・周易・算命学

③電話予約

☎090（6043）4261

〒270-2266 松戸市

水《ミズ》木《キ》あかり

〈東京〉

①日本占術協会・岳易館・有宵会

②算命学・気学・周易

③電話予約（メール鑑定も受付）

☎090（1732）3783

〒180-0023 武蔵野市境南町五-四-五

✉rxl14603@nifty.com

観《ミ》月《ヅキ》瑠《ル》那《ナ》

〈東京〉

①日本占術協会・日本易推命学会

②四柱推命・気学・風水・手相・人相・易・姓名判断・タロット

③自由が丘エンジェルガーデン出演

☎03（5701）3973

〒152-0035 目黒区自由が丘一-二五-五

水《ミズ》川《カワ》琉《ル》理《リ》

〈愛知〉

①日本占術協会

②手相・四柱推命・カバラ・タロット・姓名判断

③メール・電話での予約

☎080（3642）1019

〒名古屋市東区代官町

✉make-a-life@i.softbank.jp

みほし朱《シュ》夏《カ》

〈東京〉

①日本占術協会理事・認定占術士

②気学・周易・断易・タロット・数秘術・方位・オラクルカード・ダウンジング

✉shuka.mihoshi.lil@gmail.com

邑《ムラ》　沙《サ》揚《ヨ》子《コ》

〈東京〉

①日本占術協会・認定占術士・茅楊同人会

☎ 03（3916）3235

〒170-0012 豊島区上池袋三‐四一‐一二

三《ミ》華《カ》乃《ノ》エ《エ》ル《ル》

〈東京〉

①日本占術協会・開運の會晴詠会員

②九星気学・周易・算命学・タロット・姓名判断・手相・家相・子平推命・夢判断

FAX予約　0422（27）2770

✉ mika.noel5@gmail.com

〒180-0001　武蔵野市吉祥寺

南《ミナミ》　亜《あ》希《き》

〈埼玉〉

①日本占術協会・岳易館・有宵会

②算命・手相・気学・周易

③東京駅　八重洲北口　北町ダイニング「エメロード」火曜日出演

☎ 090（8585）2075

水《ミ》　麗《レ》　亜《ア》

〈愛知〉

①日本占術協会　②文鳥占い・四柱推命・タロット・姓名判断・手相・西洋占星術

③癒しの占い館ミレアフォーチュン

対面鑑定・電話鑑定・イベント出演

☎ 080（4546）5497

〒460-0011　名古屋市中区大須二‐一六‐一二　201号室

「名古屋大須　文鳥占い」で検索

峯《ミネ》　瑞《ズイ》蓮《レン》

〈茨城〉

①日本占術協会・認定占術士・茨城学院

②気学・四柱推命・手相・タロット

③電話予約

☎ 090（5504）8922

〒310-0842 水戸市けやき台二‐四五‐三

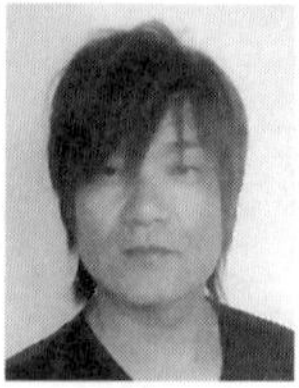

山《ヤマ》中《ナカ》康《コウ》示《ジ》

〈広島〉

①日本占術協会理事・認定占術士・広島支部支部長・占いサロンるみなりえ主宰

②易・気学

③Mobile　090（8714）8597

〒737-0881 呉市天応塩谷町　五‐二‐八

山《ヤマ》下《シタ》照《ショウ》世《セイ》

〈三重〉

①日本占術協会東海支部副支部長・認定占術士・三重易学研究所主宰

②手相・人相・四柱推命・タロットカード・姓名・気学・易・印相

③電話予約・通信鑑定

☎ 0594（48）2601

〒511-0123　桑名市多度町北猪飼　六五一

森《モリ》　千《チ》紗《サ》

〈東京〉

①日本占術協会・岳易館・有宵会・侑加教室

②気学・周易・四柱推命・宿曜占星術・姓名判断　③電話予約

☎ 03（3657）6775

〒133-0052　江戸川区東小岩三‐二三‐一五（吉田方）

森《モリ》田《タ》青《セイ》澄《チョウ》

〈愛知〉

①日本占術協会　②気学・四柱推命・方位・手相・タロット・姓名判断・カバラ・ルーン占い　東愛知新聞暦占掲載

③豊橋カルミア店4F電話予約　土曜日

☎ 0532（53）2536

☎ 0532（47）7857〔同FAX〕

〒441-8065　豊橋市中浜町　二‐二

モナ・カサンドラ

〈東京〉

①日本占術協会常任理事・認定占術士・㈱ルネ・ヴァン・ダール研究所・日本時空心理学協会会長　②西洋占星術・タロット・時空心理学　③電話予約

西洋占星学講座・タロット講座講師

☎ 03（3350）6841

〒160-0023　新宿区西新宿六‐一〇‐一

日土地西新宿ビル八階

ルネ・ヴァン・ダール研究所

山《ヤマ》本《モト》楓《フウ》花《カ》

〈京都〉

①日本占術協会理事・京都支部支部長・日本断易学会参与理事
②断易・九星気学・四柱推命
③電話予約・電話鑑定
☎075（671）2278〔同FAX〕
☎090（4741）5995
〒601-8475　南区八条内田町六〇

山《ヤマ》田《ダ》倫《ノブ》子《コ》

〈東京〉

①日本占術協会・認定占術士・岳易館・有宵会会員
②周易・気学・手相・姓名判断・命名
③電話予約　マリフォーチュン・海老名・本厚木（厚木ガーデン）出演
☎090（3098）8499
〒194-0043　町田市成瀬台一-二三-二〇

八《ヤ》川《カワ》林《リン》加《カ》

〈東京〉

①日本占術協会・岳易館・有宵会事務局長
②周易・気学・手相・人相・家相・画相・姓名・測字占・おみくじとご朱印による運勢
③電話・メール予約
☎090（2479）6161
✉omikuji@outlook.com

有《ユ》里《リ》佳《ケイ》祥《ショウ》

〈大阪〉

①日本占術協会・全国占術鑑定士協会理事・関西推命学院助教授
②四柱推命・気学・数理・五行易・人相・タロット・家相
③電話予約・㈱エンソー
☎072（808）8747
〒573-0051　枚方市三矢町五-一八-二〇九　メゾン枚方

横《ヨコ》山《ヤマ》佳《カ》津《ツ》枝《エ》

〈東京〉

①日本占術協会・HMU
②宇宙気学・周易・気学・手相・人相・姓名
③電話予約・通信鑑定
☎03（6754）5224
〒120-0021　足立区日ノ出町二七-三-三一一号

瑶《ヨウ》紫《シ》葉《ヨウ》

〈東京〉

①日本占術協会理事・認定占術士・国際予想科学協会・fortune room紫葉
②気学・四柱推命・手相・人相・タロット・ルーン・心理カウンセリング
※手話による鑑定も承ります
③電話予約・原宿占い館「タリム」出演
☎03（3497）5825〔タリム〕
✉kiphtm@tbm.t-com.ne.jp〔KIP〕

ラメールアリス

〈東京〉

①日本占術協会・ラメールアリス占い鑑定ルーム・アメリカ占星学者連盟終身会員・イギリス占星学協会会員
②西洋占星術・タロット・気学
③電話予約またはメール予約
☎03（5336）6752
✉lameralice@yahoo.co.jp
〒167-0054　杉並区松庵三-三三-三-二一〇
ウェブサイト　http://www.lameralice.com

リリーマリンカ
（里　華）

〈広島〉

①日本占術協会・認定占術士・広島支部副支部長・二級建築士　②西洋占星術・タロット・風水・家相　③電話・手紙鑑定
☎携帯090（4655）6956
✉tisaneco0811@gmail.com
①https://marinca.info/
②marincanoheya.com
〒730-0802　広島市中区本川町二丁目一-二九-五〇三　岡村方　リリーマリンカ

里《リ》紗《サ》慧《ケイ》紅《コ》

〈大阪〉

①日本占術協会
②四柱推命・気学・家相
③電話予約
☎090（2283）0687
〒543-0001　大阪市天王寺区上本町六-三-三一　㈲東洋易相

龍《リュウ》馬《マ》

〈千葉〉

①日本占術協会・岳易館・有宵会会員
②九星気学・手相・周易・タロット・四柱推命・カウンセリング
③電話予約・千葉検見川神社・神易館（毎週日曜）
☎070（4073）1482
HP「りゅうま占い」で検索

ルビーL《エル》

〈東京〉

①日本占術協会・毎日文化センター講師　ルビータロットカフェ代表
②タロット・西洋占星学・手相・風水
③メールか電話でお申込み下さい。
HP「ルビータロットカフェ」で検索
☎03（5942）9953　中野区
☎090（1674）9823

凛《リン》　百《モモ》果《カ》

〈埼玉〉

①日本占術協会・岳易館・有宵会
②算命学・気学・手相・姓名判断
③「クローバーリーフ」池袋パルコ六階（金）浦和パルコ五階（月）鑑定
☎090（2153）0482
〒359-1131　所沢市久米二〇一八-四

ローズ千《チ》心《コ》

〈広島〉

①日本占術協会・神秘学研究所マリンカの部屋所属・金星の集い会員
②手相・西洋占星術・タロットカード
③要予約（メール）
〒730-0011　広島市中区基町十一-五　和光紙屋町ビル1F　るみなりえ（内）
✉bitonmama1963@yahoo.co.jp

わそうび

〈東京〉

①日本占術協会・認定占術士・日本易推命学会・自由ヶ丘開運学院修了
②易・姓名判断・タロット・四柱推命・気学・風水・手相・人相・バイオリズム
③自由ヶ丘エンジェルガーデン出演
☎03（5701）3239　1号館
☎090（6042）0764　予約中